Java 7 für Dummies – Schummelseite

Java-Schlüsselwörter

Schlüsselwort	Funktion
abstract	Zeigt an, dass die Details einer Klasse, einer Methode oder eines Interface an einer anderen Stelle des Codes beschrieben werden
assert	Testet die Wahrheit einer Bedingung, die der Programmierer für wahr hält
boolean	Zeigt an, dass ein Wert entweder wahr oder falsch ist
break	Springt aus einer Schleife oder aus einem switch-Befehl heraus
byte	Zeigt an, dass ein Wert eine 8-Bit-Ganzzahl ist
case	Leitet einen von mehreren möglichen Ausführungspfaden eines switch-Befehls ein
catch	Leitet Befehle ein, die ausgeführt werden, wenn der Programmablauf in einer try-Klausel durch irgendetwas unterbrochen wird
char	Zeigt an, dass es sich bei einem Wert um ein Zeichen (einen einzelnen Buchstaben, eine Ziffer, ein Satzzeichen usw.) handelt, das einen Speicherplatz von 16 Bits belegt
class	Leitet die Definition einer Klasse, einer Vorlage für die Erstellung eines Objekts, ein
const	Sie dürfen dieses Wort nicht in einem Java-Programm verwenden. Das Wort hat keine Bedeutung. Weil es sich um ein Schlüsselwort handelt, können Sie keine const-Variable erstellen.
continue	Bricht die Ausführung einer Schleife ab und beginnt eine weitere Iteration
default	Leitet die Befehle ein, die ausgeführt werden, wenn kein case eines switch-Befehls erfüllt ist
do	Veranlasst den Computer, eine Gruppe von Befehlen mehrfach auszuführen (beispielsweise so lange, wie der Computer keine akzeptablen Ergebnisse erhält)
double	Zeigt an, dass es sich bei einem Wert um eine 64-Bit-Zahl handelt, die eine oder mehrere Stellen nach dem Dezimalkomma hat
else	Leitet die Gruppe von Befehlen ein, die ausgeführt werden, wenn die Bedingung in einem if-Befehl nicht wahr ist
enum	Erstellt einen neuen Typ – eine Gruppe von Werten, die eine Variable annehmen kann
extends	Erstellt eine *Unterklasse* einer Klasse, wobei die Unterklasse die Funktionalität einer zuvor definierten Klasse wiederverwendet
final	Zeigt an, dass der Wert einer Variablen nicht geändert, die Funktionalität einer Klasse nicht erweitert oder eine Methode nicht überschrieben werden kann
finally	Leitet die letztlich auszuführenden Befehle einer try-Klausel ein
float	Zeigt an, dass es sich bei einem Wert um eine 32-Bit-Zahl handelt, die eine oder mehrere Stellen nach dem Dezimalkomma hat
for	Weist den Computer an, bestimmte Befehle mehrmals – beispielsweise eine bestimmte Anzahl von Malen – zu wiederholen
goto	Dieses Wort ist in einem Java-Programm nicht zulässig. Das Wort hat keine Bedeutung. Weil es sich um ein Schlüsselwort handelt, können Sie keine Variable namens goto definieren.
if	Prüft, ob eine Bedingung wahr ist. Falls sie wahr ist, führt der Computer bestimmte Befehle aus; andernfalls führt er andere Befehle aus.
implements	Verwendet die Funktionalität eines zuvor definierten Interface wieder

Java 7 für Dummies – Schummelseite

Schlüsselwort	Funktion
import	Ermöglicht es dem Programmierer, die Namen von Klassen abzukürzen, die in einem Package definiert sind
instanceof	Prüft, ob ein bestimmtes Objekt zu einer bestimmten Klasse gehört
int	Zeigt an, dass ein Wert eine 32-Bit-Ganzzahl ist
interface	Zeigt eine Interface-Klasse an, deren Funktionalität in einer zu definierenden Klasse zur Verfügung stehen soll. (Interfaces werden anstelle der verwirrenden Mehrfachvererbung verwendet, die in C++ üblich ist.)
long	Zeigt an, dass ein Wert eine 64-Bit-Ganzzahl ist
native	Ermöglicht es dem Programmierer, Code zu verwenden, der in einer anderen Sprache geschrieben ist
new	Erstellt ein Objekt einer vorhandenen Klasse
package	Fügt den Code in ein *Paket* (engl. *Package*, eine Sammlung logisch zusammengehöriger Definitionen) ein
private	Zeigt an, dass eine Variable oder Methode nur innerhalb einer bestimmten Klasse verwendet werden kann
protected	Zeigt an, dass eine Variable oder Methode in Unterklassen eines anderen Pakets verwendet werden kann
public	Zeigt an, dass eine Variable, Klasse oder Methode von anderem Java-Code verwendet werden kann
return	Beendet die Ausführung einer Methode und gibt dabei möglicherweise einen Wert an den aufrufenden Code zurück
short	Zeigt an, dass ein Wert eine 16-Bit-Ganzzahl ist
static	Zeigt an, dass eine Variable oder Methode zu einer Klasse und nicht zu einem Objekt dieser Klasse gehört
strictfp	Begrenzt die Fähigkeit des Computers, bei Zwischenberechnungen mit float- oder double-Werten besonders große oder besonders kleine Werte zu repräsentieren
super	Referenz auf die übergeordnete Klasse des Codes, in dem das Wort *super* vorkommt
switch	Einleitung eines Befehls, der abhängig vom Wert eines Ausdrucks mehrere mögliche Ausführungspfade (einen von vielen möglichen Fällen, engl. *case*) anbietet
synchronized	Verhindert, dass sich zwei Threads gegenseitig stören
this	Eine rückbezügliche Referenz auf das Objekt, in dem das Wort this vorkommt
throw	Erstellt ein neues Ausnahmeobjekt; zeigt an, dass eine Ausnahmesituation (normalerweise etwas Unerwünschtes) eingetreten ist
throws	Zeigt an, dass eine Methode oder ein Konstruktor die Kontrolle weitergeben kann, wenn eine Ausnahme eintritt
transient	Zeigt an, dass der Wert einer Variablen nicht gespeichert werden muss, falls und wenn ein Objekt serialisiert wurde
try	Leitet Befehle ein, die zur Laufzeit einer Fehlerkontrolle unterliegen
void	Zeigt an, dass eine Methode keinen Wert zurückgibt
volatile	Unterwirft die Benutzung einer Variablen, die von mehr als einem Thread gleichzeitig verwendet wird, strengen Regeln
while	Wiederholt eine Gruppe von Befehlen mehrfach (solange eine Bedingung wahr ist)

*Java 7
für Dummies*

Barry Burd

Java 7
für Dummies

*Übersetzung aus dem Amerikanischen
von Reinhard Engel und Judith Muhr*

5. überarbeitete und aktualisierte Auflage

WILEY-
VCH

WILEY-VCH Verlag GmbH & Co. KGaA

Bibliografische Information der Deutschen Nationalbibliothek
Die Deutsche Nationalbibliothek verzeichnet diese Publikation
in der Deutschen Nationalbibliografie; detaillierte bibliografische
Daten sind im Internet über http://dnb.d-nb.de abrufbar.

5. überarb. u. aktualis. Auflage 2012
1. Nachdruck 2013

Printed in Germany

Gedruckt auf säurefreiem Papier

Coverfoto: © iStockphoto/ranplett
Korrektur: Geesche Kieckbusch, Hamburg
Satz: Mitterweger & Partner, Plankstadt
Druck und Bindung: CPI – Ebner & Spiegel, Ulm

ISBN: 978-3-527-70730-0

Cartoons im Überblick

von Rich Tennant

The 5th Wave — By Rich Tennant

Arthur hatte sein Mousepad versehentlich gegen ein Hexenbrett vertauscht. Den ganzen Tag schon erhielt er Botschaften aus der Spektralwelt.

DU WIRST DEIN PASSWORT VERGESSEN DEINE FESTPLATTE WIRD ABSTÜRZEN UUUHUUUHUUUUUU!

Seite 23

The 5th Wave — By Rich Tennant

ERP SOFTWARE ENTWICKLUNG

»Hör bloß auf mit dem Parkplatzsuchprogramm! Der Vorstand hat soeben entschieden, dass die Priorität ab sofort auf dem Bushaltestellenfinder liegt.«

Seite 73

The 5th Wave — By Rich Tennant

»Na komm, wie fatal kann es schon sein?«

FATAL ERROR

Seite 139

The 5th Wave — By Rich Tennant

»Wir sollen hier den Code bereinigen.«

Seite 235

The 5th Wave — By Rich Tennant

Wanda hatte das ungute Gefühl, dass die neue Software von ihrem Mann interaktiv geworden war.

Seite 345

Fax: 001-978-546-7747
Internet: www.the5thwave.com
E-Mail: richtennant @ the5thwave.com

Inhaltsverzeichnis

Einführung

Java ist eine hervorragende Programmiersprache. Ich benutze sie bereits seit Jahren. Die Sprache gefällt mir, weil sie sehr ordentlich aufgebaut ist. Fast alles folgt einfachen Regeln. Und in diesem Buch bekommen Sie alle Regeln gut verständlich erklärt.

Wie Sie dieses Buch benutzen sollten

Ich wünschte, ich könnte sagen: »Schlagen Sie eine beliebige Seite dieses Buches auf, und beginnen Sie damit, Java-Code zu schreiben. Füllen Sie einfach die leeren Felder aus, und schauen Sie nicht zurück.« In gewisser Weise stimmt dies sogar. Sie können nichts kaputtmachen, indem Sie Java-Code schreiben; deshalb haben Sie immer die Freiheit zu experimentieren.

Doch ich möchte ehrlich sein: Wenn Sie den größeren Kontext nicht verstehen, ist es schwierig, ein Programm zu schreiben. Das gilt für alle Computerprogrammiersprachen, nicht nur für Java. Wenn Sie Code eingeben, ohne zu wissen, was dieser tut, und der Code nicht genau das tut, was Sie wollen, dann hängen Sie einfach fest.

Deshalb habe ich die Java-Programmierung in diesem Buch in Bereiche zerlegt, mit denen Sie gut zurechtkommen sollten. Jeder Bereich entspricht (mehr oder weniger) einem Kapitel. Sie können mit einem beliebigen Kapitel beginnen, beispielsweise mit Kapitel 5, Kapitel 10 oder an anderer Stelle. Sie können sogar in der Mitte eines Kapitels beginnen. Ich habe versucht, die Beispiele interessant zu gestalten, ohne dass ein Kapitel von einem anderen abhängt. Wenn wichtige Voraussetzungen aus einem anderen Kapitel verwendet werden, finden Sie entsprechende Verweise.

Im Allgemeinen rate ich Ihnen, folgendermaßen vorzugehen:

✔ Wenn Sie ein Thema bereits kennen, können Sie das betreffende Kapitel problemlos überspringen.

✔ Wenn Sie neugierig sind, können Sie gefahrlos vorblättern. Später können Sie immer noch auf frühere Kapitel zurückgreifen, falls dies notwendig sein sollte.

Konventionen, die in diesem Buch verwendet werden

Fast alle technischen Bücher enthalten am Anfang eine kurze Erklärung der verwendeten Schriftarten, und »Java für Dummies«, bildet keine Ausnahme. In diesem Buch haben die folgenden Schriftarten spezielle Bedeutungen:

✔ Neue Fachbegriffe werden *kursiv* dargestellt.

✔ Wenn normaler Text mit Text gemischt ist, den Sie über die Tastatur eingeben müssen, werden die Eingaben in `Schreibmaschinenschrift` dargestellt. Ein Beispiel: Geben Sie `java` in der Eingabeaufforderung ein.

✔ Java-Code, Dateinamen, Adressen von Webseiten (URLs), Bildschirmanzeigen und ähnliche Dinge werden ebenfalls in `Schreibmaschinenschrift` dargestellt. Wenn eine Eingabe länger ist, wird sie gegebenenfalls in mehreren separaten Zeilen geschrieben.

✔ Bildschirmobjekte, wie beispielsweise Schaltflächen oder Menüeinträge, werden in KAPITÄLCHEN dargestellt.

✔ Es gibt bestimmte Elemente, die Sie bei der Eingabe ändern müssen. Wenn ich Sie beispielsweise auffordere,

```
public class eingabetext
```

einzugeben, sollten Sie `public class` und dann statt *eingabetext* einen Text Ihrer Wahl eintippen. Die Wörter, die Sie durch eigene Wörter ersetzen sollen, werden in *kursiver Schreibmaschinenschrift* dargestellt.

Was Sie nicht lesen müssen

Beginnen Sie mit dem ersten Kapitel oder dem ersten Abschnitt, das bzw. der Material enthält, das Sie noch nicht kennen. Wenn Sie jedoch nicht genau wissen, wie Sie vorgehen sollen, können Sie sich an die folgenden Richtlinien halten:

✔ Wenn Sie Java bereits kennen und wissen, wofür Sie es einsetzen wollen, können Sie Kapitel 1 überspringen und direkt mit Kapitel 2 beginnen. Glauben Sie mir, ich werde Ihnen das nicht übel nehmen.

✔ Wenn Sie bereits wissen, wie Java-Programme ausgeführt werden, können Sie Kapitel 2 überspringen und mit Kapitel 3 beginnen.

✔ Wenn Sie Programme schreiben, um Ihren Lebensunterhalt zu verdienen, aber eine andere Sprache als C oder C++ verwenden, sollten Sie mit Kapitel 2 oder 3 beginnen. Wenn Sie bei den Kapiteln 5 und 6 ankommen, werden Sie wahrscheinlich keine Schwierigkeiten haben, sie zu lesen. In Kapitel 7 sollten Sie anfangen, sich eingehend mit dem Stoff auseinanderzusetzen.

✔ Wenn Sie C- (aber nicht C++-) Programme schreiben, um Ihren Lebensunterhalt zu verdienen, sollten Sie mit den Kapiteln 2, 3 und 4 beginnen, die Kapitel 5 und 6 aber nur überfliegen.

✔ Wenn Sie C++-Programme schreiben, um Ihren Lebensunterhalt zu verdienen, sollten Sie einen Blick in die Kapitel 2 und 3 werfen und die Kapitel 4 bis 6 überfliegen. In Kapitel 7 sollten Sie anfangen, sich eingehend mit dem Stoff auseinanderzusetzen. (Java und C++ unterscheiden sich ein wenig in der Art und Weise, wie sie Klassen und Objekte behandeln.)

✔ Wenn Sie Java-Programme schreiben, um Ihren Lebensunterhalt zu verdienen, besuchen Sie mich zu Hause und helfen Sie mir, die nächste Auflage von »Java für Dummies« zu schreiben.

Wenn Sie die Einschübe und die Symbole mit den technischen Anmerkungen überspringen wollen, sollten Sie sich keinen Zwang antun. Wenn Sie alles lesen wollen, können Sie dies natürlich auch tun.

Einige einfache Annahmen

In diesem Buch gehe ich von einigen Annahmen über Sie, den Leser, aus. Falls eine dieser Annahmen falsch ist, ist dies wahrscheinlich in Ordnung. Wenn alle Annahmen falsch sind ... na ja, kaufen Sie dieses Buch trotzdem.

✔ **Ich gehe davon aus, dass Sie Zugang zu einem Computer haben.** Die gute Nachricht lautet: Sie können den Code in diesem Buch auf fast jedem Computer ausführen. Die einzigen Computer, auf denen Sie diesen Code nicht ausführen können, sind Rechner, die mehr als 10 Jahre (plus oder minus einige wenige Jahre) alt sind.

✔ **Ich nehme an, dass Sie mit den normalen Menüs und Dialogfeldern Ihres Computers arbeiten können.** Sie müssen kein Windows-, Unix- oder Macintosh-Experte sein, aber Sie sollten ein Programm starten, eine Datei finden, eine Datei in einem bestimmten Verzeichnis speichern und ähnliche Aufgaben ausführen können. Den größten Teil des Codes, mit dem Sie in diesem Buch arbeiten, geben Sie über die Tastatur ein und nicht, indem Sie mit der Maus zeigen und klicken.

Bei den seltenen Gelegenheiten, wenn Sie mit Drag&Drop, Cut&Paste oder Plug&Play arbeiten müssen, werde ich Sie sorgfältig durch die erforderlichen Schritte leiten. Aber es gibt Millionen verschiedener Möglichkeiten, einen Computer zu konfigurieren, und möglicherweise passen meine Anweisungen nicht zu Ihrer speziellen Situation. Deshalb sollten Sie, wenn Sie auf plattformspezifische Aufgaben stoßen, versuchen, die Schritte auszuführen, die in diesem Buch angegeben sind. Wenn diese Schritte nicht zum Erfolg führen, sollten Sie ein Buch zurate ziehen, das auf Ihr System zugeschnitten ist.

✔ **Ich nehme an, dass Sie logisch denken können.** Mehr braucht man nicht, um in Java zu programmieren – logisch denken. Wenn Sie logisch denken können, erfüllen Sie alle Voraussetzungen. Wenn Sie nicht glauben, dass Sie logisch denken können, sollten Sie weiterlesen. Vielleicht werden Sie angenehm überrascht sein.

✔ **Ich setze nicht voraus, dass Sie Computer programmieren können.** Mit diesem Buch habe ich versucht, das Unmögliche zu erreichen: Ich habe versucht, das Buch für erfahrene Programmierer interessant zu gestalten und es dennoch so zu schreiben, dass es auch für Benutzer mit geringen oder keinen Programmierkenntnissen zugänglich ist. Es spielt also keine Rolle, wenn Sie noch nie eine Schleife geschrieben oder ein Array indiziert haben.

Wenn Sie dagegen bereits derartige Aufgaben (vielleicht in Visual Basic, in COBOL oder in C++) ausgeführt haben, werden Sie in Java einige interessante Varianten entdecken. Die Entwickler von Java haben die besten Ideen der objektorientierten Programmierung aufgegriffen, überarbeitet, stromlinienförmig gestaltet und daraus ein schnittiges, leistungsstarkes Werkzeug zur Lösung von Problemen geformt. Java regt das Denken an. Wenn Sie anfangen, Probleme mit den Funktionen zu lösen, die Java anbietet, werden Ihnen viele Funktionen sehr natürlich vorkommen. Das Arbeiten mit Java wird Ihnen ein gutes Gefühl vermitteln.

Wie dieses Buch aufgebaut ist

Dieses Buch besteht aus fünf Teilen mit jeweils mehreren Kapiteln, Abschnitten und Unterabschnitten. (Wenn Sie ein Buch schreiben, werden Sie mit seiner Struktur sehr vertraut. Nachdem Sie einige Monate an dem Buch geschrieben haben, fangen Sie an, nachts in Abschnitten und Kapiteln zu träumen.) Das Buch besteht aus den folgenden Teilen.

Teil I: Die Grundlagen

In diesem Teil erhalten Sie einen kompletten Überblick über Java. Sie erfahren, was Java ist und wie Sie es installieren und ausführen können. Schnelleinsteiger können mit Kapitel 3 beginnen. In diesem Kapitel lernen Sie die wesentlichen technischen Konzepte von Java sowie den Aufbau eines einfachen Java-Programms kennen.

Teil II: Eigene Java-Programme schreiben

In den Kapiteln 4 bis 6 werden die Grundbausteine von Java beschrieben, die Sie kennen müssen, um einen Computer mit Java zu steuern.

Wenn Sie bereits in Visual Basic, C++ oder einer anderen Sprache programmiert haben, werden Ihnen einige Themen in Teil II vertraut sein. Dann können Sie die betreffenden Abschnitte überspringen oder schnell überfliegen – aber bitte nicht zu schnell; denn in einigen Details unterscheidet sich Java von anderen Programmiersprachen, insbesondere bei den Dingen, die in Kapitel 4 beschrieben werden.

Teil III: Ein Überblick über die objektorientierte Programmierung

Teil III enthält einige meiner Lieblingskapitel. In diesem Teil wird der wichtigste Aspekt von Java behandelt: das objektorientierte Programmieren. In diesen Kapiteln erfahren Sie, wie Sie größere Probleme lösen können. (Die Beispiele in diesen Kapiteln sind zwar nicht sehr umfangreich, aber sie enthalten wichtige Konzepte.) In leicht verdaulichen Portionen lernen Sie, Klassen zu entwerfen, vorhandene Klassen wiederzuverwenden und Objekte zu konstruieren.

Haben Sie jemals eines dieser Bücher gelesen, die das objektorientierte Programmieren mit vagen, allgemeinen Begriffen beschreiben? Ich bin sehr stolz darauf, sagen zu können, dass »Java für Dummies« anders ist. In diesem Buch wird jedes Konzept anhand eines einfachen, aber konkreten Programmbeispiels illustriert.

Teil IV: Fortgeschrittene Java-Techniken

Wenn Sie sich mit Java vertraut gemacht haben und tiefer in die Sprache einsteigen wollen, finden Sie in diesem Teil des Buchs das Richtige. In den Kapiteln dieses Teils werden einzelne Aspekte der Sprache beschrieben, die bei einer ersten Einführung unverständlich wären. Wenn Sie die vorangegangenen Teile gelesen und einige eigene Programme geschrieben haben, können Sie Ihre Java-Kenntnisse mit den Themen vertiefen, die in Teil IV präsentiert werden. Insbesondere lernen Sie in diesem Teil auch, wie Sie Ereignisse verarbeiten, Applets erstellen und auf Datenbanken zugreifen können.

Teil V: Der Top-Ten-Teil

Der Top-Ten-Teil ist ein Sammelbehälter für Listen mit Tipps, Ressourcen und nützlichen Dingen aller Art.

Symbole, die in diesem Buch benutzt werden

An den Seitenrändern sehen Sie immer wieder Symbole, die Sie auf besonders wichtige oder bemerkenswerte Dinge hinweisen sollen. Die Symbole haben die folgenden Bedeutungen:

Ein Tipp enthält zusätzliche Informationen, die Ihnen das Arbeiten erleichtern sollen.

Dieses Symbol weist auf Webadressen hin, unter denen Sie nähere Informationen zu einem Thema erhalten können.

Jeder macht Fehler. Dieses Symbol weist Sie auf besonders fehlerträchtige Situationen hin und soll Ihnen helfen, Fehler möglichst zu vermeiden.

Dieses Symbol weist Sie auf Dinge hin, die Sie sich besonders gründlich einprägen sollten.

Dieses Symbol zeigt Informationen an, mit denen Sie Ihr Wissen vertiefen und abrunden können. Die Informationen sollen Ihnen helfen, technischere Java-Bücher zu verstehen, sind aber für das weitere Arbeiten mit diesem Buch nicht erforderlich.

Wie geht es weiter?

Wenn Sie bis hierher gekommen sind, können Sie anfangen, Java zu lernen. Sie sollten mich (den Autor) als Führer, als Gastgeber und als persönlichen Assistenten betrachten. Ich habe alles, was in meiner Macht stand, getan, um den Stoff so interessant und verständlich wie möglich zu gestalten.

Wenn Sie mir Ihre Meinung über dieses Buch mitteilen wollen, können Sie mir eine E-Mail senden. Die E-Mail-Adresse, die speziell für dieses Buch geschaffen wurde, lautet: JavaFor Dummies @ allmycode.com. Außerdem finden Sie auf der Website zu diesem Buch immer wieder neue Aktualisierungen. Die Adresse dieser Site lautet www.allmycode.com/Java ForDummies.

Teil I

Die Grundlagen

The 5th Wave

By Rich Tennant

Arthur hatte sein Mousepad versehentlich gegen ein Hexenbrett vertauscht. Den ganzen Tag schon erhielt er Botschaften aus der Spektralwelt.

DU WIRST DEIN PASSWORT VERGESSEN DEINE FESTPLATTE WIRD ABSTÜRZEN UUUHUUUHUUUUUU!

In diesem Teil ...

Machen Sie sich mit Java vertraut. Lernen Sie, was Java leisten kann und warum Sie Java verwenden sollten (oder nicht). Wenn Sie nur unklare Vorstellungen davon haben, was Java kann, können Sie sich in diesem Teil Klarheit verschaffen. Wenn Sie nicht wissen, wie Sie ein Java-Programm ausführen können, erfahren Sie in diesem Teil alles, was Sie dazu wissen müssen. Vielleicht haben Sie anderen Leuten erzählt, dass Sie ein Java-Experte sind, und suchen jetzt nach einer Möglichkeit, durch einen Bluff aus dieser selbst gestellten Falle herauszukommen. Falls dies der Fall sein sollte, finden Sie in diesem Teil des Buchs einen Schnellkurs in Java (... was nicht heißen soll, dass ich Bluffen gutheiße).

Alles über Java

In diesem Kapitel

▶ Was ist Java?

▶ Wie wurde Java entwickelt?

▶ Warum ist Java so attraktiv?

▶ Wie Sie sich in der objektorientierten Programmierung zurechtfinden können

Ich weiß ja nicht, was Sie von Computern halten, aber für mich sind Computer aus den folgenden beiden einfachen Gründen nützlich:

✔ **Wenn Computer arbeiten, fühlen sie keinen Widerwillen, keinen Stress, keine Langeweile und keine Müdigkeit.** Computer sind unsere elektronischen Sklaven. Mein Computer ist 24/7 (eine übliche Schreibweise, um auszudrücken, dass ein Gerät ohne Unterbrechung rund um die Uhr, also 24 Stunden am Tag, sieben Tage in der Woche arbeitet) damit beschäftigt, Berechnungen für SETI @ home, der Suche nach außerirdischer Intelligenz, auszuführen. Habe ich Mitleid mit meinem Computer, weil er so hart arbeitet? Beklagt sich der Computer? Geht der Computer vor das Arbeitsgericht? Nein.

Es ist ganz einfach: Ich gebe Befehle, und der Computer gehorcht. Habe ich dabei Schuldgefühle? Nicht die geringsten. Sollte ich welche haben? Absolut nicht.

✔ **Computer bewegen Daten, nicht Papier.** Vor nicht allzu langer Zeit wurden Nachrichten noch von berittenen Boten über größere Entfernungen transportiert. Die Nachrichten wurden auf Papier, Pergament, eine Tontafel oder ein anderes physisches Medium geschrieben, das zur jeweiligen Zeit gebräuchlich war.

Heute betrachten wir diesen Prozess als eine große Verschwendung von Ressourcen, aber das liegt nur daran, dass wir am Anfang des elektronischen Zeitalters stehen. Der Schlüssel liegt darin, dass Nachrichten Daten sind, die nicht an bestimmte physische Medien wie Tinte, Papier und Pferde gebunden sind. Medien sind nur temporäre Träger dieser Daten, doch die Daten selbst sind nicht mit den Datenträgern identisch.

Das Schöne an Computern ist, dass sie Daten effizient übertragen. Die Datenträger bestehen aus Elektronen und/oder Lichtimpulsen in Kabelnetzen sowie aus elektromagnetischen Wellen in Funknetzen, ohne dass Gegenstände physisch bewegt werden müssten.

Wenn Sie den Datenfluss unter diesem Aspekt betrachten, verschwindet plötzlich der gesamte physische Ballast: Statt Bäume zu fällen, Papier zu produzieren, Gedanken mit Tinte oder Druckerschwärze auf dem Papier festzuhalten, dieses dann zu transportieren usw., werden Gedanken als Daten elektronisch erfasst, gespeichert und übertragen. Der Prozess läuft sehr viel schneller ab, und es wird möglich, viel mehr und viel komplexere Dinge zu tun, als es mit den früheren Verfahren möglich gewesen wäre.

Was leistet Java?

Es wäre schön, wenn diese ganze Komplexität kostenlos wäre; leider ist dies nicht der Fall. Zunächst muss jemand gründlich nachdenken und genau festlegen, was der Computer tun soll. Danach muss jemand die Befehle schreiben, die der Computer ausführen soll.

Beim jetzigen Stand des technischen Wissens ist es nicht möglich, einem Computer Befehle in einer natürlichen Sprache (Deutsch, Englisch usw.) zu geben. In der Science-Fiction gibt es zahlreiche Geschichten von Leuten, die Robotern einfache Befehle geben und damit unerwartete, katastrophale Folgen auslösen. Deutsch und andere natürliche Sprachen eignen sich aus mehreren Gründen nicht für die Kommunikation mit Computern:

✔ **Ein deutscher Satz kann mehrdeutig sein.** »Zerkaue eine Woche lang eine Tablette dreimal am Tag.«

✔ **Es ist schwierig, einen sehr komplizierten Befehl in Deutsch zu formulieren.** »Verbinden Sie den Flansch A mit der Ausbuchtung B. Achten Sie darauf, nur die äußere Nase von Flansch A in die größere Vertiefung der Ausbuchtung B einzupassen, während Sie die mittlere und die innere Nase in die Vertiefung C einführen.«

✔ **Ein deutscher Satz enthält viel Ballast.** »Ein Satz enthält überflüssige Wörter.«

✔ **Es ist nicht immer leicht, deutsche Sätze zu verstehen.** »Als Teil dieser Verlagsvereinbarung zwischen John Wiley & Sons, Inc. (»Wiley«) und dem Autor (»Barry Burd«) wird Wiley für die Teillieferung von *Java For Dummies, 5. Auflage* (»das Werk«) die Summe von eintausendzweihundertsiebenundfünfzig Dollar und dreiundsechzig Cents ($1257,63) an den Autor zahlen.«

Um einem Computer mitzuteilen, was er tun soll, müssen Sie eine spezielle Sprache verwenden und in dieser Sprache knappe, eindeutige Anweisungen schreiben. Eine solche Sprache wird als *Programmiersprache* bezeichnet. Die Anweisungen, die in einer solchen Sprache geschrieben werden, werden als *Programm* bezeichnet. Eine Gesamtheit solcher Anweisungen wird auch als *Software* oder *Code* bezeichnet. Beispielsweise könnte der Code für eine Zahlung an den Autor in Java folgendermaßen aussehen:

```
class PayBarry {
    public static void main(String args[]) {
        double checkAmount = 1257.63;
        System.out.print("Zahlen Sie dem Empfänger ");
        System.out.print("Dr. Barry Burd ");
        System.out.print("$");
        System.out.println(checkAmount);
    }
}
```

Warum sollten Sie Java verwenden?

Zeit zum Feiern! Sie haben zu diesem Buch gegriffen und lesen gerade Kapitel 1. Wenn Sie so weitermachen, werden Sie in kürzester Zeit ein Experte in der Java-Programmierung sein; deshalb können Sie in Erwartung Ihres künftigen Erfolgs eine große Party feiern.

Um die Party vorzubereiten, werde ich einen Kuchen backen. Da ich faul bin, werde ich eine fertige Backmischung verwenden. Mal sehen ... rühren Sie die Mischung in Wasser ein, fügen Sie Butter und Eier hinzu ... halt, einen Moment! Ich habe gerade einen Blick auf die Zutatenliste geworfen. Was ist E466? Und warum steht hier Propylenglykol? Wird das nicht in Kühlschränken verwendet?

Ich werde den Kuchen lieber ganz selber backen. Sicher – das ist etwas schwieriger, aber dann bekomme ich genau das, was ich will.

Computerprogramme funktionieren auf dieselbe Weise. Sie können das Programm eines anderen Programmierers verwenden, oder Sie können das Programm selbst schreiben. Wenn Sie auf Programme eines anderen Programmierers zurückgreifen, können Sie nur das verwenden, was Sie bekommen. Wenn Sie ein eigenes Programm schreiben, können Sie dieses genau auf Ihre Anforderungen zuschneiden.

Das Erstellen von Software ist ein großer, weltweiter Wirtschaftszweig, in dem Firmen, Freiberufler, Hobbyisten und andere Menschen tätig sind. Ein typisches Großunternehmen verfügt über Teams, Abteilungen und Fachbereiche, die Programme für das Unternehmen schreiben. Als Einzelperson können Sie Programme für sich selbst oder für andere Personen schreiben, um Ihren Lebensunterhalt zu verdienen oder weil Sie Spaß daran haben. Täglich werden viele Millionen Zeilen von Code geschrieben. Fast alles, was mit einem Computer getan werden kann, können Sie – die entsprechende Zeit vorausgesetzt – selbst programmieren. (Natürlich kann die »entsprechende Zeit« sehr lang sein, aber darum geht es nicht. Viele interessante und nützliche Programme können in Stunden oder sogar Minuten geschrieben werden.)

Java im Rahmen der historischen Entwicklung

Die folgende Liste gibt einen kurzen Überblick über die Programmierung von Computern:

✔ **1954–1957: FORTRAN wird entwickelt.**

FORTRAN (FORmula TRAnslator) war die erste moderne Programmiersprache. Die Sprache eignet sich speziell zum Schreiben wissenschaftlicher Programme. Und FORTRAN schafft es ganz an die Spitze. Jahr für Jahr zählt FORTRAN bei Computerprogrammierern auf der ganzen Welt zu den führenden Programmiersprachen.

✔ **1959: COBOL wird entwickelt.**

COBOL (Common Business Oriented Language) wurde speziell für geschäftliche Anwendungen geschaffen. Die Hauptfunktion dieser Sprache besteht darin, größere Mengen gleichartiger Geschäftsdaten (Datensätze, wie beispielsweise Kunden- oder Artikeldaten) effizient zu verarbeiten.

Innerhalb weniger Jahre entwickelte sich COBOL zur gebräuchlichsten Sprache für die geschäftliche Datenverarbeitung. Selbst heute arbeitet noch ein großer Teil der Software-Branche mit COBOL.

✔ **1972: Dennis Ritchie entwickelt in den Bell-Laboratorien von AT&T die Programmiersprache C.**

Das Look&Feel der Beispiele in diesem Buch stammt von der Programmiersprache C. C-Code verwendet geschweifte Klammern, if-Befehle, for-Befehle usw.

Im Hinblick auf ihre Leistungsstärke ist die Programmiersprache C zum Lösen derselben Probleme geeignet wie FORTRAN, Java oder andere moderne Programmiersprachen. (Man könnte auch in COBOL ein Programm für wissenschaftliche Berechnungen schreiben, aber es wäre etwas umständlich, COBOL zu diesem Zweck zu verwenden.) Der Unterschied zwischen Programmiersprachen besteht nicht darin, wie leistungsstark sie sind, sondern darin, wie gut sie sich zur Lösung bestimmter Probleme eignen und wie leicht sie einzusetzen sind. Gerade die letzte Eigenschaft ist bei Java stark ausgeprägt.

✔ **1986: Bjarne Stroustrup entwickelt (ebenfalls in den Bell-Laboratorien von AT&T) die Programmiersprache C++.**

Im Gegensatz zu ihrer Vorgängerin C unterstützt die Sprache C++ das objektorientierte Programmieren. Das war ein riesiger Fortschritt. (Lesen Sie dazu den nächsten Abschnitt dieses Kapitels.)

✔ **23. Mai 1995: Sun Microsystems veröffentlicht die erste offizielle Version der Programmiersprache Java.**

Java verbessert die Konzepte von C++. Die Java-Philosophie des »Write Once, Run Anywhere« (einmal schreiben, überall ausführen) macht die Sprache zu einem idealen Werkzeug für das Entwickeln von Code, der über das Internet verteilt werden soll.

Außerdem ist Java eine großartige Allzweck-Programmiersprache. Mit Java können Sie fensterbasierte Anwendungen schreiben, Datenbanken erstellen und nutzen, Handheld-Computer steuern und andere Aufgaben lösen. Innerhalb von nur fünf Jahren entschieden sich weltweit 2,5 Millionen Entwickler für Java.

✔ **November 2000: Die Vereinigung amerikanischer Colleges (das College Board) kündigt an, dass ab 2003 die Examina für die Vergabe von Studienplätzen für ein Informatikstudium in Java stattfinden werden.**

Was glauben Sie wohl, welche Sprache die Schüler seitdem in der Schule lernen? Java natürlich.

✔ **2002: Microsoft führt eine neue Sprache namens C# ein.**

Viele Funktionsmerkmale der Sprache C# leiten sich direkt von Funktionsmerkmalen von Java ab.

✔ **Juni 2004: Sys-Con Media meldet, dass die Nachfrage nach Java-Programmierern die Nachfrage nach C++-Programmierern um 50 Prozent übersteigt.** (Quelle: java.sys-con.com/node/48507)

Und das war noch nicht alles! Die Nachfrage nach Java-Programmierern übertrifft die Nachfrage nach C++- und C#-Programmierern zusammen um 8 Prozent. Und die Nachfrage nach Java-Programmierern im Vergleich zu der Nachfrage nach VB-Programmierern (Visual Basic) beträgt sagenhafte 190 Prozent.

✔ **Januar 2010: Oracle Corporation kauft Sun Microsystems und nimmt damit die Java-Technologie in die Oracle-Produktfamilie auf.**

✔ **Juni 2010: Die eWeek führt Java in ihren »Top 10 Programmiersprachen, die Sie beherrschen sollten, um einen Job zu finden«.** (Quelle: `www.eweek.com/c/a/Application-Development/Top-10-Programming-Languages-to-Keep-You-Employed-719257/`)

✔ **Mai 2011: Java läuft auf mehr als 1,1 Milliarden Desktop-Computern.** (Quelle: `java.com/en/about/`)

Java läuft auf 3 Milliarden Mobiltelefonen. Die Java-Technologie sorgt für die interaktiven Funktionen aller Blu-ray-Geräte. Java ist laut dem TIOBE Programming Community Index die beliebteste Programmiersprache. (Quelle: `www.tiobe.com/index.php/content/paperinfo/tpci/`)

Objektorientierte Programmierung (OOP)

Es ist drei Uhr morgens. Ich träume von dem Geschichtskurs, den ich auf der Highschool vergeigt habe. Der Lehrer schreit mich an: »Du hast noch zwei Tage Zeit, um für die Abschlussprüfung zu lernen, aber das wirst du vergessen. Du wirst es einfach vergessen und dich schuldig, schuldig und nochmals schuldig fühlen.«

Plötzlich klingelt das Telefon. Ich schrecke aus einer Tiefschlafphase hoch. (Sicher – der Traum über meinen Geschichtskurs war nicht angenehm, aber aufgeweckt zu werden, ist noch unangenehmer.) Zunächst lasse ich den Telefonhörer fallen. Nachdem ich ihn endlich wiedergefunden habe, grummle ich: »Hallo, wer da?« Eine Stimme antwortet: »Ich bin Reporter bei *The New York Times*. Ich schreibe einen Artikel über Java und muss alles über diese Programmiersprache wissen. Können Sie sie mir in fünf oder weniger Worten erklären?«

Ich bin zu schläfrig und kann nicht denken. Deshalb sage ich irgendetwas, das mir in den Sinn kommt; dann gehe ich wieder schlafen.

Am nächsten Morgen erinnere ich mich kaum an das Gespräch mit dem Reporter. Tatsächlich weiß ich nicht mehr, wie ich seine Frage beantwortet habe. Habe ich dem Reporter gesagt, was er mit seinem Artikel über Java tun könne?

Ich ziehe meinen Morgenmantel an und gehe zum Briefkasten vor meinem Haus. Als ich die Morgenzeitung in die Hand nehme, fällt mein Blick auf eine riesige Schlagzeile:

Burd nennt Java »eine großartige objektorientierte Sprache«

Java ist objektorientiert. Was bedeutet das? Im Gegensatz zu Sprachen wie FORTRAN, deren Schwerpunkt darauf liegt, dem Computer Anweisungen der Form »Tue dies/tue das« zu geben, konzentrieren sich objektorientierte Sprachen auf Daten. Natürlich sagen auch objektorientierte

Programme dem Computer, was er tun soll. Sie beginnen jedoch damit, die Daten zu organisieren; die Befehle kommen später.

Objektorientierte Sprachen sind besser als »Tue dies/tue das«-Sprachen, weil sie Daten so organisieren, dass sie auf vielfältige Art verwendet werden können. Um die Daten zu verändern, können Sie auf dem aufbauen, was Sie bereits haben, statt Ihre vorherige Arbeit zu verwerfen und jedes Mal von vorne anzufangen, wenn Sie etwas Neues machen. Obwohl Computerprogrammierer im Allgemeinen recht intelligent sind, brauchten sie eine Weile, um dieses Verfahren zu entwickeln. Wenn Sie Näheres über die historische Entwicklung wissen wollen, sollten Sie den Kasten »Der verschlungene Weg von FORTRAN bis Java« lesen. (Sie müssen aber kein Schuldgefühl haben, wenn Sie ihn überspringen.)

Der verschlungene Weg von FORTRAN bis Java

In der Mitte der 50er-Jahre des 20. Jahrhunderts wurde eine Programmiersprache namens FORTRAN entwickelt. FORTRAN war eine gute Sprache, aber sie basierte auf der Idee, dem Computer direkte Anweisungen zu geben: »Computer, tue dies und dann tue das.« (Natürlich waren die Befehle in einem richtigen FORTRAN-Programn viel genauer als »tue dies« oder »tue das«.)

In den folgenden Jahren wurden viele weitere Computersprachen entwickelt, die das »Tue dies/tue das«-Modell von FORTRAN kopierten, unter anderem auch die Programmiersprache C. Natürlich gab es auch Abweichler, die aus diesem »Tue dies/tue das«-Lager ausbrachen. In Sprachen namens SIMULA und SmallTalk verlagerten Programmierer die imperativen »Tue dies«-Befehle in den Hintergrund und konzentrierten sich auf die Beschreibungen der Daten. In diesen Sprachen sagten Sie nicht einfach: »Drucke ein Liste der überzogenen Konten.« Stattdessen sagten Sie zunächst: »Das ist unter einem Konto zu verstehen. Ein Konto hat einen Namen und einen Saldo.« Dann sagten Sie: »So musst du vorgehen, um ein Konto zu fragen, ob es überzogen ist.« Plötzlich standen die Daten im Mittelpunkt. Ein Konto war ein Ding mit einem Namen, einem Saldo und einer Methode, mit der es mitteilen konnte, ob es überzogen war.

Sprachen, die sich zunächst auf die Daten konzentrieren, werden als *objektorientierte* Programmiersprachen bezeichnet. Diese objektorientierten Programmiersprachen sind hervorragende Programmierwerkzeuge. Dies sind die Gründe:

✔ Zuerst über die Daten nachzudenken, zeichnet einen guten Computerprogrammierer aus.

✔ Sie können die Beschreibungen von Daten erweitern und für verschiedene Zwecke wiederverwenden. Wenn Sie dagegen versuchen, die Arbeitsweise eines alten FORTRAN-Programms zu ändern, zeigen die alten Programme, wie brüchig sie sind. Sie funktionieren nicht mehr.

In den 70er-Jahren wurden objektorientierte Sprachen wie SIMULA und SmallTalk durch Artikel in Fachzeitschriften für Computerhobbyisten populär gemacht. Inzwischen vermehrten sich Sprachen, die auf dem alten FORTRAN-Modell basierten, wie Kaninchen.

Im Jahre 1986 entwickelte Bjarne Stroustrup eine Sprache namens C++. Die C++-Sprache verbreitete sich rasch, weil sie eng an die alte C-Sprache angelehnt war und zusätzlich die Möglichkeit der objektorientierten Programmierung bot. Viele Unternehmen gaben die alte FORTRAN/C-Programmierung auf und machten C++ zu ihrer Standardprogrammiersprache.

Aber C++ hatte einen Mangel. In C++ ist es möglich, alle objektorientierten Funktionen zu missachten und Programme in dem alten FORTRAN/C-Programmierstil zu schreiben. Wenn Sie ein Buchhaltungsprogramm in C++ schreiben wollten, standen Sie vor einer grundlegenden Entscheidung:

✔ Sie konnten damit anfangen, »Tue dies«-Befehle für den Computer zu schreiben, und ihn anweisen, eine Liste der überzogenen Konten zu drucken.

✔ Sie konnten einen objektorientierten Ansatz wählen und mit der Beschreibung beginnen, was es heißt, ein Konto zu sein.

Einige Leute waren der Auffassung, dass C++ das Beste aus beiden Welten kombinierte. Andere meinten dagegen, dass die erste Welt (die Welt von FORTRAN und C) in einer modernen Programmiersprache nichts zu suchen hätte. Die Wahlmöglichkeit würde Programmierer zu oft dazu verleiten, beim Codieren den falschen Weg zu wählen.

Deshalb schuf James Gosling von Sun Microsystems im Jahre 1995 die Sprache *Java*. Von der Syntax her lehnte er sich an das Look&Feel von C++ an, verzichtete aber auf die meisten alten prozeduralen Funktionen von C++. Dann fügte er Funktionen hinzu, die es leichter machten, Objekte zu entwickeln. Alles in allem schuf Gosling eine Sprache, die eine reine und klare objektorientierte Philosophie zum Ausdruck bringt. Wenn Sie in Java programmieren, müssen Sie mit Objekten arbeiten. Und so sollte es auch sein!

Objekte und ihre Klassen

In einer objektorientierten Sprache werden Daten mithilfe von Objekten und Klassen organisiert.

Nehmen wir an, Sie wollten ein Computerprogramm entwickeln, um den Bau der Häuser in einer neuen Siedlung zu verwalten. Die Häuser der Siedlung unterscheiden sich nur geringfügig voneinander. Jedes Haus hat eine bestimmte Außenfarbe, einen bestimmten Innenanstrich, einen bestimmten Einrichtungsstil für die Küche usw. In Ihrem objektorientierten Computerprogramm wird jedes Haus durch ein Objekt repräsentiert.

Objekte sind jedoch nicht alles. Obwohl sich die Häuser geringfügig unterscheiden, werden alle Häuser mit denselben Eigenschaften beschrieben. Beispielsweise verfügt jedes Haus über die Eigenschaft *Außenfarbe* oder die Eigenschaft *Küchenstil*. Deshalb benötigen Sie in Ihrem objektorientierten Programm ein Konstrukt, mit dem Sie alle Eigenschaften zusammenfassen können, die ein Hausobjekt besitzen kann. Dieses Konstrukt, das diese Eigenschaften enthält, wird als *Klasse* bezeichnet.

Meiner Meinung nach ist die Bezeichnung _objektorientierte Programmierung_ unvollständig. Man sollte besser vom _Programmieren mit Klassen und Objekten_ sprechen.

Beachten Sie, dass ich das Wort _Klassen_ zuerst genannt habe. Warum? Betrachten wir noch einmal das Siedlungsprojekt: Irgendwo auf der Baustelle befindet sich in einem kleinen Büro die Blaupause des Architekten. Eine Blaupause entspricht einer Klasse eines objektorientierten Programms. Eine Blaupause enthält eine Liste der Eigenschaften, die jedes Haus hat. Das Verhältnis zwischen der Blaupause und einem konkreten Haus ist das zwischen einer allgemeinen Eigenschaft und einer speziellen Ausprägung dieser Eigenschaft: Die Blaupause enthält die Eigenschaft _Außenfarbe_, und das konkrete Hausobjekt hat eine graue Außenfarbe. Die Blaupause enthält die Eigenschaft _Küchenstil_, und das konkrete Hausobjekt verfügt über Louis-XIV-Küchenschränke.

Die Analogie endet nicht mit Auflistungen von Eigenschaften. Es gibt noch eine weitere wichtige Parallele zwischen Blaupausen und Klassen. Ein Jahr, nachdem Sie die Blaupause erstellt haben, können Sie diese nutzen, um zehn weitere Häuser zu bauen. Dasselbe gilt für Klassen und Objekte. Als Erstes schreibt der Programmierer den Code, der eine Klasse beschreibt. Und sobald das Programm läuft, erstellt der Computer Objekte aus der Klasse (die hier als Blaupause dient).

Klassen und Objekte stehen also in der folgenden Beziehung zueinander: Der Programmierer definiert eine Klasse, und der Computer benutzt die Klassendefinition, um einzelne Objekte (Exemplare) dieser Klasse zu erstellen.

Welche Vorteile bietet eine objektorientierte Sprache?

Wir wollen das Siedlungsbeispiel des vorangegangenen Abschnitts noch etwas ausbauen: Nehmen wir an, dass Sie bereits ein Computerprogramm geschrieben haben, um die Bauanweisungen für Häuser einer neuen Siedlung zu verwalten. Dann entscheidet der oberste Chef, dass der Bauplan geändert werden soll – die Hälfte der Häuser soll drei, die andere Hälfte vier Schlafzimmer haben.

Wenn Sie ein altes Computerprogramm im Stil von FORTRAN/C benutzen, würden Ihre Anweisungen beispielsweise wie folgt lauten:

```
Hebe die Baugrube aus.
Befestige die Seitenwände der Grube mit Beton.
Ziehe die Kellerwände hoch.
...
```

Eine solche Vorgehensweise würde einem Architekten entsprechen, der eine lange Liste von Anweisungen anstelle einer Blaupause erstellt. Um einen solchen Plan zu ändern, müssten Sie die Liste durchsuchen, um die Anweisungen für den Bau der Schlafzimmer zu finden. Die Sache wird noch dadurch erschwert, dass die Anweisungen über die Seiten 234, 324, 287, 394–410, 739, 10 und 2 verstreut sein könnten. Wenn der Baustellenleiter die komplizierten Anweisungen anderer Leute entziffern müsste, wäre die Aufgabe noch schwieriger.

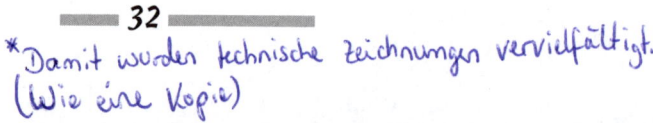

*Damit wurden technische Zeichnungen vervielfältigt.
(Wie eine Kopie)

Wenn Sie jedoch mit einer Klasse beginnen, entspricht dies dem Arbeiten mit einer Blaupause. Wenn jemand entscheidet, sowohl Häuser mit drei als auch mit vier Schlafzimmern zu bauen, können Sie mit einer Blaupause namens *Haus-Blaupause* beginnen, die über ein Erdgeschoss und eine erste Etage verfügt, aber auf der ersten Etage keine Innenwände enthält. Dann erstellen Sie zwei weitere Blaupausen für die erste Etage – die eine für das Haus mit drei, die andere für das Haus mit vier Schlafzimmern. (Die neuen Blaupausen erhalten die Namen *Drei-Schlafzimmer-Haus-Blaupause* und *Vier-Schlafzimmer-Haus-Blaupause*.)

Ihre Kollegen aus dem Baugewerbe staunen über Ihr logisches Vorgehen, haben aber noch einige Bedenken:»Wie können Sie eine Blaupause als *Drei-Schlafzimmer-Haus-Blaupause* bezeichnen, wenn die Blaupause nur für die erste Etage und nicht für ein ganzes Haus bestimmt ist?«

Diese Frage haben Sie erwartet und antworten:»Die Blaupause für das Haus mit den drei Schlafzimmern kann einen Vermerk enthalten, der besagt, dass sich die Informationen über die anderen Geschosse in der ursprünglichen *Haus-Blaupause* befinden. Auf diese Weise kann die Blaupause für das Haus mit den drei Schlafzimmern ein ganzes Haus beschreiben. Die Blaupause für das Haus mit den vier Schlafzimmern kann den gleichen Vermerk enthalten. Auf diese Weise ist es möglich, auf die Arbeit zurückzugreifen, die bereits geleistet wurde, um die ursprüngliche Haus-Blaupause zu erstellen, und dadurch sehr viel Geld zu sparen.«

In der Sprache der objektorientierten Programmierung *erben* die Klassen für das Haus mit den drei bzw. den vier Schlafzimmern die Funktionen der ursprünglichen Haus-Klasse. Man kann auch sagen, dass die Klassen für das Haus mit den drei bzw. den vier Schlafzimmern die ursprüngliche Haus-Klasse *erweitern* (siehe Abbildung 1.1).

Die ursprüngliche Haus-Klasse wird als *übergeordnete Klasse* der Drei- und Vier-Schlafzimmer-Haus-Klassen bezeichnet. Umgekehrt gelten die Drei- und Vier-Schlafzimmer-Haus-Klassen als *untergeordnete Klassen* der ursprünglichen Haus-Klasse. Anders ausgedrückt: Die ursprüngliche Haus-Klasse ist die *Oberklasse*, *Parent-Klasse* oder *Elternklasse* der Drei- und Vier-Schlafzimmer-Haus-Klassen; und umgekehrt sind die Drei- und Vier-Schlafzimmer-Haus-Klassen die *Unterklassen* oder *Child-Klassen* oder *Kindklassen* der ursprünglichen Haus-Klasse (siehe Abbildung 1.1).

Natürlich sind Ihre Kollegen neidisch und wollen mehr über Ihre großartigen Ideen erfahren. Da lassen Sie noch eine Bombe platzen:»Indem wir eine Klasse mit Unterklassen erstellen, können wir die Blaupause auch in Zukunft wiederverwenden. Wenn jemand ein Fünf-Schlafzimmer-Haus haben möchte, können wir unsere ursprüngliche Haus-Blaupause erweitern, indem wir zusätzlich eine Fünf-Schlafzimmer-Haus-Blaupause erstellen. Wir müssen nie wieder Geld für eine Blaupause des ursprünglichen Hauses ausgeben.«

»Aber«, sagt ein Kollege in der hinteren Reihe, »was passiert, wenn jemand im Erdgeschoss einen anderen Grundriss haben will? Werfen wir dann die ursprüngliche Haus-Blaupause weg oder fangen wir an, die ursprüngliche Blaupause zu ändern? Das wird teuer, nicht wahr?«

Selbstsicher antworten Sie:»Wir müssen die ursprüngliche Haus-Blaupause nicht ändern. Wenn jemand in seinem Wohnzimmer einen Whirlpool haben will, können wir eine neue, kleine Blaupause erstellen, die nur das neue Wohnzimmer beschreibt, und sie als *Whirlpool-im-Wohnzimmer-Haus-Blaupause* bezeichnen. Wenn es um den Rest des Hauses (der nicht

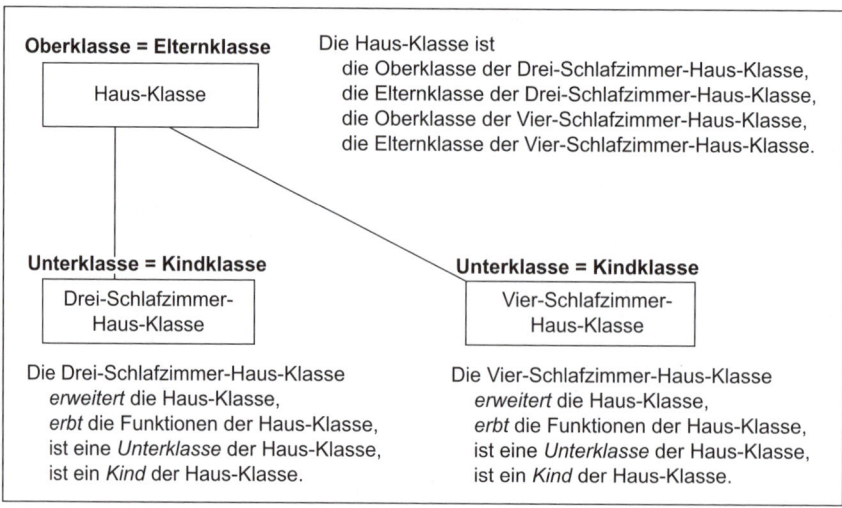

Abbildung 1.1: Terminologie beim objektorientierten Programmieren

zum Wohnzimmer gehört) geht, kann diese neue Blaupause auf die ursprüngliche Haus-Blaupause verweisen.« In der Sprache der objektorientierten Programmierung *erweitert* auch die Whirlpool-im-Wohnzimmer-Haus-Blaupause die ursprüngliche Haus-Blaupause. Auch die Whirlpool-Blaupause ist eine Unterklasse der ursprünglichen Haus-Blaupause. Tatsächlich sind auch die Bezeichnungen *übergeordnete Klasse*, *Elternklasse* und *Kindklasse* anwendbar. Das einzig Neue ist, dass die Whirlpool-Blaupause die Wohnzimmerfunktionen in der ursprünglichen Haus-Blaupause *überschreibt*.

Vor dem Aufkommen der objektorientierten Sprachen befand sich die Software-Entwicklung in einer Krise. Programmierer schrieben Code, entdeckten neue Anforderungen und mussten dann den Code verwerfen und von Grund auf neu anfangen. Dies passierte immer wieder, weil die Programmierer den Code, den sie bereits geschrieben hatten, nicht wiederverwenden konnten. Die objektorientierte Programmierung löste dieses Problem weitgehend (und wie Burd sagte, ist Java »eine großartige objektorientierte Sprache«.

Das Verständnis von Klassen und Objekten vertiefen

Wenn Sie in Java programmieren, arbeiten Sie permanent mit Klassen und Objekten. Diese beiden Begriffe sind wirklich wichtig. Deshalb präsentiere ich Ihnen in diesem Kapitel so viele Analogien zu Klassen und Objekten.

Schließen Sie die Augen, und stellen Sie sich für einen Moment einen Stuhl vor …

Ein Stuhl verfügt über eine Sitzfläche, eine Lehne und Beine. Die Sitzfläche hat eine Form, eine Farbe, eine Polsterung usw. Dabei handelt es sich um Eigenschaften eines Stuhls. Was ich gerade beschrieben habe, macht das Wesen oder den Inbegriff eines Stuhls aus. Übertragen in die Terminologie der objektorientierten Programmierung bedeutet dies, dass ich die Stuhl-Klasse beschrieben habe.

Wenn Sie sich umschauen, sehen Sie möglicherweise mehrere Stühle. (Falls nicht, stellen Sie sich einfach mehrere Stühle vor.)

Im Raum befinden sich mehrere Stühle und jeder Stuhl ist ein Objekt. Jedes dieser Objekte ist ein Exemplar des ungreifbaren Dings, das wir als Stuhl-*Klasse* bezeichnen. Philosophisch gesprochen repräsentiert die Klasse die Idee der »Stuhlheit« oder das »Wesen des Stuhls«, während jeder einzelne Stuhl ein Objekt ist.

 Eine Klasse ist keine Sammlung von Dingen, sondern gewissermaßen der Begriff eines bestimmten Gegenstands. Wenn von der Klasse der Stühle in Ihrem Zimmer die Rede ist, geht es um die Tatsache, dass jeder Stuhl über Beine, eine Sitzfläche, Farben usw. verfügt. Die Stühle mögen sich farblich unterscheiden, aber das spielt keine Rolle. Wenn von einer Klasse von Dingen die Rede ist, geht es um die Eigenschaften, die alle Dinge dieser Klasse besitzen.

Ein Objekt kann als konkretes Exemplar einer Klasse betrachtet werden. In der Terminologie der objektorientierten Programmierung hat sich dafür auch die Bezeichnung *Instanz einer Klasse* eingebürgert. Wenn Sie ein Java-Programm schreiben, in dem Sie eine Stuhl-Klasse definieren, wird jeder konkrete Stuhl (der Stuhl, auf dem Sie sitzen, der leere Stuhl, der neben Ihnen steht usw.) als eine *Instanz* der Stuhl-Klasse bezeichnet.

Das folgende Beispiel zeigt eine weitere Variante, über Klassen nachzudenken. Nehmen wir an, dass Sie über drei Bankkonten verfügen (siehe Tabelle 1.1).

Kontonummer	Typ	Saldo
1613154228	Girokonto	174,87
1011123421	Kreditkonto	-471,03
1617238133	Sparkonto	247,38

Tabelle 1.1: Eine Tabelle mit Konten

Betrachten Sie die Zeile mit den Spaltenüberschriften der Tabelle als eine Klasse und jede andere Zeile der Tabelle als ein Objekt. Die Spaltenüberschriften der Tabelle beschreiben die Konto-Klasse.

Danach verfügt jedes Konto über eine Kontonummer, einen Typ und einen Saldo. Oder in der Terminologie der objektorientierten Programmierung: Jedes Objekt in der Konto-Klasse (das heißt, jede Instanz der Konto-Klasse) hat eine Kontonummer, einen Typ und einen Saldo. Beispielsweise zeigt die untere Tabellenzeile ein Objekt mit der Kontonummer *1617238133*, dem Typ *Sparkonto* und dem Saldo *247,38*. Wenn Sie ein neues Konto eröffnen würden, würden Sie über ein weiteres Objekt verfügen, und die Tabelle würde um eine Zeile wachsen. Das neue Objekt wäre eine Instanz derselben Konto-Klasse.

Wie geht es weiter?

Dieses Kapitel enthält viele allgemeine Beschreibungen von Dingen. Eine allgemeine Beschreibung ist angebracht, wenn Sie gerade anfangen, aber die Dinge noch nicht wirklich verstehen, bis Sie einige spezielle Einzelheiten kennengelernt haben. Deshalb befassen wir uns in den folgenden Kapiteln zunächst mit den speziellen Einzelheiten.

Bitte blättern Sie deshalb weiter. Das nächste Kapitel wartet schon auf Sie.

Alles über die Software

In diesem Kapitel

▶ Die verschiedenen Aufgaben der Software-Entwicklungswerkzeuge verstehen

▶ Die für Sie am besten geeignete Java-Version auswählen

▶ Die Entwicklung und Ausführung von Java-Programmen vorbereiten

Die beste Methode, Java zu erlernen, besteht darin, mit Java zu arbeiten. Mit Java zu arbeiten heißt, selbst Java-Programme zu schreiben, zu testen und auszuführen. In diesem Kapitel werden Sie auf diese Arbeit vorbereitet, indem die *allgemeine* Software-Umgebung beschrieben wird – die Software, die Sie auf Ihrem Computer brauchen, egal ob Sie unter Windows, Mac, Linux oder Ihrem ganz privaten Betriebssystem arbeiten. Das Kapitel bietet *keine* Anleitung für die spezifische Einrichtung unter Windows, Mac oder irgendeinem anderen System; die Installation ist allerdings auch meist selbsterklärend.

 Falls Sie sich trotzdem systemspezifische Anweisungen zur Einrichtung der Umgebung wünschen, finden Sie diese auf der Website zu diesem Buch, `www.allmycode.com/JavaForDummies` (leider nur auf Englisch).

Anweisungen für den Schnellstart

Wenn Sie über ausreichend viel Erfahrung mit Computern und ihrer Programmierung mitbringen (was immer das heißen mag), und wenn Sie nicht erst alle möglichen detaillierten Anweisungen von der Website zum Buch abrufen wollen, können Sie auch versuchen, die erforderliche Software nach den allgemeinen Anweisungen in diesem Abschnitt zu installieren. Die Anweisungen funktionieren für viele, aber nicht für alle Computer. Außerdem enthält der Abschnitt keine detaillierten Beschreibungen der notwendigen Schritte, keine Problemlösungen und keine Ratschläge, was zu tun ist, falls etwas nicht funktioniert wie vorgesehen.

Um Ihren Computer auf die Entwicklung von Java-Programmen vorzubereiten, gehen Sie wie folgt vor:

1. **Java 7:** `www.oracle.com/technetwork/java/javase/downloads/jdk-7u2-down load-1377129.html`

   Klicken Sie auf ACCEPT LICENCE AGREEMENT, wählen Sie die für Ihr System geeignete JDK-Version aus (für Windows 32 bit z.B. *jdk-7u2-windows-i586*) und folgen Sie den Anweisungen, um Java herunterzuladen und zu installieren.

2. **Eclipse:** `www.eclipse.org/downloads/`

   Wählen Sie die *Eclipse IDE for Java Developers* und folgen Sie den Anweisungen, um Eclipse herunterzuladen und zu installieren.

 Das JDK 7 und Eclipse Indigo finden Sie auch auf der beiliegenden CD-ROM.

3. Testen Sie Ihre installierte Software.

- Starten Sie Eclipse.

- Legen Sie in Eclipse ein neues Java-Projekt an. (Wie das und das Anlegen und Verändern von Klassen geht, zeige ich Ihnen in Kapitel 3.)

- Erstellen Sie in dem Java-Projekt eine neue Java-Klasse namens `Displayer`.

- Bearbeiten Sie die neue Datei `Displayer.java`, indem Sie den Code aus Listing 3.1 (erstes Code-Listing in Kapitel 3) eintragen. Geben Sie den Code in das Editorfeld von Eclipse ein.

- Führen Sie `Displayer.java` aus, sodass Sie bei der Ausführung `Sie werden Java lieben!` erhalten.

Das war alles! Falls Sie befürchten, dass Ihnen diese grundlegenden Anweisungen nicht ausreichen, gibt es mehrere Möglichkeiten:

1. Probieren Sie es einfach aus.

Es kann nichts Schlimmes passieren, wenn Sie es ausprobieren. Wenn Sie versehentlich die falsche Software installieren, können Sie diese wahrscheinlich auch einfach dort belassen. Wenn Sie nicht sicher sind, ob Sie die Software korrekt installiert haben, können Sie immer wieder auf die Anweisungen auf meiner Website zurückkommen.

2. Besuchen Sie die Website zum Buch.

Auf meiner Website `www.allmycode.com/JavaForDummies` beschreibe ich detaillierter, wie Sie beim Einrichten Ihres Systems vorgehen müssen, die Beschreibungen dort sind jedoch auf Englisch.

3. Schicken Sie mir Ihre Fragen (auf Englisch) per E-Mail an `JavaForDummies@allmy code.com`.

Ich erhalte gerne E-Mails von Lesern!

Was Sie auf Ihrem Computer installieren

Vor einiger Zeit habe ich einen Werkzeug- und Formenbauer kennengelernt. Er setzte Werkzeuge ein, um Werkzeuge (und Formen) zu bauen. Und ich bin froh, dass ich ihn getroffen habe, weil ich bereits wusste, dass ich irgendwann eine Analogie zwischen Computerprogrammierern und einem Werkzeug- und Formenbauer benötigen würde.

Ein Computerprogrammierer verwendet bereits vorhandene Programme als Werkzeuge, um neue Programme zu erstellen. Die vorhandenen Programme und die neuen Programme können sehr unterschiedliche Aufgaben ausführen. Beispielsweise könnte ein Java-Programm (ein Programm, das Sie erstellen) die Kunden eines Unternehmens verwalten. Um dieses Kundenverwaltungsprogramm zu schreiben, könnten Sie ein vorhandenes Programm verwenden, das Fehler in Ihrem Java-Code erkennt. Dieses allgemeine Fehlersuchprogramm findet Fehler in beliebigen Java-Programmen – Code für die Kundenverwaltung, Wettervorhersagen, Spiele oder für eine App auf Ihrem Mobiltelefon.

Eben haben Sie die Software runtergeladen, die Sie zum Erstellen von Java-Programmen brauchen, aber was ist das im Einzelnen? Als Neuling brauchen Sie drei Werkzeuge:

1. **Sie brauchen einen *Compiler*.**

   Ein Compiler übernimmt den von Ihnen geschriebenen Java-Code und wandelt diesen Code in etwas um, das auf Ihrem Computer ausgeführt werden kann.

2. **Sie brauchen eine *Java Virtual Machine (JVM)*.**

   Eine Java Virtual Machine führt Ihren Code (und den Java-Code anderer Entwickler) auf Ihrem Computer aus.

3. **Sie brauchen eine *integrierte Entwicklungsumgebung (IDE, Integrated Development Environment)*.**

   Eine integrierte Entwicklungsumgebung hilft Ihnen, Ihren Java-Code zu verwalten, und bietet bequeme Methoden, Ihren Code zu schreiben, zu kompilieren und auszuführen.

Das World Wide Web bietet Ihnen kostenlose Versionen jedes dieser Werkzeuge, die Sie einfach herunterladen können. Beispielsweise werden Sie in den Schnellstartanweisungen zu Beginn dieses Kapitels angewiesen, Java.com und Eclipse.org zu besuchen. Durch Anklicken einer Schaltfläche auf der Website Java.com installieren Sie eine Java Virtual Machine auf Ihrem Computer. Auf Eclipse.org laden Sie die integrierte Entwicklungsumgebung Eclipse herunter, die einen eigenen, eingebauten Java-Compiler besitzt. (Sie erhalten also zwei der drei Werkzeuge innerhalb eines einzigen Downloads. Wenn das nicht praktisch ist!)

Im restlichen Kapitel geht es um Compiler, JVMs und IDEs.

 Im Folgenden erhalten Sie Hintergrundinformationen über die Software, die Sie auf Ihrem Computer benötigen. Wenn Sie direkt loslegen möchten, können Sie auch erst mal mit Kapitel 3, »Die Grundbausteine von Java verwenden«, weitermachen und später hierhin zurückkehren.

Was ist ein Compiler?

> »*Ein Compiler nimmt den von Ihnen geschriebenen Java-Code entgegen und wandelt ihn in etwas um, das Sie auf Ihrem Computer ausführen können.*«
> - Barry Burd, Java für Dummies

Sie sind ein menschliches Wesen. (Ok. Jede Regel hat Ausnahmen. Aber wenn Sie dieses Buch lesen, dann sind Sie aller Wahrscheinlichkeit nach ein Mensch.) Menschen können den Code in Listing 2.1 schreiben und verstehen.

```java
// Dies ist ein Ausschnitt aus einem Java-Programm
// (kein vollständiges Java-Programm).
roomNum = 1;
while (roomNum < 100) {
   if (guests[roomNum] == 0) {
      out.println("Room " + roomNum
               + " is available.");
      exit(0);
   } else {
      roomNum++;
   }
}
out.println("Kein freies Zimmer");
```

Listing 2.1: Suche nach einem freien Zimmer

Der Java-Code in Listing 2.1 sucht nach freien Zimmern in einem kleinen Hotel (mit den Zimmernummern 1 bis 99). Der Code in Listing 2.1 kann nur ausgeführt werden, wenn Sie ihm noch ein paar Zeilen hinzufügen, die jedoch im Moment nicht wichtig sind. Wichtig ist, dass Sie allein durch Ansehen des Codes trotz der seltsamen Darstellung erkennen, was er eigentlich macht:

```
Setze die Zimmernummer auf 1
Solange die Zimmernummer kleiner 100 ist,
   Anzahl der Gäste im Zimmer überprüfen
   Wenn die Gästezahl im Zimmer 0 ist, dann
      melden, dass das Zimmer frei ist,
      und Programm beenden.
   Andernfalls
      Vorbereitung auf die Überprüfung des nächsten Zimmers,
      1 zur Zimmernummer addieren.
Falls Sie die nicht vorhandene Zimmernummer 100 erhalten,
melden, dass es keine freien Zimmer gibt.
```

Falls Sie die Ähnlichkeiten zwischen Listing 2.1 und dem natürlichsprachigen Äquivalent nicht erkennen, machen Sie sich keine großen Gedanken. Sie lesen gerade _Java für Dummies,_ und wie die meisten Menschen können Sie lernen, den Code in Listing 2.1 zu lesen und zu schreiben. Der Code in Listing 2.1 wird als _Java-Sourcecode_ oder _Java-Quellcode_ bezeichnet.

Und jetzt der Haken an der Geschichte: Computer sind keine Menschen. Computer befolgen normalerweise keine Anweisungen wie die in Listing 2.1 gezeigten. Computer kennen keine Java-Quellcode-Anweisungen.

Vielmehr brauchen Computer kryptische Anweisungen wie die in Listing 2.2 gezeigten:

```
aload_0
iconst_1
putfield Hotel/roomNum I
goto 32
aload_0
getfield Hotel/guests [I
aload_0
getfield Hotel/roomNum I
iaload
ifne 26
getstatic java/lang/System/out Ljava/io/PrintStream;
new java/lang/StringBuilder
dup
ldc "Room "
invokespecial java/lang/StringBuilder/<init>(Ljava/lang/String;)V
aload_0
getfield Hotel/roomNum I
invokevirtual java/lang/StringBuilder/append(I)Ljava/lang/StringBuilder;
ldc " is available."
invokevirtual
java/lang/StringBuilder/append(Ljava/lang/String;)Ljava/lang/String
Builder;
invokevirtual java/lang/StringBuilder/toString()Ljava/lang/String;
invokevirtual java/io/PrintStream/println(Ljava/lang/String;)V
iconst_0
invokestatic java/lang/System/exit(I)V
goto 32
aload_0
dup
getfield Hotel/roomNum I
iconst_1
iadd
putfield Hotel/roomNum I
aload_0
getfield Hotel/roomNum I
bipush 100
if_icmplt 5
getstatic java/lang/System/out Ljava/io/PrintStream;
ldc "No vacancy"
invokevirtual java/io/PrintStream/println(Ljava/lang/String;)V
return
```

Listing 2.2: Die Anweisungen aus Listing 2.1, übersetzt in Java-Bytecode

Bei den Anweisungen in Listing 2.2 handelt es sich nicht um Java-Quellcode-Anweisungen. Dies sind *Java-Bytecode*-Anweisungen. Wenn Sie ein Java-Programm schreiben, schreiben Sie Quellcode-Anweisungen (wie in Listing 2.1 gezeigt). Nachdem Sie den Quellcode geschrieben haben, führen Sie ein Programm zur Verarbeitung Ihres Quellcodes aus (das heißt, Sie wenden ein Tool an). Dieses Programm ist ein *Compiler*. Der Compiler übersetzt Ihre Quellcode-Anweisungen in Bytecode-Anweisungen. Mit anderen Worten, der Compiler übernimmt den von Ihnen geschriebenen Code (wie den Code aus Listing 2.1) und übersetzt ihn in einen vom Computer ausführbaren Code (wie den Code aus Listing 2.2).

Nehmen wir an, Sie legen Ihren Quellcode in der Datei `Hotel.java` ab. Der Compiler schreibt den Java-Bytecode sehr wahrscheinlich in die Datei `Hotel.class`. Normalerweise brauchen Sie sich nicht mit dem Bytecode aus der Datei `Hotel.class` zu beschäftigen. Der Compiler erzeugt die Datei `Hotel.class` nicht einmal unter Verwendung von normalem Text, deshalb können Sie den Bytecode nicht mit einem normalen Editor ansehen. Wenn Sie `Hotel.class` mit Notepad, TextEdit, KWrite oder sogar Microsoft Word öffnen, sehen Sie nur Punkte, Schnörkel und Durcheinander. Um Listing 2.2 zu erstellen, musste ich ein weiteres Tool auf meine Datei `Hotel.class` anwenden. Dieses Tool zeigt eine textartige Version einer Java-Bytecode-Datei an. Ich habe hier den Java-Bytecode-Editor von Ando Saab (`www.cs.ioc.ee/~ando/jbe`) verwendet.

Niemand schreibt Java-Bytecode (außer vielleicht ein paar verrückte Entwickler in irgendwelchen isolierten Entwicklungslabors irgendwo in der Wüste). Sie führen Software (einen Compiler) aus, um Java-Bytecode zu erstellen. Listing 2.2 soll Ihnen einfach nur zeigen, was für ein Arbeitstier Ihr Computer ist.

Was ist eine Java Virtual Machine?

»Eine Java Virtual Machine führt Ihren Code (und den Java-Code anderer Entwickler) auf Ihrem Computer aus.«

- Barry Burd, Java für Dummies

Im Abschnitt »Was ist ein Compiler?« habe ich ein Riesenaufhebens um Computer gemacht, die Anweisungen ausführen wie die in Listing 2.2 gezeigten. Das hat sich natürlich sehr gut angehört. Aber Sie müssen dabei wirklich auf jedes Wort achten. Der genaue Wortlaut war »...brauchen Computer kryptische Anweisungen wie die in Listing 2.2 gezeigten.« Die Anweisungen in Listing 2.2 sehen schon weitgehend so aus wie von Computern ausführbare Anweisungen, aber im Allgemeinen führen Computer keine Java-Bytecode-Anweisungen aus. Vielmehr hat jeder Computerprozessor einen eigenen Satz ausführbarer Anweisungen, und jedes Computerbetriebssystem verwendet die Prozessoranweisungen unterschiedlich.

Stellen Sie sich die folgende hypothetische Situation vor: Angenommen, Sie führen das Betriebssystem Linux auf einem Computer mit einem alten Pentium-Prozessor aus. Ihr Freund führt Linux auf einem Computer mit anderem Prozessor aus – einem PowerPC-Prozessor. (In den 90-er Jahren stellte Intel Corporation Pentium-Prozessoren her, und IBM stellte PowerPC-Prozessoren her.)

Listing 2.3 zeigt einen Anweisungssatz, mit dem Hello world! auf dem Bildschirm dargestellt wird. (Diese Intel-Anweisungen habe ich aus *Linux Assembly HOWTO* von Konstantin
Boldyshev übernommen: tldp.org/HOWTO/Assembly-HOWTO/hello.html)

```
.data

msg:
        .ascii  "Hello, world!\n"
        len = . - msg

.text

    .global _start

_start:

        movl    $len,%edx
        movl    $msg,%ecx
        movl    $1,%ebx
        movl    $4,%eax
        int     $0x80

        movl    $0,%ebx
        movl    $1,%eax
        int     $0x80
```

Listing 2.3: Ein einfaches Programm für einen Pentium-Prozessor

Listing 2.4 zeigt einen weiteren Anweisungssatz, der Hello world! auf dem Bildschirm anzeigt. (Diesen PowerPC-Code habe ich von der Seite *PowerPC Assembly* von Hollis Blanchard
übernommen: www.ibm.com/developerworks/library/l-ppc.) Die Anweisungen in
Listing 2.4 werden auf einem PowerPC-Prozessor unter Linux ausgeführt.

```
.data

msg:
        .string "Hello, world!\n"
        len = . - msg

.text

        .global _start
_start:

        li      0,4
        li      3,1
```

```
lis      4,msg @ ha
addi     4,4,msg @ l
li       5,len
sc

li       0,1
li       3,1
sc
```

Listing 2.4: Ein einfaches Programm für einen PowerPC-Prozessor

Die Anweisungen in Listing 2.3 werden auf einem Pentium-Prozessor problemlos ausgeführt. Ein PowerPC-Prozessor dagegen kann nichts damit anfangen. Analog dazu laufen die Anweisungen in Listing 2.4 problemlos auf einem PowerPC, aber für einen Computer mit Pentium-Prozessor haben sie keinerlei Bedeutung. Die PowerPC-Software von Ihrem Freund kann also auf Ihrem Computer möglicherweise nicht ausgeführt werden. Und die Software von Ihrem Intel-Computer läuft sehr wahrscheinlich nicht auf dem Computer Ihres Freundes.

Jetzt besuchen Sie Ihren Cousin. Ihr Cousin besitzt einen Computer mit Pentium-Prozessor (wie Ihrer), aber hier läuft Windows anstelle von Linux. Wie reagiert der Computer Ihres Cousins, wenn Sie ihm den Pentium-Code aus Listing 2.3 übergeben? Er schreit laut auf: »Keine gültige Win32-Anwendung!« oder »Windows kann diese Datei nicht öffnen!« Was für ein Durcheinander!

Java-Bytecode schafft Ordnung in diesem ganzen Chaos. Java-Bytecode ist etwas wie in den Listings 2.3 und 2.4 Gezeigtes, aber nicht spezifisch für einen bestimmten Prozessor oder ein Betriebssystem. Stattdessen kann ein Anweisungssatz aus Java-Bytecode auf jedem Computer ausgeführt werden. Wenn Sie ein Java-Programm schreiben und dieses zu Bytecode kompilieren, kann Ihr Computer den Bytecode ausführen, der Computer Ihres Freundes kann den Bytecode ausführen, der Supercomputer Ihrer Großmutter kann den Bytecode ausführen, und mit ein bisschen Glück kann sogar Ihr Handy etwas damit anfangen.

 Listing 2.2 zeigt Java-Bytecode. Beachten Sie jedoch, dass Sie keinen Java-Bytecode schreiben oder lesen müssen. Die Erzeugung des Bytecodes ist Aufgabe des Compilers. Und das Entziffern des Bytecodes ist Aufgabe der Java Virtual Machine.

Unter Java können Sie eine Bytecode-Datei, die Sie mit einem Windows-Computer erstellt haben, auf einen beliebigen Computer übertragen und ihn dort problemlos ausführen. Das ist einer der vielen Gründe, warum Java so schnell so beliebt geworden ist. Diese außergewöhnliche Funktion, die Ihnen die Möglichkeit verschafft, Code auf vielen verschiedenen Computern auszuführen, wird auch als *Portabilität* oder *Portierbarkeit* bezeichnet.

Wodurch wird Java-Bytecode so flexibel? Diese fantastische Allgemeingültigkeit von Java-Bytecode-Programmen entsteht durch die Java Virtual Machine. Die Java Virtual Machine ist eines der drei Tools, die Sie auf Ihrem Computer brauchen.

Stellen Sie sich vor, Sie sind der Windows-Vertreter im Sicherheitsrat der Vereinten Nationen (siehe Abbildung 2.1). Der Macintosh-Vertreter sitzt rechts von Ihnen, der Linux-Vertreter links. (Natürlich halten Sie sich von diesen Leuten fern. Sie sind immer freundlich zu ihnen, aber nie wirklich ehrlich. Was erwarten Sie? Das ist Politik!) Der angesehene Vertreter von Java steht am Podium. Der Java-Vertreter spricht in Bytecode, und weder Sie noch Ihre Kollegen (Mac und Linux) verstehen ein Wort Java-Bytecode.

Aber jeder von Ihnen hat einen Dolmetscher. Ihr Dolmetscher übersetzt von Bytecode in Windows, während der Java-Vertreter spricht. Ein weiterer Dolmetscher übersetzt von Bytecode in Macintosh. Und ein dritter Dolmetscher übersetzt von Bytecode in Linux.

Stellen Sie sich Ihren Dolmetscher als virtuellen Botschafter vor. Der Dolmetscher vertritt nicht Ihr Land, sondern führt eine der wichtigen Aufgaben aus, die ein Botschafter so übernimmt. Er hört für Sie zu, was in Java-Bytecode gesprochen wird. Der Dolmetscher macht genau das, was Sie tun würden, wenn Ihre eigene Sprache Java-Bytecode wäre. Der Dolmetscher gibt vor, der Windows-Botschafter zu sein, hört sich die ganze langweilige Bytecode-Rede an, zeichnet jedes Wort auf und verarbeitet die einzelnen Wörter auf die eine oder andere Weise.

Sie haben einen Dolmetscher – einen virtuellen Botschafter. Auf dieselbe Weise arbeitet die Software zur Interpretation von Bytecode auf einem Windows-Computer. Diese Software ist die Java Virtual Machine.

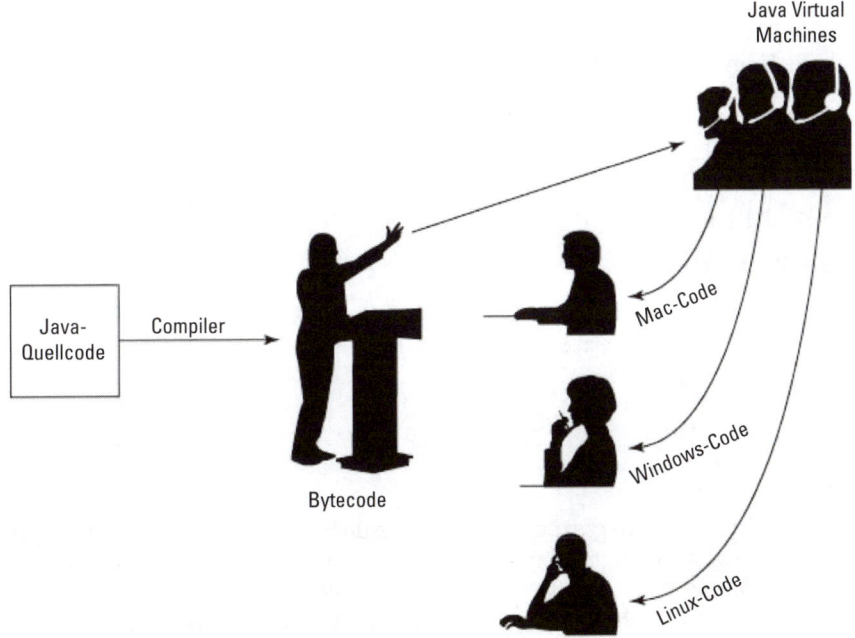

Abbildung 2.1: Eine imaginäre Konferenz des UN-Sicherheitsrats

Eine Java Virtual Machine ist ein Proxy, ein Laufbursche, ein Mittelsmann. Die JVM dient als Dolmetscher zwischen dem überall lauffähigen Java-Bytecode und dem eigenen System Ihres Computers. Während die JVM ausgeführt wird, führt sie Ihren Computer durch die Ausführung der Bytecode-Anweisungen. Die JVM überprüft Ihren Bytecode, Bit für Bit, und führt die darin beschriebenen Anweisungen aus. Die JVM übersetzt den Bytecode für Ihr Windows-System, Ihren Mac oder Ihre Linux-Box, unabhängig davon, welchen Computer Sie verwenden. Das ist äußerst praktisch. Dadurch werden Java-Programme sehr viel portabler als Programme in irgendeiner anderen Sprache.

Und was ist eigentlich Java?

Wenn Sie sich im Internet nach Java-Tools umsehen, werden Ihnen Dinge mit seltsamen Namen begegnen. Sie finden dort den Java Development Kit, den Software Development Kit, die Java Runtime Environment und andere verwirrende Namen.

✔ Die Namen *Java Development Kit* (JDK) und *Software Development Kit* (SDK) stehen für unterschiedliche Versionen desselben Toolsets – eines Toolsets, dessen wichtigste Komponente ein Java-Compiler ist.

✔ Der Name *Java Runtime Environment* (JRE) steht für ein Toolset, dessen wichtigste Komponente eine Java Virtual Machine ist.

Es ist nicht schlecht, wenn Sie JRE auf Ihrem Computer haben, aber für die Entwicklung neuer Java-Programme benötigen Sie etwas Leistungsfähigeres als die JRE. Sie brauchen den JDK.

Und auch die Nummerierung der Java-Versionen ist verwirrend. Statt »Java 1«, »Java 2« und »Java 3« schlängelt sich die Nummerierung der Java-Versionen durch einen verschlungenen Verlauf:

✔ Java JDK, 1.0 (1996)

✔ Java JDK, 1.1 (1997)

✔ Java 2 SDK, 1.2 (1998)

  1998 fügt Sun Microsystems eine zusätzliche »2« ein und ändert »JDK« (Java Development Kit) in »SDK« (Software Development Kit)

✔ Java 2 SDK, 1.3 (2000)

✔ Java 2 SDK, 1.4 (2002)

✔ Java 2 JDK, 5.0 (2004)

  2004 kehrt Sun zu »JDK« zurück und gibt das überflüssige Nummernschema »1.« teilweise auf. Teilweise deshalb, weil der JDK neben »Java 2« jetzt zwei Versionsnummern hat. Die *Produktversionsnummer* ist 4.0, die *Entwicklerversionsnummer* ist 1.5.0. Wenn Sie also jetzt vom JDK sprechen, können Sie von »Version 5.0« oder von »Version 1.5.0« sprechen, abhängig davon, an wen Sie sich wenden.

✔ Java 6 JDK (2006)

  2006 lässt Sun das überflüssige »2« wieder weg und auch das ».0«. Natürlich stirbt die alte Entwicklerversionsnummerierung nicht aus. Neben »Java 6« hat dieses Release auch den Namen »Java 1.6.0«.

✔ Java 6 Update 1 (2007)

Sun gibt die Updates 2, 3, 4 usw. heraus. Anfang 2010 kauft Oracle Corporation Sun Microsystems. Oracle gibt die Updates 19, 20, 21 (usw.) heraus, bis ...

✔ Java 7 (2011)

Zweifellos werden dem anfänglichen Release Java 7 irgendwann die Updates 1, 2, 3 usw. folgen.

Die meisten Programme in diesem Buch laufen unter Java 5.0 oder höher. Mit früheren Versionen als Java 5.0 laufen sie nicht. Insbesondere sind sie nicht mit Java 1.4 oder Java 1.4.2 kompatibel. Einige der Beispiele in diesem Buch laufen nicht mit Java 6 oder früher. Aber machen Sie sich keine Gedanken über die Versionsnummern von Java. Java 5.0 oder 6 ist besser als gar kein Java. Sie können auch sehr viel über Java lernen, ohne die neueste Java-Version zu besitzen.

Software entwickeln

»All dies ist schon einmal passiert, und alles wird wieder passieren.«
- Kampfstern Galactica, 2003-2009, NBC Universal

Beim Schreiben von Java-Programmen führen Sie immer wieder dieselben Schritte aus. Abbildung 2.2 zeigt den ewigen Kreislauf.

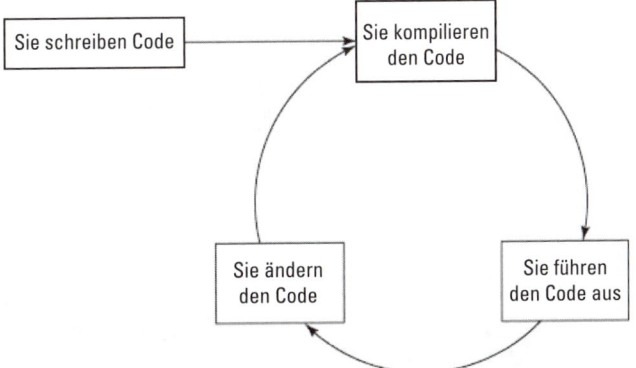

Abbildung 2.2: Entwicklung eines Java-Programms

Zunächst schreiben Sie ein Programm. Nach dem ersten Entwurf fangen Sie an, das Programm wiederholt zu kompilieren, auszuführen und abzuändern. Mit ein wenig Erfahrung werden die Schritte zur Kompilierung und Ausführung sehr einfach. Häufig werden das Kompilieren oder die Ausführung durch einen einzigen Mausklick gestartet.

Die Erstellung des ersten Entwurfs und die Abänderung des Codes können jedoch nicht mit einem einzigen Mausklick erledigt werden. Die Entwicklung von Code bedarf Zeit und Konzentration.

Lassen Sie sich nicht entmutigen, wenn Ihr erster Code-Entwurf nicht funktioniert. Und auch wenn er nach 25 Änderungen nicht funktioniert, sollten Sie die Hoffnung nicht aufgeben. Das Umschreiben von Code gehört zu den wichtigsten Aufgaben überhaupt (neben der Sicherung des Weltfriedens).

Detaillierte Informationen zur Kompilierung und Ausführung von Java-Programmen finden Sie in Kapitel 3 und auf der Website zum Buch.

Wenn es um die Programmierung geht, verwenden die Entwickler die Phrasen aus Abbildung 2.2. Sie sagen »Sie kompilieren den Code« und »Sie führen den Code aus«. Aber dieses »Sie« ist nie wirklich präzise, und der »Code« unterscheidet sich in jedem Schritt. Abbildung 2.3 beschreibt den Zyklus aus Abbildung 2.2 etwas detaillierter.

Für die meisten Anwender enthält Abbildung 2.3 zu viele Informationen. Wenn ich auf das Symbol »Ausführen« klicke, dann muss ich mir nicht merken, dass der Computer Code für mich ausführt. Und von mir aus kann der Computer meinen ursprünglichen Java-Code oder irgendeine Bytecode-Version davon ausführen. Die Details in Abbildung 2.3 sind nicht wichtig. Die Abbildung soll Ihnen nur Klarheit verschaffen, wenn Sie von dem ungenauen Wortlaut in Abbildung 2.2 verwirrt sind. Wenn Sie von Abbildung 2.2 nicht verwirrt sind, dann können Sie Abbildung 2.3 auch einfach ignorieren.

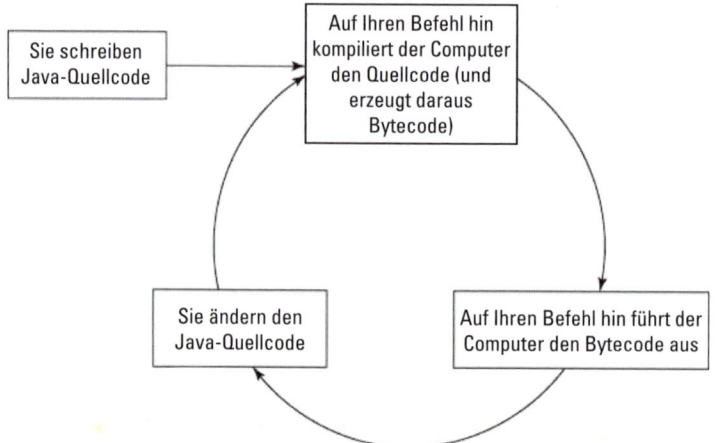

Abbildung 2.3: Entwicklung eines Java-Programms

Was ist eine integrierte Entwicklungsumgebung (Integrated Development Environment)?

>»Eine integrierte Entwicklungsumgebung hilft Ihnen dabei, Ihren Java-Code zu verwalten, und stellt Ihnen praktische Werkzeuge bereit, Ihren Code zu schreiben, zu kompilieren und auszuführen.«
>
> - Barry Burd, Java für Dummies

In der guten, alten Zeit benötigte man für die Entwicklung und Ausführung eines Java-Programms mehrere Fenster – ein Fenster, in dem man das Programm eingab, ein weiteres Fenster für die Ausführung und womöglich noch ein drittes Fenster, in dem der ganze Code verwaltet wurde, den Sie geschrieben hatten (siehe Abbildung 2.4).

Eine integrierte Entwicklungsumgebung fasst diese Funktionalität nahtlos zu einer gut durchorganisierten Anwendung zusammen (siehe Abbildung 2.5).

Für Java gibt es verschiedene integrierte Entwicklungsumgebungen. Einige der bekanntesten sind Eclipse, IntelliJ IDEA und NetBeans. Einige völlig verrückte Umgebungen unterstützen sogar Drag&Drop-Komponenten, sodass Sie Ihre grafische Benutzeroberfläche (kurz *GUI* für *Graphical User Interface*) visuell entwerfen können (siehe Abbildung 2.6).

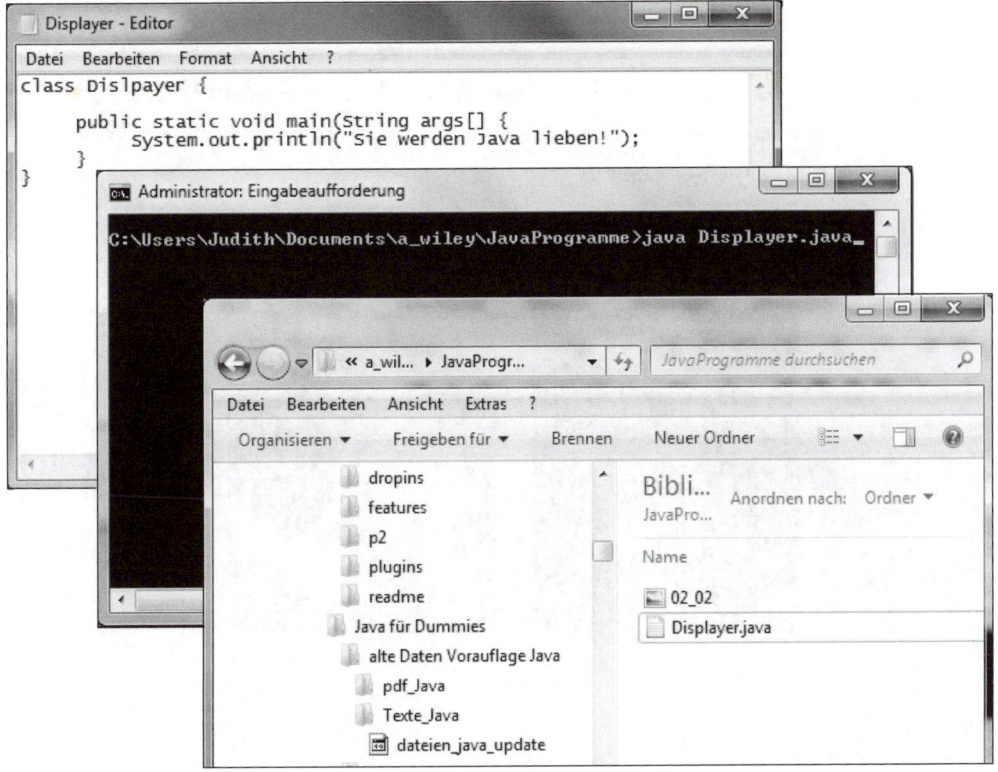

Abbildung 2.4: Code-Entwicklung ohne integrierte Entwicklungsumgebung

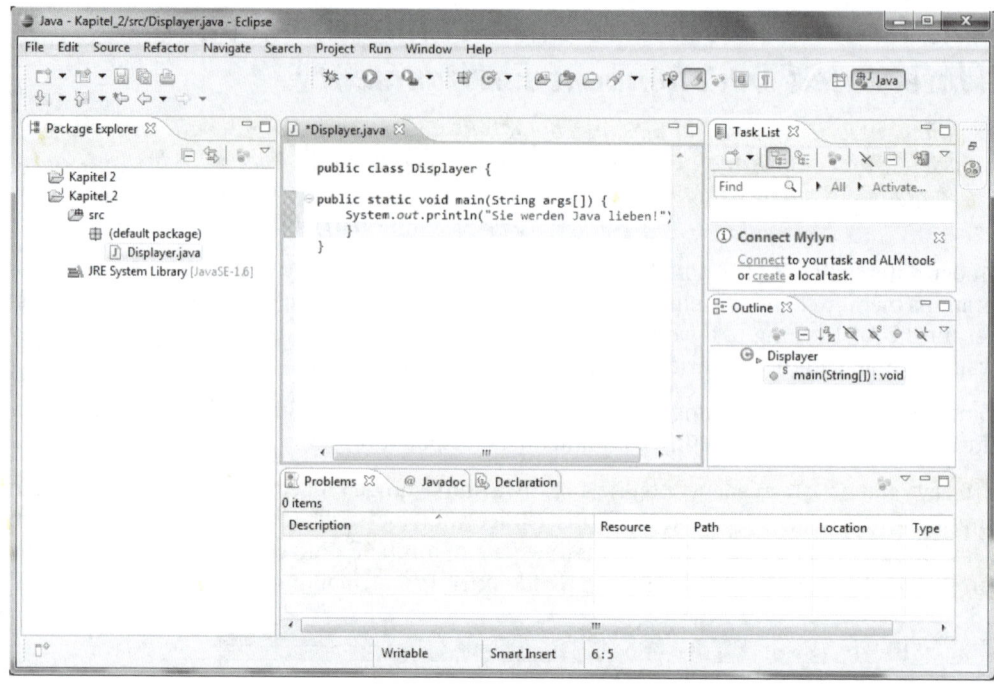

Abbildung 2.5: Code-Entwicklung mit der integrierten Entwicklungsumgebung Eclipse

Abbildung 2.6: Der Drag&Drop-fähige Swing GUI Builder in der NetBeans IDE

Für die Ausführung eines Programms genügt ein Klick auf eine Schaltfläche in der Symbolleiste oder die Auswahl des Befehls »Ausführen« in einem Menü. Für die Kompilierung eines Programms müssen Sie häufig überhaupt nichts mehr tun. (Sie müssen nicht einmal mehr einen Befehl geben. In einigen IDEs wird Ihr Code automatisch während der Eingabe kompiliert.)

Weitere Informationen zur Installation und Nutzung einer integrierten Entwicklungsumgebung (IDE, Integrated Development Environment) finden Sie auf der Website zum Buch und in Kapitel 3.

Die Grundbausteine von Java verwenden

In diesem Kapitel

▶ Die Java-Sprache sprechen: Das API und die Sprachspezifikation

▶ Die Komponenten eines einfachen Programms verstehen

▶ Ihren Code dokumentieren

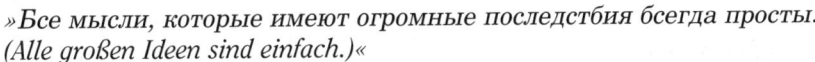

»Все мысли, которые имеют огромные последствия всегда просты.
(Alle großen Ideen sind einfach.)«

Leo Tolstoi

Dieses Zitat gilt für Dinge aller Art – das Leben, die Liebe und auch die Computerprogrammierung. Deswegen verfolge ich in diesem Kapitel einen mehrschichtigen Ansatz. In diesem Kapitel lernen Sie die ersten Einzelheiten über die Java-Programmierung kennen. Doch während Sie die Details entdecken, sehen Sie auch die Einfachheit.

Die Java-Sprache sprechen

Wenn Sie versuchen, sich die gesamte deutsche Sprache im Kopf vorzustellen, was sehen Sie? Wahrscheinlich Worte, Worte, nichts als Worte (so würde es wenigstens Hamlet sehen). Wenn Sie die Sprache unter einem Mikroskop betrachten, sehen Sie die einzelnen Wörter hintereinander. Dieses Bild einer riesigen Wörtermenge ist nicht verkehrt, aber wenn Sie einen Schritt zurückgehen, erkennen Sie noch zwei weitere Dinge:

✔ Die Grammatik der Sprache

✔ Tausende von Ausdrücken, Redensarten, Redewendungen und historische Namen

Die erste Kategorie (die Grammatik) umfasst Regeln wie: »Das Prädikat stimmt mit dem Subjekt in der Person und im Numerus überein.« Die zweite Kategorie (Ausdrücke, Redensarten usw.) enthält Wissen wie beispielsweise: »Julius Caesar war ein berühmter römischer Kaiser; deshalb sollten Sie Ihren Sohn nicht Julius Caesar nennen, damit er nicht jeden Tag nach der Schule verprügelt wird.«

Die Programmiersprache Java verfügt über alle Aspekte einer natürlichen gesprochenen Sprache wie Deutsch. Java hat Wörter, eine Grammatik, häufig verwendete Namen, stilistische Formen und andere Dinge dieser Art.

Die Grammatik und die gebräuchlichen Wörter

Die Entwickler von Sun Microsystems, die Java geschaffen haben, haben Java in zwei Bereiche unterteilt. So wie Deutsch über eine Grammatik und eine Menge gebräuchlicher Wörter verfügt, hat die Java-Programmiersprache eine Spezifikation (ihre Grammatik) und ein Application Programming Interface (API, die häufig verwendeten Wörter). Wenn ich Java-Programme schreibe, liegen zwei wichtige Dokumentationen auf meinem Schreibtisch – jeweils eine für die beiden Bereiche der Sprache:

✔ **Die Java-Sprachspezifikation:** Dazu zählen Regeln wie: »Setzen Sie immer eine öffnende Klammer hinter das Wort `for`« und »Verwenden Sie ein Sternchen, um zwei Zahlen zu multiplizieren«.

✔ **Das Application Programming Interface:** Das *Application Programming Interface* (*API*) von Java enthält Tausende von Werkzeugen, die zu Java hinzugefügt wurden, nachdem die Grammatik der Sprache definiert worden war. Diese Werkzeuge lösen ganz gewöhnliche bis hin zu sehr exotische Aufgaben – beispielsweise eine Routine namens `pow`, mit der man Zahlen potenzieren kann. Ein optisch auffälligeres Werkzeug (namens *JFrame*) zeigt ein Fenster auf dem Bildschirm an. Andere Werkzeuge überwachen die Tastenanschläge des Benutzers, fragen Datenbanken ab und führen andere nützliche Funktionen aus.

Sie finden die Sprachspezifikation, die API-Dokumente und alle anderen Java-Dokumentationen von `www.oracle.com/technetwork/java/javase/docu mentation/api-jsp-136079.html`.

Der erste Teil von Java, die Sprachspezifikation, ist relativ klein. Dies bedeutet nicht, dass Sie die Anwendung der Regeln der Sprachspezifikation im Handumdrehen lernen können. Doch andere Programmiersprachen verfügen über die doppelte, die dreifache oder die zehnfache Menge von Regeln.

Der zweite Teil von Java – das API – kann wegen seines Umfangs einschüchternd wirken. Das API enthält wenigstens 4000 Werkzeuge und nimmt mit jeder neuen Java-Version weiter zu. Allerdings müssen Sie keine API-Funktion auswendig lernen. Keine einzige! Sie können das Material, das Sie benötigen, jederzeit in der Dokumentation nachschlagen und das Material übergehen, das Sie nicht verwenden. Was Sie häufiger verwenden, prägt sich von selbst ein. Was Sie selten einsetzen, vergessen Sie (wie jeder andere Programmierer).

Niemand lernt alle Funktionen des Java-APIs. Wenn Sie als Java-Programmierer häufig Programme schreiben, die neue Fenster öffnen, lernen Sie den Umgang mit der API-JFrame-Klasse. Wenn Sie selten Programme schreiben, die Fenster öffnen, dann können Sie bei den ersten Malen, bei denen Sie ein Fenster erstellen, die JFrame-Klasse in der API-Dokumentation nachschlagen. Ich schätze, dass ein typischer Java-Programmierer, der keinen Zugriff auf die API-Dokumentation hat, weniger als zwei Prozent aller Werkzeuge in dem Java-API verwenden könnte.

Leider wurde die offizielle Java-API-Dokumentation nicht im Stil der »... für Dummies«-Bücher verfasst. Die API-Dokumentation ist sowohl knapp als auch präzise. Ein bisschen Unterstützung zur Entzifferung der Sprache und des Stils der API-Dokumentation finden Sie auf der Website dieses Buches.

In gewisser Weise enthält das Java-API nichts Besonderes. Selbst das kürzeste Java-Programm enthält eine Klasse, die mit den Klassen, die in dem offiziellen Java-API definiert sind, auf einer Stufe steht. Das API besteht einfach aus einer Menge von Klassen und anderen Werkzeugen, die von normalen Programmierern geschrieben wurden, die zufällig an dem offiziellen *JCP* – dem *Java Community Process* und dem *OpenJDK Project* teilnehmen. Im Gegensatz zu den Werkzeugen, die Sie selbst erstellen, werden die Werkzeuge in dem API mit jeder Version von Java ausgeliefert. (Ich nehme an, dass Sie bislang noch kein Mitglied des Java Community Process oder des OpenJDK Project sind. Aber was nicht ist, kann ja noch werden …)

Falls Sie sich für die JCP-Aktivitäten interessieren, besuchen Sie `www.jcp.org`. Falls Sie sich für das OpenJDK Project interessieren, lesen Sie unter `openjdk.java.net` nach.

Die Teilnehmer des JCP halten die Java-Programme in dem offiziellen Java-API nicht geheim. Wenn Sie wollen, können Sie sich alle Programme anschauen. Wenn Sie Java auf Ihrem Computer installieren, wird auch eine Datei namens `src.jar` auf Ihre Festplatte kopiert. Wenn Sie die Datei in `src.zip` umbenennen, können Sie die Datei mit einem Unzip-Programm Ihrer Wahl öffnen. Sie enthält den gesamten Java-API-Code.

Die Wörter in einem Java-Programm

Ein echter Java-Programmierer wird sagen, dass Java zwei Arten von Wörtern enthält: *Schlüsselwörter* und *Bezeichner*. Das stimmt zwar, aber ohne nähere Erklärung ist diese Aussage manchmal irreführend. Wir wollen deshalb die Betrachtung etwas vertiefen und drei Arten von Wörtern unterscheiden: Schlüsselwörter, Bezeichner, die ein Programmierer erstellt, und Bezeichner des APIs.

Die Unterschiede zwischen diesen drei Arten von Wörtern sind vergleichbar mit den Unterschieden zwischen den Wörtern einer natürlichen Sprache. In dem Satz »Sam ist eine Person« entspricht das Wort *Person* einem Java-Schlüsselwort. Unabhängig von der Person, die das Wort *Person* verwendet, bedeutet das Wort im Großen und Ganzen dasselbe. (Sicher können Sie sich jetzt einige bizarre Ausnahmen ausdenken, aber bitte tun Sie es nicht.)

Das Wort *Sam* entspricht einem Java-Bezeichner, weil Sam der Name einer bestimmten Person ist. Wörter wie *Sam*, *Dinswald* und *McGillimaroo* haben in natürlichen Sprachen normalerweise keine festgelegte Bedeutung. Diese Wörter bezeichnen je nach Kontext verschiedene Personen und werden zu Namen, wenn Eltern sie für ihre neugeborenen Kinder auswählen.

Betrachten Sie jetzt den Satz »Julius Caesar ist eine Person«. Wenn Sie diesen Satz äußern, meinen Sie wahrscheinlich den römischen Herrscher, der Rom bis zu den Iden des März regierte. Obwohl der Name *Julius Caesar* kein fest verdrahtetes Wort der deutschen Sprache ist, meint fast jeder mit diesem Namen dieselbe Person. Wenn Deutsch eine Programmiersprache wäre, würde der Name *Julius Caesar* ein API-Bezeichner sein.

Deshalb unterteile ich die Wörter in einem Java-Programm in folgende Kategorien:

✔ **Schlüsselwörter:** Ein *Schlüsselwort* ist ein Wort, das in der Programmiersprache Java eine spezielle Bedeutung hat, die sich von einem Programm zum anderen nicht ändert. Beispiele für Schlüsselwörter in Java sind *if*, *else* und *do*.

Die Mitglieder des JCP-Komitees, die letztlich bestimmen, woraus ein Java-Programm besteht, haben alle Java-Schlüsselwörter festgelegt. Die Java-Schlüsselwörter sind Bestandteil der Java-Sprachspezifikation.

✔ **Bezeichner:** Ein *Bezeichner* ist ein Name für ein bestimmtes Ding. Die Bedeutung eines Bezeichners kann sich von einem Programm zum anderen ändern, aber die Bedeutungen mancher Bezeichner ändern sich häufiger als die anderer Bezeichner.

- **Bezeichner normaler Programmierer:** Als Java-Programmierer (und selbst als Anfänger) erstellen Sie neue Namen für Klassen und andere Dinge, die Sie in Ihren Programmen beschreiben. Natürlich können Sie etwas als *Prime* bezeichnen, und der Programmierer, der zwei Schreibtische weiter ebenfalls Code schreibt, kann etwas anderes ebenfalls als *Prime* bezeichnen. Das ist in Ordnung, weil das Wort *Prime* in Java keine festgelegte Bedeutung hat. Sie können in Ihrem Programm mit dem Wort *Prime* eine Primzahl bezeichnen, während Ihr Kollege das Wort für den Grundton eines Akkords verwendet. Es gibt keinen Konflikt, weil sie beide an verschiedenen Java-Programmen arbeiten.

- **Bezeichner des API:** Die Mitglieder des JCP-Kommitees haben für viele Dinge Namen erfunden und wenigstens 4000 dieser Namen in dem Java-API zusammengefasst. Da das API mit jeder Java-Version ausgeliefert wird, stehen diese Namen allen Programmierern zur Verfügung, die Java-Programme schreiben. Beispiele für solche Namen sind *String*, *Integer*, *JWindow*, *JButton*, *JTextField* oder *File*.

Genau genommen sind die Bedeutungen der Bezeichner in dem Java-API nicht in Stein gemeißelt. Doch obwohl Sie Wörter wie *JButton* oder *JWindow* mit eigenen Bedeutungen versehen könnten, ist dies nicht zu empfehlen, weil Sie dadurch zahlreiche andere Programmierer verwirren würden, die sich an die Standard-API-Bedeutungen dieser gebräuchlichen Bezeichner gewöhnt haben. Doch was noch schlimmer wäre: Wenn Ihr Code einem Bezeichner wie *JButton* eine neue Bedeutung zuweist, können Sie die Leistung der Funktion, die hinter diesem Bezeichner in dem API-Code verborgen ist, nicht mehr nutzen. Die Programmierer von Sun Microsystems, des Java Community Process und des OpenJDK Project haben bereits den ganzen Java-Code geschrieben, um mit Schaltflächen (engl. *buttons*) zu arbeiten. Wenn Sie das Wort *JButton* mit einer neuen Bedeutung verbinden, verzichten Sie auf alle Vorteile, die das Arbeiten mit dem API bietet.

Eine Liste aller Java-Schlüsselwörter finden Sie auf der Website zu diesem Buch.

Fremde Java-Programme lesen

Wenn Sie sich das Java-Programm eines anderen Programmierers zum ersten Mal anschauen, fühlen Sie sich möglicherweise etwas unwohl. Wenn Sie erkennen, dass Sie etwas (oder viele Dinge) in dem Code nicht verstehen, werden Sie möglicherweise nervös. Ich habe Hunderte (vielleicht Tausende) von Java-Programmen geschrieben, aber ich fühle mich immer noch unsicher, wenn ich anfange, den Code eines anderen Programmierers zu lesen.

Tatsächlich verläuft der Prozess, sich ein fremdes Java-Programm anzueignen, graduell. Zunächst blicken Sie das Programm ehrfürchtig an. Dann führen Sie das Programm aus, um zu sehen, was es tut. Dann studieren Sie das Programm eine Zeit lang oder lesen eine Beschreibung des Programms und seiner Komponenten und führen es danach wieder aus. Indem Sie diese Schritte – anschauen und ausführen – mehrfach wiederholen, machen Sie sich mit dem Programm vertraut. (Glauben Sie nicht den angeblichen Experten, die von sich behaupten, dass sie diese Schritte nicht benötigten. Selbst erfahrene Programmierer nähern sich einem neuen Projekt langsam und vorsichtig.)

Der Java-Code in Listing 3.1 enthält einige wichtige Ideen, die im nächsten Abschnitt ausführlich beschrieben werden – unter anderem die Verwendung von Klassen, Methoden und Java-Befehlen.

```java
class Displayer
{
    public static void main(String args[])
    {
        System.out.println("Sie werden Java lieben!");
    }
}
```

Listing 3.1: Das einfachste Java-Programm

Alle Code-Beispiele finden Sie auch auf der Buch-CD. Ich zeige Ihnen im Folgenden am Beispiel von Eclipse, wie Sie sie importieren, bearbeiten und ausführen können.

1. Falls sich beim Start von Eclipse ein Dialogfenster namens WORKSPACE LAUNCHER öffnet, müssen Sie einen Workspace angeben, in dem Ihr Projekt liegen wird. Meist können Sie den Vorschlag von Eclipse einfach übernehmen, außerdem können Sie auch ein Häkchen bei USE THIS AS THE DEFAULT AND DO NOT ASK AGAIN setzen, wenn Sie immer im selben Workspace arbeiten und nicht mehr gefragt werden möchten.

2. Schließen Sie ggf. den WELCOME-Bildschirm.

3. Legen Sie die Buch-CD ein, wählen in Eclipse FILE | IMPORT und dort GENERAL | EXISTING PROJECTS INTO WORKSPACE und klicken Sie auf NEXT.

4. Klicken Sie im folgenden Dialog auf SELECT ARCHIVE FILE und dann auf BROWSE. Navigieren Sie zu Ihrem CD-Laufwerk und wählen Sie aus dem Verzeichnis *Beispiele* die Datei *java-beispiele.zip* aus.

5. Setzen Sie ein Häkchen bei Beispiel *03-01* bzw. auch bei den anderen Beispielen, wenn sie alle auf einen Schlag importieren möchten. Schließen Sie den Dialog mit FINISH.

6. Im Package Explorer werden die importierten Beispiele nun angezeigt. Mit Doppelklicks auf 03-01 | SRC | (DEFAULT PACKAGE) | DISPLAYER.JAVA öffnen Sie den Code aus Listing 3.1 im Editor-Fenster von Eclipse. (Im Editor können Sie Code dann später auch bearbeiten oder komplett neu schreiben.)

7. Ausführen können Sie den Code, indem Sie mit einem Rechtsklick auf 03-01 das Kontextmenü des Projekts öffnen und dort RUN AS | JAVA APPLICATION wählen. (Statt »ausführen« sagt man auch, dass man das Programm »laufen lässt«.)

Eclipse zeigt nun im Fenster CONSOLE die Wörter Sie werden Java lieben! auf dem Bildschirm an (siehe Abbildung 3.1). Zugegeben – ein Java-Programm zu schreiben und auszuführen, nur um die Wörter Sie werden Java lieben! auf dem Bildschirm anzuzeigen, ist viel Arbeit, aber irgendwo müssen Sie ja anfangen.

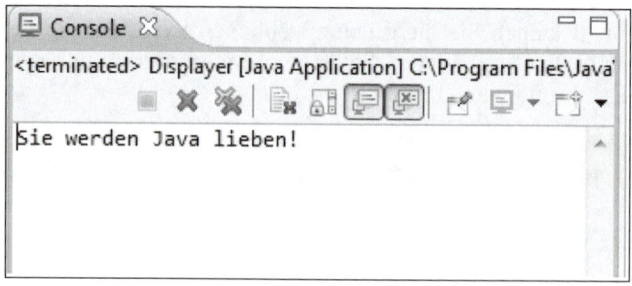

Abbildung 3.1: Die Ausführung des Programms in Listing 3.1

Im übernächsten Abschnitt werden Sie nicht nur die Ausgabe des Programms bewundern, sondern tatsächlich verstehen lernen, wieso es funktioniert.

Eigene Java-Programme in Eclipse anlegen

Wie Sie die Codebeispiele dieses Buchs laden und ausführen, wissen Sie jetzt. Wenn Sie das Beispiel in Listing 3.1 hingegen selbst erstellen möchten, gehen Sie wie folgt vor:

1. Wählen Sie FILE | NEW | JAVA PROJECT.

2. Geben Sie dem Programm unter PROJECT NAME einen Namen (ohne Leerzeichen). Lassen Sie alle anderen Einstellungen so, wie Eclipse sie vorschlägt, und klicken Sie auf FINISH.

3. Öffnen Sie im Package Explorer das Kontextmenü Ihres neuen Projekts mit einem Rechtsklick und wählen dort NEW | CLASS.

4. Geben Sie unter NAME *Displayer* ein, wählen unter MODIFIERS *Default* und klicken Sie auf FINISH. (Später können Sie natürlich auch andere Einstellungen und Klassennamen wählen. Der Name sollte dabei immer ein Substantiv sein und mit einem Großbuchstaben beginnen.)

5. Im Editor sehen Sie nun

   ```
   class Displayer {

   }
   ```

   Geben Sie zwischen den Klammern den restlichen Code aus Listing 3.1 ein und speichern Sie das Projekt.

6. Lassen Sie es anschließend laufen, indem Sie im Kontextmenü des Projekts DISPLAYER.JAVA auf RUN AS | JAVA APPLICATION klicken. Falls Sie dann *nicht* die in Abbildung 3.1 dargestellte Ausgabe sehen, kontrollieren Sie, ob Ihr Code von Listing 3.1 abweicht und korrigieren ihn gegebenenfalls.

Ein einfaches Java-Programm verstehen

Hier wird das Java-Programm in Listing 3.1 analysiert und entzaubert.

Die Java-Klasse

Da Java objektorientiert ist, besteht Ihr Hauptziel darin, Klassen und Objekte zu beschreiben. (Falls Ihnen dies unklar ist, sollten Sie die Abschnitte über die objektorientierte Programmierung in Kapitel 1 noch einmal lesen.)

In Java bildet das gesamte Programm eine Klasse. Insofern ist Java in höherem Maße objektorientiert als viele andere sogenannte objektorientierte Sprachen. In Java können Sie nichts tun, bevor Sie nicht eine Klasse erstellt haben.

Ich habe den Namen *Displayer* (dt. *Anzeiger*) für die Klasse gewählt, weil das Programm eine Textzeile auf dem Bildschirm anzeigt. Deshalb beginnt der Code in Listing 3.1 mit `class Displayer` (siehe Abbildung 3.2).

```
                          Das komplette Programm

     class Displayer
     {
        public static void main(String args[])
        {
           System.out.println("Sie werden Java lieben!");
        }
     }

                          Die Klasse Displayer
```

Abbildung 3.2: Ein Java-Programm ist eine Klasse.

Das erste Wort in Listing 3.1, das Wort *class*, ist ein Java-Schlüsselwort (siehe den Abschnitt »Die Wörter in einem Java-Programm« weiter oben in diesem Kapitel). Das Wort *class* wird in jedem Java-Programm auf dieselbe Weise benutzt. Dagegen ist das Wort *Displayer* ein Name, den Sie als Programmierer für eine Klasse wählen.

 Java unterscheidet Groß- und Kleinbuchstaben. Das heißt, Sie ändern die Bedeutung eines Wortes, wenn Sie einen Klein- in einen Großbuchstaben ändern. Dies kann bedeuten, dass der Computer das Programm nicht mehr versteht. Beispielsweise dürfen Sie das Wort *class* nicht durch *Class* ersetzen. Falls Sie dies tun, funktioniert das Programm nicht mehr. Dasselbe gilt in gewissem Maße für den Namen einer Datei, in der eine bestimmte Klasse gespeichert wird. Beispielsweise beginnt der Name der Klasse in Listing 3.1, *Displayer*, mit einem Großbuchstaben, D. Sie sollten also den Code aus Listing 3.1 in einer Datei mit dem Namen `Displayer.java` speichern, der ebenfalls mit dem Großbuchstaben D beginnt.

Wenn Sie eine Klasse namens HundUndKatz definieren, legen Sie den Java-Code der Klasse auch in einer Datei mit dem Namen HundUndKatz.java ab, in derselben Schreibweise und unter Verwendung derselben Groß- und Kleinschreibung wie beim Klassennamen. Diese Dateinamenkonvention ist für viele Beispiele in diesem Buch unabdingbar, beginnend mit einigen der Beispiele in Kapitel 7.

Die Java-Methode

Sie arbeiten als Mechaniker in einer Autowerkstatt. Ihr Chef hat es immer eilig und hängt beim Sprechen gewohnheitsmäßig Wörter zusammen: »wechsleDenKeilriemen bei dem altenFord.« Sie stellen sich vor, welche Aufgaben Sie ausführen müssen: »Auto auf die Arbeitsbühne fahren, Motorhaube öffnen, Schraubenschlüssel holen, Keilriemen lockern usw.« Für uns sind hierbei drei Aspekte wichtig:

✔ Es gibt einen Namen für das, was Sie tun sollen: `wechsleDenKeilriemen`.

✔ Mit dem Namen `wechsleDenKeilriemen` ist eine Liste von Aufgaben verbunden: »Auto auf die Arbeitsbühne fahren, Motorhaube öffnen, Schraubenschlüssel holen, Keilriemen lockern usw.«

✔ Es gibt einen Chef, der diese Arbeit anordnet: »wechsleDenKeilriemen.« Anders ausgedrückt: Ihr Chef bringt Sie zum Arbeiten, indem er den Namen der Sache ausspricht, die Sie erledigen sollen.

In diesem Zusammenhang ist die Verwendung des Wortes *Methode* nicht zu weit hergeholt. Diese Methode tut etwas mit einem Keilriemen. Ihr Chef weist Sie an, diese Methode anzuwenden, und Sie führen die Anweisungen aus, die mit dieser Methode verbunden sind.

In Java wird eine Gruppe zusammengehöriger Anweisungen als *Methode* bezeichnet. Jede Methode hat einen Namen. Sie weisen den Computer an, die Anweisungen in der Gruppe auszuführen, indem Sie in Ihrem Programm den Namen der Methode verwenden.

Ich habe noch kein Programm geschrieben, um Keilriemen mit einem Roboter zu wechseln. Doch falls ich dies tun sollte, würde das Programm eine `wechsleDenKeilriemen`-Methode mit den folgenden Anweisungen enthalten:

```
void wechsleDenKeilriemen()
{
    fahreIn(auto, arbeitsbuehne);
    hebe(motorhaube);
    hole(schraubenschluessel);
    lockere(keilriemen);
    ...
}
```

Listing 3.2: Eine Methodendeklaration

An einer anderen Stelle (außerhalb von Listing 3.2) müsste mein Java-Code eine Anweisung enthalten, um die `wechsleDenKeilriemen`-Methode zu aktivieren. Diese Anweisung könnte wie die in Listing 3.3 aussehen.

```
wechsleDenKeilriemen(alterFord);
```

Listing 3.3: Ein Methodenaufruf

Betrachten Sie die Listings 3.2 und 3.3 nicht zu genau! Der Code in diesen Listings ist erfunden! Er sieht nur aus wie Java-Code, ist aber nicht echt. Er soll nur den Zusammenhang zwischen einer Methodendeklaration und einem Methodenaufruf verdeutlichen.

Nachdem Sie jetzt wissen, was Methoden sind und wie sie funktionieren, wollen wir uns etwas näher mit der betreffenden Terminologie befassen:

✔ Der Code in Listing 3.2 wird als *Methodendeklaration* oder kurz als *Methode* bezeichnet.

✔ Die Methodendeklaration in Listing 3.2 besteht aus zwei Teilen: Die erste Zeile (also alles vor der öffnenden geschweiften Klammer) wird als *Methodenkopf*, der Rest (der zwischen den geschweiften Klammern steht) als *Methodenkörper* bezeichnet.

✔ Der Fachbegriff *Methodendeklaration* unterscheidet die Liste der Anweisungen in Listing 3.2 von der Anweisung in Listing 3.3, die als *Methodenaufruf* bezeichnet wird.

✔ Da eine Methode normalerweise etwas tut, sollte ihr Name mit einem (kleingeschriebenen) Verb beginnen, also zum Beispiel wechsleDenKeilriemen. Weitere Wörter können Sie bei Bedarf großschreiben und ohne Leerzeichen anhängen.

Eine *Methodendeklaration* sagt dem Computer, was passieren soll, wenn die Methode aktiviert wird. Ein *Methodenaufruf* (ein separater Teil des Codes) weist den Computer an, die Methode tatsächlich zu aktivieren. Die Deklaration und der Aufruf einer Methode befinden sich normalerweise in verschiedenen Teilen des Java-Programms.

Die main-Methode eines Programms

Abbildung 3.3 zeigt eine Kopie von Listing 3.1. Ein Großteil des Codes enthält die Deklaration einer Methode namens main (siehe den Methodenkopf). Im Moment wollen wir uns nicht um die anderen Wörter im Kopf der Methode (public, static, void, String und args) kümmern. Diese Wörter werden in den kommenden Kapiteln erklärt.

Wie jede andere Java-Methode enthält die main-Methode eine Folge von Anweisungen.

```
Wie man Plätzchen backt:
    Ofen vorheizen.
    Teig rollen.
    Gerollten Teig backen.
```

oder

```
Wie die main-Anweisungen aus Displayer befolgt werden:
    "Sie werden Java lieben!" auf dem Bildschirm ausgeben.
```

```
class Displayer                    Der Kopf der main-Methode
{

    public static void main(String args[])

        {
            System.out.println("Sie werden Java lieben!");
        }

}
```

Die main-Methode   Der Körper der
(auch Deklaration der   main-Methode
main-Methode genannt)

Abbildung 3.3: Die main-Methode

Das Wort **main** spielt in Java eine spezielle Rolle. Insbesondere wird die **main**-Methode als einzige Methode nie ausdrücklich aufgerufen. Das Wort **main** ist der Name der Methode, die automatisch aufgerufen wird, wenn die Ausführung des Programms beginnt.

Zurück zu Abbildung 3.1. Wenn das `Displayer`-Programm ausgeführt wird, sucht der Computer automatisch die **main**-Methode des Programms und führt die Anweisungen aus, die sich im Körper dieser Methode befinden. Der Körper der **main**-Methode des `Displayer`-Programms enthält nur eine Anweisung. Diese Anweisung weist den Computer an, `Sie werden Java lieben!` auf dem Bildschirm anzuzeigen. In Abbildung 3.1 erscheint also `Sie werden Java lieben!` auf dem Bildschirm.

Die Anweisungen in einer Methode werden erst ausgeführt, wenn die Methode aufgerufen wird; nur die **main**-Methode wird automatisch aktiviert.

Fast jede Programmiersprache verfügt über Konstrukte, die den Methoden von Java entsprechen. In anderen Sprachen werden diese Konstrukte als Unterprogramme, Prozeduren, Funktionen, Subroutinen, Unterprozeduren oder PERFORM-Befehle bezeichnet. Doch in jedem Fall handelt es sich um eine Gruppe von Anweisungen, die einen eigenen Namen hat.

Wie dem Computer Anweisungen gegeben werden

Der Körper der **main**-Funktion in Listing 3.1 enthält eine einzige Zeile mit einer direkten Anweisung an den Computer. Die Zeile (in Abbildung 3.4 durch einen Rahmen hervorgehoben) weist den Computer an, die Wörter `Sie werden Java lieben!` anzuzeigen. Diese Zeile wird als *Befehl* bezeichnet. In Java ist ein *Befehl* eine direkte Anweisung an den Computer, eine Aktion auszuführen (zum Beispiel: zeige diesen Text an, füge 7 an dieser Speicherposition ein, öffne ein Fenster).

```
class Displayer
{
    public static void main(String args[])
    {
        System.out.println("Sie werden Java lieben!");
    }
}
```

Ein Befehl (ein Aufruf der System.out.println-Methode)

Abbildung 3.4: Ein Java-Befehl

Natürlich verfügt Java über verschiedene Arten von Befehlen. Methodenaufrufe, die weiter oben im Abschnitt »Die Java-Methode« beschrieben wurden, sind eine der vielen verschiedenen Arten von Java-Befehlen. Listing 3.3 zeigt, wie ein Methodenaufruf aussieht. Abbildung 3.4 enthält ebenfalls einen Methodenaufruf:

```
System.out.println("Sie werden Java lieben!");
```

Dieser Befehl ruft eine Methode namens System.out.println auf. (In Java können Namen Punkte enthalten.)

Weitere Informationen über die Punkte in Java-Namen erfahren Sie in Kapitel 9.

Abbildung 3.5 veranschaulicht den Aufruf von System.out.println. Tatsächlich sind zwei Methoden an der Ausführung des Displayer-Programms beteiligt:

✔ **Die Deklaration der main-Methode.** Diese Methode wird von dem Programmierer geschrieben und automatisch aufgerufen, wenn das Displayer-Programm ausgeführt wird.

✔ **Der Aufruf der System.out.println-Methode.** Dieser Aufruf ist der einzige Befehl im Körper der main-Methode. Anders gesagt: Die System.out.println-Methode ist der einzige Eintrag in der Aufgabenliste der main-Methode.

Die Deklaration der System.out.println-Methode ist Bestandteil des offiziellen Java-APIs (siehe die Abschnitte »Die Grammatik und die gebräuchlichen Namen« und »Die Wörter in einem Java-Programm« weiter oben in diesem Kapitel).

Sie müssen sich einfach nur merken, dass System.out.println irgendwo im API definiert ist. Der Code, der sich im Java-API befindet, unterscheidet sich nicht grundsätzlich von dem Code, den Sie selbst erstellen, wenn Sie eine Methode deklarieren. Die Java-Anweisungen, die dem Computer sagen, was es bedeutet, System.out.println aufzurufen, sehen ganz ähnlich aus wie der Java-Code in Listing 3.1.

In Java wird jeder Befehl (wie die hervorgehobene Zeile in Abbildung 3.4) mit einem Semikolon abgeschlossen. Die anderen Zeilen in Abbildung 3.4 werden nicht mit einem Semikolon beendet, weil es sich nicht um Befehle handelt. Beispielsweise gibt der Methodenkopf (die

Zeile, die das Wort `main` enthält) dem Computer keine Anweisung, sondern zeigt den Beginn der Anweisungen der `main`-Methode an. Der Methodenkopf erklärt: »Nur für den Fall, dass du jemals `main` ausführen willst, kannst du den nächsten Codezeilen entnehmen, wie das geht«.

Jeder komplette Java-Befehl endet mit einem Semikolon.

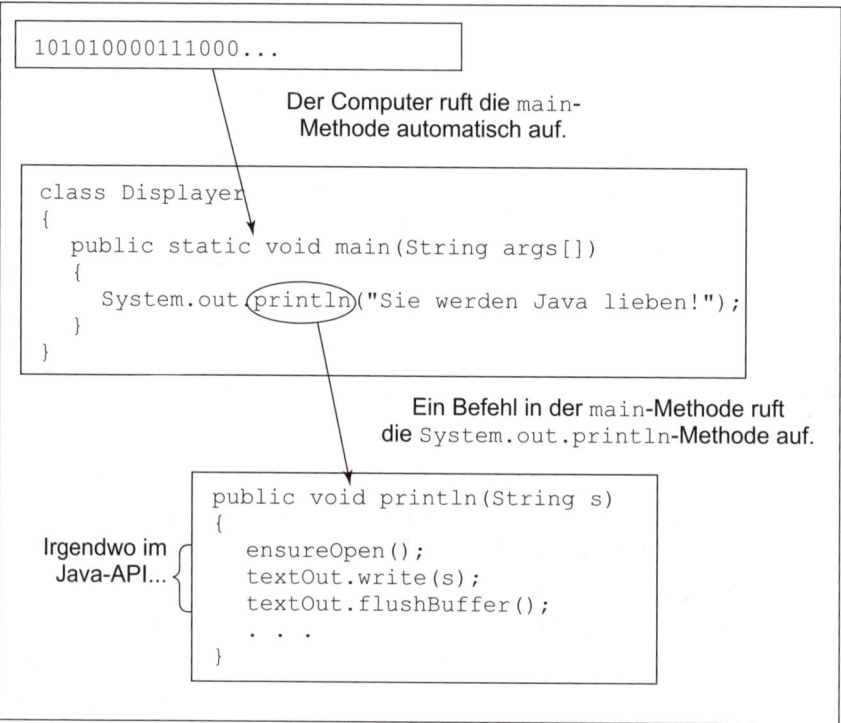

Abbildung 3.5: Der Aufruf der `System.out.println`-Methode

Geschweifte Klammern

Wenn Sie in der Schule einen Aufsatz schreiben mussten, hat Ihr Lehrer wahrscheinlich versucht, Sie von der Nützlichkeit einer Gliederung zu überzeugen, um Ihre Gedanken und Ideen zu ordnen. Java-Programme können ebenfalls wie eine Gliederung gelesen werden. Das Programm in Listing 3.1 beginnt mit einer großen Überschrift, die den Beginn der Klasse `Displayer` anzeigt. Danach leitet eine untergeordnete Überschrift die `main`-Methode ein.

Bei normalen Gliederungen werden Überschriften und Unterschriften durch römische Ziffern, Buchstaben und Ähnliches gekennzeichnet.

In einem Java-Programm wird diese Funktion durch die folgenden beiden Hilfsmittel übernommen:

✔ Geschweifte Klammern schließen in einem Java-Programm in sich abgeschlossene Code-Einheiten ein.

✔ Der Programmierer kann (und sollte) Zeilen so einrücken, dass die (Gliederungs-)Struktur des Codes auf den ersten Blick erkennbar ist.

Bei einer Gliederung ist alles dem Eintrag mit der römischen Ziffer I untergeordnet. In einem Java-Programm übernimmt die oberste Zeile, die das Wort `class` enthält, diese Funktion. Um anzuzeigen, dass der Rest des Codes dieser `class`-Zeile untergeordnet ist, wird er von den geschweiften Klammern eingeschlossen (siehe Listing 3.4).

```java
class Displayer
{
    public static void main(String args[])
    {
        System.out.println("Sie werden Java lieben!");
    }
}
```

Listing 3.4: Geschweifte Klammern einer Java-Klasse

Bei einer Gliederung sind manche Einträge dem Buchstaben *A* untergeordnet (also: *I A*). In einem Java-Programm sind einige Zeilen dem Methodenkopf untergeordnet. Diese Unterordnung wird ebenfalls durch geschweifte Klammern angezeigt (siehe Listing 3.5).

```java
class Displayer
{
    public static void main(String args[])
    {                                   // Öffnen!
        System.out.println("Sie werden Java lieben!");
    }                                   // Schließen!
}
```

Listing 3.5: Geschweifte Klammern einer Java-Methode

In einer Gliederung befinden sich einige Einträge am tiefsten Punkt. In der Klasse `Displayer` ist das die Zeile, die mit `System.out.println` beginnt. Dementsprechend liegt diese `System.out.println`-Zeile innerhalb aller anderen geschweiften Klammern und ist weiter eingerückt als alle anderen Zeilen.

Sie sollten nie vergessen, dass ein Java-Programm hauptsächlich eine Gliederungsstruktur hat.

Wenn Sie geschweifte Klammern an der falschen Stelle verwenden oder sie an Stellen auslassen, an denen sie stehen müssten, funktioniert das Programm wahrscheinlich nicht. Und falls es doch funktioniert, arbeitet es wahrscheinlich nicht korrekt.

Wenn Sie die Codezeilen nicht einrücken, um die Struktur zu verdeutlichen, funktioniert das Programm nach wie vor korrekt, aber weder Sie noch andere Programmierer können auf einen Blick erkennen, wie das Programm funktioniert.

Wenn Sie bildhaft denken, können Sie sich die Struktur eines Java-Programms visuell vorstellen und dann direkt in ein Java-Programm übersetzen (siehe Abbildung 3.6). Andere Personen verwenden etwas bizarrere Bilder (siehe Abbildung 3.7).

Eine gute Entschuldigung ist Gold wert, aber es ist nicht zu entschuldigen, wenn Sie Ihren Java-Code nicht einrücken. Viele Java-IDEs besitzen sogar Tools, die Ihren Code automatisch einrücken. Weitere Informationen darüber finden Sie auf der Website zu diesem Buch.

I. Die `Displayer`**-Klasse**
  A. Die `main`**-Methode**
    1. `"Sie werden Java lieben!"` **anzeigen**

```
I. class Displayer
   A. public static void main(String args[])
      1. System.out.println("Sie werden Java lieben!")
```

```
class Displayer
{
    public static void main(String args[])
    {
        System.out.println("Sie werden Java lieben!");
    }
}
```

Abbildung 3.6: Eine Gliederung wird zu einem Java-Programm.

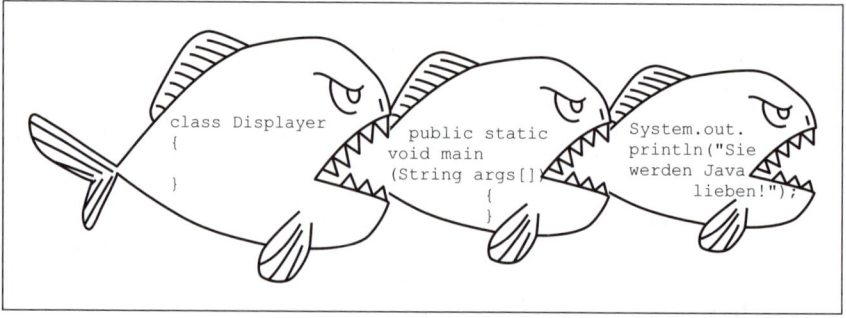

Abbildung 3.7: Eine Klasse ist größer als eine Methode; eine Methode ist größer als ein Befehl.

Und jetzt einige Kommentare

Leute versammeln sich um ein Lagerfeuer, um die alte Legende von der Programmiererin zu hören, deren Faulheit sie in Schwierigkeiten brachte. Um die Anonymität dieser Programmiererin zu wahren, nenne ich sie hier *Jane Pro*. Jane arbeitete viele Monate, um den heiligen Gral des Computeruniversums zu schaffen – ein Programm, das selbst denkt. Wenn dieses Programm fertig wäre, könnte es unabhängig arbeiten und neue Dinge ohne menschlichen Eingriff lernen. Tag um Tag und Nacht um Nacht mühte Jane sich ab, dem Programm diesen Funken des kreativen, unabhängigen Denkens zu geben.

Eines Tages, als sie mit dem Projekt fast fertig war, fand sie in ihrer Post einen verstörenden Brief von ihrer Krankenversicherung. Nein, der Brief hatte nichts mit einer ernsthaften Krankheit zu tun. Es ging um einen Routinebesuch beim Arzt. Der Erstattungsantrag der Krankenversicherung sah ein Feld für ihren Geburtstag vor, so als hätte sich ihr Geburtstag seit ihrem letzten Erstattungsantrag geändert. Gedankenverloren hatte sie *2004* als Geburtsjahr angegeben, sodass sich die Krankenversicherung weigerte, die Rechnung zu bezahlen.

Jane wählte die Telefonnummer der Krankenversicherung. Es dauerte zwanzig Minuten, bis sie einen menschlichen Gesprächspartner an der Leitung hatte. »Es tut mir leid«, sagte der menschliche Gesprächspartner, »um dieses Problem zu lösen, müssen Sie eine andere Nummer wählen.« Nun ja, Sie ahnen sicher, was dann passierte. »Es tut mir leid, der Operator hat Ihnen die falsche Nummer gegeben.« Und dann: »Es tut mir leid, Sie müssen noch einmal die ursprüngliche Nummer wählen.«

Fünf Monate später tat Jane das Ohr weh, aber nach 800 Stunden am Telefon hatte sie endlich das provisorische Versprechen bekommen, dass die Krankenversicherung den Erstattungsantrag noch einmal bearbeiten würde. Sie war in Hochstimmung und ganz begierig darauf, wieder an ihrem Programmierprojekt zu arbeiten. Würde sie sich daran erinnern können, was diese vielen Codezeilen tun sollten?

Nein, sie konnte es nicht. Sie hörte nicht auf, ihre eigene Arbeit anzustarren. Wie ein Traum, der am nächsten Morgen keinen Sinn mehr ergibt, war der Code für sie jetzt vollkommen sinnlos. Sie hatte eine Million Codezeilen geschrieben, und bei keiner einzigen Zeile stand ein informativer erklärender Kommentar. Sie hatte keine Hinweise hinterlassen, die ihr dabei helfen konnten, zu verstehen, was sie gedacht hatte, sodass sie frustriert das ganze Projekt aufgab.

Kommentare zu Ihrem Code hinzufügen

Listing 3.6 zeigt eine verbesserte Version des Beispielprogramms dieses Kapitels. Zusätzlich zu allen Schlüsselwörtern, Bezeichnern und Satzzeichen enthält Listing 3.6 Text, der für menschliche Leser bestimmt ist.

```
/*
 * Listing 3.6 in "Java für Dummies, 5. Ausgabe"
 *
 */
```

```
/**
 * Die Displayer-Klasse zeigt Text auf dem
 * Bildschirm des Computers an.
 *
 * @author  Barry Burd
 * @version 1.0 10/03/12
 * @see     java.lang.System
 */
class Displayer {

    /**
     * Die Ausführung des Programms startet
     * bei dieser main-Methode.
     *
     * @param  args    (Siehe Kapitel 11.)
     */
    public static void main(String args[]) {
        System.out.println("Ich liebe Java!");  // Text geändert
    }
}
```

Listing 3.6: Drei Arten von Kommentaren

Ein _Kommentar_ ist ein spezieller Textabschnitt in einem Programm, dessen Zweck darin besteht, menschlichen Lesern des Programms dessen Funktion zu erklären. Kommentare gehören zu einer guten Programmdokumentation.

Java verfügt über drei Arten von Kommentaren:

✔ **Traditionelle Kommentare:** Die ersten vier Zeilen von Listing 3.6 bilden einen _traditionellen_ Kommentar. Der Kommentar beginnt mit /* und endet mit */. Der gesamte Text zwischen dem öffnenden /* und dem schließenden */ ist nur für menschliche Leser bestimmt. Die Informationen über »Java für Dummies, 5. Auflage« werden von dem Compiler nicht übersetzt. Näheres über Compiler finden Sie in Kapitel 2.

Die zweite und dritte Zeile in Listing 3.6 enthalten jeweils ein zusätzliches Sternchen (*). Ich spreche hier von _zusätzlich_, weil diese Sternchen nicht erforderlich sind, wenn Sie einen Kommentar schreiben. Sie dienen nur dazu, das Aussehen des Kommentars zu verbessern. Ich habe sie aus Gründen in Listing 3.6 eingefügt, die ich selbst nicht ganz verstehe; die meisten Java-Programmierer fügen diese zusätzlichen Sternchen ein.

✔ **Zeilenende-Kommentare:** Der Text // Text geändert in Listing 3.6 ist ein _Zeilenende_-Kommentar. Ein Zeilenende-Kommentar beginnt mit zwei Schrägstrichen (//) und reicht bis zum Ende der jeweiligen Zeile. Noch einmal: Der Text in dem Zeilenende-Kommentar wird von dem Compiler nicht übersetzt.

✔ **Javadoc-Kommentare:** Ein _Javadoc_-Kommentar beginnt mit einem Schrägstrich und zwei Sternchen (/**). Listing 3.6 enthält zwei Javadoc-Kommentare – einen mit dem Text Die Displayer-Klasse zeigt ... und einen mit Die Ausführung des Programms ...

Ein Javadoc-Kommentar ist eine spezielle Form des traditionellen Kommentars und für Leser bestimmt, die nie einen Blick auf den Java-Code werfen (können). Aber das macht doch keinen Sinn. Wie können Sie die Javadoc-Kommentare in Listing 3.6 lesen, wenn Sie nie einen Blick auf Listing 3.6 werfen?

Nun, es gibt ein spezielles Programm namens *javadoc* (wie sonst?), das alle Javadoc-Kommentare in Listing 3.6 in eine sauber formatierte Webseite umwandelt (siehe Abbildung 3.8).

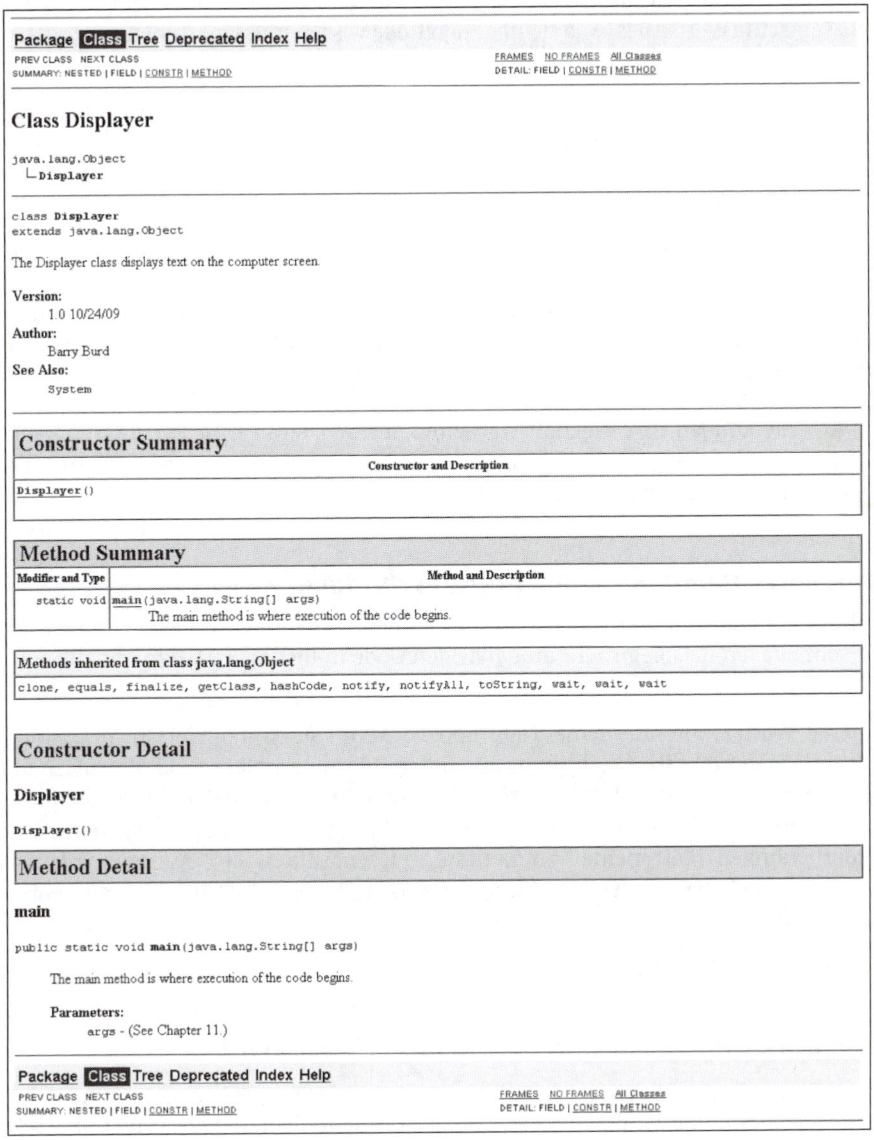

Package **Class** Tree Deprecated Index Help
PREV CLASS NEXT CLASS   FRAMES   NO FRAMES   All Classes
SUMMARY: NESTED | FIELD | CONSTR | METHOD   DETAIL: FIELD | CONSTR | METHOD

Class Displayer

```
java.lang.Object
  └Displayer
```

```
class Displayer
extends java.lang.Object
```

The Displayer class displays text on the computer screen.

Version:
    1.0 10/24/09
Author:
    Barry Burd
See Also:
    System

Constructor Summary

Constructor and Description
Displayer()

Method Summary

Modifier and Type	Method and Description
static void	main(java.lang.String[] args) The main method is where execution of the code begins.

Methods inherited from class java.lang.Object
clone, equals, finalize, getClass, hashCode, notify, notifyAll, toString, wait, wait, wait

Constructor Detail

Displayer

```
Displayer()
```

Method Detail

main

```
public static void main(java.lang.String[] args)
```

The main method is where execution of the code begins.

Parameters:
    args - (See Chapter 11.)

Package **Class** Tree Deprecated Index Help
PREV CLASS NEXT CLASS   FRAMES   NO FRAMES   All Classes
SUMMARY: NESTED | FIELD | CONSTR | METHOD   DETAIL: FIELD | CONSTR | METHOD

Abbildung 3.8: Die Javadoc-Seite, die aus dem Code in Listing 3.6 generiert wurde

Javadoc-Kommentare sind eine großartige Erfindung. Warum?

✔ Die einzige Person, die den Java-Code lesen muss, ist der Programmierer, der den Code schreibt. Andere Leute, die den Code nutzen, können seine Funktion ermitteln, indem sie die automatisch generierte Webseite lesen.

✔ Weil andere Leute den Java-Code nicht lesen, können sie ihn auch nicht ändern. (Anders ausgedrückt: Sie fügen keine Fehler in den vorhandenen Java-Code ein.)

✔ Weil andere Leute den Java-Code nicht lesen, müssen sie auch nicht seine innere Arbeitsweise entschlüsseln. Alles, was sie über den Code wissen müssen, steht auf der generierten Webseite des Codes.

✔ Der Programmierer erstellt nicht zwei verschiedene Dinge – Java-Code an einer Stelle und Dokumentation über den Code an einer anderen Stelle. Stattdessen erstellt er einen einzigen Text mit dem Java-Code und bettet die Dokumentation (in Form von Javadoc-Kommentaren) direkt in den Code ein.

✔ Und das Beste ist: Die Webseiten werden automatisch aus den Javadoc-Kommentaren generiert. Deshalb hat die Dokumentation jedes Entwicklers dasselbe Format. Egal, wessen Java-Code Sie verwenden, Sie lernen die Funktion dieses Codes kennen, indem Sie eine Seite lesen, wie sie in Abbildung 3.8 gezeigt wird. Das ist gut, weil das Format in Abbildung 3.8 jedem vertraut ist, der mit Java arbeitet.

Sie können Ihre eigenen Webseiten aus den Javadoc-Kommentaren generieren, die Sie in Ihren Code einfügen. Wenn Sie wissen wollen, wie das geht, sollten Sie die Website dieses Buches besuchen.

Welche Entschuldigung kann Barry vorbringen?

Seit Jahren predige ich meinen Studenten, Kommentare in ihren Code einzufügen, und seit Jahren schreibe ich Beispielprogramme (wie den Code in Listing 3.1), der keine Kommentare enthält. Warum?

Drei kleine Wörter: »Kenne deine Zielgruppe.« Wenn Sie komplizierten, praxistauglichen Code schreiben, besteht Ihre Zielgruppe aus anderen Programmierern, IT-Managern und Leuten, die Sie beim Entziffern Ihrer Arbeit unterstützen müssen. Wenn ich einfache Codebeispiele für dieses Buch schreibe, besteht meine Zielgruppe aus Leuten wie Ihnen – Java-Programmierneulingen. Statt meine Kommentare zu lesen, sollten Sie besser meine Java-Befehle studieren – die Befehle, die der Java-Compiler entziffert. Deswegen habe ich so wenige Kommentare in die Listings in diesem Buch eingefügt.

Außerdem bin ich etwas faul.

Kommentare für Experimente mit dem Code verwenden

Vielleicht haben Sie schon gehört, dass Programmierer davon sprechen, bestimmte Teile ihres Codes *auszukommentieren*. Wenn Sie ein Programm schreiben und etwas nicht korrekt funktioniert, hilft es oft, versuchsweise Teile des Codes zu entfernen. Zumindest stellen Sie dadurch fest, was passiert, wenn der verdächtige Code entfernt wird. Natürlich gefällt es Ihnen vielleicht nicht, was passiert, wenn der Code entfernt wird, sodass Sie den Code nicht komplett löschen wollen. Stattdessen wandeln Sie die normalen Java-Befehle in Kommentare um. Um beispielsweise den Befehl

```java
System.out.println("Ich liebe Java!");
```

in einen Kommentar umzuwandeln, schreiben Sie

```java
// System.out.println("Ich liebe Java!");
```

Dadurch verhindern Sie, dass der Java-Compiler den Code sieht, während Sie herauszufinden versuchen, was mit Ihrem Programm nicht stimmt.

Traditionelle Kommentare sind nicht sehr nützlich, um Code auszukommentieren. Das große Problem liegt darin, dass man traditionelle Kommentare nicht verschachteln kann. Nehmen Sie beispielsweise an, Sie wollten die folgenden Anweisungen auskommentieren:

```java
System.out.println("Eltern,");
System.out.println("wählt eure");
/*
 * Zeigt absichtlich vier separate Zeilen an.
 */
System.out.println("Schlachten");
System.out.println("sorgfältig!");
```

Falls Sie versuchen, diesen Code in einen traditionellen Kommentar umzuwandeln, erhalten Sie den folgenden Mischmasch:

```java
/*
  System.out.println("Eltern,");
  System.out.println("wählt eure");
  /*
   * Zeigt absichtlich vier separate Zeilen an.
   */
  System.out.println("Schlachten");
  System.out.println("sorgfältig!");
*/
```

Das erste */ (nach `Zeigt absichtlich ...`) beendet den traditionellen Kommentar vorzeitig. Dann sind die Anweisungen mit `"Schlachten"` und `"sorgfältig"` nicht auskommentiert, und das letzte */ machte dem Compiler Probleme. Traditionelle Kommentare können nicht ineinander verschachtelt werden. Aus diesem Grund empfehle ich Ihnen Zeilenende-Kommentare beim Experimentieren mit Ihrem Code.

Die meisten IDEs können einzelne Codeabschnitte automatisch für Sie auskommentieren. Weitere Informationen finden Sie (in Englisch) auf meiner Website www.allmycode.com/JavaForDummies.

Teil II

Eigene Java-Programme schreiben

The 5th Wave   By Rich Tennant

»Hör bloß auf mit dem Parkplatzsuchprogramm!
Der Vorstand hat soeben entschieden, dass die Priorität ab sofort
auf dem Bushaltestellenfinder liegt.«

In diesem Teil ...

In diesem Teil sammeln Sie Ihre ersten praktischen Erfahrungen, indem Sie einige Programme schreiben und herausfinden, wie es sich mit Java arbeitet. Einige Themen in diesem Teil sind Java-spezifisch, aber die meisten gehören zum allgemeinen Wissen über das Programmieren. In diesem Teil konzentrieren wir uns auf Einzelheiten über Daten, über die Logik und über den Programmablauf. Wenn Sie diesen Teil gelesen und einige der Verfahren ausprobiert haben, können Sie verschiedene interessante Java-Programme schreiben.

Variablen und ihre Werte

In diesem Kapitel

▷ Werte in Variablen speichern

▷ Bestimmte Typen von Werten in Variablen speichern

▷ Mit Operatoren neue Werte erzeugen

In diesem Kapitel geht es um die Frage, wie Werte oder Größen in der Programmiersprache Java repräsentiert werden können.

Grundlagen

Variablen sind Programmelemente, mit denen Sie Werte – beispielsweise Ihr Vermögen – speichern und im Zeitablauf verfolgen können. Der Code in Listing 4.1 zeigt ein Beispiel:

```
saldo = 50.22;
saldo = saldo + 1000000.00;
```
Listing 4.1: Eine Variable verwenden

Der Code in Listing 4.1 verwendet eine Variable namens `saldo`. Eine *Variable* ist ein Platzhalter. Beispielsweise können Sie eine Zahl wie 50.22 (Java mag keine Dezimalkommas) in einer Variablen speichern. Wenn Sie später Ihre Meinung ändern, können Sie der Variablen eine andere Zahl zuweisen. (Es ist der Wert einer Variablen, der variiert, das heißt, sich ändert.) Wenn Sie eine andere Zahl in einer Variablen speichern, ist der alte Wert verschwunden. Wenn Sie den alten Wert nicht an anderer Stelle gespeichert haben, ist die alte Zahl verloren.

Abbildung 4.1 zeigt den Zustand der Variablen vor und nach der Ausführung des Codes in Listing 4.1. Nachdem der erste Befehl ausgeführt worden ist, enthält die Variable `saldo` die Zahl 50.22. Nach dem zweiten Befehl enthält die Variable jedoch den Wert 1000050.22. Stellen Sie sich vor, dass eine Variable ein Speicherplatz im Computer ist, in dem 50.22, 1000050.22 oder andere Werte festgehalten werden. Stellen Sie sich weiter vor, dass der Kasten auf der linken Seite von Abbildung 4.1, der die Zahl 50.22 enthält, von Millionen gleichartiger Kästen umgeben ist.

Nun zu einigen Fachbegriffen: Das, was in einer Variablen gespeichert wird, wird als *Wert* bezeichnet. Der Wert einer Variablen kann sich während der Ausführung eines Programms ändern. Der Wert, der in einer Variablen gespeichert wird, muss nicht unbedingt eine Zahl sein. Sie können auch Variablen erstellen, die beispielsweise nur Buchstaben speichern. Die Art des Wertes, der in einer Variablen gespeichert wird, ist der *Typ* oder *Datentyp* der Variablen.

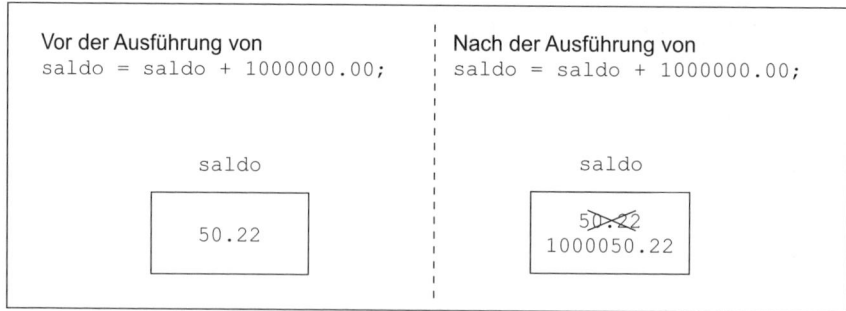

Abbildung 4.1: Eine Variable (vorher und nachher)

Im Abschnitt »Die Typen der Werte von Variablen verstehen« weiter unten in diesem Kapitel erfahren Sie mehr über Datentypen.

Zwischen einer Variablen und einem *Variablennamen* gibt es einen feinen, fast unmerklichen Unterschied. Selbst wenn ich formell schreibe, verwende ich häufig das Wort *Variable*, wenn ich *Variablenname* meine. Genau genommen ist `saldo` ein Variablenname, und der Speicher, der mit `saldo` (einschließlich des Typs und des aktuellen Wertes von `saldo`) verbunden ist, ist die Variable selbst. Wenn dieser Unterschied zwischen *Variable* und *Variablenname* für Ihren Geschmack zu subtil ist, willkommen im Club.

Jeder Variablenname ist ein Bezeichner – ein Name, den Sie in Ihrem Code (fast) frei wählen können (siehe Kapitel 3). Für Listing 4.1 habe ich den Namen `saldo` gewählt.

Weitere Informationen über die verschiedenen Arten von Namen in einem Java-Programm finden Sie in Kapitel 3.

Bevor wir Listing 4.1 verlassen, sollten Sie einen weiteren Aspekt des Listings beachten. Das Listing enthält `50.22` und `1000000.00`. Jeder normale Mensch würde diese Dinge als »Zahlen« bezeichnen, aber in einem Java-Programm wollen wir sie als *Literale* bezeichnen.

Literale werden wörtlich oder buchstäblich interpretiert. Sie ändern sich nicht, sondern stehen immer für den Wert, den sie zum Ausdruck bringen. Dagegen ist der Wert einer Variablen veränderlich: Er hängt von dem Zeitpunkt ab, an dem man die Variable betrachtet. So enthält die Variable `saldo` in Listing 4.1 zunächst den Wert 50.22 und später den Wert 1000050.22. Andererseits ist `50.22` konstant und steht buchstäblich für den Wert 50 $^{22}/_{100}$.

Der Wert einer Variablen kann sich ändern; der Wert eines Literals bleibt konstant.

Ab Java 7 können Sie Ihren numerischen Literalen Unterstriche hinzufügen. Statt in Listing 4.1 das gute alte 1000000.00 zu verwenden, können Sie schreiben `saldo – saldo + 1_000_000.00`. Leider können Sie nicht tun, was am naheliegendsten ist. Sie können nicht 1,000,000.00 (wie in den USA) noch 1.000.000,00

(wie in Deutschland) schreiben. Wenn Sie 1.000.000,00 schreiben wollen, müssen Sie ein paar Formatierungstricks anwenden. Weitere Informationen über die Formatierung finden Sie in den Kapiteln 10 und 11.

Zuweisungsbefehle

Die Befehle in Listing 4.1 werden als *Zuweisungsbefehle* bezeichnet. Zuweisungsbefehle weisen einer Variablen einen Wert zu.

Sie sollten sich angewöhnen, Zuweisungsbefehle von rechts nach links zu lesen. Abbildung 4.2 zeigt, wie die erste Zeile in Listing 4.1 zu lesen ist:

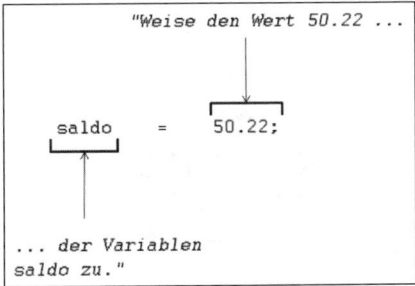

Abbildung 4.2: Die Wirkung der ersten Zeile in Listing 4.1.

Die zweite Zeile in Listing 4.1 nur ein bisschen komplizierter. Abbildung 4.3 zeigt die Wirkung der zweiten Zeile aus Listing 4.1.

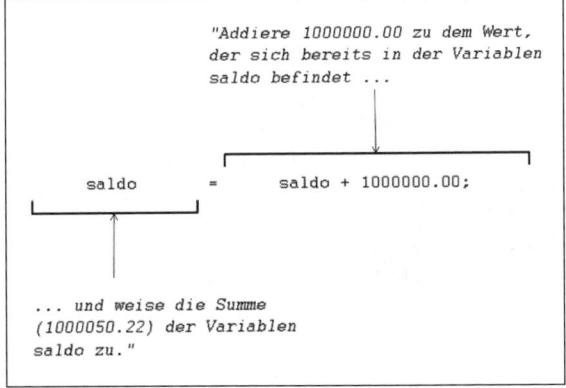

Abbildung 4.3: Die Wirkung der zweiten Zeile in Listing 4.1

Bei einem Zuweisungsbefehl befindet sich die Variable, der ein Wert zugewiesen werden soll, immer auf der linken Seite des Gleichheitszeichens.

Die Typen der Werte von Variablen verstehen

Inzwischen ist es zu einem Allgemeinplatz geworden, dass Computer nur Nullen und Einsen verwenden, um Daten und Programme zu speichern. Beispielsweise wird der Buchstabe *J* im Computer in der Form *01001010* gespeichert. Im Computer existieren nur Folgen von Nullen und Einsen. Jeder Computerfreak weiß, dass eine Null oder eine Eins als *Bit* bezeichnet werden.

Nun kann die Folge *01001010* nicht nur für den Buchstaben *J*, sondern auch für die Zahl 74 stehen. Dieselbe Folge kann auch für $1.0369608636003646 \times 10^{43}$ stehen; und wenn die Bits als Bildschirmpixel interpretiert werden, kann dieselbe Folge auch die Punkte in Abbildung 4.4 repräsentieren. Die Bedeutung von *01001010* hängt davon ab, wie die Software diese Folge von Nullen und Einsen interpretiert.

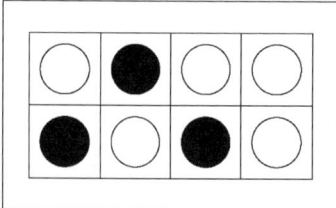

Abbildung 4.4: Eine extreme Nahaufnahme von acht schwarzen und weißen Bildschirmpixeln

Wie teilen Sie dem Computer mit, wofür *01001010* steht? Die Antwort liefert der sogenannte *Typ*. Der Typ einer Variablen gibt den Bereich der Werte an, die die Variable speichern kann.

Das Programm in Listing 4.2 erweitert die Zeilen in Listing 4.1 zu einem vollständigen Java-Programm. Abbildung 4.5 zeigt den Output dieses Programms.

```
class Millionaire
{
    public static void main(String args[])
    {
        double saldo;

        saldo = 50.22;
        saldo = saldo + 1000000.00;

        System.out.print("Sie haben ");
        System.out.print(saldo);
        System.out.println(" EUR auf dem Konto.");
    }
}
```

Listing 4.2: Ein Programm mit der Variablen saldo

Abbildung 4.5: Die Ausführung des Programms in Listing 4.2

In Listing 4.2 lautet die erste Zeile im Körper der `main`-Methode:

`double saldo;`

Diese Zeile wird als *Variablendeklaration* bezeichnet. Wenn Sie diese Zeile in Ihr Programm einführen, deklarieren Sie Ihre Absicht, in Ihrem Programm eine Variable namens `saldo` zu verwenden. Damit ist dieser Name für Ihr Programm reserviert.

Das Wort `double` in dieser Variablendeklaration ist ein Java-Schlüsselwort. Es teilt dem Computer mit, welche Arten von Werten Sie in `saldo` speichern wollen. Insbesondere steht das Wort `double` für Zahlen zwischen $1,8 \times 10^{-308}$ und $1,8 \times 10^{308}$.

Wichtiger als dieser riesige Wertebereich ist die Tatsache, dass `double`-Zahlen auch Nachkommastellen haben können. Da Sie deklarieren, dass `saldo` vom Typ `double` sein soll, können Sie beispielsweise die Zahlen 50.22, 0.02398479 oder -3.0 in dieser Variablen speichern. Wenn `saldo` nicht vom Typ `double`, sondern eine Ganzzahl wäre, könnten Sie nicht den Wert 50.22, sondern nur den Wert 50 in dieser Variablen speichern. In diesem Fall würden die Nachkommastellen verloren gehen.

Bei einem weiteren Typ – dem Typ `float` – können Sie ebenfalls Nachkommastellen verwenden, aber dieser Typ ist nicht so genau. (In dem Kasten »Nachkommastellen« finden Sie Einzelheiten.) Sie sollten sich nicht zu viele Gedanken über die Wahl zwischen `float` und `double` machen, sondern bei den meisten Programmen einfach `double` verwenden.

Nachkommastellen

Java hat zwei verschiedene Typen, die Nachkommastellen speichern können: `double` und `float`. Variablen vom Typ `double` belegen im Speicher 64 Bits, während Variablen vom Typ `float` nur 32 Bits belegen.

In Listing 4.2 könnten Sie `saldo` auch mit dem Typ `float` deklarieren.

`float saldo;`

Sicher, 32 Bits reichen aus, um eine kleine Zahl wie 50.22 zu speichern. Wirklich? Es würden sogar nur sechs Bits ausreichen, um 50.00 zu speichern. Die Größe der Zahl spielt keine Rolle, sondern die Genauigkeit ist wichtig. Bei einer 64-Bit-`double`-Variablen wird der größte Teil der Bits für die Nachkommastellen benötigt. Um den `.22`-Teil von `50.22` zu speichern, werden mehr als die mageren 32 Bits benötigt, die der Typ `float` bietet.

Um Sie davon zu überzeugen, dass dies wirklich stimmt, habe ich `saldo` in Listing 4.2 als Typ `float` deklariert und dann den folgenden Output erhalten:

```
Sie haben 1000050.25 EUR auf dem Konto.
```

Vergleichen Sie diesen Output mit Abbildung 4.5. Durch die Änderung des Typs von `double` in `float` haben Sie plötzlich drei Cents mehr auf dem Konto. Durch die Wahl des 32-Bit-`float`-Typs hat die Genauigkeit der Variablen `saldo` an der zweiten Nachkommastelle gelitten. Das ist nicht wünschenswert.

Eine weitere Schwierigkeit mit `float`-Werten ist rein kosmetisch. Betrachten Sie noch einmal die Literale `50.22` und `1000000.00` in Listing 4.2. In Java werden derartige Literale in jeweils 64 Bits gespeichert. Dies führt zu Schwierigkeiten, wenn Sie `saldo` als Typ `float` deklarieren. Das Problem besteht darin, diese 64-Bit-Literale in der kleineren 32-Bit-Variablen `saldo` zu speichern. Um dieses Problem zu vermeiden, können Sie anstelle von `double`-Literalen `float`-Literale verwenden, indem Sie hinter jedes `double`-Literal ein F setzen, aber eine Zahl mit einem F am Ende sieht seltsam aus.

```
float saldo;
  saldo = 50.22F;
  saldo = saldo + 1000000.00F;
```

Unter `http://babbage.cs.qc.edu/courses/cs341/IEEE-754.html` können Sie eine Website besuchen, auf der Sie mit Zahlenformaten experimentieren können. Sie können Zahlen eingeben und sich ansehen, wie diese mit 32 Bits und 64 Bits repräsentiert werden.

Der neue Saldo in Listing 4.2 ist beeindruckend. Aber Listing 4.2 zeigt nicht die optimale Vorgehensweise für den Umgang mit Währungsbeträgen. In einem Java-Programm stellt man Währung am besten dar, indem man auf die `double`- und `float`-Typen verzichtet und stattdessen den Typ `BigDecimal` verwendet. Weitere Informationen finden Sie auf der Website zu diesem Buch.

Text anzeigen

Die letzten drei Befehle in Listing 4.2 arbeiten mit einem hübschen Formatierungstrick. Sie wollen mehrere Elemente in einer einzelnen Zeile auf dem Bildschirm ausgeben und verwenden dafür separate Befehle. Alle Ausgaben mit Ausnahme der letzten erfolgen mit `System.out.print`. Der letzte Befehl ruft `System.out.println` auf. Nach dem Befehl `System.out.print` bleibt der Zeiger am Ende der Ausgabezeile stehen, sodass der nächste `System.out.irgendwas` die Ausgabe in derselben Zeile fortsetzt. Erst das letzte Element einer Zeile wird mit `println` ausgegeben, sodass die Ausgabezeile abgeschlossen wird und ein Zeilenvorschub erfolgt (siehe Abbildung 4.5).

Bei `System.out.print` bleibt der Zeiger nach der Ausgabe am Ende der Ausgabezeile stehen, während er bei `System.out.println` nach der Ausgabe in eine neue Zeile springt.

Ganzzahlen

»1995 hatte die Durchschnittsfamilie 2,3 Kinder.«

An dieser Stelle gibt es immer einen Schlaumeier, der sagt, dass keine wirkliche Familie genau 2,3 Kinder hat. Manche Dinge werden am besten mit Ganzzahlen beschrieben. Deshalb können in Java ganzzahlige Variablen deklariert werden. Listing 4.3 zeigt ein Programm, das mit ganzzahligen Variablen arbeitet.

```java
public class ElevatorFitter
{
    public static void main(String args[])
    {
        int weightOfAPerson;
        int elevatorWeightLimit;
        int numberOfPeople;

        weightOfAPerson = 75;
        elevatorWeightLimit = 700;
        numberOfPeople =
            elevatorWeightLimit/weightOfAPerson;

        System.out.print("Es passen ");
        System.out.print(numberOfPeople);
        System.out.println(" Personen in den Aufzug.");
    }
}
```

Listing 4.3: Das Arbeiten mit dem int*-Typ*

Dieses Programm berechnet die maximale Anzahl von Personen, die in einen Aufzug passen, wenn die Belastungsobergrenze (700 kg) und das Durchschnittsgewicht einer Person (75 kg) bekannt sind. Mit den gegebenen Werten erzeugt das Programm den Output, den Sie in Abbildung 4.6 sehen.

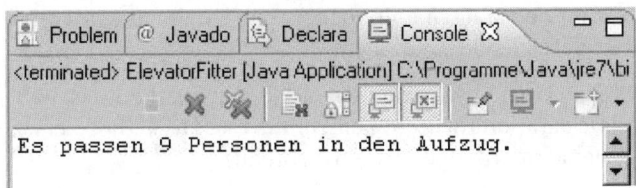

Abbildung 4.6: Berechnung der maximalen Personenzahl

Das Programm arbeitet mit Ganzzahlen, also Zahlen ohne Dezimalstellen. Die Division von 700 durch 75 ergibt 9 ⅓, aber das ⅓ kann hier gefahrlos ignoriert werden, weil das Ergebnis auf 9 abgeschnitten (nicht abgerundet!) wird, sodass das zulässige Gesamtgewicht keinesfalls überschritten wird. In Listing 4.3 haben alle drei Variablen (weightOfAPerson, elevator WeightLimit und numberOfPeople) den Typ int. Ein int-Wert ist eine Ganzzahl. Wenn

Sie einen int-Wert durch einen anderen int-Wert teilen, erhalten Sie einen weiteren int-Wert. Wenn Sie 700 durch 75 teilen, erhalten Sie 9, nicht 9 ⅓ (siehe Abbildung 4.4). Die folgenden Befehle zeigen zusammen die Zahl 9 auf dem Bildschirm an:

```
numberOfPeople =
    elevatorWeightLimit/weightOfAPerson;

System.out.print(numberOfPeople);
```

Vier Verfahren, um Ganzzahlen zu speichern

Java verfügt über vier Typen von Ganzzahlen: byte, short, int und long. Im Gegensatz zu den float- und double-Typen spielt die Genauigkeit hier keine Rolle, sondern es geht bei den Ganzzahlen nur um die maximale Größe der Zahlen. Wenn Ihre Zahlen größer als 127 sind, dürfen Sie keine byte-Variablen benutzen. Wenn Ihre Zahlen größer als 32767 sind, dürfen Sie keine short-Variablen benutzen.

Meistens werden Sie int verwenden. Erst wenn Sie Zahlen größer als 2.147.483.647 speichern wollen, müssen Sie long verwenden. (Die Obergrenze dieses Typs liegt bei 9.223.372.036.854.775.807; siehe Tabelle 4.1.)

Die Deklaration und Initialisierung von Variablen kombinieren

Listing 4.3 enthält drei separate Deklarationen für die drei int-Variablen des Programms. Man kann diese Deklarationen auch in einer Deklaration zusammenfassen:

```
int weightOfAPerson, elevatorWeightLimit, numberOfPeople;
```

 Wenn zwei Variablen verschiedene Typen haben, dürfen Sie sie nicht zusammen deklarieren. Beispielsweise benötigen Sie für eine int-Variable namens *gewichtVonFred* und eine double-Variable namens *kontostandVonFred* zwei separate Variablendeklarationen.

Sie können Variablen in einer Deklaration einen Ausgangswert zuweisen. Beispielsweise kann in Listing 4.3 eine Deklaration mehrere Zeilen in der main-Methode ersetzen (die dann nur noch die Ausgabebefehle print und println enthält):

```
int weightOfAPerson=75, elevatorWeightLimit=700,
    numberOfPeople=elevatorWeightLimit/weightOfAPerson;
```

In diesem Fall spricht man nicht davon, dass den Variablen mit Gleichheitszeichen Werte *zugewiesen* werden, sondern man sagt, dass die Variablen *initialisiert* werden. Dieser Unterschied kann nützlich sein. Beispielsweise können Sie Variablen außerhalb einer Methode deklarieren und initialisieren.

Variablen zu initialisieren hat Vor- und Nachteile:

✔ **Wenn Sie sechs Zeilen von Listing 4.3 in nur einer Deklaration zusammenfassen, wird der Code knapper.** Manchmal ist knapper Code leichter zu lesen, manchmal nicht. Als Programmierer müssen Sie entscheiden.

✔ **Indem Sie eine Variable initialisieren, können Sie automatisch bestimmte Programmierfehler vermeiden.** Ein Beispiel finden Sie in Kapitel 7.

✔ **In einigen Situationen haben Sie keine Wahl. Die Art Ihres Codes zwingt Sie, entweder zu initialisieren oder nicht zu initialisieren.** Ein interessantes Beispiel zeigt das Deleting-Evidence-Programm in Kapitel 6.

Die Atome: Die primitiven Typen von Java

Die Wörter `int` und `double`, die in den vorangegangenen Abschnitten beschrieben wurden, sind Beispiele der sogenannten *primitiven* (oder *einfachen*) *Typen* in Java. Java verfügt über genau acht primitive Typen. Als Java-Neuling haben Sie es hauptsächlich mit vier dieser Typen zu tun. (In dieser Hinsicht ist Java als Programmiersprache einfach und kompakt.) Tabelle 4.1 gibt einen Überblick über die primitiven Typen.

Typname	Beispiel für ein Literal	Wertebereich
Ganzzahlige Typen		
byte	(byte)42	–128 bis 127
short	(short)42	–32.768 bis 32.767
int	42	–2.147.483.648 bis 2.147.483.647
long	42L	–9.223.372.036.854.775.808 bis 9.223.372.036.854.775.807
Dezimaltypen		
float	42.0F	$-3,4 \times 10^{38}$ bis $3,4 \times 10^{38}$
double	42.0	$-1,8 \times 10^{308}$ bis $1,8 \times 10^{308}$
Zeichentyp		
char	'A'	Tausende von Zeichen, Glyphen und Symbolen
Logischer Typ		
boolean	true	true, false

Tabelle 4.1: Die primitiven Typen von Java

Die Typen, mit denen Sie als Neuling hauptsächlich zu tun haben, sind: `int`, `double`, `char` und `boolean`. Weiter oben haben Sie bereits die Typen `int` und `double` kennengelernt. In diesem Abschnitt werden die Typen `char` und `boolean` behandelt.

Der char-Typ

Früher hat man gedacht, Computer würden nur Berechnungen durchführen. Seit Textverarbeitungsprogramme zum Allgemeingut geworden sind, weiß jeder, dass Computer auch Buchstaben, Satzzeichen und andere Zeichen speichern können.

Der Java-Typ, mit dem Zeichen gespeichert werden, wird als `char` bezeichnet. Listing 4.4 zeigt ein einfaches Programm, das mit diesem Typ arbeitet. Abbildung 4.7 zeigt seinen Output.

```java
class CharDemo
{
    public static void main(String args[])
    {
        char myLittleChar, myBigChar;
        myLittleChar = 'b';
        myBigChar = Character.toUpperCase(myLittleChar);
        System.out.println(myBigChar);
    }
}
```

Listing 4.4: Mit dem `char`-Typ arbeiten

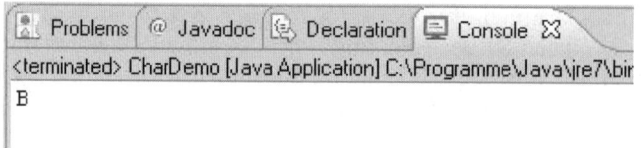

Abbildung 4.7: Ausführung und Output vom Programm in Listing 4.4

Die erste Initialisierung speichert den Buchstaben _b_ in der Variablen `myLittleChar`. Beachten Sie, dass das _b_ durch einfache Anführungszeichen eingeschlossen ist. In Java beginnen und enden `char`-Literale mit einem einfachen Anführungszeichen.

 In Java schließen einfache Anführungszeichen die Buchstaben in einem `char`-Literal ein.

Falls Sie Schwierigkeiten mit den Termini _Zuweisung_, _Deklaration_ und _Initialisierung_ haben, sollten Sie noch einmal den Abschnitt »Die Deklaration und Initialisierung von Variablen kombinieren« weiter oben in diesem Kapitel lesen.

Die zweite Initialisierung ruft eine API-Methode namens `Character.toUpperCase` auf. Die `Character.toUpperCase`-Methode wandelt ihr Argument (hier `'b'`) in einen Großbuchstaben um. Dieser Großbuchstabe (hier `'B'`) wird der Variablen `myBigChar` zugewiesen und auf dem Bildschirm ausgegeben.

Das Java-API wird in Kapitel 3 vorgestellt.

Eine `char`-Variable darf immer nur einen Buchstaben gleichzeitig enthalten; deshalb führen die folgenden Befehle zu einem Fehler:

```java
char myLittleChars;
myLittleChars = 'barry';  //Dies ist falsch!
```

Ein Paar einzelner Anführungszeichen darf also nur ein Zeichen einschließen. Wenn Sie Wörter oder Sätze (also nicht nur einzelne Buchstaben) speichern wollen, müssen Sie einen sogenannten String verwenden.

Der String-Typ von Java wird weiter unten in diesem Kapitel im Abschnitt »Die Moleküle und Verbindungen: Referenztypen« beschrieben.

 Wenn Sie in anderen Sprachen programmiert haben, kennen Sie vielleicht die sogenannte ASCII-Zeichencodierung. Die meisten Sprachen verwenden ASCII; Java verwendet Unicode. Bei der alten ASCII-Repräsentation verwendet jedes Zeichen nur acht Bits, aber in Unicode belegt jedes Zeichen 8, 16 oder 32 Bits. Während ASCII nur die Buchstaben des vertrauten lateinischen (englischen) Alphabets speichert, hat Unicode Platz für die Zeichen aller Sprachen dieser Welt. Das einzige Problem besteht darin, dass einige API-Methoden speziell für 16-Bit-Code geschaffen wurden. Dies führt gelegentlich zu Fehlern. Wenn Sie mit einer Methode Hello auf den Bildschirm schreiben wollen und stattdessen H e l l o angezeigt wird, sollten Sie prüfen, was die Dokumentation der Methode über Unicode-Zeichen zu sagen hat.

Sie sollten beachten, dass die Methoden Character.toUpperCase und System.out.println in Listing 4.4 ganz unterschiedlich verwendet werden. Die Methode Character.toUpper Case wird in einem Zuweisungsbefehl benutzt, während die Methode System.out.println allein steht. Mehr darüber erfahren Sie in Kapitel 7.

Der boolean-Typ

Eine Variable vom Typ boolean speichert einen der beiden Werte true oder false. Listing 4.5 zeigt das Arbeiten mit einer boolean-Variablen.

```
class ElevatorFitter2
{
    public static void main(String args[])
    {
        System.out.println("True oder False?");
        System.out.println("Es passen zehn Personen ");
        System.out.println("in den Aufzug:");
        System.out.println();

        int weightOfAPerson = 75;
        int elevatorWeightLimit = 700;
        int numberOfPeople =
            elevatorWeightLimit/weightOfAPerson;

        boolean allTenOkay = numberOfPeople>=10;
        System.out.println(allTenOkay);
    }
}
```

Listing 4.5: Mit dem boolean-*Typ arbeiten*

Die Ausgabe von Listing 4.5 lautet:

```
True oder False?
Es passen zehn Personen in den Aufzug:
```

```
false
```

In Listing 4.5 hat die `allTenOkay`-Variable den Typ `boolean`. Um den Wert dieser Variablen zu ermitteln, prüft das Programm, ob `numberOfPeople` größer oder gleich zehn ist. (Das Symbol `>=` steht für _größer als oder gleich_.)

An dieser Stelle zahlt es sich aus, es mit der Terminologie genau zu nehmen. Jede Komponente eines Java-Programms, die einen Wert hat, wird als _Ausdruck_ bezeichnet. Wenn Sie

```
weightOfAPerson = 75;
```

schreiben, ist 75 ein Ausdruck, der den Wert 75 hat. Wenn Sie

```
numberOfeggs = 2 + 2;
```

schreiben, ist 2 + 2 ein Ausdruck, weil 2 + 2 den Wert 4 ergibt. Wenn Sie

```
numberOfPeople =
        elevatorWeightLimit/weightOfAPerson;
```

schreiben, ist `elevatorWeightLimit/weightOfAPerson` ein Ausdruck, dessen Wert davon abhängt, welche Werte die Variablen `elevatorWeightLimit` und `weightOfAPerson` haben, wenn der Befehl ausgeführt wird, der den Ausdruck enthält.

Jede Komponente eines Java-Programms, die einen Wert hat, wird als _Ausdruck_ bezeichnet.

In Listing 4.5 ist der Code `numberOfPeople>=10` ein Ausdruck. Der Wert des Ausdrucks hängt von dem Wert ab, der in der Variablen `numberOfPeople` gespeichert ist. Die Berechnung ergibt jedoch, dass der Wert von `numberOfPeople` nicht größer oder gleich zehn ist. Deswegen hat der Ausdruck `numberOfPeople>=10` den Wert `false`, und deswegen wird der Variablen `allTenOkay` der Wert `false` zugewiesen.

In Listing 4.5 rufe ich `System.out.println()` ohne Argumente in den Klammern auf. Dieser Befehl fügt einen Zeilenumbruch in die Ausgabe des Programms ein. In Listing 4.5 erzeugt der Befehl `System.out.println()` eine Leerzeile.

Die Moleküle und Verbindungen: Referenztypen

Wenn man einfache Dinge kombiniert, erhält man kompliziertere Dinge. In Java wird eine Kombination aus einfachen Typen als _Referenztyp_ bezeichnet.

Das Programm in Listing 4.6 verwendet Referenztypen. Abbildung 4.8 zeigt seinen Output.

```java
import javax.swing.JFrame;
public class ShowAFrame
{
    public static void main(String args[])
    {
        JFrame myFrame = new JFrame();
        String myTitle = "Leerer Frame";

        myFrame.setTitle(myTitle);
        myFrame.setSize(200, 200);
        myFrame.setDefaultCloseOperation
            (JFrame.EXIT_ON_CLOSE);
        myFrame.setVisible(true);
    }
}
```

Listing 4.6: Mit Referenztypen arbeiten

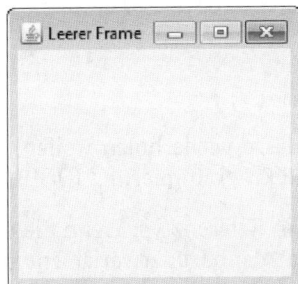

Abbildung 4.8: Ein leerer Frame

Das Programm in Listing 4.6 verwendet zwei Referenztypen. Beide Typen sind in dem Java-API definiert. Einer der Typen, den Sie immer wieder benutzen werden, heißt *String*. Der andere Typ, mit dem Sie arbeiten werden, wenn Sie GUIs (also grafische Benutzeroberflächen) erstellen, heißt *JFrame*.

Ein *String* besteht aus einer Folge von Zeichen. Das ist so, als hätte man mehrere char-Werte in einer Zeile. Die String-Klasse ist im Java-API deklariert. In Listing 4.6 wird deklariert, dass die Variable myTitle vom Typ String sein soll; dann wird ihr der Wert "Leerer Frame" zugewiesen.

 In Java schließen doppelte Anführungszeichen die Zeichen eines String-Literals ein.

Ein Java-JFrame ist ein Fenster, das (in Java) eben als *JFrame* bezeichnet wird. Um das Listing 4.6 zu vereinfachen, enthält der Frame keine weiteren Elemente (Schaltflächen, Felder usw.).

Doch selbst dieses einfache Beispiel enthält Befehle, die erst später erklärt werden. Versuchen Sie deshalb nicht, jedes Wort in Listing 4.6 zu deuten. Hier kommt es darauf an zu verstehen, dass das Programm zwei Variablendeklarationen enthält, und zwar Deklarationen der Variablen `myTitle` vom Typ `String` und der Variablen `myFrame` vom Typ `JFrame`.

Sie können `String` und `JFrame` in der Java-API-Dokumentation nachschlagen. Aber vorher möchte ich Ihnen sagen, was Sie finden werden: `String` und `JFrame` sind Namen von Java-Klassen. Das Besondere ist, dass jede Klasse der Name eines Referenztyps ist. So wie Sie die Variable `saldo` für double-Werte verwenden können, indem Sie

```
double saldo;
```

oder

```
double amountInAccount = 50.22;
```

schreiben, können Sie die Variable `myFrame` für einen `JFrame`-Wert verwenden:

```
JFrame myFrame;
```

oder

```
JFrame myFrame = new JFrame();
```

Wenn Sie den Begriff der Java-Klasse wiederholen wollen, sollten Sie noch einmal die Abschnitte über die objektorientierte Programmierung (OOP) in Kapitel 1 lesen.

 Jede Java-Klasse ist ein Referenztyp. Wenn Sie eine Variable deklarieren, die keinen primitiven Typ hat, dann ist der Variablentyp (meistens) der Name einer Java-Klasse.

Wenn Sie eine Variable vom Typ `int` deklarieren, können Sie sich ziemlich leicht vorstellen, was diese Deklaration bedeutet, nämlich dass im Speicher des Computers ein Speicherplatz für den Wert dieser Variablen reserviert wird. Diese Speicherstelle enthält eine Folge von Bits, deren Anordnung eine bestimmte Ganzzahl repräsentiert.

Diese Erklärung mag für primitive Typen wie `int` oder `double` ausreichen, aber was bedeutet es, wenn eine Variable mit einem Referenztyp, z.B. `myFrame` vom Typ `JFrame`, deklariert wird?

Nun ja, was bedeutet es zu sagen, dass *Der Schimmelreiter* eine Novelle von Storm ist? Was würde es bedeuten, die folgende Deklaration zu schreiben?

```
StormNovelle DerSchimmelreiter;
```

Es bedeutet, dass eine Klasse von Dingen als `StormNovelle` bezeichnet wird und dass `DerSchimmelreiter` eine Instanz dieser Klasse ist. Anders ausgedrückt: `DerSchimmelreiter` ist ein Objekt, das zu der Klasse `StormNovelle` gehört.

Weil JFrame eine Klasse ist, können Sie Objekte dieser Klasse erstellen (siehe Kapitel 1). Jedes Objekt (jede Instanz der JFrame-Klasse) ist ein tatsächlicher JFrame – ein Fenster, das auf dem Bildschirm angezeigt wird, wenn Sie den Code in Listing 4.6 ausführen. Indem Sie deklarieren, dass die Variable myFrame den Typ JFrame hat, sagen Sie dem Computer, dass sich myFrame auf ein tatsächliches Objekt vom Typ JFrame bezieht. Anders ausgedrückt: myFrame ist der Name für ein Fenster, das auf dem Bildschirm angezeigt wird. Abbildung 4.9 verdeutlicht diese Situation.

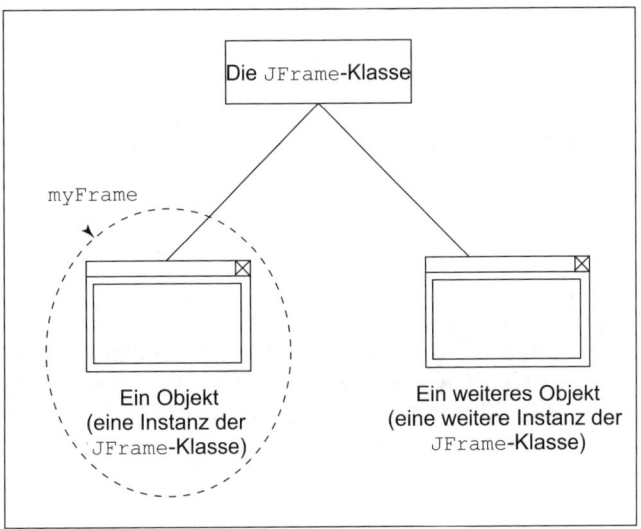

Abbildung 4.9: Die Variable myFrame bezieht sich auf eine Instanz der JFrame-Klasse.

Wenn Sie ClassName variableName deklarieren, sagen Sie, dass sich die Variable auf eine Instanz der Klasse bezieht.

In Listing 4.6 reserviert der Ausdruck JFrame myFrame die Verwendung des Namens myFrame. In derselben Codezeile erzeugt der Ausdruck new JFrame() ein neues Objekt (eine Instanz der JFrame-Klasse). Schließlich sorgt das Gleichheitszeichen in dieser Zeile dafür, dass sich myFrame auf das neue Objekt bezieht. Zu wissen, dass die beiden Wörter new JFrame() ein neues Objekt erstellen, kann sehr wichtig sein. Eine gründliche Erklärung von Objekten finden Sie in Kapitel 7.

Eine Importdeklaration

Es ist nie verkehrt, seine Absichten vorab kundzutun. Stellen Sie sich vor, Sie sitzen in der folgenden Vorlesung:

> *»In unserer heutigen Vorlesung zur Filmgeschichte geht es um die Karriere des Schauspielers **Lionel Herbert Blythe Barrymore**.*
>
> ***Barrymore*** *wurde in Philadelphia geboren und wirkte in über 200 Kinofilmen mit, unter anderem »Ist das Leben nicht schön«, »Key Largo« und »Dr. Kildare's Wedding Day«. Darüber hinaus war* ***Barrymore*** *Autor, Komponist und Regisseur. Im Radio gab* ***Barrymore*** *jedes Jahr Ebenezer Scrooge seine Stimme... «*

Hochinteressant. Jetzt vergleichen Sie den obigen Abschnitt mit einer Vorlesung, bei der der Dozent das Thema nicht zu Beginn kurz vorstellt:

> *»Willkommen zu unserer heutigen Vorlesung zur Filmgeschichte.*
>
> ***Lionel Barrymore*** *wurde in Philadelphia geboren und wirkte in über 200 Kinofilmen mit, unter anderem »Ist das Leben nicht schön«, »Key Largo« und »Dr. Kildare's Wedding Day«. Darüber hinaus war* ***Barrymore (nicht Ethel, John oder Drew)*** *Autor, Komponenten und Regisseur. Im Radio gab* ***Lionel Barrymore*** *jedes Jahr Ebenezer Scrooge seine Stimme... «*

Ohne eine korrekte Einführung muss ein Sprecher Sie dauernd daran erinnern, dass es in der Vorlesung um Lionel Barrymore geht, und nicht um irgendeinen anderen Barrymore. Dasselbe gilt für ein Java-Programm. Betrachten Sie noch einmal Listing 4.6:

```
import javax.swing.JFrame;

public class ShowAFrame
{
    public static void main(String args[])
    {
        JFrame myFrame = new JFrame();
```

In Listing 4.6 kündigen Sie in der Einführung (in der `import`-Anweisung) an, dass Sie `JFrame` in Ihrer Java-Klasse verwenden werden. Sie klären durch Angabe des vollständigen Namens `javax.swing.JFrame`, was Sie mit `JFrame` meinen, genau wie im ersten obigen Beispiel der Dozent den vollständigen Namen »Lionel Herbert Blythe Barrymore« angibt. Nachdem Sie in der `import`-Anweisung Ihre Absichten kundgetan haben, können Sie im Code Ihrer Java-Klasse den abgekürzten Namen `JFrame` verwenden.

Wenn Sie keine `import`-Anweisung verwenden, müssen Sie überall, wo Sie `JFrame` in Ihrem Code benutzen, den vollständigen Namen `javax.swing.JFrame` angeben. Ohne eine `import`-Anweisung würde der Code aus Listing 4.6 wie folgt aussehen:

```
public class ShowAFrame
{
    public static void main(String args[])
    {
        javax.swing.JFrame myFrame = new javax.swing.JFrame();
        String myTitle = "Leeres Frame";

        myFrame.setTitle(myTitle);
        myFrame.setSize(200, 200);
        myFrame.setDefaultCloseOperation
            (javax.swing.JFrame.EXIT_ON_CLOSE);
            myFrame.setVisible(true);
    }
}
```

 Die Details zu diesem wichtigen Konzept können ziemlich kompliziert sein. Glücklicherweise haben viele IDEs praktische Hilfsfunktionen für `import`-Anweisungen. Weitere Informationen finden Sie auf der Website zum Buch.

Die `import`-Anweisung kann nicht in einem einzigen Abschnitt dieses Buches erklärt werden. Einige weitere wichtige Details zur `import`-Anweisung finden Sie in den Kapiteln 5, 9 und 10.

Mit Operatoren neue Werte erstellen

Java verfügt über mehrere sogenannte *Operatoren*, mit denen Sie Ausdrücke verknüpfen oder sonst wie manipulieren können. Einer der einfachsten Operatoren ist das Pluszeichen (+):

```
int apples, oranges, fruit;
apples = 5;
oranges = 16;
fruit = apples + oranges;
```

Mit dem Pluszeichen können Sie auch String-Werte verknüpfen:

```
String startOfChapter =
  "Im Bewusstsein seiner Verantwortung vor Gott und "+
  "den Menschen, von dem Willen beseelt, ...";
System.out.println(startOfChapter);
```

Diese Funktion kann nützlich sein, weil es in Java nicht erlaubt ist, einen String zu definieren, der mehrere Zeilen überspannt. Anders ausgedrückt: Der folgende Code würde nicht funktionieren:

```
String thisIsBadCode =
  "Im Bewusstsein seiner Verantwortung vor Gott und
   den Menschen, von dem Willen beseelt, ...";
System.out.println(thisIsBadCode);
```

 Die Verknüpfung von String-Werten wird auch als *Konkatenation* (Verkettung) bezeichnet.

Mit dem Pluszeichen können Sie auch String-Werte mit Zahlen verknüpfen:

```
int apples, oranges, fruit;
apples = 5;
oranges = 16;
fruit = apples + oranges;
System.out.println("Sie haben " + fruit + " Fruechte.");
```

Natürlich gibt es auch das Minuszeichen (–), aber nicht für String-Werte:

```
apples = fruit - oranges;
```

Die Multiplikation erfolgt mit einem Sternchen (*), die Division mit einem Schrägstrich (/):

```
double rate, pay;
int hours;

rate = 6.25;
hours = 35;
pay = rate*hours;
System.out.println(pay);
```

Ein Beispiel für eine Division finden Sie in Listing 4.3.

 Wenn ein int-Wert durch einen anderen int-Wert dividiert wird, erhalten Sie einen nicht gerundeten int-Wert. Ein möglicher Rest wird abgeschnitten. Wenn Sie den Befehl System.out.println(11/4) verwenden, gibt der Computer 2, nicht 2.75 aus. Wenn Sie den rechnerisch korrekten Wert anzeigen wollen, müssen Sie eine (oder beide) Zahlen zu einem double-Typ machen. Wenn Sie den Befehl System.out.println(11.0/4) schreiben, gibt das Programm 2.75 aus.

Der *Rest*-Operator (Symbol: %) ist ein weiterer nützlicher arithmetischer Operator. Er wird auch gelegentlich *Modulo*-Operator genannt. Wenn Sie den Ausdruck System.out.println(11%4) verwenden, gibt das Programm 3 aus, weil 11 dividiert durch 4 den Wert 2 Rest 3 ergibt. Dass der Rest-Operator ziemlich nützlich sein kann, zeigt Listing 4.7.

Kürzerer Code durch Import-Anweisungen

Beachten Sie im folgenden Listing 4.7 die import-Anweisung:

import static java.lang.System.out;

Durch die Aufnahme dieser Zeile wird der restliche Code einfacher zu lesen, weil ich mir lange Java-Anweisungen ersparen kann, die sich über mehrere Zeilen erstrecken: Statt System.out.println kann ich jetzt einfach out.println schreiben.

```java
import static java.lang.System.out;
public class MakeChange
{
    public static void main(String args[])
    {
        int total = 248;
        int quarters = total/25;
        int whatsLeft = total%25;

        int dimes = whatsLeft/10;
        whatsLeft = total%10;

        int nickels = whatsLeft/5;
        whatsLeft = total%5;

        int cents = whatsLeft;

        out.println(total + " Cents ergeben");
        out.println(quarters + " Quarters");
        out.println(dimes + " Dimes");
        out.println(nickels + " Nickels");
        out.println(cents + " Cents");
    }
}
```

Listing 4.7: (Amerikanisches) Kleingeld herausgeben

Abbildung 4.10 zeigt eine Ausführung dieses Programms. Sie beginnen mit insgesamt 248 Cents. Der Befehl

```
quarters = total/25;
```

teilt 248 durch 25, was 9 ergibt. Das bedeutet, dass Sie für 248 Cents 9 Quarters (25-Cent-Stücke) erhalten. Der nächste Befehl

```
whatsLeft = total%25;
```

teilt 248 noch einmal durch 25 und weist whatsLeft den Rest, 23, zu. Jetzt können Sie im nächsten Schritt fragen, wie viele Dimes (Zehn-Cent-Stücke) man für 23 Cents bekommt, usw.

```
248 Cents ergeben
9 Quarters
2 Dimes
1 Nickels
3 Cents
```

Abbildung 4.10: Wechselgeld für 248 US-$

Import-Anweisungen: Die hässliche Wahrheit

Vergleichen Sie sie Importanweisung import static java.lang.System.out; mit der in Listing 4.6 import javax.swing.JFrame;.

Warum verwendet die eine Deklaration das Wort *static*, die andere dagegen nicht? Um ehrlich zu sein: Am liebsten würde ich die Frage nicht beantworten.

Um static wirklich zu verstehen, müssen Sie in Kapitel 10 nachlesen. Ich empfehle Ihnen aber nicht, direkt dorthin zu blättern, wenn Sie schwache Nerven oder keine Erfahrung in objektorientierter Programmierung haben. Ich versichere Ihnen aber, dass Kapitel 10 ganz einfach zu lesen ist, nachdem Sie Teil III dieses Buches gelesen haben. Und wenn Sie entscheiden müssen, ob Sie die Angabe *static* in einer import-Anweisung verwenden, beherzigen Sie die folgenden Hinweise.

✔ In den meisten import-Anweisungen von Java-Programmen wird das Wort static nicht verwendet.

✔ In diesem Buch verwende ich nie import static, um irgendetwas zu importieren, außer System.out (na gut, fast nie...).

✔ Die meisten import-Anweisungen verwenden das Wort static nicht, weil die meisten Deklarationen Klassen importieren. Leider ist System.out nicht der Name einer Klasse.

Einmal initialisieren, mehrfach zuweisen

Listing 4.7 enthält drei Zeilen, die der Variablen `whatsLeft` Werte zuweisen:

```
int whatsLeft = total % 25;
```

```
whatsLeft = whatsLeft % 10;
```

```
whatsLeft = whatsLeft % 5;
```

Nur eine dieser Zeilen ist eine Deklaration. Die anderen beiden Zeilen sind Zuweisungen. Das ist gut, weil Sie dieselbe Variable nicht mehr als einmal deklarieren können (ohne einen sogenannten *Block* zu erstellen). Wenn Sie einen Fehler machen und in Listing 4.7 schreiben

```
int whatsLeft = total % 25;
int whatsLeft = whatsLeft % 10;
```

wird eine Fehlermeldung angezeigt (`whatsLeft` ist bereits definiert), wenn Sie versuchen, Ihren Code zu kompilieren.

In Kapitel 5 erfahren Sie, was ein Block ist. Eine eingehende Diskussion über die Redeklaration von Variablen finden Sie in Kapitel 10.

Die Inkrement- und Dekrement-Operatoren

Java verfügt über einige nette kleine Operatoren, die das Programmieren erleichtern. Insgesamt gibt es vier solcher Operatoren – zwei Inkrement-Operatoren und zwei Dekrement-Operatoren. Die Inkrement-Operatoren addieren 1, und die Dekrement-Operatoren subtrahieren 1. Die Inkrement-Operatoren verwenden doppelte Pluszeichen (++), und die Dekrement-Operatoren verwenden doppelte Minuszeichen (−−). Wir wollen ihre Arbeitsweise anhand einiger Beispiele illustrieren. Abbildung 4.11 zeigt das erste Beispiel. Abbildung 4.12 zeigt die Ausführung des Programms in Abbildung 4.11. In dieser wenig spektakulären Ausführung wird die Zählung der Bunnies dreimal ausgegeben.

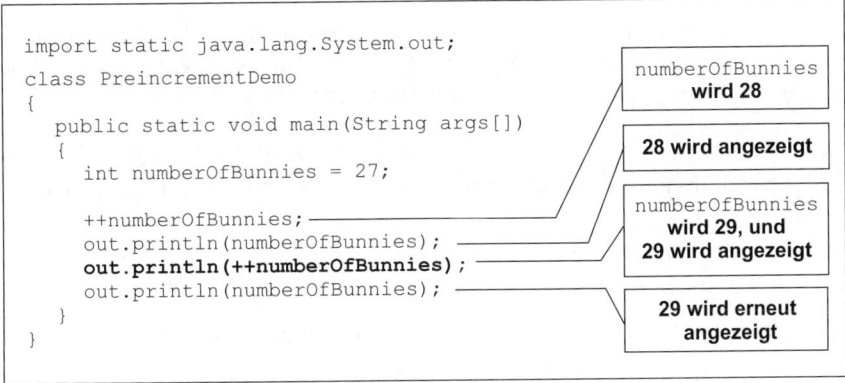

Abbildung 4.11: Der Präinkrement-Operator

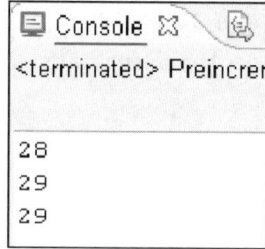

Abbildung 4.12: Ausführung des Codes aus Abbildung 4.11

Das doppelte Pluszeichen wird je nach Position unterschiedlich bezeichnet. Wenn ++ vor einer Variablen steht, wird es als *Präinkrement-Operator* bezeichnet *(prä bedeutet vor)*.

Das Wort *vor* hat zwei verschiedene Bedeutungen:

✔ Sie setzen ++ vor die Variable.

✔ Der Computer erhöht den Wert der Variablen um 1, bevor die Variable in anderen Teilen des Befehls verwendet wird.

Die fett dargestellte Zeile in Abbildung 4.11 soll dies verdeutlichen: Der Computer erhöht numberOfBunnies um 1, sodass numberOfBunnies den Wert 29 hat, und gibt dann 29 auf dem Bildschirm aus.

 Mit out.println(++numberOfBunnies) erhöht der Computer den Wert der Variablen numberOfBunnies um 1, bevor deren neuer Wert ausgegeben wird.

Das Gegenstück zum Präinkrement-Operator ist der *Postinkrement-Operator (post bedeutet nach)*. Er funktioniert folgendermaßen:

✔ Sie fügen ++ an das Ende des Variablennamens an.

✔ Der Computer erhöht den Wert der Variablen um 1, nachdem diese in anderen Teilen des Befehls verwendet worden ist.

Die fett dargestellte Zeile in Abbildung 4.13 soll die Arbeitsweise des Postinkrements verdeutlichen: Der Computer gibt den alten Wert von numberOfBunnies (28) aus und erhöht dann den Wert der Variablen um 1, sodass numberOfBunnies den Wert 29 hat.

 Mit out.println(numberOfBunnies++) erhöht der Computer den Wert der Variablen numberOfBunnies um 1, nachdem deren alter Wert ausgegeben wurde.

Abbildung 4.14 zeigt eine Ausführung des Codes aus Abbildung 4.13. Vergleichen Sie Abbildung 4.14 mit der Ausführung in Abbildung 4.12:

✔ Beim Präinkrement-Operator in Abbildung 4.12 lautet die zweite Zahl 29.

✔ Beim Postinkrement-Operator in Abbildung 4.14 lautet die zweite Zahl 28.

In Abbildung 4.14 wird die Zahl 29 erst am Ende angezeigt, wenn der Computer den Befehl out.println(numberOfBunnies) letztmalig ausführt.

```
import static java.lang.System.out;

class PostincrementDemo
{
  public static void main(String args[])
  {
    int numberOfBunnies = 27;

    numberOfBunnies++;
    out.println(numberOfBunnies);
    out.println(numberOfBunnies++);
    out.println(numberOfBunnies);
  }
}
```

| numberOfBunnies wird 28 |
| 28 wird angezeigt |
| 28 wird angezeigt, und dann wird numberOfBunnies 29 |
| 29 wird angezeigt |

Abbildung 4.13: Der Postinkrement-Operator

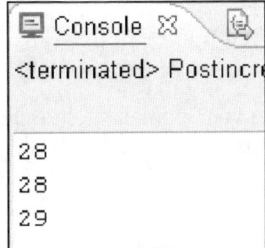

Abbildung 4.14: Ausführung des Codes in Abbildung 4.13

 Wann sollten Sie ein Präinkrement und wann ein Postinkrement verwenden? Die meisten Programmierer verwenden das Postinkrement. In einem typischen Java-Programm wird häufig das Konstrukt `numberOfBunnies++` und selten `++numberOfBunnies` verwendet.

Neben dem Präinkrement und dem Postinkrement verfügt Java über zwei Operatoren, die die entgegengesetzte Operation (--) ausführen: *Prädekrement* und *Postdekrement*.

✔ Bei dem Prädekrement (`--numberOfBunnies`) verringert der Computer den Wert der Variablen um 1, bevor die Variable im Rest des Befehls verwendet wird.

✔ Bei dem Postdekrement (`numberOfBunnies--`) verringert der Computer den Wert der Variablen um 1, nachdem die Variable im Rest des Befehls verwendet worden ist.

 Anstatt `++numberOfBunnies` zu schreiben, könnten Sie denselben Effekt durch die Anweisung `numberOfBunnies = numberOfBunnies + 1` erzielen. Daraus schließen einige Leute, dass die Java-Operatoren `++` und `--` dazu dienen, Tastenanschläge einzusparen. Dies ist vollkommen falsch. Der beste Grund dafür, `++` zu verwenden, besteht darin, die ineffiziente und fehleranfällige Praxis zu vermeiden, denselben Variablennamen, beispielsweise `numberOfBunnies`, in einem Befehl mehrfach zu schreiben. Wenn Sie `numberOfBunnies` nur einmal schreiben (was bei der Anwendung von `++` oder `--` der Fall ist), muss der Computer nur

einmal feststellen, was `numberOfBunnies` bedeutet. Außerdem besteht dann die Gefahr, einen Tippfehler zu machen, nur einmal. Bei einfachen Ausdrücken wie `numberOfBunnies++` ist dieser Vorteil gering, aber bei komplizierten Ausdrücken wie `inventoryItems[(quantityReceived--*itemsPerBox+17)]++` bedeutet das Arbeiten mit `++` und `--` einen erheblichen Gewinn an Effizienz und Genauigkeit.

Befehle und Ausdrücke

Man kann die Prä- und Postinkrement- bzw. -dekrement-Operatoren auf zwei Arten beschreiben: auf eine Weise, die jeder versteht, und auf die richtige Weise. Die Weise, die ich in diesem Abschnitt hauptsächlich verwendet habe (und die den Zeitbegriff *vor* und *nach* benutzt), ist allgemein verständlich. Leider ist sie nicht ganz korrekt. Wenn Sie `++` oder `--` sehen, können Sie an einen Zeitablauf denken. Aber gelegentlich verwenden einige Programmierer `++` oder `--` in einer verdrehten Art und Weise, bei der die Zeitbegriffe *vor* und *nach* nicht anwendbar sind. Falls Sie jemals Probleme mit diesen Operatoren haben, sollten Sie deshalb diese Operatoren unter dem Aspekt von Befehlen und Ausdrücken betrachten.

Zunächst sollten Sie sich vergegenwärtigen, dass ein Befehl den Computer anweist, etwas zu tun, und dass ein Ausdruck einen Wert hat. (Befehle werden in Kapitel 3 und Ausdrücke weiter oben in diesem Kapitel beschrieben.) In welche Kategorie gehört `numberOfBunnies++`? Die überraschende Antwort lautet: in beide. Der Java-Code `numberOfBunnies++` ist sowohl ein Befehl als auch ein Ausdruck.

Nehmen wir an, dass `numberOfBunnies` den Wert 28 hat, bevor der Computer den Befehl `out.println(numberOfBunnies++)` ausführt.

✔ Als Befehl weist `numberOfBunnies++` den Computer an, die Variable `numberOfBunnies` um 1 zu erhöhen.

✔ Als Ausdruck hat `numberOfBunnies++` den Wert 28, nicht 29.

Obwohl der Computer den Wert von `numberOfBunnies` um 1 erhöht, bedeutet der Code `out.println(numberOfBunnies++)` tatsächlich `out.println(28)`.

Nun gilt alles, was gerade über `numberOfBunnies++` gesagt wurde, auch für `++numberOfBunnies`. Der einzige Unterschied besteht darin, dass sich `++numberOfBunnies` als Ausdruck intuitiver verhält.

✔ Als Befehl weist `++numberOfBunnies` den Computer an, die Variable `numberOfBunnies` um 1 zu erhöhen.

✔ Als Ausdruck hat `++numberOfBunnies` den Wert 29.

Bei dem Befehl `out.println(++numberOfBunnies)` erhöht also der Computer die Variable `numberOfBunnies` um den Wert 1, und der Code `out.println(++numberOfBunnies)` bedeutet tatsächlich `out.println(29)`.

Zuweisungsoperatoren

Als Sie den vorangegangenen Abschnitt gelesen haben, der Operatoren beschreibt, die 1 addieren, haben Sie sich vielleicht gefragt, ob Sie diese Operatoren so manipulieren können, dass man damit 2, 5 oder 1 000 000 addieren kann. Kann man als Java-Programmierer beispielsweise `numberOfBunnies++++` schreiben? Nein. Falls Sie es versuchen, gibt der Compiler eine Fehlermeldung aus.

Was also können Sie tun? Glücklicherweise verfügt Java über zahlreiche Zuweisungsoperatoren. Mit einem *Zuweisungsoperator* können Sie alles, was Sie wollen, addieren, subtrahieren, multiplizieren oder dividieren bzw. einige andere Operationen ausführen. In Listing 4.8 wird eine Auswahl der Zuweisungsoperatoren (der Dinge mit Gleichheitszeichen) demonstriert. Abbildung 4.15 zeigt den Output dieses Programms.

```java
class UseAssignmentOperators {

    public static void main(String args[]) {
        int numberOfBunnies = 27;
        int numberExtra = 53;

        numberOfBunnies += 1;
        System.out.println(numberOfBunnies);

        numberOfBunnies += 5;
        System.out.println(numberOfBunnies);

        numberOfBunnies += numberExtra;
        System.out.println(numberOfBunnies);

        numberOfBunnies *= 2;
        System.out.println(numberOfBunnies);

        System.out.println(numberOfBunnies -= 7);

        System.out.println(numberOfBunnies = 100);
    }
}
```

Listing 4.8: Zuweisungsoperatoren

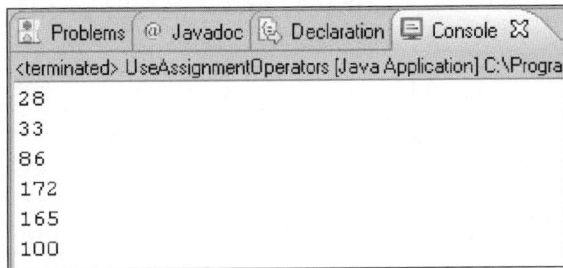

Abbildung 4.15: Ausführung des Programms aus Listing 4.8

Listing 4.8 zeigt, wie vielseitig die Zuweisungsoperatoren von Java sind. Mit diesen Zuweisungsoperatoren können Sie Ausdrücke zu Variablen addieren, von ihnen subtrahieren, mit ihnen multiplizieren oder sie durch die Ausdrücke dividieren. Beachten Sie, wie += 5 den Wert 5 zu numberOfBunnies addiert und wie *= 2 die Variable numberOfBunnies mit 2 multipliziert. Der rechts neben dem Zuweisungsoperator stehende Wert muss keine Zahl sein, sondern es kann sich dabei auch um den Wert eines anderen Ausdrucks handeln (beispielsweise numberExtra in Listing 4.8).

Die letzten zwei Zeilen in Listing 4.8 zeigen eine spezielle Funktion der Java-Zuweisungsoperatoren. Sie können einen Zuweisungsoperator als Teil eines größeren Java-Befehls verwenden. In der vorletzten Zeile von Listing 4.8 subtrahiert der Operator von numberOfBunnies den Wert 7 und verringert damit den Wert von numberOfBunnies von 172 auf 165. Die Zuweisungen selbst befinden sich in einem Aufruf von System.out.println, sodass die Zahl 165 auf dem Bildschirm angezeigt wird.

Die letzte Zeile von Listing 4.8 zeigt, wie Sie auch das einfache Gleichheitszeichen auf diese Weise verwenden können. Der Zuweisungsbefehl, den ich am Anfang dieses Kapitels beschrieben habe, gehört zu den Zuweisungsoperatoren, die Thema dieses Abschnitts sind. Das heißt: Immer wenn Sie einer Variablen einen Wert zuweisen, können Sie diese Zuweisung in einen größeren Befehl einbetten.

Jeder Zuweisungsoperator ist sowohl ein Befehl als auch ein Ausdruck. In allen Fällen entspricht der Wert des Ausdrucks dem Wert, den Sie zuweisen. Beispielsweise hat die Variable numberOfBunnies vor der Ausführung des Befehls System.out.println(numberOfBunnies-=7) den Wert 172. Als Befehl weist numberOfBunnies-=7 den Computer an, den Wert 7 von numberOfBunnies zu subtrahieren (sodass der Wert von numberOfBunnies von 172 auf 165 sinkt). Als Ausdruck hat numberOfBunnies-=7 den Wert 165, sodass der Code System.out.println(numberOfBunnies-=7) tatsächlich System.out.println(165) bedeutet. Die Zahl 165 wird auf dem Bildschirm angezeigt.

Eine ausführlichere Erklärung dieses Themas finden Sie in dem Kasten »Befehle und Ausdrücke« weiter oben in diesem Kapitel.

Den Programmablauf mit Entscheidungen steuern

5

In diesem Kapitel

▷ Befehle schreiben, die zwischen Alternativen unterscheiden

▷ Befehle ineinander verschachteln

▷ Zwischen vielen Alternativen unterscheiden

*W*enn Sie Computerprogramme schreiben, stoßen Sie beim Programmablauf immer wieder auf Stellen, an denen die Verarbeitung – abhängig von gewissen Bedingungen – auf zwei oder mehr verschiedenen Wegen fortgesetzt werden kann. Hat der Benutzer sein Passwort korrekt eingegeben? Falls ja, lassen Sie ihn arbeiten; falls nein, geben Sie ihm Bescheid. Für diesen Zweck gibt es in Java einen speziellen Befehl: den *if-Befehl*.

Entscheidungen fällen (if-Befehle)

Mit dem `if`-Befehl von Java können Sie den Programmablauf in eine von zwei Richtungen verzweigen.

Eine Zahl raten

Listing 5.1 zeigt den `if`-Befehl in Aktion. Abbildung 5.1 zeigt den Output, der bei einer zweimaligen Ausführung des Programms erzeugt wurde.

```java
import static java.lang.System.out;
import java.util.Scanner;
import java.util.Random;

class GuessingGame {

    public static void main(String args[]) {
        Scanner keyboard = new Scanner(System.in);

        out.print("Geben Sie eine ganze Zahl ");
        out.print("zwischen 1 und 10 ein: ");

        int inputNumber = keyboard.nextInt();
        int randomNumber = new Random().nextInt(10) + 1;
```

```
    if (inputNumber == randomNumber) {
        out.println("**************");
        out.println("*Sie gewinnen.*");
        out.println("**************");
    } else {
        out.println("Sie verlieren.");
        out.print("Die Zufallszahl war ");
        out.println(randomNumber + ".");
    }

    out.println("Danke, dass Sie gespielt haben.");
    }
}
```

Listing 5.1: Ein Ratespiel

```
Geben Sie eine ganze Zahl zwischen 1 und 10 ein: 4
Sie verlieren.
Die Zufallszahl war 3.
Danke, dass Sie gespielt haben.

Geben Sie eine ganze Zahl zwischen 1 und 10 ein: 5
**************
*Sie gewinnen.*
**************
Danke, dass Sie gespielt haben.
```

Abbildung 5.1: Zwei Ausführungen des Ratespiels

Das Programm in Listing 5.1 spielt mit dem Benutzer ein Ratespiel. Es fordert den Benutzer auf, eine Zahl einzugeben (zu raten) und erzeugt dann eine Zufallszahl zwischen 1 und 10. Wenn die Zahl, die der Benutzer eingegeben hat, mit der Zufallszahl übereinstimmt, gewinnt der Benutzer; andernfalls verliert er. In beiden Fällen teilt das Programm dem Benutzer die Zufallszahl mit.

Tastatureingaben lesen

In Listing 5.1 lesen die Zeilen

```
import java.util.Scanner;

    Scanner keyboard = new Scanner(System.in);

    int inputNumber = keyboard.nextInt();
```

zusammengenommen die Zahl ein, die der Benutzer über die Tastatur eingibt. Die letzte dieser drei Zeilen fügt diese Zahl in die Variable inputNumber ein. Keine Bange, wenn diese Zeilen kompliziert aussehen sollten. Sie können diese Zeilen fast wörtlich kopieren, wenn Sie Tastatureingaben einlesen wollen. Die ersten beiden Zeilen (die import- und die Scanner-

Zeile) müssen nur einmal in Ihrem Programm vorkommen. Später fügen Sie in Ihr Programm an jeder Stelle, an der der Benutzer einen int-Wert eingibt, eine Zeile mit einem Aufruf von nextInt (der letzten der drei obigen Zeilen) ein.

In diesen drei Codezeilen habe ich nur zwei Namen selbst vergeben: inputNumber und keyboard. Alle anderen Namen gehören zu Java. Wenn ich kreativ sein möchte, könnte ich die Zeilen auch folgendermaßen schreiben:

```
import java.util.Scanner;

    Scanner tastaturLeser = new Scanner(System.in);

    int tastaturWert = tastaturLeser.nextInt();
```

Ich kann auch noch die Importdeklarationen meines Programms anreichern, wie ich es in den Listings 5.2 und 5.3 weiter unten getan habe. Darüber hinaus habe ich sehr wenig Spielraum.

Wenn Sie dieses Buch weiterlesen, werden Sie die Muster hinter diesen drei Codezeilen erkennen, sodass ich diesen Abschnitt nicht mit all diesen Details überfrachten möchte. Im Moment können Sie einfach diese drei Zeilen kopieren und dabei Folgendes beachten:

✔ Wenn Sie import java.util.Scanner benutzen, dürfen Sie nicht das Wort static verwenden.

Der Import von Scanner unterscheidet sich von dem Import von System.out. Wenn Sie java.lang.System.out importieren, benutzen Sie das Wort static (siehe Listing 5.1). Der Unterschied erklärt sich im Code, weil Scanner der Name einer Klasse ist, während System.out nicht der Name einer Klasse ist.

Einen kurzen Überblick zur Verwendung des Worts static in import-Deklarationen finden Sie in einem der Kästen in Kapitel 4. In Kapitel 10 wird das Wort static ausführlich beschrieben.

✔ Der Name System.in steht für die Tastatur.

Um Zeichen von einem anderen Gerät als der Tastatur einzulesen, können Sie etwas anderes als System.in innerhalb der Klammern angeben.

Was können Sie sonst noch innerhalb der Klammern angeben? Einige Ideen finden Sie in Kapitel 8.

 In Listing 5.1 habe ich die zufällige Entscheidung getroffen, einer meiner Variablen den Namen keyboard zu geben. Der Name keyboard erinnert Sie daran, dass sich diese Variable auf Ihre Tastatur bezieht. Java dagegen erkennt anhand dieses Namens überhaupt nichts. Andererseits erkennt Java am Namen System.in immer, dass es sich um die Tastatur handelt – new Scanner (System.in) in Listing 5.1 bringt den Namen keyboard erst mit der Tastatur in Verbindung.

✔ Wenn der Benutzer einen int-Wert (eine ganze Zahl) eingeben soll, sollten Sie next Int() verwenden.

Wenn der Benutzer einen double-Wert (eine Zahl mit einem Dezimalpunkt/-komma) eingeben soll, sollten Sie nextDouble() verwenden. Wenn der Benutzer true oder false eingeben soll, sollten Sie nextBoolean() verwenden. Wenn der Benutzer ein Wort (ein Wort wie *Barry*, *Java* oder *Hello*) eingeben soll, sollten Sie next() verwenden.

Ein Beispiel, in dem der Benutzer ein Wort eingibt, finden Sie in Listing 5.3. Ein Beispiel, in dem der Benutzer ein einzelnes Zeichen eingibt, finden Sie in Listing 6.4 in Kapitel 6. Ein Beispiel, in dem das Programm eine ganze Zeile auf einmal einliest, finden Sie in Kapitel 8.

✔ Sie können mehrere Werte nacheinander über die Tastatur einlesen.

Zu diesem Zweck verwenden Sie den Befehl keyboard.nextInt() mehrfach.

Ein Beispiel für ein Programm, das mehr als einen Wert über die Tastatur einliest, finden Sie in Listing 5.4.

Zufallszahlen generieren

Eine echte Zufallszahl zu generieren, ist überraschend schwierig. Der Mathematiker Persi Diaconis sagt Folgendes: Wenn Sie eine Münze mehrfach werfen und immer mit Kopf beginnen, werden Sie wahrscheinlich Kopf häufiger werfen als Zahl. Wenn Sie mehrere weitere Male werfen und immer mit Zahl beginnen, werden Sie wahrscheinlich Zahl häufiger werfen als Kopf. Anders ausgedrückt: Das Werfen einer Münze ist nicht wirklich fair. (Sein einschlägiger Aufsatz lautet: Diaconis, Persi. *The search for randomness*, American Association for the Advancement of Science annual meeting, Seattle, 14. Feb. 2004.)

Computer sind nicht viel besser als Münzen und menschliche Daumen. Ein Computer imitiert die Erzeugung von zufälligen Zahlenfolgen, aber letztlich tut er nur das, was ihm aufgetragen wurde, und zwar in einer rein deterministischen Art und Weise. Wenn der Computer also in Listing 5.1 die Befehle

```
import java.util.Random;
    int randomNumber = new Random().nextInt(10) + 1;
```

ausführt, scheint er uns eine zufällig generierte Zahl – eine ganze Zahl zwischen 1 und 10 – zurückzugeben. Aber diese Zahl ist nicht wirklich zufällig. Der Computer befolgt nur Anweisungen; doch besser können wir es nicht.

Noch einmal bitte ich Sie, diesen Code blindgläubig zu akzeptieren. Sie sollten sich über new Random().nextInt keine Gedanken machen, bis Sie mehr Erfahrung mit Java gesammelt haben. Kopieren Sie einfach diesen Code in Ihre Programme und spielen Sie mit ihm herum. Und falls Ihnen die Zahlen 1 bis 10 nicht in den Kram passen, können Sie auch einen virtuellen Würfel werfen:

```
int virtualDice = new Random().nextInt(6) + 1;
```

Wenn dieser Befehl ausgeführt wird, wird der Variablen virtualDice eine Zufallszahl zwischen 1 und 6 zugewiesen.

Der if-Befehl

Der if-Befehl ist der zentrale Befehl von Listing 5.1. Er ermöglicht eine Verzweigung des Programmablaufs (siehe Abbildung 5.2). Die beiden Zweige führen zu den Anzeigen von Sie gewinnen bzw. Sie verlieren. Welcher Zweig gewählt wird, hängt davon ab, ob eine *Bedingung* wahr oder falsch ist. In Listing 5.1 ist dies die Bedingung:

```
inputNumber==randomNumber
```

Entspricht der Wert der eingegebenen Zahl inputNumber dem Wert der Zufallszahl random Number? Falls diese Bedingung wahr ist, werden die Anweisungen zwischen der Bedingung und dem Wort else, andernfalls die Anweisungen nach dem Wort else ausgeführt. Danach werden in jedem Fall die beiden letzten Anzeigebefehle ausgeführt.

 Die Bedingung in einem if-Befehl muss in Klammern eingeschlossen werden. Eine Zeile wie if(inputNumber==randomNumber) ist jedoch kein kompletter Befehl, sodass die Zeile nicht mit einem Semikolon beendet werden darf.

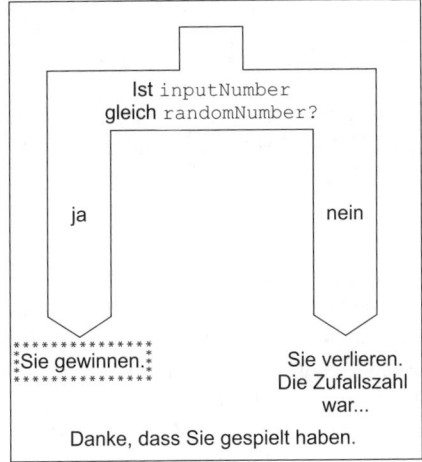

Abbildung 5.2: Ein if-Befehl verzweigt den Programmablauf.

 Manchmal spricht man nicht von der *Bedingung*, sondern von dem *Ausdruck* des if-Befehls. (Sie erinnern sich: Ein *Ausdruck* ist etwas, das einen Wert hat.) Dies ist kein Fehler, da jede Bedingung ein Ausdruck ist. Eine Bedingung hat entweder den Wert true oder false. (Näheres über Ausdrücke und Werte wie true und false finden Sie in Kapitel 4.)

Das doppelte Gleichheitszeichen

Die Bedingung des if-Befehls in Listing 5.1 enthält ein doppeltes Gleichheitszeichen (==). Zwei Werte zu vergleichen ist nicht dasselbe wie eine Wertzuweisung. Deshalb wird für den Test auf Gleichheit ein anderes Symbol verwendet als für den Zuweisungsbefehl. Sie dürfen das doppelte Gleichheitszeichen in der Bedingung eines if-Befehls nicht durch ein einzelnes Gleichheitszeichen ersetzen. Wenn Sie dies tun, wird Ihr Programm nicht funktionieren. (Sie erhalten fast immer eine Fehlermeldung, wenn Sie den Code kompilieren wollen.)

Der Fehler, in einer Bedingung ein doppeltes Gleichheitszeichen mit einem einfachen zu verwechseln, wird sehr häufig gemacht. Sie sollten deshalb die Bedingungen Ihrer if-Befehle sorgfältig prüfen.

Geschweifte Klammern

Der if-Befehl in Listing 5.1 besteht aus zwei Komponenten: der oberen Hälfte, die ich als den if-*Teil* bezeichnen möchte, und einer unteren Hälfte, die ich als den else-*Teil* bezeichnen möchte.

Der if-Teil in Listing 5.1 scheint mehr als eine Anweisung zu enthalten. Um festzulegen, dass diese Anweisungen zusammengehören und alle von dem if-Teil abhängen, habe ich sie in ein Paar geschweifter Klammern eingeschlossen. Damit bilde ich einen sogenannten *Block*. Ein Block ist eine Gruppe von Anweisungen, die durch ein Paar geschweifter Klammern eingeschlossen werden.

Dieser Block fasst die drei println-Aufrufe zusammen und ordnet sie dem if-Teil zu. Die geschweiften Klammern sorgen dafür, dass die Reihen mit den Sternchen und die Wörter Sie gewinnen nur angezeigt werden, wenn der Benutzer korrekt geraten hat.

Auch der else-Teil kann einen Block und geschweifte Klammern enthalten. Wenn in Listing 5.1 inputNumber nicht gleich randomNumber ist, führt der Computer drei print-/println-Aufrufe aus. Um alle drei Aufrufe der else-Klausel zuzuordnen, habe ich sie zu einem Block zusammengefügt, das heißt, ich habe die Aufrufe in ein Paar geschweifter Klammern eingeschlossen.

Streng genommen enthält Listing 5.1 nach der if- und nach der else-Anweisung jeweils nur eine einzige Anweisung, weil in Java eine Gruppe von Anweisungen, die durch geschweifte Klammern zu einem Block zusammengefasst sind, wie eine einzige Anwendung behandelt wird. Tatsächlich werden in der offiziellen Java-Dokumentation Blöcke als eine Art von vielen Anweisungen behandelt. Deshalb ist der Block in Listing 5.1, der Sie gewinnen und die Sternchen anzeigt, eine einzige Anweisung, die drei kleinere Anweisungen enthält.

Den Code bei if-Befehlen einrücken

In Listing 5.1 sind die print- und println-Aufrufe innerhalb des if-Befehls eingerückt. (Dies schließt die beiden Anzeigebefehle Sie gewinnen und Sie verlieren ein. Die Anzeigebefehle nach dem Schlüsselwort else sind noch Bestandteil des if-Befehls.) Genau genommen müssen Sie die Anweisungen innerhalb eines if-Befehls nicht einrücken. Für den Compiler spielt das physische Layout der Befehle keine Rolle. Doch wenn Sie Ihre Befehle nicht nach logischen Gesichtspunkten einrücken, ist es sehr schwer zu erkennen, welche Funktionen der Code ausführt. Deshalb helfen Ihnen die Einrückungen in Listing 5.1, schnell zu erkennen, dass die Ausgabebefehle Sie gewinnen und Sie verlieren dem if/else-Ablauf untergeordnet sind.

Schon bei kleineren Programmen ist ein nicht oder schlecht eingerückter Code schwer zu ertragen; aber ein kompliziertes Programm, dessen Code nicht nach einem klaren, logischen Muster eingerückt ist, ist ein Albtraum.

Viele Java-IDEs bieten Tools an, die Ihren Code automatisch einrücken. Die Code-Einrückung ist eine meiner Lieblingsfunktionen der IDE. Lesen Sie also am besten sofort auf der Website zum Buch nach, um weitere Informationen darüber zu erhalten, was Ihnen die Java-IDE bieten kann.

Bei if-Befehlen gerät man leicht in Versuchung, alle Regeln über geschweifte Klammern zu vernachlässigen und sich nur auf die Einrückung zu verlassen. Leider funktioniert das höchst selten. Wenn Sie nach dem Wort else drei Befehle einrücken, aber vergessen, sie in geschweifte Klammern einzuschließen, enthält der else-Zweig für den Computer nur den ersten der drei Befehle. Schlimmer noch: Die Einrückung verleitet Sie zu glauben, dass der else-Zweig alle drei Befehle enthält. Dadurch wird es schwieriger festzustellen, warum sich der Code nicht wie gewünscht verhält. Achten Sie deshalb auf die Klammern!

if-Befehle ohne else-Zweig

Ein if-Befehl muss nicht unbedingt einen else-Zweig enthalten. Vielleicht wollen Sie in unserem Beispiel dem Benutzer nicht so deutlich sagen, dass er verloren hat. Listing 5.2 zeigt eine entsprechende Variante des Ratespiels (und Abbildung 5.3 zeigt das Ergebnis).

```java
import static java.lang.System.in;
import static java.lang.System.out;
import java.util.Scanner;
import java.util.Random;

class DontTellThemTheyLost {

    public static void main(String args[]) {
        Scanner keyboard = new Scanner(in);

        out.print("Geben Sie eine ganze Zahl ");
        out.print("zwischen 1 und 10 ein: ");

        int inputNumber = keyboard.nextInt();
        int randomNumber = new Random().nextInt(10) + 1;

        if (inputNumber == randomNumber) {
            out.println("*Sie gewinnen.*");
        }

        out.println("Das war ein sehr guter Versuch :-)");
        out.print("Die Zufallszahl lautete ");
        out.println(randomNumber + ".");
        out.println("Danke, dass Sie gespielt haben.");
    }
}
```

Listing 5.2: Ein freundlicheres Ratespiel

```
Geben Sie eine ganze Zahl zwischen 1 und 10 ein: 1
*Sie gewinnen.*
Das war ein sehr guter Versuch :-)
Die Zufallszahl lautete 1.
Danke, dass Sie gespielt haben.


Geben Sie eine ganze Zahl zwischen 1 und 10 ein: 4
Das war ein sehr guter Versuch :-)
Die Zufallszahl lautete 9.
Danke, dass Sie gespielt haben.
```

Abbildung 5.3: Zwei Ausführungen des Ratespiels aus Listing 5.2

Der if-Befehl in Listing 5.2 hat keinen else-Zweig. Wenn inputNumber mit randomNumber übereinstimmt, wird Sie gewinnen ausgegeben. Wenn inputNumber von randomNumber verschieden ist, wird nicht Sie verlieren ausgegeben.

Listing 5.2 zeigt ein weiteres neues Konzept. Mit einer Importdeklaration für System.in kann ich den Befehl new Scanner(System.in) auf new Scanner(in) verkürzen. Diese Importdeklaration hinzuzufügen, lohnt allerdings kaum die Mühe. Tatsächlich muss ich mit Importdeklaration mehr tippen als ohne. Dennoch demonstriert der Code in Listing 5.2, dass System.in importiert werden kann.

Bedingungen mit Vergleichs- und logischen Operatoren bilden

Java verfügt über Operatoren, mit denen Sie komplexere Bedingungen formulieren können.

Vergleichsoperatoren für Zahlen und Zeichen

Tabelle 5.1 gibt Ihnen einen Überblick über die sogenannten *Vergleichsoperatoren*:

Operatorsymbol	Bedeutung	Beispiel
==	ist gleich	numberOfCows == 5
!=	ist ungleich	buttonClicked != panicButton
<	ist kleiner als	numberOfCows < 5
>	ist größer als	myInitial > 'B'
<=	ist kleiner oder gleich	numberOfCows <= 5
>=	ist größer oder gleich	myInitial >= 'B'

Tabelle 5.1: Vergleichsoperatoren

Mit den Vergleichsoperatoren von Java können Sie Zahlen und Zeichen vergleichen. Der Vergleich von Zahlen entspricht den Vergleichen, die Sie aus der Mathematik kennen. Doch beim Vergleichen von Zeichen gelten eigene Regeln. Wenn Sie nur Großbuchstaben oder nur Kleinbuchstaben vergleichen, gibt es keine Probleme. Weil der Buchstabe *B* im Alphabet vor *H* steht, sind die Bedingungen `'B' < 'H'` bzw. `'b' < 'h'` wahr. Die Probleme treten auf, wenn Großbuchstaben mit Kleinbuchstaben verglichen werden: Die Großbuchstaben sind immer kleiner als die Kleinbuchstaben. Deshalb ist zwar `'Z' < 'A'` falsch, aber `'Z' < 'a'` wahr.

 Die Buchstaben *A* bis *Z* werden numerisch durch die Werte 65 bis 90 repräsentiert, die Buchstaben *a* bis *z* dagegen durch die Werte 97 bis 122. Deshalb sind Großbuchstaben »kleiner als« alle Kleinbuchstaben.

 Wenn Sie zwei Zahlen auf Gleichheit (mit `==`) oder Ungleichheit (mit `!=`) testen, müssen Sie Vorsicht walten lassen. Wenn Sie einige Berechnungen durchgeführt und zwei `double`- oder `float`-Werte erhalten haben, sind die Werte selten absolut gleich. (Das Problem rührt von den lästigen Nachkommastellen her.) Beispielsweise entsprechen 21 Grad Celsius 69,8 Grad Fahrenheit, und wenn man `9.0/5*21+32` manuell berechnet, erhält man 69,8. Aber die Bedingung `9.0/5*21+32 == 69.8` hat den Wert `false`, weil der Computer bei der Berechnung von `9.0/5*21+32` den Wert `69.80000000000001`, nicht `69.8` ermittelt.

Objekte vergleichen

Wenn Sie anfangen, mit Objekten zu arbeiten, können Sie mit `==` und `!=` auch Objekte vergleichen. Beispielsweise ist eine Schaltfläche, die Sie auf dem Bildschirm sehen, ein Objekt. Beispielsweise können Sie prüfen, ob das Objekt, das auf dem Bildschirm mit der Maus angeklickt wurde, eine bestimmte Schaltfläche ist. Zu diesem Zweck verwenden Sie den Gleichheitsoperator von Java:

```
if (e.getSource() == bCopy) {
    clipboard.setText(which.getText());
}
```

Näheres über die Verarbeitung von Buttonklicks finden Sie in Kapitel 16.

Wenn Sie mit diesen Vergleichsoperatoren Strings vergleichen wollen, ist Vorsicht geboten. (Nähere Informationen über Strings finden Sie im Abschnitt über Referenztypen in Kapitel 4.) Wenn Sie zwei Strings vergleichen, sollten Sie nicht das doppelte Gleichheitszeichen verwenden. Mit den doppelten Gleichheitszeichen fragen Sie: »Befindet sich der String genau an derselben Stelle des Speichers wie der andere String?« Normalerweise wollen Sie dies gar nicht wissen, sondern Sie fragen, ob der eine String dieselben Zeichen wie der andere enthält. Um diese Frage zu beantworten, verfügt der String-Typ von Java über eine Methode namens `equals` (die im Java-API definiert ist). Die `equals`-Methode vergleicht zwei Strings, um festzustellen, ob sie dieselben Zeichen enthalten. Listing 5.3 zeigt ein Beispiel für die `equals`-Methode von Java. (Der Output dieses Programms wird in Abbildung 5.4 gezeigt.)

```java
import static java.lang.System.*;
import java.util.Scanner;

class CheckPassword {

    public static void main(String args[]) {

        out.print("Wie lautet das Passwort? ");

        Scanner keyboard = new Scanner(in);
        String password = keyboard.next();

        out.println("Sie haben >>" + password + "<< eingegeben.");
        out.println();

        if (password=="swordfish")
        {
            out.println("Das eingegebene Wort ist an ");
            out.println("derselben Stelle gespeichert ");
            out.println("wie das echte Passwort.");
            out.println("Sie sind wohl ein Hacker.");
        }
        else
        {
            out.println("Das eingegebene Wort ist nicht an ");
            out.println("derselben Stelle gespeichert ");
            out.println("wie das echte Passwort.");
            out.println("Das macht aber nichts.");
        }
        out.println();

        if (password.equals("swordfish"))
        {
            out.println("Das eingegebene Wort hat ");
            out.println("dieselben Zeichen wie das echte ");
            out.println("Passwort. Sie erhalten Zugang ");
            out.println("zu dem System.");
        }
        else
        {
            out.println("Das eingegebene Wort hat nicht ");
            out.println("dieselben Zeichen wie das echte ");
            out.println("Passwort. Sie erhalten keinen ");
            out.println("Zugang zu dem System.");
        }
    }
}
```

Listing 5.3: Ein Passwort prüfen

```
Wie lautet das Passwort? swordfish
Sie haben >>swordfish<< eingegeben.

Das eingegebene Wort ist nicht an
derselben Stelle gespeichert
wie das echte Passwort.
Das macht aber nichts.

Das eingegebene Wort hat
dieselben Zeichen wie das echte
Passwort. Sie erhalten Zugang
zu dem System.
```

Abbildung 5.4: Vergleich von == und der equals*-Methode*

In Listing 5.3 liest keyboard.next() das Wort ein, das der Benutzer auf der Tastatur eingibt und weist es der Variablen password zu. Dann verwenden die if-Anweisungen zwei verschiedene Verfahren, um password mit "swordfish" zu vergleichen.

Die equals-Methode ist die geeignetere der beiden Verfahren. Die equals-Methode hat eine etwas ungewöhnliche Syntax: Wenn Sie die Methode aufrufen, müssen Sie hinter den Namen der Variablen, die den einen String enthält, einen Punkt setzen und den anderen String in Klammern setzen. Dabei spielt es keine Rolle, welcher String mit dem Punkt angegeben wird und welcher in die Klammer gesetzt wird. Beispielsweise könnten Sie in Listing 5.3 auch

```
if ("swordfish".equals(password))
```

schreiben. Diese Methode würde genauso gut funktionieren.

Ein Aufruf der equals-Methode sieht unsymmetrisch aus, ist er aber nicht. Der Grund für die scheinbare Asymmetrie liegt in dem Punkt und den Klammern. Grundsätzlich gehen Sie von zwei Objekten aus: dem passwort-Objekt und dem "swordfish"-Objekt. Beide Objekte sind vom Typ String. (Allerdings ist password eine String-Variable, während "swordfish" ein String-Literal ist.) Wenn Sie password.equals("swordfish") schreiben, rufen Sie eine equals-Methode auf, die zu dem password-Objekt gehört, und übergeben ihr "swordfish" als Parameter.

Näheres über Methoden, die zu Objekten gehören, erfahren Sie in Kapitel 7.

Strings sollten mit der equals-Methode, nicht mit dem doppelten Gleichheitszeichen verglichen werden.

Alles auf einmal importieren

Die erste Zeile von Listing 5.3 demonstriert eine faule Methode, um sowohl System.out als auch System.in zu importieren. Um alles zu importieren, was das System zu bieten hat, verwenden Sie das Sternchen (*), das in diesem Fall als Platzhalter dient. Tatsächlich entspricht das Importieren von java.lang.System.* etwa 30 separaten Importdeklarationen, unter anderem von `System.in`, `System.out`, `System.err`, `System.nanoTime` und vielen anderen Systemfunktionen.

Die Verwendung eines Sternchens in einer Importdeklaration gilt im Allgemeinen als schlechter Programmierstil, sodass ich es in den Beispielen in diesem Buch nicht oft verwende. Doch bei größeren Programmen, die Dutzende von Namen des Java-APIs verwenden, ist der Gebrauch des Sternchens recht praktisch.

 Innerhalb einer Importdeklaration darf das Sternchen nicht an einer beliebigen Stelle stehen. Beispielsweise können Sie nicht alles, was mit `java` beginnt, importieren, indem Sie `import java.*` schreiben. Sie können ein Sternchen nur für den Namen einer Klasse oder für den Namen einer statischen Komponente innerhalb einer Klasse verwenden. Weitere Informationen über Sternchen in Importdeklarationen finden Sie in Kapitel 9. Weitere Informationen über statische Komponenten finden Sie in Kapitel 10.

Logische Operatoren

Mr. Spock wäre zufrieden. Java verfügt über alle Operatoren, die für komplexe logische Tests benötigt werden. Tabelle 5.2 gibt einen Überblick über diese Operatoren.

Operatorsymbol	Bedeutung	Beispiel
&&	und	`5 < x && x < 10`
||	oder	`x < 5 || 10 < x`
!	nicht	`!password.equals("swordfish")`

Tabelle 5.2: Logische Operatoren

Mit diesen Operatoren können Sie umfangreiche Bedingungen formulieren. Listing 5.4 zeigt ein Beispiel.

```java
import javax.swing.JOptionPane;

class Authenticator {

    public static void main(String args[]) {

        String username =
                JOptionPane.showInputDialog("Benutzername:");
        String password =
            JOptionPane.showInputDialog("Passwort:");

        if (
            username != null &&
            password != null &&
            (
```

```
      (username.equals("bburd") &&
       password.equals("swordfish")) ||
      (username.equals("hritter") &&
       password.equals("preakston"))
      )
    )
    {
       JOptionPane.showMessageDialog
          (null, "Sie sind drin.");
    } else {
       JOptionPane.showMessageDialog
          (null, "Sie sind verdächtig.");
    }
  }
}
```

Listing 5.4: Den Benutzernamen und das Passwort prüfen

Abbildung 5.5 zeigt einige Ausführungen des Programms. Wenn der Benutzername *bburd* und das Passwort *swordfish* lautet oder wenn der Benutzername *hritter* ist und das Passwort *preakston* lautet, wird der Benutzer zugelassen; andernfalls wird er abgewiesen.

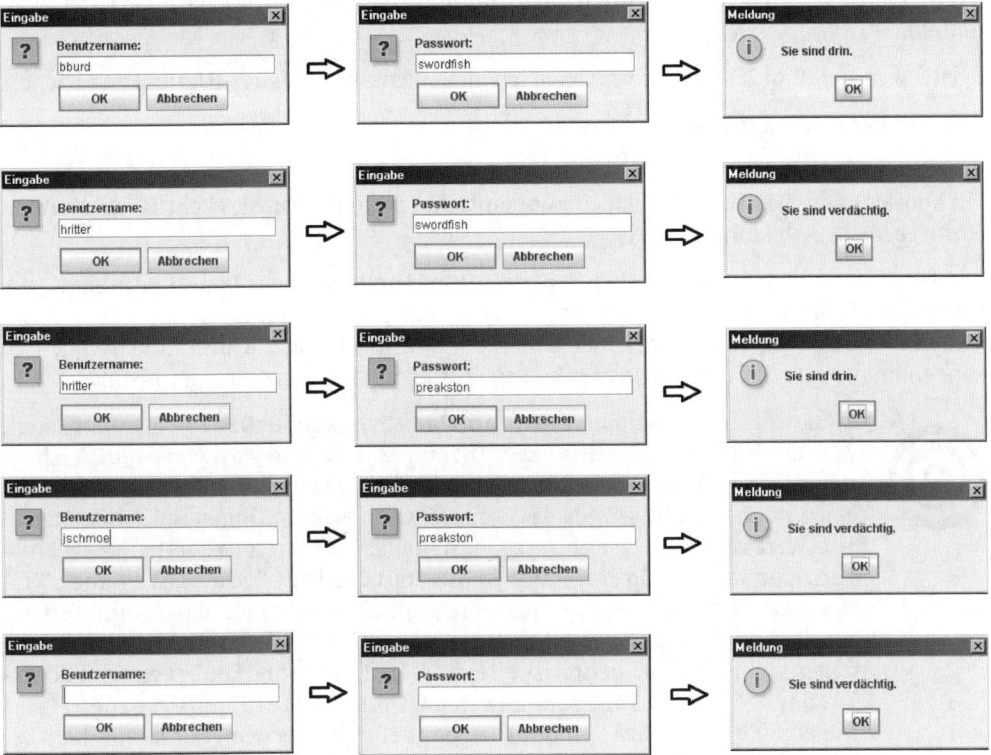

Abbildung 5.5: Mehrere Ausführungen des Codes aus Listing 5.4

Abbildung 5.5 ist ein Fake. Um Ihnen das Lesen der Benutzernamen und Passwörter zu vereinfachen, habe ich in Listing 5.4 eine zusätzliche Anweisung eingefügt. Die zusätzliche Anweisung (UIManager.put("TextField.font", new Font("Dialog", Font.BOLD, 14))) vergrößert die Schriftgröße in allen Textfeldern. Ich gebe es zu, ich habe den Code abgeändert, bevor ich die Abbildung erzeugt habe. Ich bekenne mich schuldig!

Listing 5.4 zeigt eine neue Art, Eingaben vom Benutzer entgegenzunehmen, insbesondere die Anzeige des Eingabedialogs. Die Anweisung

```
String password =
     JOptionPane.showInputDialog("Passwort:");
```

in Listing 5.4 führt mehr oder weniger dasselbe wie die Anweisung

```
String password = keyboard.next();
```

aus Listing 5.3 aus. Der große Unterschied ist, dass keyboard.next() unspektakulären Text auf einer Konsole ausgibt, während JOptionPane.showInputDialog("Benutzername") ein aufwändiges Dialogfeld mit Textfeld und Schaltflächen ausgibt. (Vergleichen Sie dazu die Abbildungen 5.4 und 5.5). Wenn der Benutzer auf OK klickt, übernimmt der Computer den Text aus dem Textfeld und legt ihn in einer Variablen ab. Listing 5.4 verwendet JOptionPane.showInputDialog sogar zweimal – einmal, um einen Wert für die Variable username zu ermitteln, und ein zweites Mal, um einen Wert für die Variable password zu ermitteln.

Relativ weit unten in Listing 5.4 verwende ich eine kleine Variante der JOptionPane-Sache:

```
JOptionPane.showMessageDialog
     (null, "Sie sind drin.");
```

Mit showMessageDialog zeige ich ein sehr einfaches Dialogfeld an, das kein Textfeld enthält (siehe ebenfalls Abbildung 5.5).

Wie Tausende anderer Namen ist auch der Name JOptionPane in der Java-API definiert. (Genauer gesagt, JOptionPane ist innerhalb von javax.swing definiert, das wiederum im Java-API definiert ist.) Um den Namen JOptionPane in Listing 5.4 überall verwenden zu können, importiere ich deshalb javax.swing.JOptionPane ganz oben im Listing.

 In Listing 5.4 funktioniert JOptionPane.showInputDialog unkompliziert, weil die Eingaben des Benutzers (Benutzername und Passwort) nur Zeichenstrings sind. Wenn der Benutzer eine Zahl eingeben soll (z.B. einen int oder einen double), müssen Sie das Ganze etwas erweitern. Um beispielsweise einen int-Wert vom Benutzer abzufragen, schreiben Sie int numberOfCows = Integer.parseInt(JOptionPane.showInputDialog("Wie viele Kühe?")). Die zusätzliche Angabe von Integer.parseInt erzwingt, dass in Ihr Textfeld ein int-Wert eingegeben wird. Um einen double-Wert vom Benutzer abzufragen, schreiben Sie beispielsweise double fractionOfHolsteins = Double.parseDouble(JOptionPane.showInputDialog("Holsteiner:")). Die zusätzliche Angabe von Double.parseDouble erzwingt, dass ein double-Wert in Ihr Textfeld eingegeben wird.

Null und nichtig

In Java bedeutet das Wort null »nichts«. Wenn Sie in Listing 5.4

```
if (
    username != null
```

sehen, können Sie sich darunter Folgendes vorstellen:

```
if (
    username ist nicht nichts
```

oder

```
if (
    username hat irgendeinen Wert
```

Um festzustellen, wie username keinen Wert haben kann, sehen Sie sich die letzte Zeile in Abbildung 5.5 an. Wenn Sie im ersten Dialogfeld auf ABBRECHEN klicken, übergibt der Computer Ihrem Programm null. In Listing 5.4 wird die Variable username also zu null. Der Vergleich username != null überprüft, ob Sie nicht im ersten Dialogfeld des Programms auf AB- BRECHEN geklickt haben. Der Vergleich password != null überprüft dasselbe für das zweite Dialogfeld des Programms. Wenn Sie sich die if-Anweisung in Listing 5.4 ansehen, können Sie sich vorstellen, dass Sie Folgendes vor sich haben:

```
if (
    Sie haben im Benutzernamen-Dialog nicht Abbrechen gedrückt und
    Sie haben im Passwort-Dialog nicht Abbrechen gedrückt und
    (
        (Sie haben im Benutzernamen-Dialog "bburd" eingegeben und
        Sie haben im Passwort-Dialog "swordfish" eingegeben) oder
        (Sie haben im Benutzernamen-Dialog "hritter" eingegeben und
        Sie haben im Passwort-Dialog "preakston" eingegeben)
    )
)
```

 In Listing 5.3 sind die Vergleiche username != null und password != null nicht optional. Wenn Sie sie vergessen und während der Programmausführung auf ABBRECHEN klicken, erhalten Sie die Meldung NullPointerException und das Programm stürzt vor Ihren Augen ab. Das Wort null steht für *nichts*, und in Java können Sie nicht *nichts* mit einem String wie "bburd" oder "sword- fish" vergleichen. In Listing 5.4 soll der Vergleich username != null Java daran hindern, username equals("bburd") zu überprüfen, wenn Sie doch auf ABBRECHEN geklickt haben. Ohne diese Vorabprüfung von username != null könnte es zu Problemen kommen.

 Die letzten beiden null-en in Listing 5.4 unterscheiden sich von den anderen. Im Code JOptionPane.showMessageDialog(null, "Sie sind drin") steht das Wort null für »kein anderes Dialogfeld«. Dabei weist der Aufruf show- MessageDialog Java an, ein neues Dialogfeld anzuzeigen, und das Wort null gibt an, dass das neue Dialogfeld nicht aus einem vorhandenen Dialogfeld kom-

men soll. Java besteht darauf, dass Sie ihm etwas über den Ursprung des neu ein-geblendeten Dialogfelds mitteilen. (Aus irgendeinem Grund besteht Java jedoch nicht darauf, dass Sie den Ursprung des Feldes showInputDialog angeben. Warum?) In jedem Fall ist ein showMessageDialog-Feld, das aus dem Nichts auftauchen kann, wirklich praktisch.

(Bedingungen in Klammern)

Achten Sie auf die Klammern! Wenn Sie Vergleiche mit logischen Operatoren verknüpfen, sollten Sie lieber zu viele Klammern verwenden, als durch zu wenige Klammern ein falsches Ergebnis zu erhalten. Betrachten Sie beispielsweise den folgenden Ausdruck:

```
2 < 5 || 100 < 6 && 27 < 1
```

Wenn Sie diesen Ausdruck falsch interpretieren, kommen Sie möglicherweise zu dem Schluss, dass der Ausdruck falsch ist. Das heißt, Sie könnten den Ausdruck fälschlicherweise wie folgt lesen: (_irgendetwas_) && 27 < 1. Weil 27 < 1 falsch ist, würden Sie schließen, dass der gesamte Ausdruck falsch ist. Tatsache ist, dass alle &&-Operatoren in Java vor ||-Operatoren ausgewertet werden. Deshalb bedeutet der Ausdruck in Wirklichkeit: 2 < 5 || (_irgendetwas_). Weil 2 < 5 wahr ist, ist der gesamte Ausdruck wahr.

Um den Wert des Ausdrucks von _wahr_ in _falsch_ zu ändern, können Sie die beiden ersten Vergleiche des Ausdrucks in Klammern setzen:

```
(2 < 5 || 100 < 6) && 27 < 1
```

Der ||-Operator ist _inklusiv_. Das bedeutet, dass ein Ausdruck a || b wahr ist, wenn mindestens einer der beiden Operanden wahr ist. Beispielsweise ist der Ausdruck 2<10 || 20<30 wahr.

In Java dürfen Sie Vergleiche nicht wie in der Umgangssprache kombinieren. Umgangssprachlich können Sie sagen: »Wir werden zwischen drei und zehn Personen zum Abendessen bewirten.« Doch wenn Sie in Java 3 <= personen <= 10 schreiben, erhalten Sie eine Fehlermeldung. Stattdessen müssen Sie diesen Vergleich in Java folgendermaßen formulieren: 3<=personen && personen<=10.

In Listing 5.4 enthält die Bedingung der if-Anweisung mehr als ein Dutzend Klammern. Was passiert, wenn Sie zwei davon weglassen?

```
if (
    username != null &&
    password != null &&
    // öffnende Klammer weglassen
    (username.equals("bburd") &&
     password.equals("swordfish")) ||
    (username.equals("hritter") &&
     password.equals("preakston"))
    // schließende Klammer weglassen
    )
```

Java versucht, Ihre Wünsche zu interpretieren, und fasst dazu alles vor dem ODER-Operator (dem | |) zusammen:

```
if (
    username != null &&
    password != null &&
    (username.equals("bburd") &&
     password.equals("swordfish"))

    ||

    (username.equals("hritter") &&
     password.equals("preakston"))
   )
```

Wenn der Benutzer auf ABBRECHEN klickt und `username` gleich `null` ist, sagt sich Java: »Okay, alles vor dem | | -Operator ist *falsch*, aber möglicherweise ist die Angabe hinter dem | | -Operator *wahr*. Ich überprüfe einfach einmal die Angaben hinter dem | | -Operator, um festzustellen, ob sie wahr sind.« (Java führt häufig Selbstgespräche. Die Psychiater beobachten die Situation.)

Wenn Java dann `username.equals("hritter")` überprüft, bricht Ihr Programm mit der unangenehmen `NullPointerException`-Meldung ab. Sie haben Java verärgert, indem Sie versucht haben, `equals` auf `username` anzuwenden, das keinen Wert enthält. (Die Psychiater haben für diesen Fall Einzelsitzungen in Wutmanagement für Java empfohlen, aber die Krankenversicherung weigert sich, die Kosten zu übernehmen.)

Befehle verschachteln

Listing 5.5 zeigt, dass man `if`-Befehle in Java verschachteln kann.

```java
import static java.lang.System.out;
import java.util.Scanner;

class Authenticator2 {

    public static void main(String args[]) {
        Scanner keyboard = new Scanner(System.in);

        out.print("Benutzername: ");
        String username = keyboard.next();

        if (username.equals("bburd")) {
            out.print("Passwort: ");
            String password = keyboard.next();
```

```
if (password.equals("swordfish")) {
    out.println("Sie erhalten Zugang.");
} else {
    out.println("Falsches Passwort");
}

    } else {
        out.println("Unbekannter Benutzer");
    }
  }
}
```

Listing 5.5: Verschachtelte if_-Befehle_

Abbildung 5.6 zeigt mehrere Ausführungen des Programms aus Listing 5.5. Die Zugangsberechtigung wird hier mit zwei Tests geprüft, das heißt, es müssen zwei Bedingungen wahr sein. Die erste Bedingung prüft, ob der Benutzername gültig ist; die zweite Bedingung prüft, ob das Passwort korrekt ist. Wenn der erste Test (der Test des Benutzernamens) bestanden wird, wird mit einem weiteren if-Befehl der zweite Test (der Passwort-Test) ausgeführt. Wenn der erste Test scheitert, kommen Sie gar nicht zu dem zweiten Test. Abbildung 5.7 zeigt einen Überblick über den Ablauf.

```
Benutzername: bburd
Passwort: swordfish
Sie erhalten Zugang

Benutzername: bburd
Passwort: catfish
Falsches Passwort

Benutzername: jschmoe
Unbekannter Benutzer
```

Abbildung 5.6: Einen Benutzer authentifizieren

Der Code in Listing 5.5 soll Ihnen nur zeigen, wie verschachtelte if-Befehle funktionieren; er soll Ihnen _nicht_ zeigen, wie in der Praxis ein Benutzer authentifiziert werden sollte. Zunächst sollten Sie ein Passwort niemals im Klartext, sondern nur durch Sternchen maskiert anzeigen. Zweitens sollten Sie Passwörter generell verschlüsseln. Drittens sollten Sie einem böswilligen Benutzer niemals mitteilen, welches der beiden Wörter (der Benutzername oder das Passwort) falsch eingegeben wurde. Viertens ... usw. usw. Der Code in Listing 5.5 soll nicht zeigen, wie man am besten mit Benutzernamen und Passwörtern arbeitet.

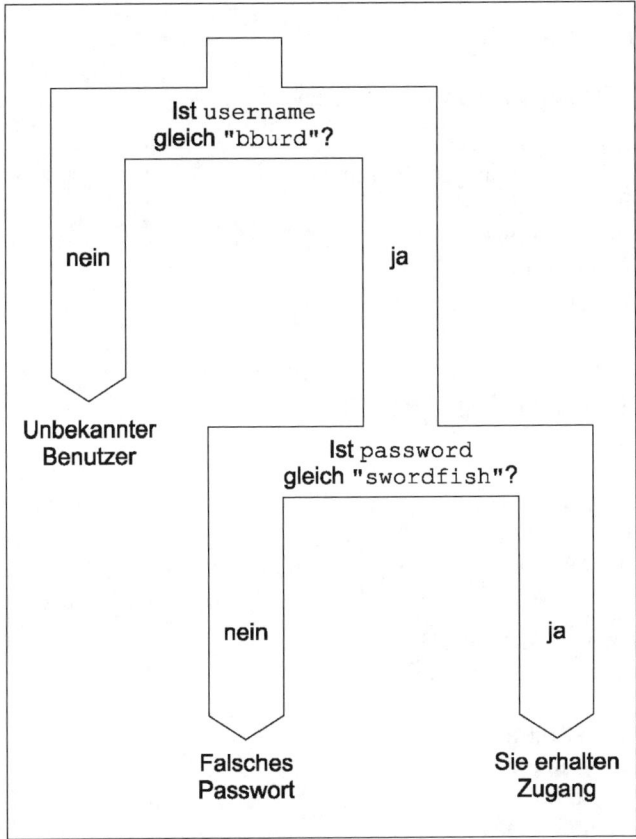

Abbildung 5.7: Die Struktur der Entscheidungsfindung

Unter mehreren Alternativen wählen (switch)

Ein if-Befehl ist ohne Verschachtelung auf zwei Alternativen beschränkt. Manchmal reicht dies nicht aus. Java verfügt auch über Befehle, um den Programmablauf in Abhängigkeit von einer Bedingung in mehr als zwei Richtungen zu lenken.

Der switch-Befehl

In diesem Abschnitt wollen wir Entscheidungen mit mehr als zwei Alternativen untersuchen. Betrachten wir beispielsweise den beliebten Lagerfeuer-Song »Al's All Wet«, dessen kompletten Text Sie im Kasten lesen können. Sie wollen Code schreiben, der den Text dieses Songs ausgibt. Glücklicherweise müssen Sie nicht alle Wörter immer wieder eingeben, sondern können die Wiederholungen des Textes zu Ihrem Vorteil nutzen.

»Al's All Wet«

Gesungen zur Melodie von »Gentille Alouette«:

Al's all wet. Oh, why is Al all wet? Oh,
Al's all wet 'cause he's standing in the rain.
Why is Al out in the rain?
That's because he has no brain.
Has no brain, has no brain,
In the rain, in the rain.
Ohhhhhhhh. . . .

Al's all wet. Oh, why is Al all wet? Oh,
Al's all wet 'cause he's standing in the rain.
Why is Al out in the rain?
That's because he is a pain.
He's a pain, he's a pain,
Has no brain, has no brain,
In the rain, in the rain.
Ohhhhhhhh. . . .

Al's all wet. Oh, why is Al all wet? Oh,
Al's all wet 'cause he's standing in the rain.
Why is Al out in the rain?
'Cause this is the last refrain.
Last refrain, last refrain,
He's a pain, he's a pain,
Has no brain, has no brain,
In the rain, in the rain.
Ohhhhhhhh. . . .

Al's all wet. Oh, why is Al all wet? Oh,
Al's all wet 'cause he's standing in the rain.

– Harriet Ritter und Barry Burd

Ein komplettes Programm, um den gesamten Text von »Al's All Wet« anzuzeigen, wird erst in Kapitel 6 vorgestellt. Inzwischen wollen wir annehmen, dass Sie eine Variable namens verse definiert haben. Ihr Wert beträgt 1, 2, 3 oder 4, je nachdem, welchen Vers von »Al's All Wet« Sie ausgeben wollen. Sie könnten umständlichen Code schreiben, der mehrere if-Befehle enthält, die die möglichen Versnummern prüfen:

```
if (verse==1)
    out.println("That's because he has no brain.");
if (verse==2)
    out.println("That's because he is a pain.");
if (verse==3)
    out.println("'Cause this is the last refrain.");
```

Aber dieser Ansatz wirkt verschwenderisch. Warum kann man nicht einen Befehl erstellen, der den Wert von verse nur einmal prüft und dann abhängig von dem Wert die passende Aktion ausführt? Glücklicherweise gibt es einen solchen Befehl, den sogenannten switch-Befehl. Listing 5.6 zeigt ein Beispiel für einen switch-Befehl.

```java
import static java.lang.System.out;
import java.util.Scanner;

class JustSwitchIt {

    public static void main(String args[]) {
        Scanner keyboard = new Scanner(System.in);
        out.print("Welcher Vers? ");
        int verse = keyboard.nextInt();

        switch (verse) {
        case 1:
            out.println("That's because he has no brain.");
            break;
        case 2:
            out.println("That's because he is a pain.");
            break;
        case 3:
            out.println("'Cause this is the last refrain.");
            break;
        default:
            out.println("Vers nicht vorhanden.");
            out.println("Bitte versuchen Sie es noch einmal.");
            break;
        }

        out.println("Ohhhhhhhh...");
    }
}
```

Listing 5.6: Ein switch-*Befehl*

Abbildung 5.8 zeigt zwei Ausführungen des Programms 5.6. Die Struktur des switch-Befehls in diesem Programm wird in Abbildung 5.9 gezeigt. Zunächst gibt der Benutzer eine Zahl ein, beispielsweise 2. Dann erreicht die Ausführung des Programms den Anfang des switch-Befehls. Der Computer prüft den Wert der verse-Variablen. Wenn der Computer feststellt, dass verse den Wert 2 hat, prüft er jeden case des switch-Befehls. Der Wert 2 entspricht dem case 1 nicht, sodass der Computer zum mittleren der drei Fälle, case 2, weitergeht. Der Wert für case 2 entspricht dem Wert der verse-Variablen. Deshalb führt der Computer die Befehle aus, die unmittelbar hinter case 2 stehen. Diese beiden Befehle sind:

```java
out.println("That's because he is a pain.");
break;
```

Der erste dieser beiden Befehle zeigt die Zeile That's because he is a pain auf dem Bildschirm an. Der zweite Befehl ist ein break-Befehl. Ein break-Befehl veranlasst den Computer, aus dem aktuellen switch-Befehl herauszuspringen. Deshalb überspringt der Programmablauf in Listing 5.6 den Fall, der 'Cause this is the last refrain angezeigt hätte. Tatsächlich springt der Programmablauf ganz aus dem switch-Befehl heraus und fährt sofort mit dem Befehl unmittelbar nach dem Ende des switch-Befehls fort, der Ohhhhhhhh... anzeigt.

Der Computer zeigt Ohhhhhhhh... an, weil dies der Inhalt der Anweisung nach der switch-Anweisung ist.

```
Welcher Vers? 2
That's because he is a pain.
Ohhhhhhhh...

Welcher Vers? 6
Vers nicht vorhanden.
Bitte versuchen Sie es noch einmal.
Ohhhhhhhh...
```

Abbildung 5.8: Ausführung und Output von dem Programm in Listing 5.6

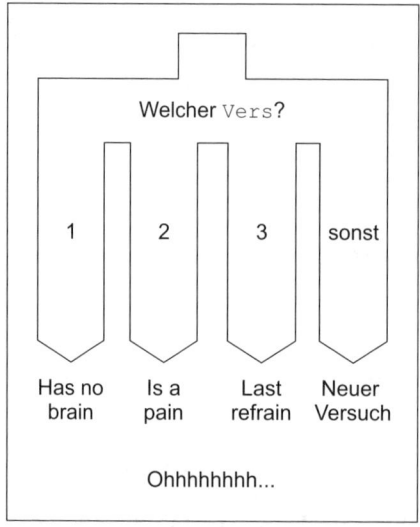

Abbildung 5.9: Die Struktur des switch-Befehls vom Programm aus Listing 5.6

Wenn ein lästiger Benutzer nach Vers 6 fragt, überspringt das Programm case 1, case 2 und case 3 und führt stattdessen default aus. Dort zeigt das Programm Vers nicht vorhanden. an und springt dann aus dem switch-Befehl heraus. Danach zeigt es Ohhhhhhhh... an.

Eigentlich ist der letzte break-Befehl am Ende eines switch-Befehls überflüssig. In Listing 5.6 wird der letzte break-Befehl (in dem default-Zweig) nur der Vollständigkeit halber verwendet.

Fehlerhafte break-Befehle

Jeder Java-Programmierer vergisst ab und zu einen break-Befehl. Zunächst sieht der Output verwirrend aus, aber dann erinnert sich der Programmierer an das *Durchfallen*. Dieser Begriff beschreibt, was passiert, wenn ein case nicht mit einem break-Befehl beendet wird. Das Programm fällt gewissermaßen zum nächsten case durch. Es fällt immer weiter durch, bis es auf einen break-Befehl oder das Ende des switch-Befehls stößt.

Normalerweise ist es nicht wünschenswert, dass das Programm bei einem switch-Befehl durch die case-Zweige fällt. Deshalb werden an den entsprechenden Stellen break-Befehle eingefügt. Aber gelegentlich ist das Durchfallen genau das Richtige. Nehmen wir beispielsweise den Song »Al's All Wet«. Jeder Vers von »Al's All Wet« fügt eine weitere Zeile zu den Zeilen der vorangegangenen Verse hinzu. Diese Situation (die Zeilen von einem Vers zum nächsten zu akkumulieren) schreit nach einem switch-Befehl, der das Durchfallen nutzt. Listing 5.7 realisiert diese Idee.

```java
import static java.lang.System.out;
import java.util.Scanner;

class FallingForYou {

    public static void main(String args[]) {
        Scanner keyboard = new Scanner(System.in);
        out.print("Welcher Vers? ");
        int verse = keyboard.nextInt();

        switch (verse) {
        case 3:
            out.print("Last refrain, ");
            out.println("last refrain,");
        case 2:
            out.print("He's a pain, ");
            out.println("he's a pain,");
        case 1:
            out.print("Has no brain, ");
            out.println("has no brain,");
        }

        out.println("In the rain, in the rain.");
        out.println("Ohhhhhhhh...");
        out.println();
    }
}
```

Listing 5.7: Ein switch-*Befehl mit Durchfallen*

Abbildung 5.10 zeigt mehrere Ausführungen des Programms aus Listing 5.7. Da der switch-Befehl keine break-Befehle enthält, fällt das Programm überall durch.

Wenn der Benutzer beispielsweise den Vers 2 auswählt, führt das Programm die beiden Befehle in `case 2` aus:

```
out.print  ("He's a pain, ");
out.println("he's a pain,");
```

Dann führt das Programm die beiden Befehle in `case 1` aus:

```
out.print  ("Has no brain, ");
out.println("has no brain,");
```

Das ist gut, weil der zweite Vers des Songs diese Zeilen enthält.

```
Welcher Vers? 1
Has no brain, has no brain,
In the rain, in the rain.
Ohhhhhhhh...

Welcher Vers? 2
He's a pain, he's a pain,
Has no brain, has no brain,
In the rain, in the rain.
Ohhhhhhhh...

Welcher Vers? 3
Last refrain, last refrain,
He's a pain, he's a pain,
Has no brain, has no brain,
In the rain, in the rain.
Ohhhhhhhh...

Welcher Vers? 6
In the rain, in the rain.
Ohhhhhhhh...
```

Abbildung 5.10: Ausführung und Output des Programms aus Listing 5.7

Beachten Sie, was passiert, wenn der Benutzer nach Vers 6 fragt. Der `switch`-Befehl in Listing 5.7 hat keinen `case 6`-Zweig und keinen `default`-Zweig, sodass keine Anweisungen innerhalb des `switch`-Befehls, sondern nur die Befehle unmittelbar nach dem `switch`-Befehl ausgeführt werden, die `In the rain` und `Ohhhhhhhh...` anzeigen.

Und jetzt kommt Java 7

In den Listings 5.6 und 5.7 lenkt die Variable `verse` (ein `int`-Wert) die `switch`-Anweisung zu dem jeweils richtigen `case`. Ein `int`-Wert innerhalb einer `switch`-Anweisung funktioniert in jeder Java-Version, alt oder neu. (Übrigens haben `char`-Werte und ein paar andere

Werte in den switch-Anweisungen von Java schon immer funktioniert, seit es Java gibt.)

Wenn Sie jedoch auf der Überholspur leben und Java 7 einsetzen, können Sie auch festlegen, dass der in einer switch-Anweisung auszuführende case von dem Wert eines bestimmten Strings abhängig gemacht wird. Listing 5.8 zeigt die Verwendung von Strings in switch-Anweisungen. Abbildung 5.11 zeigt eine Ausführung des Codes in Listing 5.8.

```java
import static java.lang.System.out;
import java.util.Scanner;

class SwitchIt7 {

  public static void main(String args[]) {
    Scanner keyboard = new Scanner(System.in);
    out.print("Welcher Vers (eins, zwei oder drei)? ");
    String verse = keyboard.next();

    switch (verse) {
    case "eins":
      out.println("That's because he has no brain.");
      break;
    case "zwei":
      out.println("That's because he is a pain.");
      break;
    case "drei":
      out.println("'Cause this is the last refrain.");
      break;
    default:
      out.println("Diesen Vers gibt es nicht. Neuer Versuch!");
      break;
    }

    out.println("Ohhhhhhhh. . .");
  }
}
```

Listing 5.8: Eine switch-Anweisung mit einem String

```
Welcher Vers (eins, zwei oder drei)? zwei
That's because he is a pain.
Ohhhhhhhh. . . .
```

Abbildung 5.11: Ausführung des Codes aus Listing 5.8

Wenn Sie Java 6 oder eine ältere Version von Java einsetzen, können Sie das Ziel einer switch-Anweisung nicht unter Verwendung eines Strings angeben.

Den Programmablauf mit Schleifen steuern

6

In diesem Kapitel

▶ Schleifen verstehen

▶ Mit einem Schleifenzähler arbeiten

▶ Verschiedene Formen der Schleifenbildung

»*E*ntwickeln – testen – wiederholen – einführen« – so kurz kann man den Alltag eines Programmierers beschreiben. Der Schlüsselbegriff, der uns hier interessiert, ist »wiederholen«. Er macht aus einer sonst unbeeindruckenden Schrittfolge ein ausgefeiltes Aktionskonzept: Es geht nicht nur darum, eine Anweisung nach der anderen abzuarbeiten, sondern es gibt einen Punkt, an dem entschieden wird, ob bestimmte Schritte wiederholt werden oder ob es weitergeht. Der Arbeitsablauf enthält also eine mögliche Schleife. In diesem Kapitel erfahren Sie, wie Schleifen in Java realisiert werden.

Anweisungen mehrfach wiederholen (while)

Das folgende Programm enthält ein weiteres Ratespiel. Das Programm generiert eine Zufallszahl von 1 bis 10 und fordert Sie auf, die Zahl zu raten. Wenn Sie falsch raten, wird das Spiel fortgesetzt. Wenn Sie richtig raten, ist das Spiel vorbei. Listing 6.1 zeigt das Programm.

```java
import static java.lang.System.out;
import java.util.Scanner;
import java.util.Random;

class GuessAgain {

    public static void main(String args[]) {
        Scanner keyboard = new Scanner(System.in);

        int numGuesses = 0;
        int randomNumber = new Random().nextInt(10) + 1;

        out.println("      ***********       ");
        out.println("Willkommen bei dem Ratespiel");
        out.println("      ***********       ");
        out.println();
```

```
out.print("Geben Sie eine ganze Zahl von 1 bis 10 ein: ");
int inputNumber = keyboard.nextInt();
numGuesses++;

while (inputNumber != randomNumber) {
    out.println();
    out.println("Versuchen Sie es noch einmal ...");
    out.print("Geben Sie eine ganze Zahl von 1 bis 10 ein: ");
    inputNumber = keyboard.nextInt();
    numGuesses++;
}

out.print("Sie gewinnen nach ");
out.println(numGuesses + " Tipps.");
    }
}
```

Listing 6.1: Ein Ratespiel mit einer Schleife

Abbildung 6.1 zeigt eine Spielrunde an.

```
* * * * * * * * * * * *
Willkommen bei dem Ratespiel
    * * * * * * * * * * *


Geben Sie eine ganze Zahl von 1 bis 10 ein: 2

Versuchen Sie es noch einmal ...
Geben Sie eine ganze Zahl von 1 bis 10 ein: 5

Versuchen Sie es noch einmal ...
Geben Sie eine ganze Zahl von 1 bis 10 ein: 8

Versuchen Sie es noch einmal ...
Geben Sie eine ganze Zahl von 1 bis 10 ein: 2
Sie gewinnen nach 4 Tipps.
```

Abbildung 6.1: Spielen Sie, bis Sie umfallen!

In Abbildung 6.1 braucht der Benutzer vier Versuche. Bei jedem Versuch prüft das Programm, ob die geratene Zahl richtig ist. Wenn die Zahl falsch war, wird der Benutzer aufgefordert, es noch einmal zu versuchen. Wenn der Benutzer richtig geraten hat, werden eine diesbezügliche Meldung sowie die Anzahl der Rateversuche angezeigt. Das Programm wiederholt mehrere Befehle immer wieder und prüft bei jedem Durchlauf, ob die Eingabe des Benutzers mit der generierten Zufallszahl übereinstimmt. Bei jeder Eingabe des Benutzers erhöht das Programm die Anzahl der Versuche um 1. Wenn der Benutzer richtig rät, zeigt das Programm diese Anzahl an. Abbildung 6.2 zeigt den Programmablauf.

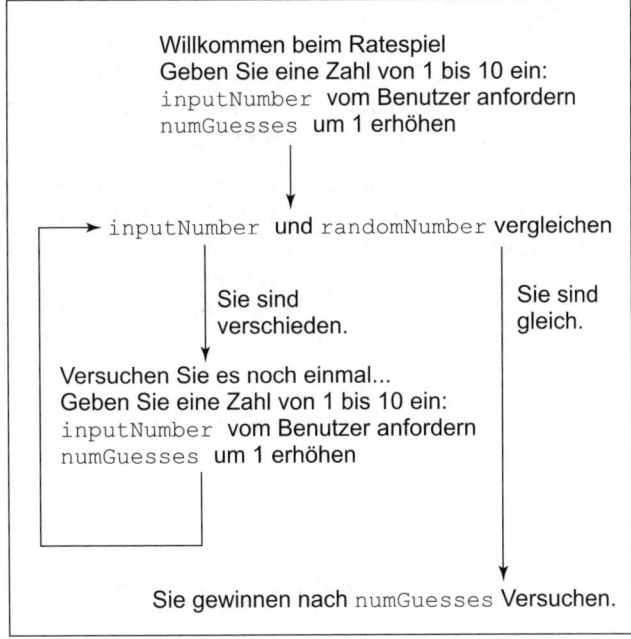

Willkommen beim Ratespiel
Geben Sie eine Zahl von 1 bis 10 ein:
`inputNumber` vom Benutzer anfordern
`numGuesses` um 1 erhöhen

`inputNumber` und `randomNumber` vergleichen

Sie sind
verschieden.

Sie sind
gleich.

Versuchen Sie es noch einmal...
Geben Sie eine Zahl von 1 bis 10 ein:
`inputNumber` vom Benutzer anfordern
`numGuesses` um 1 erhöhen

Sie gewinnen nach `numGuesses` Versuchen.

Abbildung 6.2: Ein Programm mit einer Schleife

Die zentrale Komponente des Codes in Listing 6.1 ist ein sogenannter `while`-Befehl (auch `while`-*Schleife* genannt). Umgangssprachlich sagt dieser `while`-Befehl:

Während `inputNumber` *ungleich* `randomNumber` *ist,*
führe die Anweisungen in den geschweiften Klammern aus:
`{`

`}`

Die Anweisungen zwischen den geschweiften Klammern (die Anweisungen, die mehrfach wiederholt werden) zeigen `Versuchen Sie es noch einmal...` und `Geben Sie eine Zahl von 1 bis 10 ein` an, nehmen eine Eingabe entgegen und erhöhen die Anzahl der Versuche des Benutzers um 1.

 Bei Zählern wie `numGuesses` in Listing 6.1 besteht leicht die Gefahr, einen Versuch zu viel oder zu wenig zu zählen. Sie können dieses Problem vermeiden, indem Sie darauf achten, dass die `++`-Befehle und die Ereignisse, die Sie zählen, möglichst dicht zusammenstehen. Beispielsweise hat die Variable `numGuesses` in Listing 6.1 den Anfangswert null, weil der Benutzer am Anfang des Programms noch keine Versuche gemacht hat. Nach dem Aufruf von `keyboard.nextInt` steht ein `numGuesses++`-Befehl. Auf diese Weise wird der Zähler erhöht, sobald der Benutzer einen weiteren Versuch eingibt.

Die Befehle in den geschweiften Klammern werden so lange wiederholt, wie die Bedingung `inputNumber != randomNumber` wahr ist. Jede Wiederholung der Befehle in einer Schleife wird als *Iteration* bezeichnet. In Abbildung 6.1 durchläuft die Schleife drei Iterationen. (Wenn Sie dies nicht glauben, sollten Sie in Abbildung 6.1 zählen, wie oft `Versuchen Sie es noch einmal ...` angezeigt wird. Für jeden falschen Versuch gibt es eine derartige Meldung.)

Wenn der Benutzer schließlich richtig rät, geht das Programm an den Anfang des while-Befehls zurück, prüft die Bedingung in den Klammern und stellt fest, dass `inputNumber` und `randomNumber` nicht mehr ungleich sind und damit die Bedingung `inputNumber != randomNumber` falsch ist. Deshalb verlässt das Programm die while-Schleife und fährt mit den Befehlen fort, die direkt nach der while-Schleife stehen. In diesem Fall zeigt das Programm die Anzahl der benötigten Versuche an.

 In Listing 6.1 springt das Programm nie aus der Mitte der Schleife heraus. Wenn es feststellt, dass `inputNumber` und `randomNumber` ungleich sind, führt es alle Befehle innerhalb der geschweiften Klammern der Schleife aus und testet erst dann die Bedingung erneut.

Eine Anzahl von Malen wiederholen (for)

»Schreibe hundertmal ›Ich soll nicht schwätzen‹ an die Tafel.«

Tatsächlich meinte Ihr Lehrer damit Folgendes:

Setze den Zähler auf null.
Solange der Zähler kleiner als 100 ist,
    schreibe 'Ich soll nicht schwätzen' an die Tafel
    und erhöhe den Zähler um 1.

Ihr (mittlerweile) geübtes Auge erkennt sofort die Schleife. In diesem Fall handelt es sich um eine Schleife, bei der die Anzahl der Iterationen von vornherein feststeht. In Java wird eine solche Schleife mit dem for-Befehl realisiert. Listing 6.2 enthält ein einfaches, Listing 6.3 ein etwas exotischeres Beispiel für diesen Befehl.

```java
import static java.lang.System.out;
class Gaehn {
    public static void main(String args[]) {
        for (int count = 1; count <= 10; count++) {
            out.print("Der Wert von count ist ");
            out.print(count);
            out.println(".");
        }
        out.println("Fertig!");
    }
}
```

Listing 6.2: Eine simple for-*Schleife*

Abbildung 6.3 zeigt den Output von Programm 6.2. Der for-Befehl in Listing 6.2 setzt am Anfang die Zählervariable count auf eins. Dann prüft der Befehl, ob count kleiner als oder
gleich 10 ist (was am Anfang auf jeden Fall erfüllt ist). Dann führt der for-Befehl die Anzeigebefehle zwischen den geschweiften Klammern aus. (Die erste Anzeige lautet: Der Wert von
count ist 1.) Schließlich erhöht die letzte Anweisung innerhalb der (runden) Klammern
des for-Befehls den Zähler um 1.

```
Der Wert von count ist 1.
Der Wert von count ist 2.
Der Wert von count ist 3.
Der Wert von count ist 4.
Der Wert von count ist 5.
Der Wert von count ist 6.
Der Wert von count ist 7.
Der Wert von count ist 8.
Der Wert von count ist 9.
Der Wert von count ist 10.
Fertig!
```

Abbildung 6.3: Bis zehn zählen

Der Zähler count hat jetzt den Wert 2. Da dieser Wert kleiner als 10 ist, führt der for-Befehl
erneut die Anweisungen zwischen den geschweiften Klammern aus, zeigt Der Wert von
count ist 2. an und erhöht den Zähler count um 1.

So geht es weiter, bis count nach zehn Iterationen den Wert 11 hat. Wenn dieser Wert erreicht ist, ist count nicht mehr kleiner als oder gleich 10, das heißt, der Test scheitert und die
Schleife wird beendet. Das Programm springt zu dem Befehl, der unmittelbar auf den for-Befehl folgt. In Listing 6.2 zeigt das Programm Fertig! an. Abbildung 6.4 illustriert diesen
Prozess.

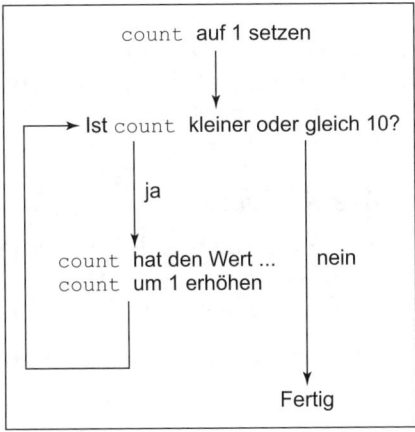

Abbildung 6.4: Der Ablauf der for-Schleife in Listing 6.2

Anatomie eines for-Befehls

Auf das Schlüsselwort `for` folgt eine Klammer, die immer drei Komponenten enthält: eine *Initialisierung*, einen *Ausdruck* und eine *Aktualisierung*.

```
for ( initialisierung; ausdruck ; aktualisierung )
```

Jede Komponente erfüllt eine spezielle Funktion:

✔ Die *Initialisierung* wird einmal ausgeführt, wenn das Programm den `for`-Befehl erstmals erreicht.

✔ Der *Ausdruck* wird mehrfach (vor jeder Iteration) ausgewertet.

✔ Die *Aktualisierung* wird ebenfalls mehrfach (am Ende jeder Iteration) ausgewertet.

Die folgende Darstellung soll Ihnen helfen, die Arbeitsweise der `for`-Schleife zu verstehen:

```
int count=1
for count<=10
{
    out.print("Der Wert von count ist ");
    out.print(count);
    out.println(".");
    count++
}
```

Achtung: Sie dürfen einen echten `for`-Befehl nicht auf diese Weise schreiben. Doch diese Darstellung verdeutlicht die Reihenfolge, in der die Komponenten des `for`-Befehls ausgeführt werden.

Wenn Sie eine Variable in der Initialisierung einer `for`-Schleife deklarieren, können Sie diese Variable nicht außerhalb der Schleife verwenden. Beispielsweise würden Sie in Listing 6.2 eine Fehlermeldung erhalten, wenn Sie versuchen sollten, `out.println(count)` hinter das Ende der Schleife zu setzen.

Alles, was Sie mit einer `for`-Schleife tun können, können Sie auch mit einer `while`-Schleife tun. Die Wahl der Schleifenart ist eine Frage des Stils und der Bequemlichkeit, nicht der Notwendigkeit.

Die Weltpremiere von »Al's All Wet«

Listing 6.2 verdeutlicht die Struktur des `for`-Befehls, aber das Programm ist ziemlich langweilig. Listing 6.3 ist dagegen interessanter. Es greift den Song »Al's All Wet« aus Kapitel 5 auf und gibt den kompletten Text dieses Songs aus. (Den Text finden Sie in Kapitel 5.)

```
import static java.lang.System.out;

class AlsAllWet {

    public static void main(String args[]) {
```

```
for (int verse = 1; verse <= 3; verse++) {
   out.print("Al's all wet. ");
   out.println("Oh, why is Al all wet? Oh,");
   out.print("Al's all wet 'cause ");
   out.println("he's standing in the rain.");
   out.println("Why is Al out in the rain?");

   switch (verse) {
      case 1:
         out.println
            ("That's because he has no brain.");
         break;
      case 2:
         out.println
            ("That's because he is a pain.");
         break;
      case 3:
         out.println
            ("'Cause this is the last refrain.");
         break;
   }

   switch (verse) {
      case 3:
         out.println("Last refrain, last refrain,");
      case 2:
         out.println("He's a pain, he's a pain,");
      case 1:
         out.println("Has no brain, has no brain,");
   }

   out.println("In the rain, in the rain.");
   out.println("Ohhhhhhhh...");
   out.println();
}

out.print("Al's all wet. ");
out.println("Oh, why is Al all wet? Oh,");
out.print("Al's all wet 'cause ");
out.println("he's standing in the rain.");
   }
}
```

Listing 6.3: Der vollständige Text des Songs »Al's All Wet«

Listing 6.3 kombiniert viele Konzepte aus Kapitel 5 und 6. In Listing 6.3 sind zwei `switch`-Befehle in eine `for`-Schleife eingebettet. Der eine `switch`-Befehl enthält `break`-Befehle, der andere lässt den Programmablauf durchfallen. Da der Schleifenzähler (`verse`) die Werte 1, 2 und 3 durchläuft, werden alle `case`-Zweige der `switch`-Befehle ausgeführt. Dann wird die `for`-Schleife verlassen und der letzte Vers des Songs ausgegeben.

Auch wenn ich gesagt habe, dass ein `for`-Befehl zum Zählen verwendet wird, kann dieser Befehl auch für Zwecke eingesetzt werden, die nichts mit dem Zählen zu tun haben. Beispielsweise läuft ein Befehl ohne eine Aktualisierungskomponente, wie etwa `for(i=0; i<10;)`, immer weiter. Die Schleife wird beendet, wenn eine Aktion innerhalb der Schleife der Variablen `i` eine ganze Zahl zuweist, die größer als neun ist. Sie können sogar einen `for`-Befehl erstellen, dessen Klammernpaar leer ist. Die Schleife `for( ; ; )` läuft endlos. Sie eignet sich beispielsweise zur Steuerung einer Maschine, die immer laufen muss. Im Normalfall wird mit einem `for`-Befehl gezählt, wie oft eine Gruppe von Anweisungen ausgeführt werden soll; aber tatsächlich können Sie mit einem `for`-Befehl jede Art von Wiederholung steuern.

Listing 6.3 verwendet `break`-Anweisungen, um aus einer `switch`-Anweisung auszubrechen. Aber eine `break`-Anweisung kann auch innerhalb einer Schleife eine Rolle spielen. Ein Beispiel finden Sie auf der Website dieses Buches.

Schleifen mit einer Endbedingung (do)

Bei einer `while`-Schleife prüft ein Programm am Anfang, ob die Schleifenbedingung wahr ist. Falls die Bedingung falsch ist, werden die Befehle innerhalb der Schleife niemals (auch nicht einmal) ausgeführt. Tatsächlich ist es einfach, eine `while`-Schleife zu schreiben, deren Befehle nie ausgeführt werden (obwohl mir schleierhaft ist, warum man dies tun sollte).

```java
int twoPlusTwo = 2 + 2;

while (twoPlusTwo == 5) {
    out.println("Machst du einen Scherz?");
    out.println("2 + 2 ist nicht 5");
    out.print("Jeder weiß das!");
    out.println(" 2 + 2 ist gleich 3");
}
```

Trotz dieses dummen Beispiels ist der `while`-Befehl der vielseitigste Schleifenbefehl von Java. Insbesondere eignet sich die `while`-Schleife in Situationen, in denen Sie gucken müssen, bevor Sie springen. Ein Beispiel: »Während (`while`) Geld auf meinem Konto ist, bezahle die monatliche Kreditrate.« Wenn der Saldo Ihres Kontos null oder negativ ist, sollten keine automatischen Überweisungen erfolgen. Durch die Bedingung des `while`-Befehls wird vorher gefragt, ob eine Überweisung erfolgen kann.

Es gibt jedoch auch Situationen, in denen eine Folge von Anweisungen mindestens einmal ausgeführt werden soll. Betrachten Sie beispielsweise Benutzereingaben: Bevor Sie eine Benutzereingabe prüfen und/oder verarbeiten können, muss der Benutzer wenigstens eine Eingabe machen. In diesem Fall wird eine Schleife verwendet, die nach der ersten Eingabe prüft, ob die Eingabe in Ordnung ist. Das Ergebnis bestimmt, ob die Schleife (das heißt die Eingabe und die Prüfung) wiederholt wird oder ob sie verlassen wird.

Abbildung 6.5 zeigt einige Ausführungen eines Programms, das eine Datei löscht. Bevor die Datei gelöscht wird, fragt das Programm den Benutzer, ob die Datei tatsächlich gelöscht werden soll. Falls der Benutzer eine passende Antwort *(y, j* oder *n)* gibt, fährt das Programm der Benutzereingabe entsprechend fort. Aber wenn der Benutzer ein anderes Zeichen eingibt, fordert das Programm eine weitere Benutzereingabe an.

```
Datei loeschen? (y/n) n
Okay, nichts passiert ...


Datei loeschen? (y/n) u
Datei loeschen? (y/n) Y
Datei loeschen? (y/n) L
Datei loeschen? (y/n) 8
Datei loeschen? (y/n) -
Datei loeschen? (y/n) y
Datei wird geloescht ...
```

Abbildung 6.5: Vor dem Löschen einer Datei prüfen

Um dieses Programm zu schreiben, benötigen Sie eine Schleife, die den Benutzer wiederholt fragt, ob die Datei gelöscht werden soll. Die Schleife wird so lange ausgeführt, bis der Benutzer eine sinnvolle Antwort eingibt. Das Besondere an dieser Art von Schleife ist, dass es vor der ersten Eingabe des Benutzers nichts zu prüfen gibt. Die Schleife beginnt nicht mit »Solange Dies-und-das wahr ist, fordere eine Benutzereingabe an«. Stattdessen fordert diese Schleife zunächst eine Antwort des Benutzers an und prüft dann dessen Eingabe.

Deshalb enthält das Programm in Listing 6.4 eine do-Schleife (auch do...while-Schleife genannt). Bei einer do-Schleife führt das Programm zunächst die Anweisungen im Schleifenkörper aus und prüft dann, ob das Ergebnis dieser Aktion sinnvoll ist. Wenn die entsprechende Bedingung wahr ist, wird die Ausführung der Schleife beendet; andernfalls geht das Programm an den Anfang der Schleife zurück und führt eine weitere Iteration aus.

```
import java.io.File;
import static java.lang.System.out;
import java.util.Scanner;
```

```
class DeleteEvidence {
   public static void main(String args[]) {
      File Datei = new File("c:\\Testdatei.txt");
      Scanner keyboard = new Scanner(System.in);
      char reply;

      do {
         out.print("Datei loeschen? (y/n) ");
         reply = keyboard.next().charAt(0);
      } while (reply != 'y' && reply != 'j' && reply != 'n');

      if (reply == 'y' || reply == 'j') {
         out.println("Datei wird geloescht ...");
         Datei.delete();
      } else {
         out.println("Okay, nichts passiert ...");
      }
   }
}
```

Listing 6.4: Löschen oder nicht löschen

 Testen Sie Listing 6.4, indem Sie auf Ihrem Laufwerk C: eine simple Textdatei (ohne Inhalt) namens Testdatei.txt anlegen. Wenn die Datei in einem anderen Verzeichnis liegt, kann der Code sie nicht löschen. Weitere Informationen über Dateien und ihre Ordner finden Sie in Kapitel 8.

Abbildung 6.5 zeigt zwei Ausführungen des Programms aus Listing 6.4. Das Programm akzeptiert die Kleinbuchstaben y, j und n, aber nicht die Großbuchstaben Y, J und N. Damit das Programm auch Großbuchstaben akzeptiert, sollten Sie die Bedingungen in dem Code folgendermaßen ändern:

```
do {
   out.print("Datei loeschen? (y/n) ");
   reply = keyboard.next().charAt(0);
} while (reply != 'y' && reply != 'Y' &&
         reply != 'j' && reply != 'J' &&
         reply != 'n' && reply!='N');

if (reply == 'y' || reply == 'Y' || reply == 'j' || reply == 'J')
```

Abbildung 6.6 zeigt den Programmablauf in der Schleife von Listing 6.4. Bei einer do-Schleife kann die Situation in dem twoPlusTwo-Programm (weiter oben) niemals eintreten. Weil eine do-Schleife ihre erste Aktion ausführt, ohne eine Bedingung zu testen, führt jede do-Schleife garantiert wenigstens eine Iteration aus.

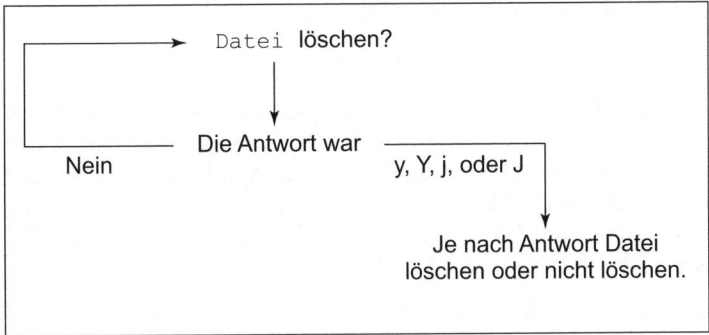

Abbildung 6.6: Der Ablauf einer do-Schleife

Ein einzelnes Zeichen lesen

In Listing 5.3 in Kapitel 5 gibt der Benutzer ein Wort über die Tastatur ein. Die `keyboard.next`-Methode liest das Wort ein und speichert es in der `String`-Variablen `password`. Alles funktioniert zufrieden stellend, weil eine `String`-Variable viele Zeichen auf einmal speichern kann und die `next`-Methode viele Zeichen auf einmal lesen kann.

Aber in Listing 6.4 sind Sie nicht daran interessiert, mehrere Zeichen einzulesen. Sie erwarten, dass der Benutzer einen Buchstaben eintippt – entweder y, j oder n. Deshalb erstellen Sie keine `String`-Variable, um die Antwort des Benutzers zu speichern, sondern eine `char`-Variable – eine Variable, die nur ein Symbol gleichzeitig speichert.

Das Java-API verfügt nicht über eine `nextChar`-Methode. Um etwas zu lesen, das sich zur Speicherung in einer `char`-Variablen eignet, müssen Sie improvisieren. In Listing 6.4 sieht diese Improvisation wie folgt aus:

```
keyboard.findWithinHorizon(".", 0).charAt(0)
```

Diesen Code können Sie beim Einlesen eines einzelnen Zeichens genauso verwenden, wie er in Listing 6.4 gezeigt ist.

 Eine `String`-Variable kann viele Zeichen oder auch nur ein einziges Zeichen enthalten. Aber eine `String`-Variable, die nur ein Zeichen enthält, ist nicht dasselbe wie eine `char`-Variable. Egal was Sie in einer `String`-Variablen speichern, `String`-Variablen und `char`-Variablen müssen unterschiedlich behandelt werden.

Dateiverarbeitung in Java

Die tatsächlichen Dateiverarbeitungsbefehle in Listing 6.4 sollten Sie sich genauer ansehen. Diese Befehle haben mit Klassen, Objekten und Methoden zu tun. Wichtige Details über diese Komponenten finden Sie in anderen Kapiteln, beispielsweise in Kapitel 7 und 9. Hier wollen wir nur einige Aspekte hervorheben.

Das Java-API enthält eine Klasse namens `java.io.File`. Der Befehl

```
File Datei = new File("Testdatei.txt");
```

erstellt im Speicher des Computers ein neues Objekt. Dieses Objekt, das anhand der `java.io.File`-Klasse erstellt wird, beschreibt alles, was das Programm über eine Festplattendatei namens `Testdatei.txt` wissen muss. (In Java müssen Sie einen doppelten Backslash verwenden, um in einem String, der durch doppelte Anführungszeichen eingeschlossen wird, einen Backslash darzustellen.) Von dieser Stelle in Listing 6.4 an bezeichnet die Variable `Datei` die Festplattendatei `Testdatei.txt`.

Nachdem Sie die `java.io.File`-Klasse kennengelernt haben, müssen Sie nur noch wissen, dass das Objekt als Instanz dieser Klasse über eine `delete`-Methode verfügt. Wenn Sie `Datei.delete` aufrufen, löscht das Programm diese Datei.

Variablendeklarationen und Blöcke

Eine Gruppe von Anweisungen, die von geschweiften Klammern eingeschlossen sind, bildet einen Block. Wenn Sie eine Variable innerhalb eines Blocks deklarieren, können Sie diese Variable im Allgemeinen nicht außerhalb des Blocks verwenden. Beispielsweise erhalten Sie eine Fehlermeldung, falls Sie in Listing 6.4 die folgende Änderung vornehmen:

```
do {
    out.print("Datei loeschen? (y/n) ");
    char reply = keyboard.findWithinHorizon(".", 0).charAt(0);
} while (reply != 'y' && reply != 'n');

if (reply == 'y')
```

Mit der Deklaration `char reply` innerhalb der geschweiften Klammern der Schleife ist die Verwendung des Namens `reply` außerhalb der Klammern sinnlos. Wenn Sie versuchen, diesen Code zu kompilieren, erhalten Sie drei Fehlermeldungen – zwei für die `reply`-Wörter in `while (reply != 'y' && reply != 'n')` und eine dritte für das `reply`-Wort in dem `if`-Befehl.

Deshalb sind Ihre Hände in Listing 6.4 gebunden. Die `reply`-Variable wird erstmals innerhalb der Schleife wirklich verwendet. Aber um diese Variable nach der Schleife verfügbar zu machen, müssen Sie `reply` vor der Schleife deklarieren. In dieser Situation ist es am besten, die `reply`-Variable zu deklarieren, ohne sie zu initialisieren. Sehr interessant!

In Kapitel 4 finden Sie mehr über die Initialisierung von Variablen. Blöcke werden in Kapitel 5 genauer beschrieben.

Alle Java-Versionen unterstützen die drei Arten von Schleifen, wie in diesem Kapitel beschrieben (`while`-Schleifen, `for`-Schleifen und `do...while`-Schleifen). Neuere Java-Versionen (insbesondere Java 5 und höher) unterstützen jedoch noch eine weitere Schleife, die sogenannte erweiterte `for`-Schleife, die in Kapitel 11 genauer beschrieben wird.

Teil III

Ein Überblick über die objektorientierte Programmierung

The 5th Wave · By Rich Tennant

»Na komm, wie fatal kann es schon sein?«

FATAL ERROR

In diesem Teil ...

Haben Sie bereits von der objektorientierten Programmierung gehört? Manchmal scheinen alle objektorientierten Programmierer einen kleinen Geheimbund zu bilden. Es gibt geheime Handgriffe, Geheimzeichen und das Versprechen, die Konzepte der objektorientierten Programmierung vor Außenseitern geheim zu halten. Mit der Geheimhaltung ist es jetzt vorbei. In diesem Teil wird das Geheimnis der objektorientierten Programmierung enthüllt. Schritt für Schritt werden die wesentlichen Konzepte anhand einfacher Java-Programme illustriert.

In Klassen und Objekten denken

In diesem Kapitel

▶ Wie ein objektorientierter Programmierer denken

▶ Werte an Methoden übergeben und mit Methoden abfragen

▶ Einzelheiten von objektorientiertem Code verbergen

Als Autor von Computerbüchern habe ich immer wieder gehört, dass ich nicht erwarten dürfe, dass die Leser Abschnitte und Kapitel in logischer Reihenfolge lesen. Leser springen herum, greifen sich heraus, was sie benötigen, und lassen aus, was für sie unwichtig ist. Daran dachte ich, als mir der Gedanke kam, dass Sie Kapitel 1 ausgelassen haben könnten. Falls dies der Fall ist, sollten Sie keine Schuldgefühle haben. Der folgende Absatz fasst wesentliche Informationen aus Kapitel 1 zusammen:

Java ist eine objektorientierte Programmiersprache. Deshalb besteht Ihr Hauptziel in Java darin, Klassen und Objekte zu beschreiben. Eine Klasse entspricht dem Begriff eines Gegenstands. Ein Objekt ist eine konkrete Instanz einer Klasse. Der Programmierer definiert eine Klasse, und anhand der Klassendefinition erstellt das Programm einzelne Objekte.

Falls Ihnen dieser Absatz immer noch zu lang ist, kann Kapitel 1 in zwei Worten zusammengefasst werden:

Klassen; Objekte.

Eine Klasse definieren (die Essenz eines Kontos)

Wodurch unterscheidet sich ein Konto von einem anderen? Wenn Sie einem Bankmitarbeiter diese Frage stellen, werden Sie in ein langes Verkaufsgespräch verwickelt. Der Bankmitarbeiter redet von Zinssätzen, Gebühren, Überziehungszinsen usw. Sie haben Glück, dass ich mich nicht für diese Themen interessiere. Stattdessen möchte ich wissen, wodurch sich mein Konto von Ihrem Konto unterscheidet. Schließlich heißt mein Konto »Barry Burd, Burd Brain Consulting« und Ihr Konto »Jane Q. Public, Java-Expertin in spe«. Mein Kontostand beträgt 24,02 Euro. Was haben Sie auf Ihrem Konto?

Letztlich können die Unterschiede zwischen Konten durch verschiedene Werte von Variablen beschrieben werden. Betrachten wir beispielsweise die Variable `saldo`. Bei meinem Konto hat `saldo` den Wert 24,02, bei Ihrem Konto beträgt der Wert 55,63. Wie kann man nun bei einem Computerprogramm, das mit Konten arbeitet, meine `saldo`-Variable von Ihrer `saldo`-Variablen unterscheiden?

Die Antwort lautet: Es werden zwei separate Objekte erstellt, die jeweils eine der `saldo`-Variablen enthalten. Zusätzlich können diese Objekte jeweils eine `name`- und eine `adresse`-Variable enthalten. Sie verfügen jetzt über zwei Objekte; jedes Objekt repräsentiert ein Konto. Genauer gesagt: Jedes Objekt ist eine Instanz der Konto-Klasse (siehe Abbildung 7.1).

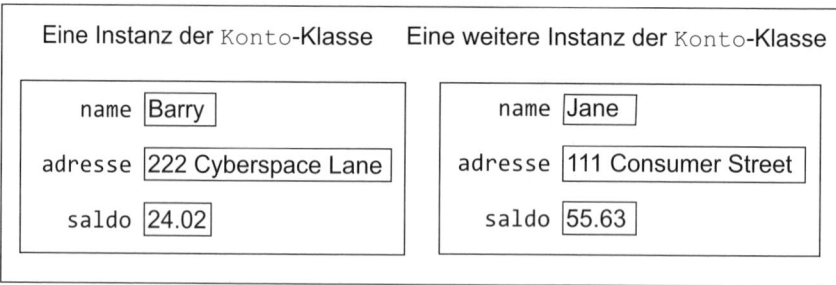

Abbildung 7.1: Zwei Objekte

So weit, so gut. Dennoch ist das ursprüngliche Problem noch nicht gelöst, wie meine `saldo`-Variable im Gegensatz zu Ihrer in einem Programm referenziert wird. Da Sie über zwei Objekte verfügen, können Sie diese möglicherweise als Variablen verwenden. Die eine Variable namens `meinKonto` bezieht sich auf mein Konto, die andere Variable, `ihrKonto`, auf Ihr Konto. Die `meinKonto`-Variable bezieht sich auf mein Objekt (meine Instanz der Konto-Klasse) und den gesamten Inhalt dieses Objekts. Der Ausdruck

`meinKonto.saldo`

bezeichnet meinen Saldo, der Ausdruck

`meinKonto.name`

meinen Namen.

Entsprechend beziehen sich `ihrKonto.saldo` und `ihrKonto.name` auf den Saldo bzw. den Namen in Ihrem Objekt. Mit dem folgenden Befehl kann meinem Konto ein Wert zugewiesen werden:

`meinKonto.saldo = 24.02;`

Ihr Name kann folgendermaßen auf dem Bildschirm angezeigt werden:

`out.println(ihrKonto.name);`

Die Listings 7.1 und 7.2 fassen diese Details zu einem Programm zusammen.

```
public class Konto
{
    String name;
    String adresse;
    double saldo;
}
```

Listing 7.1: Was es heißt, ein Konto zu sein

Die Klasse Konto in Listing 7.1 definiert, was es bedeutet, ein Konto zu sein. Insbesondere erkennen Sie in Listing 7.1, dass jede der Instanzen der Klasse Konto drei Variablen aufweist – name, addresse und saldo Das entspricht der Information, die wir Abbildung 7.1 entnehmen können. Java-Programmierer haben einen speziellen Namen für Variablen dieser Art (Variablen, die zu Klasseninstanzen gehören). Jede dieser Variablen – name, addresse und saldo – wird als *Feld* bezeichnet.

Eine in einer Klasse, aber nicht in einer bestimmten Methode deklarierte Variable ist ein *Feld*. In Listing 7.1 sind die Variablen name, addresse und saldo *Felder*. Ein anderer Name für ein Feld ist eine *Instanzvariable*.

Nach den Kapiteln 5 bis 6 stellt der Code für die Klasse Konto (Listing 7.1) möglicherweise einen richtigen Schock für Sie dar. Kann man mit nur vier Zeilen Code (und der einen oder anderen geschweiften Klammer) wirklich eine vollständige Java-Klasse definieren? Natürlich kann man. Tatsächlich ist die Klasse Konto in Listing 7.1 genau das, was sich Java-Programmierer vorstellen, wenn sie von einer Klasse sprechen. Eine Klasse ist eine Gruppierung vorhandener Dinge. In der Klasse Konto von Listing 7.1 sind diese vorhandenen Dinge zwei String-Werte und ein double-Wert.

Eine öffentliche Klasse

Gemäß dem Code in Listing 7.1 ist die Klasse Konto öffentlich, also public. Eine als public definierte Klasse kann von allen anderen Klassen genutzt werden. Wenn Sie also beispielsweise irgendwo auf dieser Welt ein ATMController-Programm schreiben, kann dieses ATMController-Programm Code enthalten, wie beispielsweise meinKonto.saldo = 24.02, der die in Listing 7.1 deklarierte Klasse Konto nutzt. (Natürlich muss Ihr Code wissen, wo auf dieser Welt ich den Code für Listing 7.1 gespeichert habe, aber das ist wieder eine ganz andere Geschichte.)

Im nächsten Abschnitt nutzt Listing 7.1 die Klasse Konto. Sie sagen sich jetzt vielleicht: »Die Klasse Konto muss deshalb öffentlich sein, weil eine andere Klasse (der Code aus Listing 7.2) die Klasse Konto nutzt.« Leider ist die Wahrheit über öffentliche Klassen etwas komplizierter. Es ist nämlich so, dass, wenn die Planeten richtig ausgerichtet sind, eine Klasse den Code einer anderen Klasse auch dann nutzen kann, wenn die andere Klasse nicht öffentlich ist. Und in diesem Kapitel ist das Wort public in Listing 7.1 eigentlich nicht notwendig. Die Listings 7.1 und 7.2 laufen auch dann korrekt, wenn die Klasse Konto nicht öffentlich ist.

In Listing 7.1 beruhigt es mich, die Klasse Konto als public zu deklarieren. Ja, Programmierer machen Dinge auch, um sich gut zu fühlen. In diesem Beispiel steht mein Sinn für ein gutes Gefühl vor der Tatsache, dass eine Klasse Konto für viele andere Programmierer nützlich sein könnte. Wenn ich eine Klasse erstelle, die etwas Praktisches und Bemerkenswertes deklariert – ein Konto, einen Motor, einen Kunden, einen Gedankenblitz, Kopfschmerzen oder einen RiesenSchokoKuchen –, dann deklariere ich die Klasse als public.

Weitere Informationen über public und vergleichbare Wörter finden Sie in Kapitel 13.

Variablen deklarieren und Objekte erstellen

Das Programm in Listing 7.1 definiert, was ein Konto ist, es sagt aber nichts darüber, was mit dem Konto getan werden soll. Dafür brauchen wir ein zweites Stück Code, genauer gesagt eine Klasse, die eine main-Methode enthält (siehe Listing 7.2).

```java
import static java.lang.System.out;

class NutzKonto
{
    public static void main(String args[]) {

        Konto meinKonto;
        Konto ihrKonto;

        meinKonto = new Konto();
        ihrKonto = new Konto();

        meinKonto.name="Barry Burd";
        meinKonto.adresse="222 Cyberspace Lane";
        meinKonto.saldo=24.02;

        ihrKonto.name="Jane Q. Public";
        ihrKonto.adresse="111 Consumer Street";
        ihrKonto.saldo=55.63;

        out.print(meinKonto.name);
        out.print(" (");
        out.print(meinKonto.adresse);
        out.print(") hat EU ");
        out.print(meinKonto.saldo);
        out.println(" auf dem Konto.");

        out.print(ihrKonto.name);
        out.print(" (");
        out.print(ihrKonto.adresse);
        out.print(") hat EU ");
        out.print(ihrKonto.saldo);
        out.println(" auf dem Konto.");
    }
}
```

Listing 7.2: Mit Konto-Objekten arbeiten

Zusammen bilden die beiden Klassen Konto und NutzKonto ein komplettes Programm. Die Konto-Klasse definiert ein Konto allgemein und ist begrifflich leichter zu verstehen. Der Code der Konto-Klasse sagt aus, dass jede Instanz der Konto-Klasse drei Variablen enthält: name, adresse und saldo (vergleiche Abbildung 7.1).

Der Code in Listing 7.2 enthält die Definition der NutzKonto-Klasse. Der einzige Grund für die Existenz dieser Klasse besteht darin, dass das Programm eine main-Methode haben muss und dass sich jede Methode in einer Klasse befinden muss. Die main-Methode enthält zwei eigene Variablen: ihrKonto und meinKonto.

In gewisser Weise sind die ersten beiden Zeilen in der main-Methode irreführend. Einige Personen interpretieren Konto ihrKonto wie folgt: »ihrKonto ist ein Konto« oder »Die Variable ihrKonto bezieht sich auf eine Instanz der Konto-Klasse«. Das ist aber nicht die wirkliche Bedeutung der ersten Zeile, sondern Konto ihrKonto bedeutet: »Wenn und falls die Variable ihrKonto etwas referenziert, dann wird es sich um eine Instanz der Konto-Klasse handeln.« Worin besteht der Unterschied?

Der Unterschied besteht darin, dass die Deklaration Konto ihrKonto nicht ausreicht, um mit der Variablen ihrKonto ein Objekt zu referenzieren. Die Deklaration reserviert lediglich den Variablennamen ihrKonto, sodass er später verwendet werden kann, um eine Instanz der Konto-Klasse zu referenzieren. Das Objekt selbst wird erst später in dem Code erstellt, wenn das Programm den Befehl new Konto() ausführt.

Technisch ausgedrückt: Wenn das Programm den Befehl new Konto() ausführt, wird ein Objekt erstellt, indem der *Konstruktor* der Konto-Klasse aufgerufen wird; mehr darüber erfahren Sie in Kapitel 9.

Wenn das Programm den Befehl ihrKonto = new Konto() ausführt, erstellt es ein neues Objekt (eine neue Instanz der Konto-Klasse) und verbindet die Variable ihrKonto mit diesem neuen Objekt. (Das Gleichheitszeichen, die Zuweisung, sorgt dafür, dass sich die Variable auf das neue Objekt bezieht.) Abbildung 7.2 verdeutlicht diese Situation.

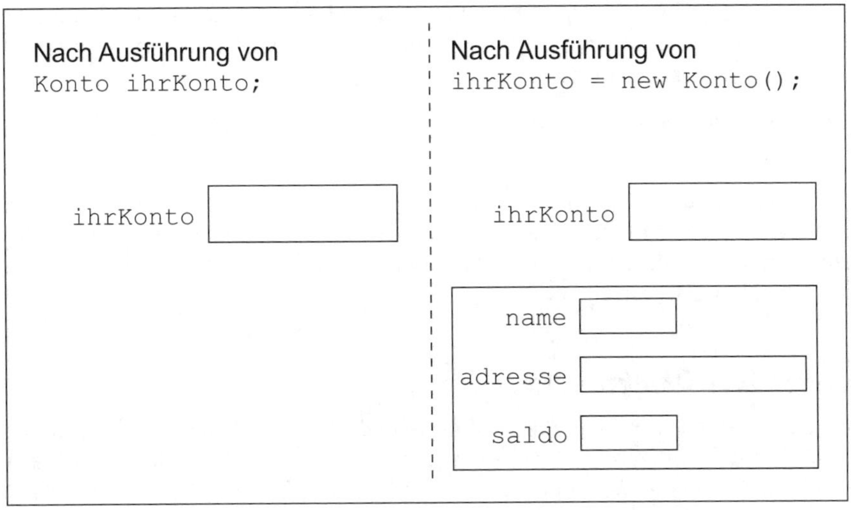

Abbildung 7.2: Vor und nach dem Aufruf eines Konstruktors

Um die Behauptung zu testen, die ich in den letzten Absätzen aufgestellt habe, habe ich eine weitere Zeile in den Code von Listing 7.1 eingefügt. Ich wollte versuchen, ihrKonto.name auszugeben, nachdem ihrKonto deklariert, aber bevor new Konto() aufgerufen wurde.

```
Konto meinKonto;
Konto ihrKonto;

out.println(ihrKonto.name);

meinKonto = new Konto();
ihrKonto = new Konto();
```

Als ich den neuen Code kompilieren wollte, erhielt ich die folgende Fehlermeldung: `Variable ihrKonto might not have been initialized`. Damit ist diese Frage geklärt. Bevor Sie nicht `new Konto()` ausführen, können Sie die `name`-Variable eines Objekts nicht ausgeben, weil kein Objekt existiert.

 Wenn eine Variable einen Referenztyp hat, reicht es nicht aus, die Variable zu deklarieren. Erst wenn Sie mit dem Schlüsselwort `new` einen Konstruktor aufrufen, erhalten Sie ein Objekt.

Näheres über Referenztypen finden Sie in Kapitel 4.

Eine Variable initialisieren

In Kapitel 4 haben Sie gelernt, dass eine Variable mit einem einfachen Typ in der Variablendeklaration initialisiert werden kann.

```
int gewichtEinerPerson=150;
```

Dasselbe ist auch bei Variablen mit einem Referenztyp möglich – wie beispielsweise bei `mein Konto` und `ihrKonto` in Listing 7.1. Sie können die ersten vier Zeilen in der `main`-Methode in nur zwei Zeilen zusammenfassen:

```
Konto meinKonto = new Konto();
Konto ihrKonto = new Konto();
```

Wenn Sie Zeilen auf diese Art kombinieren, vermeiden Sie automatisch den Fehler, dass die Variable möglicherweise nicht initialisiert wird (siehe den vorangegangenen Abschnitt). In manchen Situationen können Sie eine Variable nicht initialisieren, aber wenn dies möglich ist, ist es normalerweise vorteilhaft.

Die Felder eines Objekts verwenden

Nachdem Sie die ersten vier Zeilen der `main`-Methode geschafft haben, ist der Rest des Codes in Listing 7.2 relativ einfach. In jeweils drei Zeilen werden die Variablen der Objekte `mein Konto` und `ihrKonto` mit Werten verbunden, weitere vier Zeilen geben einige Anzeigen aus. Den Output des Programms sehen Sie in Abbildung 7.3.

```
Barry Burd (222 Cyberspace Lane) hat EU 24.02 auf dem Konto.
Jane Q. Public (111 Consumer Street) hat EU 55.63 auf dem Konto.
```

Abbildung 7.3: Die Ausführung des Codes in den Listings 7.1 und 7.2

Ein Programm, mehrere Klassen

Die Programme in den Kapiteln 3 bis 6 bestehen nur aus einer einzigen Klasse. Für die Einführungskapitel eines Buches reicht das aus. Aber im wirklichen Leben besteht ein Programm üblicherweise aus Hunderten oder gar Tausenden von Klassen. Das Programm in den Listings 7.1 und 7.2 besteht aus zwei Klassen. Zwei Klassen sind zwar längst nicht mit Tausenden von Klassen vergleichbar, aber es ist ein Schritt in diese Richtung.

In der Praxis fügen die meisten Programmierer jede Klasse in eine separate Datei ein. Wenn Sie ein Programm wie das in den Listings 7.1 und 7.2 erstellen, speichern Sie zwei Klassendateien in Ihrem Projekt ab, statt wie bisher eine. Deshalb besteht auch der Code, den Sie auf der Buch-CD finden, aus zwei separaten Dateien – Konto.java und NutzKonto.java. Das Ausführen des Projekts funktioniert wie gewohnt.

Eine Methode in einer Klasse definieren (ein Konto anzeigen)

Betrachten wir als Beispiel eine Tabelle, die Informationen über zwei Konten anzeigt:

Name	Adresse	Saldo
Barry Burd	222 Cyberspace Lane	24.02
Jane Q. Public	111 Consumer Street	55.63

Tabelle 7.1: Ohne objektorientierte Programmierung

In Tabelle 7.1 verfügt jedes Konto über drei Attribute: einen Namen, eine Adresse und einen Saldo. Auf diese Weise wurden Probleme vor der objektorientierten Programmierung gelöst; aber dieses neue Verfahren führte zu einem Umdenken. Bei dieser Programmiertechnik kann jedes Konto einen Namen, eine Adresse, einen Saldo und eine Form des Layouts haben.

Bei der objektorientierten Programmierung verfügt jedes Objekt über eigene Funktionen. Ein Konto kann sich selbst anzeigen. Ein String kann Ihnen mitteilen, ob er dieselben Zeichen wie ein anderer String enthält. Eine PrintStream-Instanz wie System.out kann Objekte mit println ausgeben. Bei der objektorientierten Programmierung verfügt jedes Objekt über eigene Methoden. Diese Methoden sind kleine Unterprogramme, die Sie aufrufen können, um ein Objekt anzuweisen, bestimmte Aktionen auszuführen.

Welchen Nutzen bringt das? Diese Technik ist deshalb nützlich, weil ein Teil der Verantwortung für die Daten auf diese selbst übertragen wird. Bei der objektorientierten Programmierung wird die gesamte Funktionalität, die mit einem Konto verbunden ist, in dem Code der Konto-Klasse gebündelt. Alles, was Sie über einen String wissen müssen, ist in der Datei String.java enthalten. Alles, was mit Jahreszahlen zu tun hat (beispielsweise ob sie aus zwei oder vier Ziffern bestehen), wird direkt innerhalb der Year-Klasse behandelt. Wenn jemand Probleme mit der Konto- oder der Year-Klasse hat, weiß er, wo der komplette Code zu finden ist. Das ist großartig!

Stellen Sie sich deshalb eine verbesserte Konto-Tabelle vor. In dieser neuen Tabelle verfügt jedes Objekt über eingebaute Funktionen. Jedes Konto weiß, wie es sich auf dem Bildschirm darstellen kann. Jede Zeile der Tabelle verfügt über eine eigene Kopie einer display-Methode (siehe Tabelle 7.2).

Name	Adresse	Saldo	Anzeige
Barry Burd	222 Cyberspace Lane	24.02	out.print ...
Jane Q. Public	111 Consumer Street	55.63	out.print ...

Tabelle 7.2: Der objektorientierte Weg

Ein Konto, das sich selbst anzeigt

In Tabelle 7.2 verfügt jedes Konto-Objekt über vier Elemente: einen Namen, eine Adresse, einen Saldo und eine Methode, um sich selbst auf dem Bildschirm anzuzeigen. Wenn Sie sich für das objektorientierte Denken entschieden haben, werden Sie nie wieder auf die alte Weise arbeiten. Die Listings 7.3 und 7.4 enthalten ein Programm, das die Ideen aus Tabelle 7.2 implementiert.

```java
import static java.lang.System.out;

public class Konto
{
    String name;
    String adresse;
    double saldo;

    public void display()
    {
        out.print(name);
        out.print(" hat EU ");
        out.print(saldo);
        out.println(" auf dem Konto.");
    }
}
```

Listing 7.3: Ein Konto zeigt sich selbst an.

```
class NutzKonto
{
    public static void main(String args[])
    {
        Konto meinKonto = new Konto();
        Konto ihrKonto = new Konto();

        meinKonto.name = "Barry Burd";
        meinKonto.adresse = "222 Cyberspace Lane";
        meinKonto.saldo = 24.02;

        ihrKonto.name = "Jane Q. Public";
        ihrKonto.adresse = "111 Consumer Street";
        ihrKonto.saldo = 55.63;

        meinKonto.display();
        System.out.println();
        ihrKonto.display();
    }
}
```

Listing 7.4: Die verbesserte Konto-*Klasse verwenden*

Eine Ausführung des Codes in den Listings 7.3 und 7.4 erzeugt dieselbe Ausgabe wie der Code in den Listings 7.1 und 7.2 (siehe Abbildung 7.3).

Die Konto-Klasse in Listing 7.3 enthält vier Elemente: die Datenelemente name, adresse, saldo und die display-Methode. Die Spalten von Tabelle 7.2 entsprechen den vier Elementen der Konto-Klasse in diesem Listing: *Name, Adresse, Saldo* und *Anzeigemethode.* Deshalb verfügt jede Instanz der Konto-Klasse ebenfalls über diese Elemente. Diese Elemente werden einheitlich behandelt. Um den Namen von meinKonto anzusprechen, schreiben Sie:

meinKonto.name

Um meinKonto zu veranlassen, sich auf dem Bildschirm anzuzeigen, schreiben Sie:

meinKonto.display()

Der einzige Unterschied besteht in den Klammern.

 Wenn Sie eine Methode aufrufen, setzen Sie Klammern hinter den Namen der Methode.

Der Kopf der display-Methode

In den Listings 7.3 und 7.4 wird die display-Methode innerhalb der main-Methode der NutzKonto-Klasse aufgerufen, aber die Deklaration der display-Methode befindet sich in der Konto-Klasse. Die Deklaration hat einen Kopf und einen Körper (siehe Kapitel 3).

Der Kopf enthält drei Wörter und einige Klammern:

✔ **Das Wort `public` dient in etwa demselben Zweck wie das Wort `public` in Listing 7.1.** Ganz allgemein ausgedrückt, jeder Code kann einen Aufruf einer öffentlichen Methode enthalten. Selbst wenn der aufrufende Code und die öffentliche Methode zu zwei unterschiedlichen Klassen gehören. Im Beispiel dieses Abschnitts ist die Entscheidung, ob die `display`-Methode öffentlich gemacht werden soll, eine Geschmacksfrage. Wenn ich eine Methode erstelle, die in sehr vielen Applikationen genutzt werden kann, deklariere ich die Methode normalerweise als `public`.

✔ **Das Wort `void` sagt dem Computer, dass die `display`-Methode keinen Wert an den Code zurückgibt, der sie aufruft.** Im nächsten Abschnitt lernen Sie eine Methode kennen, die Werte an den Code zurückgibt, der sie aufruft.

✔ **Das Wort `display` ist der Name der Methode.** Jede Methode muss einen Namen haben, andernfalls könnten Sie die Methode nicht aufrufen.

✔ **Die Klammern enthalten die Argumente, die Sie beim Aufruf an die Methode übergeben.** Wenn Sie eine Methode aufrufen, können Sie Daten an die Methode übergeben. Zufälligerweise sind bei unserem `display`-Beispiel die Klammern leer, weil diese Methode ohne Argumente aufgerufen wird. Im nächsten Abschnitt lernen Sie eine Methode mit Argumenten kennen.

Listing 7.3 enthält die Deklaration der `display`-Methode, und Listing 7.4 enthält einen Aufruf der `display`-Methode. Obwohl die Listings 7.3 und 7.4 unterschiedliche Klassen enthalten, ist die Verwendung von `public` in Listing 7.3 in beiden Fällen optional. Warum das so ist, erfahren Sie in Kapitel 13.

Argumente und Rückgabewerte (Zinsen berechnen)

Wenn Sie jemanden beauftragen: »Gehe in den Supermarkt und kaufe Brot« oder »Gehe in den Supermarkt und kaufe Bananen«, könnten Sie diese Anweisungen als Aufrufe einer »Methode« betrachten. Die Methode heißt »Gehe in den Supermarkt und kaufe ...«, wobei jeweils das gewünschte Produkt, »Brot« oder »Bananen«, ergänzt wird. In Java würden die Methodenaufrufe folgendermaßen aussehen:

```
geheInDenSupermarktUndKaufe(Brot);
geheInDenSupermarktUndKaufe(Bananen);
```

Die Komponenten in den Klammern werden als _Parameter_ oder _Parameterlisten_ bezeichnet. Methoden mit Parametern sind erheblich vielseitiger. Anstatt immer dasselbe zu bekommen, können Sie jemanden in den Supermarkt schicken, um Brot, Bananen, Vogelfutter oder etwas anderes zu kaufen. Bei jedem Aufruf der `geheInDenSupermarktUndKaufe`-Methode entscheiden Sie ad hoc, was Sie kaufen (lassen) wollen.

Und was passiert, wenn Ihr Freund vom Supermarkt zurückkommt? Sie erhalten Brot, Bananen oder etwas anderes. Man kann sagen, dass die Methode Ihnen etwas zurückgibt. Sie haben die Methode aufgerufen, und die Methode gibt Informationen (oder Brot) zurück.

Das, was die Methode zurückgibt, wird als _Rückgabewert_ bezeichnet. Der (Daten-)Typ des Rückgabewerts ist der _Rückgabetyp_ der Methode. Die Listings 7.5 und 7.6 verdeutlichen diese Konzepte.

```java
import static java.lang.System.out;

public class Konto
{
    String name;
    String adresse;
    double saldo;

    public void display()
    {
        out.print("Name:    ");
        out.println(name);
        out.print("Adresse: ");
        out.println(adresse);
        out.print("Saldo: ");
        out.println(saldo);
    }

    public double getZinsen(double zinsSatz)
    {
        return saldo*zinsSatz/100.00;
    }
}
```

Listing 7.5: Ein Konto, das seine Zinsen berechnet

```java
import static java.lang.System.out;

class NutzKonto
{
    public static void main(String args[])
    {
        Konto meinKonto = new Konto();
        Konto ihrKonto = new Konto();

        meinKonto.name="Barry Burd";
        meinKonto.adresse="222 Cyberspace Lane";
        meinKonto.saldo=24.02;

        ihrKonto.name="Jane Q. Public";
        ihrKonto.adresse="111 Consumer Street";
        ihrKonto.saldo=55.63;
```

```
meinKonto.display();

out.print("Die Zinsen auf dem ");
out.print(meinKonto.name);
out.print("-Konto betragen ");
out.print(meinKonto.getZinsen(5.00));
out.println(" Euro.");


ihrKonto.display();

double ihrZinsSatz=7.00;
double ihreZinsen;
out.print("Die Zinsen auf ");
out.print(ihrKonto.name);
out.print("-Konto betragen ");
ihreZinsen =
    ihrKonto.getZinsen(ihrZinsSatz);
out.print(ihreZinsen);
out.println(" Euro.");
    }
}
```

Listing 7.6: Zinsen berechnen

Abbildung 7.4 zeigt den Output des Programms in den Listings 7.5 und 7.6. In Listing 7.5 enthält die Konto-Klasse eine getZinsen-Methode. Diese Methode wird von der main-Methode der NutzKonto-Klasse zweimal aufgerufen. Die Salden und Zinssätze sind bei den Aufrufen verschieden.

```
Name:    Barry Burd
Adresse: 222 Cyberspace Lane
Saldo: 24.02
Die Zinsen auf dem Barry Burd-Konto betragen 1.2009999999999998 Euro.
Name:    Jane Q. Public
Adresse: 111 Consumer Street
Saldo: 55.63
Die Zinsen auf Jane Q. Public-Konto betragen 3.8941000000000003 Euro.
```

Abbildung 7.4: Ausführung und Ausgabe des Programms in den Listings 7.5 und 7.6

✔ **Beim ersten Aufruf beträgt der Saldo 24.02, der Zinssatz ist 5.00.** Der erste Aufruf, meinKonto.getZinsen(5.00), referenziert das meinKonto-Objekt und die Variablen, die in ihm enthalten sind (siehe Abbildung 7.5). Bei dem Aufruf hat der Ausdruck saldo*zinsSatz/100.00 den Wert 24.02*5.00/100.00.

✔ **Beim zweiten Aufruf beträgt der Saldo 55.63, der Zinssatz ist 7.00.** In der main-Methode wird der Variablen ihrZinsSatz unmittelbar vor diesem zweiten Aufruf der Wert 7.00 zugewiesen. Der Aufruf selbst, ihrKonto.getZinsen(ihrZinsSatz), referenziert das ihrKonto-Objekt und die Variablen, die in ihm enthalten sind (siehe noch einmal Abbildung 7.5). Diesmal hat der Ausdruck saldo*zinsSatz/100.00 den Wert 55.63*7.00/100.00.

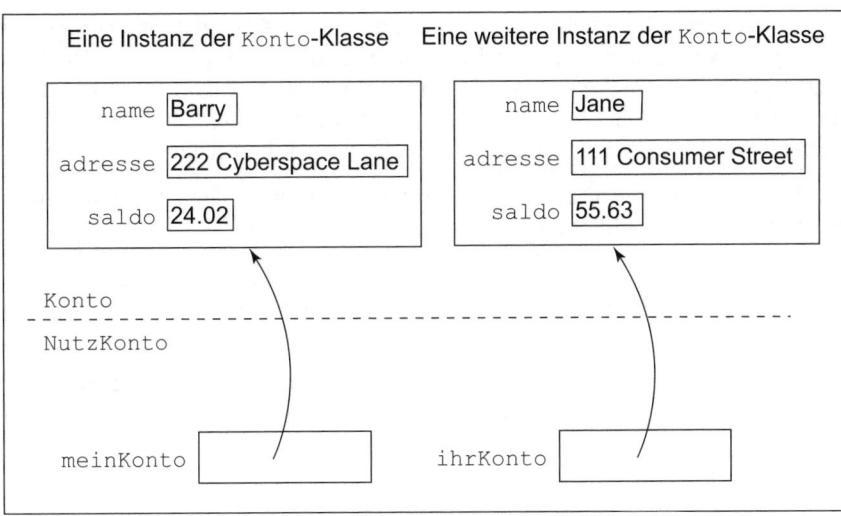

Abbildung 7.5: Mein Konto und Ihr Konto

Nebenbei bemerkt: Die main-Methode in Listing 7.6 enthält zwei Aufrufe von getZinsen. Der eine Aufruf enthält als Parameter das Literal 5.00, der andere die Variable ihrZinsSatz. Damit soll nur gezeigt werden, dass beides möglich ist.

Einen Wert an eine Methode übergeben

Betrachten wir den Kopf der getZinsen-Methode etwas genauer. (Abbildung 7.6 soll den Text in den folgenden Punkten visualisieren.)

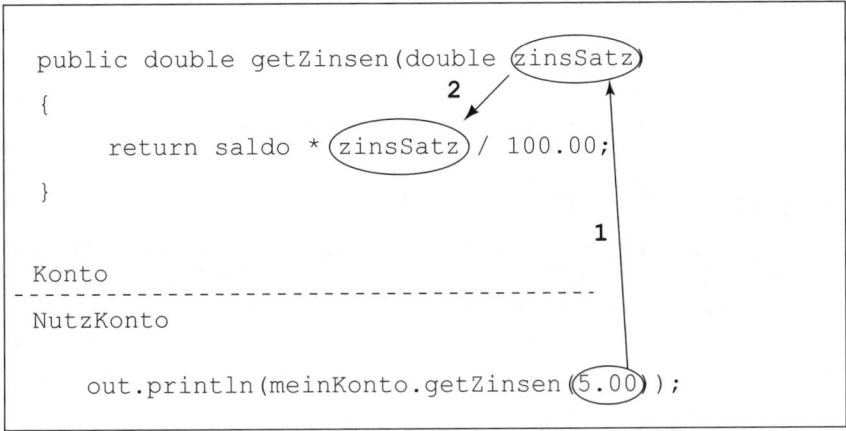

Abbildung 7.6: Einen Wert an eine Methode übergeben

✔ **Das Wort double bedeutet, dass die getZinsen-Methode einen double-Wert an die aufrufende Stelle zurückgibt.** Die Anweisung im Körper der getZinsen-Methode bestätigt dies. Die Rückgabe erfolgt durch den Befehl return saldo*zinsSatz/100.00 im Körper der Methode. Der Ausdruck saldo*zinsSatz/100.00 hat den Typ double (weil die Operanden saldo, zinsSatz und 100.00 den Typ double haben).

Wenn die getZinsen-Methode aufgerufen wird, berechnet der return-Befehl saldo*zinsSatz/100.00 und gibt das Ergebnis an den Code zurück, der die Methode aufgerufen hat.

✔ **Das Wort getZinsen ist der Name der Methode.** Mit diesem Namen wird die Methode aufgerufen, wenn Sie Code für die NutzKonto-Klasse schreiben.

✔ **Die Klammern enthalten die Argumente, die beim Aufruf an die Methode übergeben werden.** Die Argumente, die an die Methode übergeben werden, bilden die sogenannte *Parameterliste* der Methode. Der Kopf der getZinsen-Methode besagt, dass die getZinsen-Methode ein Argument vom Typ double hat.

```
public double getZinsen(double zinsSatz)
```

Der erste Aufruf von getZinsen (in der main-Methode der NutzKonto-Klasse) enthält die Zahl 5.00, ein double-Literal (siehe Kapitel 4). Das heißt, der Methode wird ein Wert vom Typ double übergeben.

Dasselbe gilt für den zweiten Aufruf von getZinsen. Bei diesem Aufruf wird die Variable ihrZinsSatz als Argument übergeben. Ihr Typ ist vorher ebenfalls als double deklariert worden.

Wenn Sie nicht mehr wissen, was ein Literal ist, sollten Sie noch einmal Kapitel 4 lesen.

Dasselbe gilt für den zweiten Aufruf von getZinsen. Bei diesem Aufruf wird die Variable ihrZinsSatz als Argument übergeben. Ihr Typ ist vorher ebenfalls als double deklariert worden.

Der Code in den Listings 7.5 und 7.6 wird nicht geradlinig von oben nach unten abgearbeitet, sondern der Programmablauf geht von main nach getZinsen, dann wieder zurück nach main, noch einmal zu getZinsen und schließlich zu main zurück (siehe Abbildung 7.7).

Der Rückgabewert der getZinsen-Methode

Wenn die Methode getZinsen aufgerufen wird, führt die Methode den return-Befehl in ihrem Körper aus. Dieser Befehl berechnet den Wert von saldo*zinsSatz/100.00. Bei einem Saldo von 24.02 und einem zinsSatz von 5.00 hat der Ausdruck den Wert 1.201 oder rund 1,20 Euro. (Da Berechnungen mit double-Zahlen nicht absolut genau sind, beträgt das Ergebnis rechnerisch 1.2009999999999998. Damit müssen wir einfach leben.)

Nach der Berechnung wird das Ergebnis an die Stelle in main zurückgegeben, von der aus getZinsen aufgerufen worden ist. Jetzt nimmt der gesamte Methodenaufruf meinKonto.getZinsen(5.00) den Wert 1.2009999999999998 an. Da sich der Aufruf selbst innerhalb des println-Befehls

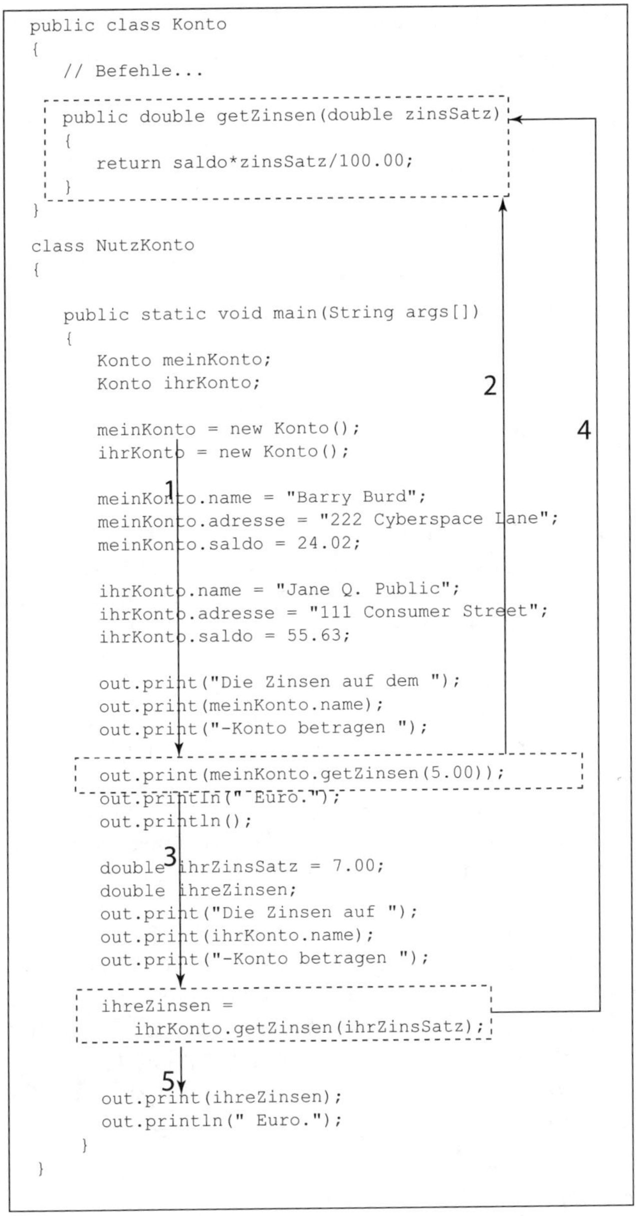

```
public class Konto
{
    // Befehle...

    public double getZinsen(double zinsSatz)
    {
        return saldo*zinsSatz/100.00;
    }
}

class NutzKonto
{

    public static void main(String args[])
    {
        Konto meinKonto;
        Konto ihrKonto;

        meinKonto = new Konto();
        ihrKonto = new Konto();

        meinKonto.name = "Barry Burd";
        meinKonto.adresse = "222 Cyberspace Lane";
        meinKonto.saldo = 24.02;

        ihrKonto.name = "Jane Q. Public";
        ihrKonto.adresse = "111 Consumer Street";
        ihrKonto.saldo = 55.63;

        out.print("Die Zinsen auf dem ");
        out.print(meinKonto.name);
        out.print("-Konto betragen ");

        out.print(meinKonto.getZinsen(5.00));
        out.println(" Euro.");
        out.println();

        double ihrZinsSatz = 7.00;
        double ihreZinsen;
        out.print("Die Zinsen auf ");
        out.print(ihrKonto.name);
        out.print("-Konto betragen ");

        ihreZinsen =
            ihrKonto.getZinsen(ihrZinsSatz);

        out.print(ihreZinsen);
        out.println(" Euro.");
    }
}
```

Abbildung 7.7: Der Programmablauf in den Listings 7.5 und 7.6

```
out.println(meinKonto.getZinsen(5.00));
```

befindet, nimmt println die folgende Bedeutung an:

```
out.println(1.2009999999999998);
```

Abbildung 7.8 zeigt den gesamten Ablauf der Rückgabe des Wertes in grafischer Form.

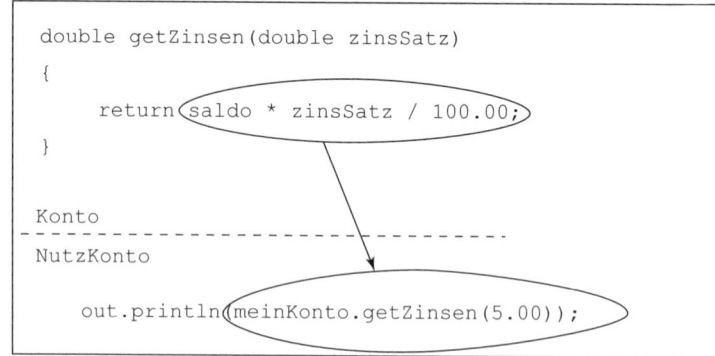

```
double getZinsen(double zinsSatz)
{
     return saldo * zinsSatz / 100.00;
}


Konto
- - - - - - - - - - - - - - - - - - - - - - - - - - - - - - -
NutzKonto

     out.println(meinKonto.getZinsen(5.00));
```

Abbildung 7.8: Ein Methodenaufruf ist ein Ausdruck mit einem Wert.

Wenn eine Methode einen Rückgabewert hat, dann ist der Aufruf dieser Methode ein Ausdruck mit einem Wert, der ausgegeben, einer Variablen zugewiesen oder sonst wie verarbeitet werden kann. Methodenaufrufe können genau wie andere Werte verwendet werden.

Mit der Klasse Konto in Listing 7.5 können Sie eine reale Aufgabenstellung lösen. Dazu würden Sie die display- und getInterest-Methoden der Klasse Konto in einer Banking-Applikation aufrufen. Die Klasse NutzKonto in Listing 7.6 dagegen ist ein künstliches Konstrukt. Der Code NutzKonto erzeugt irgendwelche erfundenen Kontodaten und ruft dann Methoden der Klasse Konto auf, um Ihnen vorzuspiegeln, der Code der Klasse Konto arbeite korrekt. (Sie haben doch nicht ernsthaft geglaubt, dass eine Bank Anleger mit den Namen »Jane Q. Public« und »Barry Burd« hat, oder?) Die Klasse NutzKonto in Listing 7.6 ist ein Testfall – eine kurzlebige Klasse, deren einziger Zweck es ist, den Code einer anderen Klasse zu testen. Wie der Code in Listing 7.6 ist jeder Testfall in diesem Buch eine ganz gewöhnliche Klasse – eine formlose Klasse mit einer eigenen main-Methode. Formlose Klassen sind in Ordnung, aber nicht optimal. Java-Entwickler verfügen über ein besseres und diszipliniertes Verfahren, Testfälle zu schreiben. Dieses bessere Verfahren ist *JUnit*, das auf der Website zum Buch beschrieben ist.

Zahlen formatieren

Die mangelnde Genauigkeit und die große Zahl an Dezimalstellen (1.2009999999999998 Euro) ist im normalen Geschäftsverkehr nicht akzeptabel. Deshalb enthält das Java-API einige Funktionen, mit denen Sie Zahlen auf zwei Stellen runden und in einer vernünftigen Form anzeigen können (siehe Listing 7.7 und Abbildung 7.9).

```
import static java.lang.System.out;

class NutzKonto {

    public static void main(String args[]) {
        Konto meinKonto = new Konto();
        Konto ihrKonto = new Konto();

        meinKonto.saldo = 24.02;
        ihrKonto.saldo = 55.63;

        double meineZinsen = meinKonto.getZinsen(5.00);
        double ihreZinsen = ihrKonto.getZinsen(7.00);

        out.printf("%4.2f EU\n", meineZinsen);
        out.printf("%5.2f EU\n", meineZinsen);
        out.printf("%.2f EU\n", meineZinsen);
        out.printf("%3.2f EU \n", meineZinsen);
        out.printf("%.2f EU %.2f EU", meineZinsen, ihreZinsen);
    }
}
```

Listing 7.7: Zahlen geschäftsgerecht formatieren

```
1,20 EU
 1,20 EU
1,20 EU
1,20 EU
1,20 EU 3,89 EU
```

Abbildung 7.9: Zahlen, die wie vernünftige Geldbeträge aussehen

Die ungenauen Zahlen vorhin in Abbildung 7.4 kommen daher, dass der Computer 0-en und 1-en verwendet. Gäbe es einen Computer, der so verdrahtet ist, dass er die Ziffern 0, 1, 2, 3, 4, 5, 6, 7, 8 und 9 verwendet, würde er diese Ungenauigkeiten nicht erzeugen. Aus diesem Grund unterstützt Java eine eigene, spezielle Vorgehensweise, um die komischen 0-en und 1-en des Computers zu umgehen und normale Dezimalziffern für arithmetische Berechnungen zu verwenden. Weitere Informationen finden Sie auf der Website zum Buch.

Listing 7.7 verwendet eine praktische Methode `printf`. Wenn Sie `printf` aufrufen, übergeben Sie immer wenigstens zwei Parameter:

✔ **Der erste Parameter ist ein *Formatstring*.**

Der Formatstring verwendet seltsam aussehenden Code, um genau zu beschreiben, wie die anderen Parameter angezeigt werden sollen.

✔ **Alle anderen Parameter (nach dem ersten) sind Werte, die angezeigt werden sollen.**

Werfen Sie einen Blick auf den letzten `printf`-Aufruf in Listing 7.7. Der Formatstring des ersten Parameters enthält zwei Platzhalter für Zahlen. Der erste Platzhalter (`%.2f`) beschreibt die Anzeige von `meinZins`. Der zweite Platzhalter (ebenfalls `%.2f`) beschreibt die Anzeige von `ihrZins`. Die Abbildungen 7.10 bis 7.14 beschreiben genau, wie diese Formatstrings funktionieren.

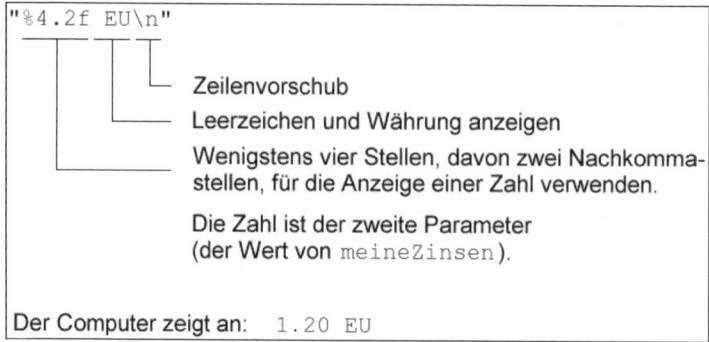

Abbildung 7.10: Einen Formatstring verwenden

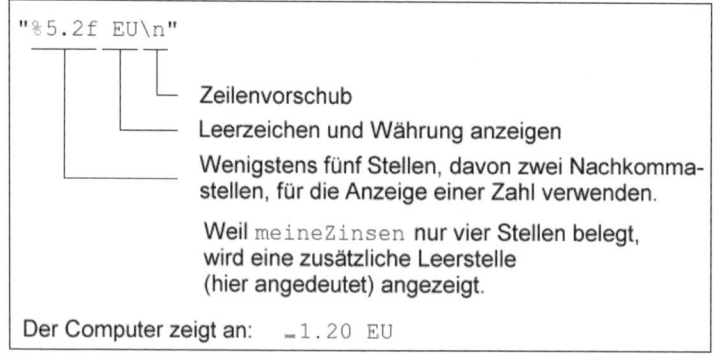

Abbildung 7.11: Zusätzliche Stellen zur Anzeige eines Wertes hinzufügen

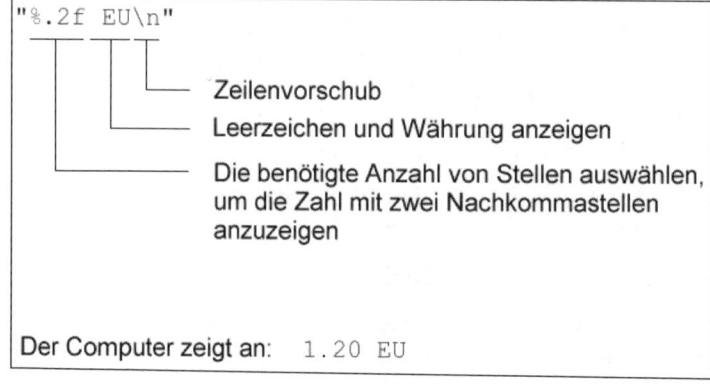

Abbildung 7.12: Einen Wert ohne genaue Vorgabe der Stellen anzeigen

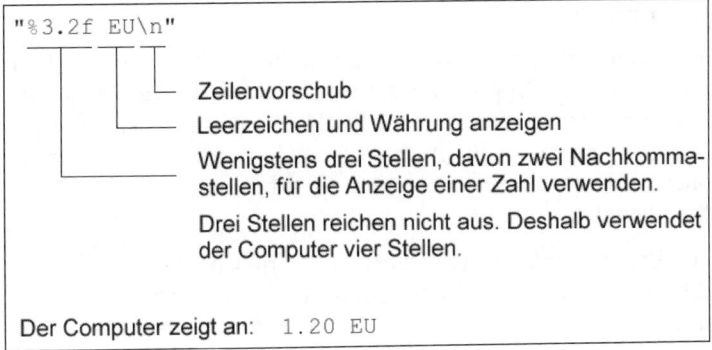

Abbildung 7.13: Zu wenige Stellen für die Anzeige eines Wertes vorgeben

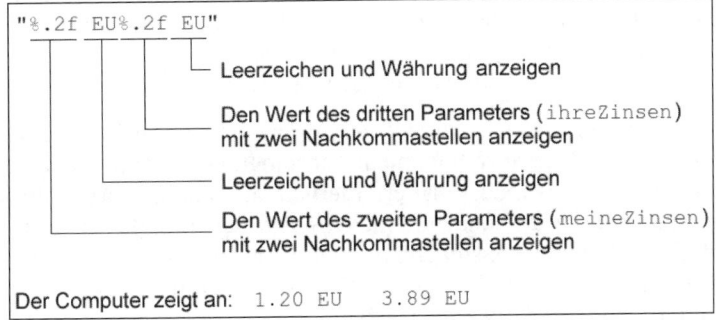

Abbildung 7.14: Mehr als einen Wert mit einem Formatstring anzeigen

Beispiele für die Anwendung der printf-Methode und ihrer Formatstrings finden Sie in den Kapiteln 8 und 9. Eine komplette Liste der Optionen, die Sie in dem Formatstring der printf-Methode verwenden können, finden Sie auf der Seite java.util.Formatter der Java-API-Dokumentation.

 Der Formatstring in einem printf-Aufruf ändert nicht die Art, wie eine Nummer intern für Berechnungen gespeichert wird. Der Formatstring sorgt nur dafür, dass die Zahl in einer zweckgerechten Form auf dem Bildschirm angezeigt wird.

Einzelheiten mit Zugriffsmethoden verbergen

Nehmen wir an, Sie wollten zum Essen gehen und schnell das nötige Geld aus einem Bankautomaten ziehen. Nachdem Sie Ihre PIN eingegeben haben, fragt der Automat Sie, in welcher Variablen Sie den aktuellen Saldo speichern wollen, und bietet Ihnen balance324, mein Saldo, aktuellerSaldo, s$, SALDO, asj999 oder conStanTinople als Alternativen an. Nachdem Sie einen Variablennamen gewählt haben, sollen Sie einen Speicherplatz für den Wert der Variablen festlegen. Sie können eine beliebige hexadezimale Zahl zwischen 022FFF und 0555AA wählen. Nachdem Sie den Automaten auf diese Weise konfiguriert haben, bekommen Sie endlich Ihr Geld.

Gutes Programmieren

Ein guter Programmierstil zeichnet sich vor allem durch eine Eigenschaft aus: *Einfachheit*. Wenn Sie ein kompliziertes Programm schreiben müssen, wollen Sie sich nicht auch noch mit falsch benannten Variablen, verdrehten Problemlösungen oder cleveren Programmiertricks herumschlagen, die andere Programmierer im letzten Moment in ihren Code eingefügt haben. Sie wollen mit einer sauberen Schnittstelle arbeiten, mit der Sie Ihre – und nur Ihre – Probleme lösen können.

Das Problem des Bankautomaten, den ich oben beschrieben habe, besteht darin, dass der Apparat Sie zwingt, sich mit den Problemen anderer Leute zu beschäftigen. Statt schnell an Ihr Geld zu kommen, müssen Sie sich mit Variablen und Speicherstellen befassen. Natürlich muss irgendjemand diese Probleme lösen – aber das ist nicht die Aufgabe des Bankkunden.

 In diesem Abschnitt geht es um Bedienungsfreundlichkeit, nicht um Sicherheit. Bedienungsfreundlicher Code verhindert, dass Sie aus Versehen Programmierfehler machen. Sicherer Code ist etwas ganz anderes: Er verhindert, dass böswillige Hacker absichtlich Schaden anrichten können.

Das bedeutet also, dass alles, was mit irgendeinem Aspekt eines Computerprogramms zu tun hat, einfach sein sollte, nicht wahr? Nun, nicht unbedingt. Das stimmt nicht. Um Dinge langfristig zu vereinfachen, ist es manchmal erforderlich, aufwändige Vorbereitungen durchzuführen. Die Ingenieure, die den Bankautomaten entwickelt und gebaut haben, haben hart daran gearbeitet, die Maschine konsumentensicher zu machen. Die Benutzerschnittstelle der Maschine mit ihren Bildschirmmeldungen und Schaltflächen macht die Maschine zu einem sehr komplizierten, aber sorgfältig konzipierten Gerät.

Die Aufgabe, eine einfache, bedienerfreundliche Schnittstelle zu erstellen, kann selbst sehr aufwändig und kompliziert sein und erfordert eine sorgfältige Planung. Eine Vereinfachungstechnik der objektorientierten Programmierung besteht darin zu verhindern, dass Code außerhalb einer Klasse direkt auf die Variablen zugreifen kann, die innerhalb der Klasse definiert sind. Betrachten wir beispielsweise den Code in Listing 7.1. Sie arbeiten für ein Unternehmen, das Ihnen gerade 10 Millionen für den Code in der `Konto`-Klasse bezahlt hat. (Das sind mehr als anderthalb Millionen Euro pro Zeile!) Jetzt haben Sie die Aufgabe, die `Nutz-Konto`-Klasse zu schreiben. Sie könnten

```
meinKonto.name="Barry Burd";
```

schreiben, würden damit aber zu tief in die `Konto`-Klasse eingreifen. Schließlich dürfen Personen, die einen Bankautomaten benutzen, nicht die Variablen des Geräts programmieren. Deshalb können sie nicht einfach auf der Tastatur den folgenden Befehl eintippen:

```
saldoKonto29872865457 = saldoKonto29872865457 + 1000000.00;
```

Stattdessen müssen sie bestimmte Tasten in einer vorgegebenen Reihenfolge drücken. Auf diese Weise sorgt ein Programmierer für Bedienungsfreundlichkeit und Einfachheit.

Um diesen Zweck ebenfalls zu erfüllen, müssen Sie die Konto-Klasse in Listing 7.1 ändern und die folgenden Befehle entfernen:

```
meinKonto.name="Barry Burd";
```

und

```
out.print(ihrKonto.saldo);
```

Natürlich ist dies ein Problem. Sie sollen den Code für die NutzKonto-Klasse schreiben. Wenn Sie nicht meinKonto.name oder ihrKonto.saldo verwenden dürfen, wie können Sie dann zum Ziel kommen? Die Lösung besteht darin, sogenannte *Zugriffsmethoden* zu verwenden. Die Listings 7.8 und 7.9 zeigen Beispiele für solche Methoden.

```
class Konto {
    private String name;
    private String adresse;
    private double saldo;

    public void setName(String n) {
        name = n;
    }

    public String getName() {
        return name;
    }

    public void setAdresse(String a) {
        adresse = a;
    }

    public String getAdresse() {
        return adresse;
    }

    public void setSaldo(double b) {
        saldo = b;
    }

    public double getSaldo() {
        return saldo;
    }
}
```

Listing 7.8: Diese Felder verbergen

```
import static java.lang.System.out;

class NutzKonto
{
    public static void main(String args[])
    {
        Konto meinKonto = new Konto();
        Konto ihrKonto = new Konto();

        meinKonto.setName("Barry Burd");
        meinKonto.setAdresse("222 Cyberspace Lane");
        meinKonto.setSaldo(24.02);

        ihrKonto.setName("Jane Q. Public");
        ihrKonto.setAdresse("111 Consumer Street");
        ihrKonto.setSaldo(55.63);

        out.print(meinKonto.getName());
        out.print(" (");
        out.print(meinKonto.getAdresse());
        out.print(") hat EU ");
        out.print(meinKonto.getSaldo());
        out.println(" auf dem Konto.");

        out.print(ihrKonto.getName());
        out.print(" (");
        out.print(ihrKonto.getAdresse());
        out.print(") hat EU ");
        out.print(ihrKonto.getSaldo());
        out.println(" auf dem Konto.");
    }
}
```

Listing 7.9: Zugriffsmethoden aufrufen

Der Code in den Listings 7.8 und 7.9 erzeugt denselben Output wie das Programm in den Listings 7.1 und 7.2 (vergleiche Abbildung 7.3). Der große Unterschied besteht darin, dass die Konto-Klasse in Listing 7.8 die Verwendung ihrer internen Variablen sorgfältig kontrolliert.

Variablen vor externem Zugriff schützen

Achten Sie auf das Wort private vor der Variablendeklaration der Konto-Klasse. Das Wort private ist ein Java-Schlüsselwort. Wenn eine Variable als private deklariert wird, kann Code außerhalb der Klasse nicht auf diese Variable zugreifen. Wenn Sie beispielsweise die Zuweisung meinKonto.name="Barry Burd" in der NutzKonto-Klasse in Listing 7.9 verwenden, erhalten Sie die Fehlermeldung name has private access in NutzKonto.

Anstatt `meinKonto.name` zu referenzieren, muss der `NutzKonto`-Programmierer die Methode `meinKonto.setName` oder die Methode `meinKonto.getName` aufrufen. Diese Methoden werden als *Zugriffsmethoden* bezeichnet, weil sie einen Zugriff auf die `name`-Variable der `Konto`-Klasse ermöglichen. (Tatsächlich gehört der Begriff *Zugriffsmethode* nicht zur offiziellen Java-Programmiersprache, sondern er wird einfach von Programmierern zur Bezeichnung derartiger Methoden verwendet.) Noch spezieller wird `setName` als *Set*-Methode und `getName` als *Get*-Methode bezeichnet. (Ich wette, dass Sie diese Terminologie nicht vergessen werden!)

Eine andere gebräuchliche Bezeichnung für eine Zugriffsmethode ist *Bean-Methode*. Der Terminus *Bean-Methode* stammt aus der Welt der JavaBeans – einer Methode, Java-Programme in vorhandene grafische Benutzerschnittstellen (GUIs) einzufügen. Weil JavaBeans in großem Maße Zugriffsmethoden verwenden, assoziieren viele Leute Zugriffsmethoden mit der JavaBeans-Spezifikation.

Bei vielen IDEs müssen Sie Ihre eigenen Zugriffsmethoden nicht eintippen. Zuerst deklarieren Sie eine Variable wie beispielsweise `private String name`. Dann wählen Sie in der Menüleiste Ihrer IDE Source|Generate Getters and Setters oder Code|Insert Code|Setter oder irgendeine Kombination dieser Befehle. Nachdem Sie alle Einstellungen vorgenommen haben, erstellt die IDE Zugriffsmethoden und fügt sie in Ihren Code ein.

Beachten Sie, dass alle Set- und Get-Methoden in Listing 7.8 als `public` deklariert sind. Dadurch können diese beiden Methoden von überall her aufgerufen werden. Es wird verhindert, dass die eigentlichen Variablen nicht von Code außerhalb der `Konto`-Klasse manipuliert werden, und sichergestellt, dass sie nur über die Set- und Get-Methoden kontrolliert genutzt werden können.

Die Schlüsselwörter `public` und `private` werden in Kapitel 13 näher behandelt.

Denken Sie noch einmal an den Bankautomaten. Niemand kann mit einem Befehl den Wert der Saldo-Variablen seines Kontos ändern, aber es ist leicht, einen Millionen-Euro-Scheck einzureichen. Die Entwickler wussten, dass es viele Probleme gegeben hätte, wenn diese Prozedur kompliziert gewesen wäre. Sorgen Sie deshalb dafür, dass die Benutzer nichts tun können, was sie nicht tun sollen, und dass die notwendigen Aufgaben einfach auszuführen sind.

Set- und Get-Methoden sind nichts Heiliges. Sie müssen solche Methoden nicht verwenden, wenn Sie nicht wollen. Beispielsweise könnte die Methode `getAdresse` in Listing 7.8 weggelassen werden, ohne die Funktion des Programms zu beeinträchtigen. Diese Methode ist nur der Vollständigkeit halber vorhanden, um auch die Adresse abfragen zu können.

Wenn Sie eine Methode erstellen, um den Wert einer Saldo-Variablen zu setzen, müssen Sie die Methode nicht `setSaldo` nennen, sondern können einen beliebigen Namen Ihrer Wahl verwenden. Das Problem besteht darin, dass sich die `set`-Variablenname-Konvention (mit `set` in Kleinbuchstaben und einem Großbuchstaben am Anfang des Variablennamens) in der Welt der Java-Programmierung durchgesetzt hat. Wenn Sie diese Konvention missachten, stiften Sie Verwirrung unter anderen Java-Programmierern. Außerdem ist es dann nicht möglich, dass eine Java-Entwicklungsumgebung Ihren Code interpretiert. (Java-Entwicklungsumgebungen werden in Kapitel 2 behandelt.)

 Wenn Sie eine Set-Methode aufrufen, übergeben Sie ihr einen Wert mit dem definierten Typ. In Listing 7.9 wird deshalb `ihrKonto.setSaldo(55.63)` mit einem Parameter vom Typ `double` aufgerufen. Dagegen haben Get-Methoden normalerweise keine Argumente. In Listing 7.9 hat deshalb `ihrKonto.getSaldo()` eine leere Parameterliste. Sie können einen Wert auch mit einem einzelnen Befehl setzen und abfragen. Um beispielsweise einen Euro zum vorhandenen Saldo Ihres Kontos zu addieren, schreiben Sie:

```
ihrKonto.setSaldo(ihrKonto.getSaldo() + 1.00)
```

Regeln mit Zugriffsmethoden erzwingen

Betrachten wir noch einmal die `setName`-Methode in Listing 7.8. Stellen Sie sich vor, dass Sie den Zuweisungsbefehl der Methode in einen `if`-Befehl einschließen:

```
public void setName(String n) {
    if (!n.equals("")) {
        name=n;
    }
}
```

Wenn der Programmierer der Klasse `NutzKonto` jetzt `meinKonto.setName("")` schreibt, hat der Aufruf von `setName` keine Wirkung mehr. Weil darüber hinaus das Feld `name` privat ist, ist die folgende Anweisung in der Klasse `NutzKonto` unzulässig:

```
meinKonto.name="";
```

Natürlich funktioniert ein Aufruf wie `meinKonto.setName("Joe Schmoe")` immer noch, weil `"Joe Schmoe"` nicht gleich einem leeren String, `""`, ist.

Mit einer privaten Variablen und einer Zugriffsmethode können Sie also verhindern, dass jemand der `name`-Variablen eines Kontos einen leeren String zuweist. Mit umfangreicheren `if`-Befehlen können Sie beliebige Regeln erzwingen.

Zeit und Geld sparen: Vorhandenen Code wiederverwenden

8

In diesem Kapitel

▶ Alten Code wiederverwenden

▶ Code anpassen

▶ Änderungen kostengünstig durchführen

---

*W*äre es nicht schön, wenn jedes Software-Programm genau das täte, was Sie von ihm erwarten? In einer idealen Welt würden Sie einfach ein Programm kaufen. Das Programm ließe sich problemlos installieren, würde sich flexibel auf neue Situationen einstellen und ließe sich leicht an neue Anforderungen anpassen. Leider gibt es eine solche Software nicht. Es gibt nur Software, die einige dieser Eigenschaften, aber nicht alle hat.

Dies ist einer der Gründe dafür, warum die objektorientierte Programmierung so erfolgreich war. Jahrelang haben Unternehmen vorgefertigten Code gekauft, nur um dann zu erfahren, dass der Code nicht genau das tat, was er tun sollte. Deshalb versuchten die Unternehmen, den Code zu modifizieren. Ihre Programmierer bearbeiteten die Programmdateien, änderten Variablennamen, stellten Unterprogramme um, überarbeiteten Formeln und machten den Code im Allgemeinen noch unbrauchbarer. Falls ein Programm nicht bereits genau oder wenigstens annähernd das tat, was es tun sollte, war es unmöglich, die Situation zu verbessern, indem man den Code änderte. Die beste Option bestand immer darin, das gesamte Programm (trotz der hohen Kosten) zu verwerfen und neu zu beginnen. Fürwahr eine trübe Aussicht!

Die objektorientierte Programmierung änderte alles. Objektorientierte Programme können leicht geändert werden. Wenn die Software korrekt geschrieben ist, können Sie bereits eingebaute Funktionen nutzen, neue Funktionen hinzufügen und Funktionen überschreiben, die Ihre Anforderungen nicht erfüllen. Das Beste dabei ist: Die Änderungen sind sauber. Es ist nicht notwendig, den brüchigen Programmcode anderer Programmierer zu ändern, es gibt ein geordnetes, sauberes Verfahren, um den Code zu ergänzen und zu ändern, ohne in die interne Logik des vorhandenen Codes eingreifen zu müssen. Kurz: Es ist so, wie es sein sollte!

Eine Klasse definieren (ein Beispiel für eine Mitarbeiter-Klasse)

Wenn Sie ein objektorientiertes Programm schreiben, beginnen Sie damit, über die Objekte nachzudenken. Wenn Sie ein Programm zur Kontenverwaltung schreiben, fragen Sie sich, was ein Konto ist. Wenn Sie Code schreiben, um Klicks auf Schaltflächen zu verarbeiten, müssen Sie wissen, was eine Schaltfläche ist. Wenn Sie ein Programm zur Lohnabrechnung schreiben, müssen Sie sich klar machen, was ein Mitarbeiter ist.

Im ersten Beispiel dieses Kapitels ist ein Mitarbeiter eine Person mit einem Namen und einer Funktion. Natürlich haben Mitarbeiter noch andere Eigenschaften, aber zunächst sollen diese beiden ausreichen. In Listing 8.1 wird die entsprechende `Mitarbeiter`-Klasse definiert.

```java
import static java.lang.System.out;

public class Mitarbeiter
{
    private String name;
    private String funktion;

    public void setName(String nameIn) {
        name=nameIn;
    }

    public String getName() {
        return name;
    }

    public void setFunktion(String funktionIn) {
        funktion=funktionIn;
    }

    public String getFunktion() {
        return funktion;
    }

    public void zahleGehalt(double betrag) {
        out.printf("Zahlen Sie an %s", name);
        out.printf(" (%s)", funktion);
        out.printf(" ***%,.2f Euro\n", betrag);
    }
}
```

Listing 8.1: Was ist ein Mitarbeiter?

Die `Mitarbeiter`-Klasse in Listing 8.1 enthält sieben Funktionen. Zwei dieser Funktionen sind ziemlich einfach: Jeder Mitarbeiter hat einen Namen und einen Job (die Variable `name` und die Variable `funktion`). Zusätzlich enthält die `Mitarbeiter`-Klasse vier Zugriffsmethoden (siehe Kapitel 7), um die Werte von `name` und `funktion` zu setzen und abzufragen: `setName`, `getName`, `setFunktion` und `getFunktion`.

Schließlich enthält die Klasse eine `zahleGehalt`-Methode, die das individuelle Gehalt jedes Mitarbeiters auszahlt.

Details über die `printf`-Aufrufe in der `zahleGehalt`-Methode finden Sie im Abschnitt »Einen Scheck ausstellen« weiter unten in diesem Kapitel.

Mit der Mitarbeiter-Klasse arbeiten

Die Klasse `Mitarbeiter` in Listing 8.1 enthält keine `main`-Methode und kann deshalb nicht ausgeführt werden. Um die Klasse zu nutzen, müssen Sie ein separates Programm mit einer `main`-Methode schreiben und damit Instanzen der `Mitarbeiter`-Klasse erstellen. Listing 8.2 zeigt eine Klasse mit `main`-Methode – die den Code in Listing 8.1 testet.

```java
import java.util.Scanner;
import java.io.File;
import java.io.IOException;

class Gehaltsabrechnung {

    public static void main(String args[]) throws IOException {
        Scanner diskScanner =
            new Scanner(new File("MitarbeiterInfo.txt"));

        for (int maNum=1; maNum<=3; maNum++) {
            bezahleMitarbeiter(diskScanner);
        }
    }

    static void bezahleMitarbeiter (Scanner aScanner) {
        Mitarbeiter einMa = new Mitarbeiter();

        einMa.setName(aScanner.nextLine());
        einMa.setFunktion(aScanner.nextLine());
        einMa.zahleGehalt(aScanner.nextDouble());
        aScanner.nextLine();
    }
}
```

Listing 8.2: Gehaltsschecks schreiben

 Um den Code in Listing 8.2 ausführen zu können, muss es in Ihrem Projektordner die Datei `MitarbeiterInfo.txt` geben. Wenn Sie die Beispiele von der Buch-CD importieren, liegt sie gleich am richtigen Ort: `c:\Benutzer\mein_` `benutzername\workspace\08-01`. In diesem Ordner habe ich die Datei `Mitar` `beiterInfo.txt` abgelegt. Weitere Informationen über Dateien auf Ihrer Festplatte finden Sie im Abschnitt »Mit Festplattendateien arbeiten (ein kurzer Abstecher)« später in diesem Kapitel.

Die Gehaltsabrechnung-Klasse in Listing 8.2 enthält zwei Methoden. Die `main`-Methode ruft die `bezahleMitarbeiter`-Methode dreimal auf. Bei jeder Iteration werden der `bezahleMitarbeiter`-Methode Informationen aus der `MitarbeiterInfo.txt`-Datei übergeben und an die Methoden der `Mitarbeiter`-Klasse weitergeleitet.

Die Variable `einMa` wird folgendermaßen wiederverwendet:

✔ Wenn `bezahleMitarbeiter` zum ersten Mal aufgerufen wird, führt die Anweisung `einMa = new Mitarbeiter()` dazu, dass `einMa` ein neues Objekt referenziert.

✔ Wenn `bezahleMitarbeiter` zum zweiten Mal aufgerufen wird, führt der Computer dieselbe Anweisung erneut aus. Dadurch wird eine neue Inkarnation der `einMa`-Variablen erstellt, die ein brandneues Objekt referenziert.

✔ Beim dritten Aufruf passiert dasselbe noch einmal. Eine neue `einMa`-Variable referenziert ein drittes Objekt.

Abbildung 8.1 veranschaulicht den gesamten Prozess.

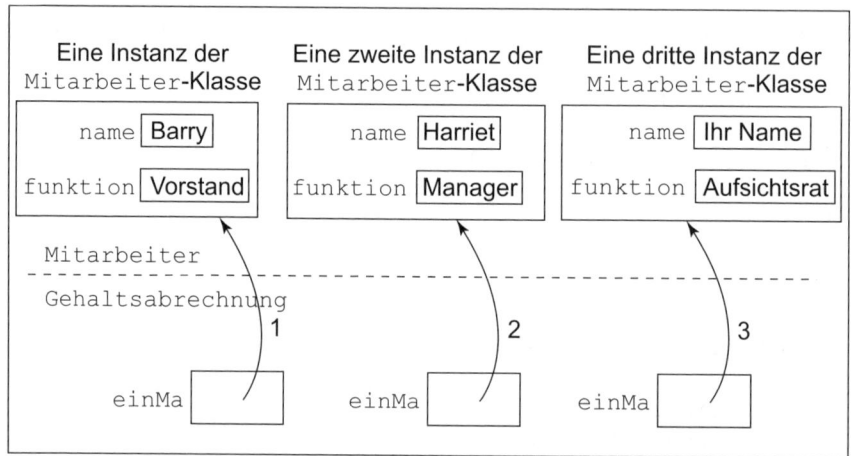

Abbildung 8.1: Drei Aufrufe der `bezahleMitarbeiter`-Methode

Einen Scheck ausstellen

Listing 8.1 enthält drei `printf`-Aufrufe. Jeder `printf`-Aufruf hat einen Formatstring (wie (`" (%s)"`) und eine Variable (wie `funktion`). Jeder Formatstring enthält einen Platzhalter (wie `%s`), der festlegt, wo und wie der Wert der Variablen angezeigt werden soll.

Beispielsweise enthält der Formatstring in dem zweiten `printf`-Aufruf den Platzhalter `%s`, der einen Platz für den Wert der Variablen `funktion` reserviert. Die Java-Regeln schreiben vor, dass die Notation `%s` immer einen Platz für einen String reserviert, und tatsächlich wird `funktion` in Listing 8.1 als Variable vom Typ `String` deklariert. Klammern und einige Zeichen umgeben den Platzhalter `%s`; beispielsweise wird die Funktion in der Ausgabe des Programms durch Klammern eingeschlossen (siehe Abbildung 8.2).

```
Zahlen Sie an Barry Burd (Vorstand) ***5.000,00 Euro
Zahlen Sie an Harriet Ritter (Manager) ***7.000,00 Euro
Zahlen Sie an [Ihr Name] (Aufsichtsrat) ***10.000,00 Euro
```

Abbildung 8.2: Jeder bekommt sein Geld.

Beachten Sie oben in Listing 8.1 das Komma in dem Platzhalter `%,.2f`. Das Komma weist das Programm an, *Gruppentrenner* zu verwenden. Deshalb sehen Sie in Abbildung 8.2 `5.000,00 EU`, `7.000,00 EU` und `10.000,00 EU` statt `5000,00 EU`, `7000,00 EU` und `10000,00 EU`.

 Gruppentrenner sind länderspezifisch. Falls Ihr Eclipse die Zahlen in einem anderen Format, wie z.B. `1,000.00`, ausgeben sollte, ändern Sie die Methode `zahleGehalt` in Listing 8.1 wie folgt ab:

```java
public void zahleGehalt(double betrag) {
    out.printf("Zahlen Sie an %s", name);
    out.printf(" (%s)", funktion);
    out.printf(" ***");
    out.print(new java.util.Formatter().format(java.util.
    Locale.GERMANY, "%,.2f", betrag));
    out.printf(" Euro");
    out.println();
}
```

Mit Festplattendateien arbeiten (ein kurzer Abstecher)

In vorangegangenen Kapiteln haben die Programme Zeichen über die Tastatur eingelesen. Doch das Programm in Listing 8.2 liest Zeichen von einer speziellen Datei namens `MitarbeiterInfo.txt` ein, die auf der Festplatte Ihres Computers gespeichert ist.

Diese `MitarbeiterInfo.txt`-Datei ist mit dem Dokument einer Textverarbeitung vergleichbar. Die Datei kann Buchstaben, Ziffern und andere Zeichen enthalten. Doch im Gegensatz zu einem Textverarbeitungsdokument enthält die `MitarbeiterInfo.txt`-Datei keine Formatierung – keine kursiven, fetten Schriften, keine verschiedenen Schriftgrößen usw.

 Wenn Sie auf Ihrem Computer deutsche Landeseinstellungen und in einer externen Textdatei – wie in der `MitarbeiterInfo.txt`-Datei – Dezimalzahlen verwenden, müssen die Nachkommastellen mit einem Komma abgetrennt sein; andernfalls wird zur Laufzeit eine `InputMismatchException` gemeldet!

Die `MitarbeiterInfo.txt`-Datei enthält nur normale Zeichen – die Art von Tastenanschlägen, die Sie bei einem der Ratespiele aus den Kapiteln 5 oder 6 eintippen. Natürlich ist das Einlesen der Benutzertipps über die Tastatur und das Einlesen der Mitarbeiterdaten aus einer Festplattendatei nicht dasselbe. Bei einem Ratespiel fordert das Programm den Benutzer auf, beispielsweise eine Zahl zwischen 1 und 10 einzugeben. Das Spielprogramm führt einen Dialog mit dem Benutzer vor dem Computer. Dagegen enthält Listing 8.2 keinen Dialog. Dieses `Gehaltsabrechnung`-Programm liest Zeichen von einer Festplatte ein; es fordert nicht zu einer Eingabe auf und interagiert auch sonst mit niemandem.

Der größte Teil dieses Kapitels befasst sich mit der Wiederverwendung von Code. Aber Listing 8.2 enthält ein Konzept, das mit diesem Hauptthema direkt nichts zu tun hat. Im Gegensatz zu den Beispielen in den vorangegangenen Kapiteln liest Listing 8.2 Daten von einer Datei ein, die auf der Festplatte gespeichert ist. Deshalb mache ich in diesem Abschnitt einen kurzen Abstecher, um das Arbeiten mit Festplattendateien zu beschreiben.

Daten in einer Datei speichern

Das Programm in Listing 8.2 funktioniert nur, wenn einige Mitarbeiter in einer Datei, in diesem Fall in der `MitarbeiterInfo.txt`-Datei, gespeichert sind. (Natürlich könnte die Datei auch anders heißen.) Deshalb habe ich eine kleine `MitarbeiterInfo.txt`-Datei erstellt. Abbildung 8.3 zeigt den Inhalt der Datei; Abbildung 8.2 oben zeigt den daraus resultierenden Output.

```
Barry Burd
Vorstand
5000,00
Harriet Ritter
Manager
7000,00
[Ihr Name]
Aufsichtsrat
10000,00
```

Abbildung 8.3: Die `MitarbeiterInfo.txt`-Datei

Um Listing 8.2 möglichst einfach zu halten, habe ich festgelegt, dass Sie nach der Eingabe der Zeichen in Abbildung 8.3 das Ganze beenden, indem Sie `10000,00` eingeben und dann die Eingabetaste drücken. (Sehen Sie sich Abbildung 8.3 noch einmal an. Achten Sie darauf, dass der Cursor am Anfang einer neuen Zeile steht.) Wenn Sie vergessen, die Eingabe mit der Eingabetaste abzuschließen, stürzt der Code aus Listing 8.2 bei der Ausführung ab.

Code kopieren und einfügen

In fast jeder Programmiersprache kann es beim Einlesen von Dateien Schwierigkeiten geben. Sie können zusätzliche Codezeilen einfügen, um den Computer anzuweisen, was zu tun ist. Manchmal können Sie diese Zeilen aus dem Code anderer Entwickler kopieren und in Ihren Code einfügen.

Beispielsweise können Sie dem Muster in Listing 8.2 folgen:

```
/*
 * Das Muster in Listing 8.2
 */
import java.util.Scanner;
import java.io.File;
import java.io.IOException;
```

```
class SomeClassName {

    public static void main(String args[]) throws IOException {
        Scanner scannerName =
            new Scanner(new File("EinzulesendeDatei"));

        // Eigener Code

        scannerName.nextInt();
        scannerName.nextDouble();
        scannerName.next();
        scannerName.nextLine();

        // Eigener Code
    }
}
```

Sie wollen Daten aus einer Datei einlesen. Sie beginnen damit, sich vorzustellen, dass die Eingaben von der Tastatur eingelesen werden. Fügen Sie die üblichen Scanner- und next-Anweisungen in Ihr Programm ein. Fügen Sie dann einige zusätzliche Anweisungen ein, die dem Muster in Listing 8.2 folgen:

✔ Fügen Sie zwei neue Importdeklarationen hinzu: import java.io.File und import java.io.IOException.

✔ Führen Sie throws IOException in den Kopf Ihrer Methode ein.

✔ Geben Sie new File(" ") in den Aufruf von new Scanner.

✔ Geben Sie den Namen der vorhandenen Datei, die Sie einlesen wollen, zwischen den Anführungszeichen ein.

✔ Setzen Sie den Namen, den Sie für den Scanner verwenden, vor die Aufrufe von next, nextInt, nextDouble usw.

Gelegentlich gibt es beim Kopieren und Einfügen von Code Probleme. Vielleicht schreiben Sie ein Programm, das nicht zu dem einfachen Muster in Listing 8.2 passt. Dann müssen Sie es ein wenig anpassen. Doch zu diesem Zweck müssen Sie einige der Konzepte verstehen, die hinter dem Muster stehen. Sie werden im folgenden Abschnitt beschrieben.

Daten aus einer Datei einlesen

In den vorangegangenen Kapiteln haben die Programme Zeichen über die Tastatur eingelesen. Diese Programme haben Objekte und Funktionen wie Scanner, System.in und next Double verwendet, die im Java-API definiert sind. Das Gehaltsabrechnung-Programm in Listing 8.2 gibt dieser Geschichte eine neue Wendung. Statt die Daten über die Tastatur einzulesen, liest das Programm Zeichen aus der Datei MitarbeiterInfo.txt ein, die auf der Festplatte Ihres Computers gespeichert ist.

Um Zeichen aus einer Datei einzulesen, verwenden Sie einige Komponenten, die auch beim Einlesen von Zeichen über die Tastatur verwendet werden: `Scanner`, `nextDouble` und andere Dinge. Bei einer Datei müssen Sie jedoch einige zusätzliche Hürden überspringen. Dazu zählen:

✔ **Sie benötigen ein new `File`-Objekt.** Genauer gesagt: Sie benötigen eine neue Instanz der `File`-Klasse des APIs. Sie erstellen diese Instanz mit der Anweisung:

```
new File('MitarbeiterInfo.txt')
```

Die Anführungszeichen schließen den Namen der Festplattendatei ein, auf die Sie zugreifen wollen. Die Datei enthält die Daten, die Sie verwenden wollen (siehe beispielsweise Abbildung 8.3).

Sie sollten sich hier nicht von der Terminologie wie »new `File`-Objekt« oder »neue Instanz der `File`-Klasse« beeindrucken lassen. Es geht nur darum, dem Scanner mit `new File("MitarbeiterInfo.txt")` mitzuteilen, welche Datei auf Ihrer Festplatte er verwenden soll. Nachdem Sie dies mit

```
Scanner diskScanner =
    new Scanner(new File('MitarbeiterInfo.txt'));
```

getan haben, können Sie die new `File`-Sache vergessen. Von dieser Stelle an steht `diskScanner` in dem Code für die `MitarbeiterInfo.txt`-Datei auf Ihrer Festplatte. (Der Name `diskScanner` ist frei gewählt; er soll lediglich ausdrücken, dass er für eine Datei auf der Festplatte steht. In vorangegangenen Beispielen haben wir den Namen `myScanner` für die Tastatur des Computers verwendet.)

Das Erstellen eines neuen `File`-Objekts in Listing 8.2 ist vergleichbar mit dem Erstellen eines neuen `Mitarbeiter`-Objekts später in demselben Listing oder eines neuen `Konto`-Objekts in den Beispielen in Kapitel 7. Der einzige Unterschied besteht darin, dass die `Mitarbeiter`- und `Konto`-Klassen in den Beispielen dieses Buches definiert sind. Die `File`-Klasse ist dagegen in dem Java-API definiert.

Wenn Sie eine Festplattendatei mit new `Scanner` verbinden, dürfen Sie den new `File`-Teil nicht vergessen. Falls Sie `new Scanner("Mitarbeiter Info.txt")` ohne `new File` schreiben, beschwert sich der Compiler nicht. (Wenn Sie BUILD|COMPILE PROJECT wählen, erhalten Sie die freundliche `Process completed`-Nachricht.) Aber wenn Sie den Code ausführen, erhalten Sie nicht die Ergebnisse, die Ihnen vorschweben.

✔ **Sie müssen die `File`-Klasse mit Ihrem vollen Namen `java.io.File` referenzieren.** Sie können dazu eine Importdeklaration wie in Listing 8.2 verwenden. Alternativ können Sie Ihren Code beispielsweise mit einer Anweisung wie der folgenden unleserlicher machen:

```
Scanner diskScanner =
    new Scanner(new java.io.File('MitarbeiterInfo.txt'));
```

✔ **Sie benötigen eine throws IOException-Klausel.** Viele Dinge können schiefgehen, wenn Ihr Programm auf `MitarbeiterInfo.txt` zugreifen will. Zum einen könnte Ihre Festplatte gar keine Datei namens `MitarbeiterInfo.txt` enthalten. Zum anderen könnte sich die Datei `MitarbeiterInfo.txt` im falschen Verzeichnis befinden. Um sich gegen diese Möglichkeiten zu wappnen, bietet die Java-Programmiersprache gewisse Vorsichtsmaßnahmen. Die Sprache besteht darauf, dass Sie, wenn Sie eine Festplattendatei verwenden, die möglichen Gefahren anerkennen, die mit dem Aufruf eines neuen Scanners verbunden sind.

Es gibt mehrere Möglichkeiten, diese Gefahren zu berücksichtigen; die einfachste besteht darin, eine `throws`-Klausel zu verwenden. In Listing 8.2 endet der Kopf der `main`-Methode mit den Wörtern `throws IOException`. Sie reichen aus, um den Java-Compiler zu beruhigen. Ins Menschliche übersetzt sagen Sie ihm damit: »Ich weiß, dass der Aufruf eines neuen Scanners zu Problemen führen kann. Du musst mich nicht daran erinnern.« Es wirkt; der Compiler beschwert sich nicht. (Ohne diese `throws`-Klausel gibt er eine `unreported exception`-Fehlermeldung aus.)

Die Behandlung von Ausnahmen in Java wird in Kapitel 12 ausführlich beschrieben. Bis dahin sollten Sie `throws IOException` zum Kopf jeder Methode hinzufügen, die `new Scanner(new File(...` aufruft.

✔ **Sie müssen die IOException-Klasse mit ihrem vollen Namen, java.io.IOException, referenzieren.**

Sie können dazu wie in Listing 8.2 eine Importdeklaration verwenden. Alternativ können Sie den Namen auch in die `throws`-Klausel der `main`-Methode einbetten:

```
public static void main(String args[])
    throws java.io.IOException { ...
```

✔ **Sie müssen den Namen des Dateiscanners an die bezahleMitarbeiter-Methode übergeben.**

In Listing 7.5 in Kapitel 7 hat die `getZinsen`-Methode einen Parameter namens `zinsSatz`. Wenn Sie die `getZinsen`-Methode aufrufen, übergeben Sie zusätzlich ein aktuelles Datenelement an die Methode (in diesem Fall eine Zahl, die den Zinssatz repräsentiert; siehe Abbildung 7.7 in Kapitel 7).

Dasselbe passiert in Listing 8.2. Die `bezahleMitarbeiter`-Methode hat einen Parameter namens `aScanner`. Wenn Sie die `bezahleMitarbeiter`-Methode aufrufen, übergeben Sie zusätzlich ein aktuelles Datenelement an die Methode (in diesem Fall einen Scanner, der eine Festplattendatei referenziert).

Vielleicht fragen Sie sich, warum die `bezahleMitarbeiter`-Methode einen Parameter benötigt. Schließlich liest die `bezahleMitarbeiter`-Methode in Listing 8.2 die Daten alle aus derselben Datei ein. Warum machen wir uns die Mühe, diese Methode bei jedem Aufruf darüber zu informieren, dass die Festplattendatei immer noch die `MitarbeiterInfo.txt`-Datei ist?

Nun ja, es gibt viele Möglichkeiten, den Code in Listing 8.2 zu strukturieren. Einige Möglichkeiten verwenden keinen Parameter. Aber in diesem Beispiel habe ich mich für zwei separate Methoden entschieden: main und bezahleMitarbeiter. Der Scanner wird einmal innerhalb der main-Methode erstellt und dann dreimal benutzt – einmal in jedem Aufruf der bezahleMitarbeiter-Methode.

Alles, was in einer Methode definiert wird, ist nur für den Code in dieser Methode sichtbar. Deshalb ist der diskScanner, den Sie in der main-Methode definieren, nicht automatisch auch in der bezahleMitarbeiter-Methode bekannt. Um die bezahleMitarbeiter-Methode über die Festplattendatei zu unterrichten, übergeben Sie diskScanner von der main-Methode an die bezahleMitarbeiter-Methode.

Näheres über Variablen, die innerhalb (und außerhalb) von Methoden deklariert werden, finden Sie in Kapitel 10.

Wer hat meine Datei verschoben?

Wenn Sie den Code von der Website zum Buch heruntergeladen haben, finden Sie dort die Dateien Mitarbeiter.java und Gehaltsabrechnung.java (den Code der Listings 8.1 und 8.2) sowie die MitarbeiterInfo.txt-Datei. Das ist gut; denn wenn die Mitarbeiter-Info.txt-Datei nicht an der richtigen Stelle steht, kann das ganze Projekt nicht korrekt ausgeführt werden, sondern Sie erhalten eine FileNotFoundException.

Ein FileNotFoundException zeigt im Allgemeinen an, dass Ihr Programm nicht auf eine benötigte Datei zugreifen kann. Es ist leicht, diesen Fehler zu machen, weil es für Sie so aussehen mag, dass MitarbeiterInfo.txt Ihrem Programm zur Verfügung steht. Doch ein winziger Fehler im Verzeichnisnamen oder ein falsches Verzeichnis führt dazu, dass die Datei für Ihr Programm unsichtbar ist.

Manchmal wissen Sie ganz genau, dass die Datei MitarbeiterInfo.txt (oder WasAuch Immer.xyz) auf Ihrer Festplatte existiert. Trotzdem meldet Ihr Programm eine gemeine FileNotFoundException. In einem solchen Fall befindet sich die Datei normalerweise im falschen Verzeichnis auf der Festplatte. (Das hängt natürlich vom Standpunkt ab: Vielleicht steht die Datei im richtigen Verzeichnis, aber Sie haben das Java-Programm angewiesen, die Datei im falschen Verzeichnis zu suchen.) Wenn dies passiert, sollten Sie versuchen, die Datei in ein anderes Verzeichnis zu kopieren und den Code erneut auszuführen. (Unterverzeichnisse des MyProjects-Verzeichnisses von JCreator eignen sich gut als Speicherorte von Dateien.) Schauen Sie sich die Namen und Speicherorte der Dateien auf Ihrer Festplatte genau an, bis Sie herausgefunden haben, was nicht stimmt.

 Auf der Website zu diesem Buch finden Sie Tipps, an welchem Speicherort Sie die Datei MitarbeiterInfo.txt am besten ablegen. Suchen Sie nach Tipps für Ihr Betriebssystem (Windows, Macintosh oder Linux) und Ihre IDE (Eclipse, NetBeans oder IntelliJ IDEA).

Verzeichnisnamen zu Dateinamen hinzufügen

Sie können den genauen Speicherort einer Datei in Java angeben. Code wie `new File("C:\\Benutzer\\bburd\\workspace...")` sieht wirklich hässlich aus, aber er funktioniert.

Beachten Sie die doppelten Backslashs in `"C:\\Benutzer\\bburd\\workspace..."`. Wenn Sie mit der Kommandozeile von Windows arbeiten, sind Sie vielleicht versucht, `C:\Benutzer\bburd\workspace...` mit einfachen Backslashs zu schreiben. Aber in Java hat der einfache Backslash eine spezielle Bedeutung. (Beispielsweise bedeutet \n in Listing 7.7: Gehe in die nächste Zeile.) Deshalb müssen Sie in Java in einem String, der in Anführungszeichen eingeschlossen ist, einen doppelten Backslash eingeben, um die Sonderfunktion des Backslashs aufzuheben und den Backslash selbst darzustellen.

Macintosh- und Linux-Benutzer finden es möglicherweise praktisch, dass ihr Pfadtrennzeichen, /, keine spezielle Bedeutung in einem Java-String hat. Auf einem Mac ist der Code `new File("/Benutzer/bburd/workspace/08-01/MitarbeiterInfo.txt")` ganz alltäglich. Aber Mac-Benutzer und Linux-Freaks sollten sich nicht zu schnell sicher sein. Zeilen wie `new File("/Benutzer/bburd/workspace...)` funktionieren auch unter Windows. Unter Windows können Sie einen Schrägstrich (/) oder einen Backslash (\) als Pfadtrennzeichen verwenden. In der Eingabeaufforderung von Windows können Sie `cd c:/Benutzer\bburd` eingeben, um in Ihr Stammverzeichnis zu gelangen.

Wenn Sie wissen, wo Ihr Java-Programm Dateien sucht, können Sie von dort Pfade zu anderen Verzeichnissen bilden. Beispielsweise sucht der Code in Listing 8.2 die `MitarbeiterInfo.txt`-Datei normalerweise in einem Verzeichnis namens `08-01`. Führen Sie jetzt folgendes Experiment aus: Gehen Sie in das `08-01`-Verzeichnis und erstellen Sie ein neues Unterverzeichnis namens `dataFiles`. Verschieben Sie dann die `MitarbeiterInfo.txt`-Datei in das neue `dataFiles`-Verzeichnis. Um die Zahlen und Wörter aus der verschobenen Datei zu lesen, müssen Sie jetzt den Speicherort in dem Code in Listing 8.2 folgendermaßen angeben: `new File("dataFiles\\MitarbeiterInfo.txt")`.

Daten zeilenweise einlesen

In Listing 8.2 illustriert die `bezahleMitarbeiter`-Methode einige nützliche Kniffe, um Daten einzulesen. Insbesondere verfügt jeder Scanner, den Sie erstellen, über eine `nextLine`-Methode. (Auch wenn Sie diese `nextLine`-Methode nicht verwenden, steht diese Methode zur Verfügung.) Wenn Sie die `nextLine`-Methode eines Scanners aufrufen, liest die Methode alles bis zum Ende der aktuellen Textzeile ein. In Listing 8.2 kann ein Aufruf von `nextLine` eine komplette Zeile aus der `MitarbeiterInfo.txt`-Datei einlesen. (In einem anderen Programm kann ein Aufruf von `nextLine` alles einlesen, was der Benutzer auf der Tastatur eingibt, bis er auf ⌜Return⌟ drückt.)

Beachten Sie meine sorgfältige Wortwahl: `nextLine` liest alles bis zum Ende der aktuellen Textzeile. Leider bedeutet das nicht immer das, was Sie sich darunter vorstellen. Aufrufe von nextInt, nextDouble und nextLine zu mischen, kann ziemlich unordentlich sein. Sie müssen genau kontrollieren, was Sie tun, und den Output Ihres Programms sorgfältig prüfen.

Um all dies zu verstehen, müssen Sie ganz genau wissen, wie die Zeilenumbrüche in Ihrer Datei dargestellt werden. Ein Zeilenumbruch besteht aus einem separaten Zeichen, das zwischen einer Textzeile und der nächsten eingefügt wird. Mit einem Aufruf von nextLine lesen Sie alles bis zu dem nächsten Zeilenumbruchzeichen (engl. _LineBreak_) inklusive ein.

Werfen Sie jetzt einen Blick auf Abbildung 8.4:

✔ Wenn ein Aufruf von nextLine die Zeile Barry Burd[LineBreak] einliest, liest der folgende Aufruf von nextLine die Zeile Vorstand[LineBreak] ein.

✔ Wenn ein Aufruf von nextDouble die Zahl 5000,00 einliest, liest der folgende Aufruf von nextLine den [LineBreak] ein, der unmittelbar hinter der Zahl 5000,00 steht. (Das ist alles, was nextLine einliest: einen [LineBreak] und sonst nichts weiter.)

✔ Wenn ein Aufruf von nextLine den [LineBreak] hinter der Zahl 5000,00 einliest, liest der folgende Aufruf von nextLine die Zeile Harriet Ritter[LineBreak] ein.

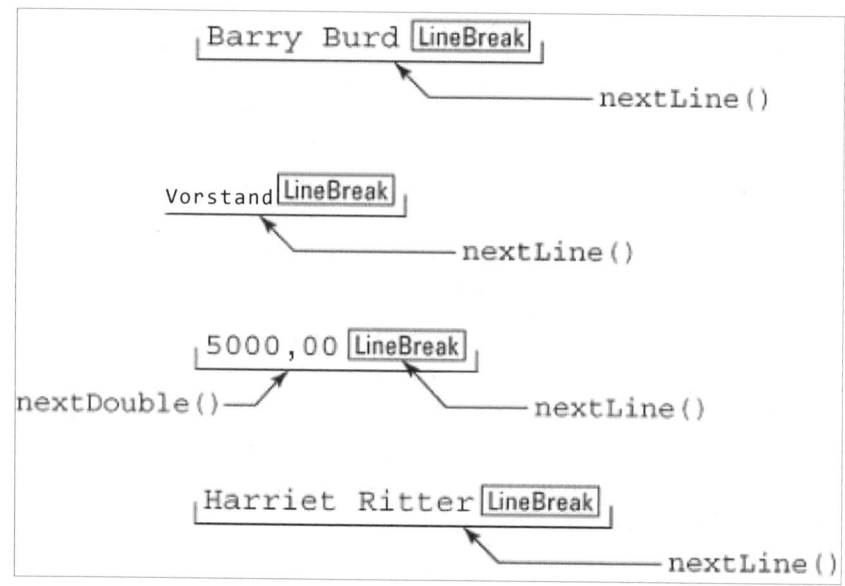

Abbildung 8.4: nextDouble _und_ nextLine _aufrufen_

Deshalb benötigen Sie nach dem Einlesen der Zahl 5000,00 zwei Aufrufe von nextLine, um den Namen Harriet Ritter einzulesen. Normalerweise mache ich den Fehler, den ersten dieser beiden Aufrufe zu vergessen.

Schauen Sie sich noch einmal die Datei in Abbildung 8.3 an. Damit der Code in diesem Abschnitt korrekt funktioniert, muss nach dem letzten Betrag (10000,00) ein LineBreak stehen. Falls dies nicht der Fall ist, führt der letzte Aufruf von nextLine zu einem Absturz Ihres Programms. Die Fehlermeldung lautet dann NoSuchElementException: No line found.

Ich bin immer wieder überrascht, wie viele Eigenheiten die Scanning-Methoden verschiedener Programmiersprachen haben. Beispielsweise liest das erste next-Line, das Daten aus der Datei in Abbildung 8.3 einliest, die Zeile Barry Burd[LineBreak] ein, liefert aber Barry Burd (ohne LineBreak) an den laufenden Code. Das bedeutet, dass nextLine nach einem LineBreak sucht und es dann gegebenenfalls verwirft. Dies ist eine Feinheit der nextLine-Methode, die selten Probleme verursacht.

Falls Sie durch die Arbeitsweise von nextDouble und nextLine verwirrt werden, schieben Sie die Schuld bitte nicht auf Java. Eingabeaufrufe zu mischen, ist in jeder Programmiersprache eine delikate Angelegenheit. Besonders unangenehm ist es, dass jede Programmiersprache das Problem etwas anders angeht. Was Sie in Java über nextLine lernen, hilft Ihnen, die Probleme zu verstehen, wenn Sie sich mit C++ oder Visual Basic befassen, aber es vermittelt Ihnen nicht alle Einzelheiten. In jeder Sprache werden die Details etwas anders gehandhabt.

Unterklassen definieren (Vollzeit- und Teilzeit-Mitarbeiter)

Vor einem Jahr hat Ihr Unternehmen zehn Millionen Euro für ein Software-Programm ausgegeben. Die Software wurde in einer Datei namens Mitarbeiter.class geliefert. Der Lieferant der Software möchte den Quelltext der Software nicht offen legen, um zu verhindern, dass seine Ideen gestohlen werden. Deshalb verfügen Sie nicht über die Java-Programmdatei, die der Software zugrunde liegt, und können folglich den Code dieses Programms nicht ändern.

Seit der Einführung dieser Software vor einem Jahr ist Ihr Unternehmen gewachsen. Im Gegensatz zu früher beschäftigt es jetzt zwei Arten von Mitarbeitern: Vollzeit- und Teilzeit-Mitarbeiter. Jeder Vollzeit-Mitarbeiter erhält wöchentlich ein fixes Gehalt. (Überstunden werden mit einem herzlichen Dankeschön abgegolten.) Dagegen arbeiten Teilzeit-Mitarbeiter für einen Stundenlohn. Das Unternehmen zieht vom Gehalt der Vollzeit-Mitarbeiter einen gewissen Betrag für die Sozialleistungen des Unternehmens ab. Teilzeit-Mitarbeiter erhalten dagegen keine Sozialleistungen.

Die Frage ist, wie die Software, die Sie im letzten Jahr gekauft haben, mit dem Wachstum des Unternehmens Schritt halten kann? Sie haben zwar in ein hervorragendes Programm zur Gehaltsabrechnung für Mitarbeiter investiert, aber dieses Programm unterscheidet nicht zwischen Vollzeit- und Teilzeit-Mitarbeitern.

Dabei müssen Sie folgende Aspekte bedenken:

✔ Da Sie nicht über den Quelltext, also die Datei `Mitarbeiter.java`, sondern nur über die Datei `Mitarbeiter.class` verfügen, können Sie das Programm nicht mit einem Texteditor ändern (siehe Kapitel 2) und dann neu kompilieren.

✔ Sie könnten die 10 Millionen Euro für die Software abschreiben und sie von Grund auf neu schreiben lassen. Ihre Investitionen in Zeit und Geld wären verloren.

✔ Sie könnten ein neues Frontend für die Mitarbeiter-Software schreiben, das heißt Code erstellen, der Vollzeit-Mitarbeiter und Teilzeit-Mitarbeiter vorverarbeitet und dann die vorläufigen Ergebnisse an Ihre Zehn-Millionen-Euro-Software übergibt.

Es ist zweifelhaft, ob diese Idee funktioniert. Enthält die vorhandene Mitarbeiter-Software leicht zugängliche »Hooks« (das heißt Eintrittspunkte, die es Ihrer Frontend-Software ermöglichen, die vorläufigen Ergebnisse auf einfache Weise an die teure Mitarbeiter-Software zu übergeben)? Sie dürfen nicht vergessen, dass dieser Plan die vorhandene Software als einen großen monolithischen Block behandelt, was sehr umständlich sein kann. Es kann schwierig sein, die Last zwischen dem Frontend-Code und dem vorhandenen Mitarbeiter-Programm zu verteilen. Außerdem können die zusätzlichen Schichten, mit denen der vorhandene Black-Box-Code umgeben wird, zu einem ziemlich ineffizienten System führen.

✔ Sie können den Software-Hersteller bitten, die Software so zu ändern, dass Vollzeit- und Teilzeit-Mitarbeiter unterschieden werden. Wahrscheinlich müssten Sie dann noch einmal einen ähnlich hohen Betrag wie für die ursprüngliche Version der Software aufwenden.

✔ Sie können zwei neue Java-Klassen namens `VollzeitMitarbeiter` und `Teilzeit Mitarbeiter` erstellen, die die teure `Mitarbeiter`-Klasse erweitern. Die beiden neuen Klassen können für ihren jeweiligen Mitarbeitertyp spezielle Funktionen anbieten.

Abbildung 8.5 zeigt die Struktur, die Sie erstellen wollen.

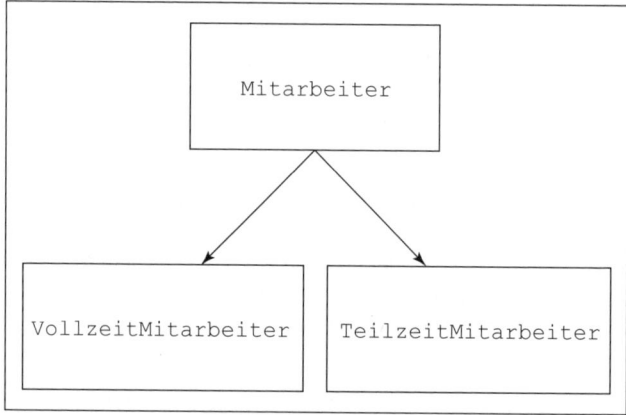

Abbildung 8.5: Der Stammbaum der Mitarbeiter-Klasse

Eine Unterklasse erstellen

In Listing 8.1 wird eine `Mitarbeiter`-Klasse definiert. Diese Definition kann verwendet werden, um die Definition zu erweitern und neue, speziellere Klassen zu erstellen. In Listing 8.3 wird auf diese Weise eine neue `VollzeitMitarbeiter`-Klasse definiert.

```java
public class VollzeitMitarbeiter extends Mitarbeiter
{
    private double wochenLohn;
    private double sozialAbzug;

    public void setWochenLohn(double wochenLohnIn) {
        wochenLohn=wochenLohnIn;
    }

    public double getWochenLohn() {
        return wochenLohn;
    }

    public void setSozialAbzug(double sozialAbzugIn) {
        sozialAbzug=sozialAbzugIn;
    }

    public double getSozialAbzug() {
        return sozialAbzug;
    }

    public double berechneZahlung() {
        return wochenLohn-sozialAbzug;
    }
}
```

Listing 8.3: Eine `VollzeitMitarbeiter`*-Klasse*

Laut Listing 8.4 verfügt jede Instanz der `VollzeitMitarbeiter`-Klasse über zwei Variablen: `wochenLohn` und `sozialAbzug`. Dies sind jedoch nicht die einzigen Variablen einer `VollzeitMitarbeiter`-Instanz. Die erste Zeile von Listing 8.4 besagt, dass die `Vollzeit Mitarbeiter`-Klasse die vorhandene `Mitarbeiter`-Klasse erweitert. Dies bedeutet, dass jede `VollzeitMitarbeiter`-Instanz zusätzlich über zwei andere Variablen verfügt: `name` und `funktion`. Diese beiden Variablen stammen aus der Definition der `Mitarbeiter`-Klasse in Listing 8.1.

Das Schlüsselwort, mit dem eine Klasse erweitert wird, lautet `extends`. Wenn eine Klasse eine vorhandene Klasse erweitert, erbt die erweiternde Klasse automatisch die Funktionalität der vorhandenen Klasse. Deshalb *erbt* die `VollzeitMitarbeiter`-Klasse die Variablen `name` und `funktion`. Außerdem erbt sie alle Methoden, die in `Mitarbeiter`-Klasse deklariert sind: `setName`, `getName`, `setFunktion`, `getFunktion` und `zahleGehalt`. Die `VollzeitMitarbeiter`-Klasse ist eine *Unterklasse* der `Mitarbeiter`-Klasse. Das bedeutet, dass die `Mitarbeiter`-Klasse die *übergeordnete Klasse* oder *Oberklasse* der `Vollzeit`

Mitarbeiter-Klasse ist. Manchmal wird die Beziehung zwischen den Klassen auch mit Verwandtschaftsbeziehungen bezeichnet: Die VollzeitMitarbeiter-Klasse ist die *Kindklasse* der Mitarbeiter-Klasse, und die Mitarbeiter-Klasse ist die *Elternklasse* der Vollzeit Mitarbeiter-Klasse.

Ober- und Unterklasse funktionieren fast so, als würde die VollzeitMitarbeiter-Klasse durch den Code in Listing 8.4 definiert:

```java
import static java.lang.System.out;

public class VollzeitMitarbeiter
{
    private String name;
    private String funktion;
    private double wochenLohn;
    private double sozialAbzug;

    public void setName(String nameIn) {
        name=nameIn;
    }

    public String getName() {
        return name;
    }

    public void setFunktion(String funktionIn) {
        funktion=funktionIn;
    }

    public String getFunktion() {
        return funktion;
    }

    public void setWochenLohn(double wochenLohnIn) {
        wochenLohn=wochenLohnIn;
    }

    public double getWochenLohn() {
        return wochenLohn;
    }

    public void setSozialAbzug(double sozialAbzugIn) {
        sozialAbzug=sozialAbzugIn;
    }
```

```
public double getSozialAbzug() {
   return sozialAbzug;
}

public double berechneZahlung() {
   return wochenLohn-sozialAbzug;
}

public void zahleGehalt(double betrag) {
   out.printf("Zahlen Sie an %s", name);
   out.printf(" (%s) ***", funktion);
   out.printf("%,.2f\n", betrag);
}
}
```

Listing 8.4: Der gesamte Code in einer Klasse (kein echter Code – nur zur Illustration!)

Warum ist der Code in Listing 8.4 nicht echt? Nun, der Hauptunterschied zwischen Listing 8.4 und der Vererbung in den Listings 8.1 und 8.3 besteht darin, dass eine Unterklasse die privaten Variablen ihrer Oberklasse nicht direkt referenzieren kann, sondern die Zugriffsmethoden der Oberklasse benutzen muss, um auf die Variablen zuzugreifen. In Listing 8.3 wäre der Aufruf setName("Rufus") zulässig, die Zuweisung name="Rufus" dagegen nicht. Der Code in Listing 8.4 suggeriert, dass in der VollzeitMitarbeiter-Klasse eine Zuweisung wie name="Rufus" zulässig ist, was tatsächlich jedoch nicht der Fall ist.

Damit Sie die Mitarbeiter-Klasse erweitern können, muss auf Ihrer Festplatte nicht die Datei Mitarbeiter.java, sondern nur die Datei Mitarbeiter.class zugänglich sein.

Unterklassen zu bilden ist gewohnheitsbildend

Nach der VollzeitMitarbeiter-Klasse können Sie auf ähnliche Weise eine TeilzeitMitarbeiter-Klasse bilden (siehe Listing 8.5).

```
class TeilzeitMitarbeiter extends Mitarbeiter
{
   private double stundenSatz;

   public void setStundenSatz(double rateIn) {
      stundenSatz=rateIn;
   }

   public double getStundenSatz() {
      return stundenSatz;
   }
```

```
public double berechneZahlung(int hours) {
   return stundenSatz*hours;
}
}
```

Listing 8.5: Eine TeilzeitMitarbeiter-*Klasse*

Im Gegensatz zu der VollzeitMitarbeiter-Klasse hat TeilzeitMitarbeiter keinen wochenLohn und keinen sozialAbzug, sondern eine stundenSatz-Variable. (Ich hätte auch eine arbeitsStunden-Variable hinzufügen können, habe aber dann darauf verzichtet, weil sich die Anzahl der Arbeitsstunden eines Teilzeit-Mitarbeiters von Woche zu Woche stark ändern kann.)

Mit Unterklassen arbeiten

Nachdem Sie im vorangegangenen Abschnitt Unterklassen erstellt haben, wollen wir in diesem Abschnitt anhand von zwei Beispielen diese Programmiertechnik verdeutlichen.

Eine minimalistische Lösung

Listing 8.6 ist ein einfaches Programm, das die Unterklassen VollzeitMitarbeiter und TeilzeitMitarbeiter verwendet. Abbildung 8.6 zeigt den Output des Programms.

```
class EinfacheGehaltsabrechnung
{
   public static void main(String args[]) {
      VollzeitMitarbeiter vzMa = new VollzeitMitarbeiter();

      vzMa.setName("Barry Burd");
      vzMa.setFunktion("Vorstand");
      vzMa.setWochenLohn(5000.00);
      vzMa.setSozialAbzug(500.00);

      vzMa.zahleGehalt(vzMa.berechneZahlung());
      System.out.println();

      TeilzeitMitarbeiter tzMa = new TeilzeitMitarbeiter();

      tzMa.setName("Steve Surace");
      tzMa.setFunktion("Fahrer");
      tzMa.setStundenSatz(7.53);

      tzMa.zahleGehalt(tzMa.berechneZahlung(10));
   }
}
```

Listing 8.6: Ein einfaches Programm mit Unterklassen

```
Zahlen Sie an Barry Burd (Vorstand) ***4.500,00 Euro

Zahlen Sie an Steve Surace (Fahrer) ***75,30 Euro
```

Abbildung 8.6: Der Output des Programms aus Listing 8.6

Um Listing 8.6 zu verstehen, müssen Sie drei Klassen beachten: `Mitarbeiter`, `Vollzeit-Mitarbeiter` und `TeilzeitMitarbeiter`. (Der Code, in dem diese Klassen definiert sind, befindet sich in den Listings 8.1, 8.3 und 8.5.)

Der erste Teil von Listing 8.6 behandelt Vollzeit-Mitarbeiter. Viele Methoden verwenden die `vzMa`-Variable, die ein `VollzeitMitarbeiter`-Objekt referenziert. Beispielsweise können Sie `vzMa.setWochenLohn` aufrufen, weil `vzMa` den Typ `VollzeitMitarbeiter` hat. Sie können auch `vzMa.setName` aufrufen, weil die `VollzeitMitarbeiter`-Klasse die `Mitarbeiter`-Klasse erweitert.

Da `zahleGehalt` in der `Mitarbeiter`-Klasse deklariert wird, können Sie `vzMa.zahleGehalt` aufrufen. Sie können aber auch `vzMa.berechneZahlung` aufrufen, weil die `VollzeitMitarbeiter`-Klasse eine `berechneZahlung`-Methode enthält.

Typen abgleichen

Der letzte Befehl der ersten Hälfte von Listing 8.6 stellt den Scheck für einen `Vollzeit`-Mitarbeiter aus. Er enthält als Argument einen Methodenaufruf. Sie können die beteiligten Typen ermitteln, indem Sie den Befehl von innen nach außen lesen:

✔ Die Methode `vzMa.berechneZahlung` wird mit einer leeren Parameterliste aufgerufen (Listing 8.6). Dies ist gut, weil die `berechneZahlung`-Methode keine Parameter hat (Listing 8.3).

✔ Die `berechneZahlung`-Methode gibt einen Wert vom Typ `double` zurück (noch einmal Listing 8.3).

✔ Der `double`-Wert, den `vzMa.berechneZahlung` zurückgibt, wird an die Methode `vzMa.zahleGehalt` übergeben (Listing 8.6). Dies ist gut, weil die `zahleGehalt`-Methode einen Parameter vom Typ `double` hat (Listing 8.1).

Abbildung 8.7 veranschaulicht diese Beziehungen in grafischer Form.

 Übergeben Sie einer Methode immer Werte des Typs, den sie in ihrer Parameterliste erwartet.

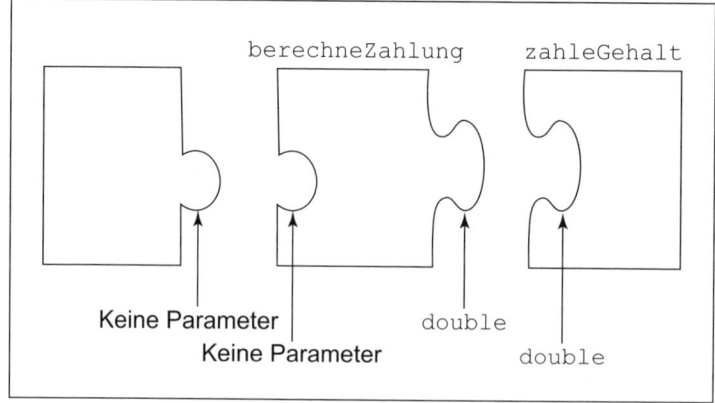

Abbildung 8.7: Parameter abgleichen

Die Verarbeitung von TeilzeitMitarbeiter-Objekten

In der zweiten Hälfte von Listing 8.6 erstellt der Code ein Objekt vom Typ TeilzeitMitarbeiter. Eine Variable vom Typ TeilzeitMitarbeiter kann einige derselben Funktionen ausführen wie eine VollzeitMitarbeiter-Variable. Aber die TeilzeitMitarbeiter-Klasse hat keine setWochenLohn- und setSozialAbzug-Methode. Stattdessen verfügt die TeilzeitMitarbeiter-Klasse über die setStundenSatz-Methode (siehe Listing 8.5). Deshalb enthält die vorletzte Zeile in Listing 8.6 einen Aufruf der setStundenSatz-Methode.

Die letzte Zeile von Listing 8.6 ist bei Weitem die interessanteste. In dieser Zeile übergibt der Code die Zahl 10 (die Anzahl der Arbeitsstunden) an die berechneZahlung-Methode. Wenn Sie diese Zeile mit dem früheren Aufruf von berechneZahlung für den Vollzeit-Mitarbeiter in der ersten Hälfte von Listing 8.6 vergleichen, werden Sie feststellen, dass die beiden Unterklassen, VollzeitMitarbeiter und TeilzeitMitarbeiter, verschiedene berechneZahlung-Methoden verwenden. Die zwei Methoden haben zwei verschiedene Parameterlisten:

✔ Die berechneZahlung-Methode der VollzeitMitarbeiter-Klasse hat keine Parameter (Listing 8.3).

✔ Die berechneZahlung-Methode der TeilzeitMitarbeiter-Klasse hat einen int-Parameter (Listing 8.5).

Der Lohn für einen Teilzeit-Mitarbeiter wird anders berechnet als für einen Vollzeit-Mitarbeiter. Die Bezahlung eines Teilzeit-Mitarbeiters ändert sich in Abhängigkeit von seinen Arbeitsstunden jede Woche. Der Vollzeit-Mitarbeiter erhält jede Woche denselben Betrag. Deshalb haben die VollzeitMitarbeiter- und die TeilzeitMitarbeiter-Klasse unterschiedliche berechneZahlung-Methoden.

Vorhandene Methoden überschreiben (Zahlungen für einige Mitarbeiter ändern)

Nehmen wir an, dass Sie für ein Projekt einige Teilzeit-Mitarbeiter einstellen, mit denen Sie eine Sonderbezahlung vereinbart haben. Jetzt haben Sie zwei Arten von Teilzeit-Mitarbeitern: Die einen erhalten für Überstunden die doppelte Bezahlung, die anderen nicht, sodass Sie für diese Ihr Lohnabrechnungsprogramm nicht ändern müssen. Welche Optionen haben Sie?

✔ Sie können den Code der `TeilzeitMitarbeiter`-Klasse ändern und das Beste hoffen. (Keine gute Idee!)

✔ Sie können den Rat aus dem vorangegangenen Abschnitt befolgen und eine Unterklasse der vorhandenen `TeilzeitMitarbeiter`-Klasse erstellen. Da diese Klasse bereits eine `berechneZahlung`-Methode enthält, stellt sich die Frage, ob Sie nicht irgendeinen Trick anwenden müssen, um die vorhandene `berechneZahlung`-Methode für jeden Mitarbeiter mit einer doppelten Überstundenbezahlung zu umgehen.

Dank der objektorientierten Programmierung ist es kein Problem, eine Unterklasse zu erstellen, die die Funktionalität ihrer Oberklasse überschreibt. Listing 8.7 enthält eine derartige Unterklasse.

```
public class UeberstundenTeilzeit extends TeilzeitMitarbeiter
{

    @Override
    public double berechneZahlung(int hours)
    {
        if (hours<=40)
            return getStundenSatz()*hours;
        else
            return getStundenSatz()*40 +
                getStundenSatz()*2*(hours-40);
    }
}
```

Listing 8.7: Eine weitere Unterklasse

Abbildung 8.8 zeigt die Beziehung zwischen dem Code in Listing 8.7 und den anderen Code-Teilen in diesem Kapitel. Beachten Sie, dass `UeberstundenTeilzeit` eine Unterklasse einer Unterklasse ist. Bei der objektorientierten Programmierung ist eine derartige Kette nicht ungewöhnlich. Tatsächlich ist die Kette der Unterklassen in unserem Beispiel ziemlich kurz.

Die `UeberstundenTeilzeit`-Klasse erweitert die `TeilzeitMitarbeiter`-Klasse, aber `UeberstundenTeilzeit` übernimmt nicht alle Komponenten ihrer Oberklasse. Da die `UeberstundenTeilzeit`-Klasse eine eigene Deklaration der `berechneZahlung`-Methode enthält, erbt die Klasse nicht die `berechneZahlung`-Methode ihrer Oberklasse (siehe Abbildung 8.9).

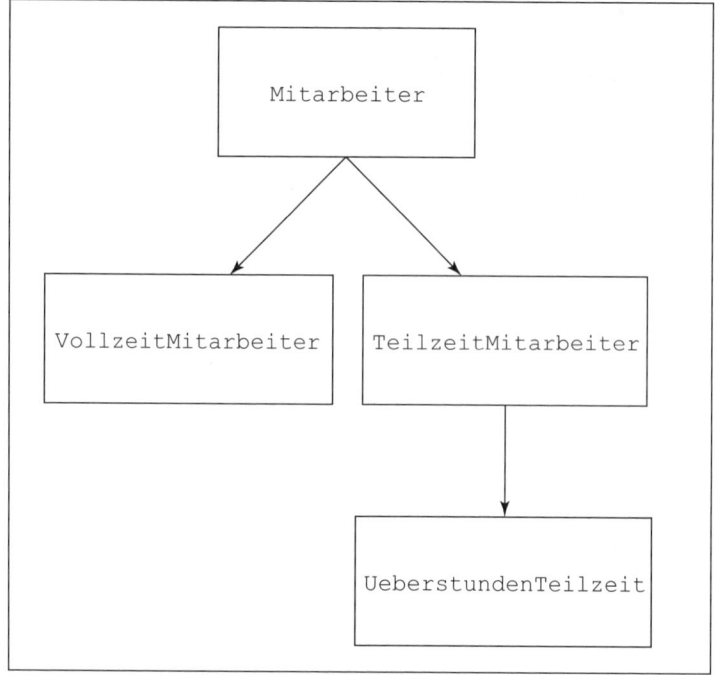

Abbildung 8.8: Ein Baum von Klassen

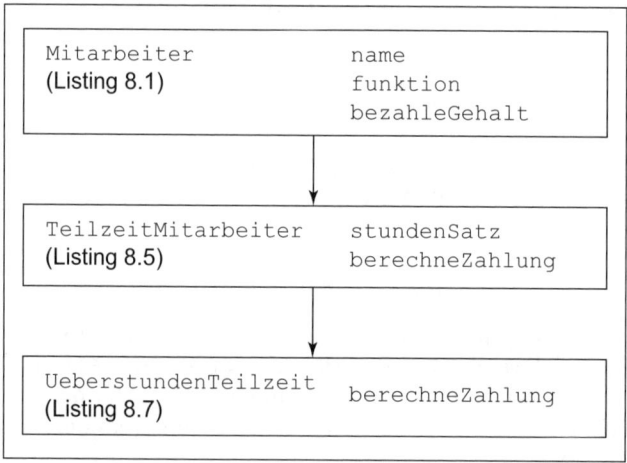

Abbildung 8.9: Die Methode `berechneZahlung` *wird nicht geerbt.*

Offiziell sagt man, dass die `UeberstundenTeilzeit`-Klasse die `berechneZahlung`-Methode ihrer Oberklasse *überschreibt* (engl. *overrides*). Wenn Sie ein Objekt der `Ueberstunden Teilzeit`-Klasse erstellen, hat das Objekt `name`, `funktion`, `stundenSatz` und `zahle Gehalt` der `TeilzeitMitarbeiter`-Klasse, aber die `berechneZahlung`-Methode, die in Listing 8.7 definiert ist.

Eine Java-Annotation

Das Wort @Override in Listing 8.7 ist ein Beispiel für eine *Annotation*. Eine Java-Annotation teilt Ihrem Computer etwas über Ihren Code mit. Die Annotation @Override in Listing 8.7 teilt dem Java-Compiler mit, dass er auf einen häufigen Programmierfehler achten soll. Die Annotation besagt: »Sorge dafür, dass die Methode, die dieser Annotation unmittelbar folgt, denselben Namen, dieselben Parameter usw. verwendet wie eine der Methoden in der Oberklasse. Andernfalls soll eine Fehlermeldung angezeigt werden.«

Wenn ich also versehentlich

```
public double berechneZahlung(double stunden) {
```

statt wie in den Listings 8.5 und 8.7 int stunden schreibe, macht mich der Compiler darauf aufmerksam, dass meine neue Methode berechneZahlung nichts überschreibt, was in Listing 8.5 enthalten ist.

Java kennt noch andere Annotationen (wie beispielsweise @Deprecated und @Suppress Warnings). Weitere Informationen über die Annotation @SuppressWarnings finden Sie in Kapitel 9.

 Annotationen in Java sind optional. Wenn Sie das Wort @Override aus Listing 8.7 entfernen, kann der Code weiterhin korrekt ausgeführt werden. Die Annotation @Override sorgt jedoch für zusätzliche Sicherheit in Ihrem Code. Mit @Override überprüft Ihr Compiler, ob Sie auch wirklich das tun, was Sie vorhaben (nämlich eine der Methoden der Oberklassen zu überschreiben). Einige Annotationen sind jedoch weniger optional als andere (George Orwell lässt grüßen). Bestimmte Annotationen können nur dann weggelassen werden, wenn Sie bereit sind, sie durch Unmengen Java-Code ohne Annotationen zu ersetzen.

Methoden aus Klassen und Unterklassen verwenden

Listing 8.8 verdeutlicht dieses Konzept, eine Methode zu überschreiben. Abbildung 8.10 zeigt den Output des Programms.

```
class GehaltsabrechnungF
{
    public static void main(String args[]) {
        VollzeitMitarbeiter vzMa = new VollzeitMitarbeiter();

        vzMa.setName("Barry Burd");
        vzMa.setFunktion("Vorstand");
        vzMa.setWochenLohn(5000.00);
        vzMa.setSozialAbzug(500.00);
        vzMa.zahleGehalt(vzMa.berechneZahlung());

        TeilzeitMitarbeiter tzMa = new TeilzeitMitarbeiter();
```

```
    tzMa.setName("Chris Apelian");
    tzMa.setFunktion("Computerbuch-Autor");
    tzMa.setStundenSatz(7.53);
    tzMa.zahleGehalt(tzMa.berechneZahlung(50));

    UeberstundenTeilzeit tzuMa = new UeberstundenTeilzeit();

    tzuMa.setName("Steve Surace");
    tzuMa.setFunktion("Fahrer");
    tzuMa.setStundenSatz(7.53);
    tzuMa.zahleGehalt(tzuMa.berechneZahlung(50));
  }
}
```

Listing 8.8: Den Code von Listing 8.7 testen

```
Zahlen Sie an Barry Burd (Vorstand) ***4.500,00 Euro
Zahlen Sie an Chris Apelian (Computerbuch-Autor) ***376,50 Euro
Zahlen Sie an Steve Surace (Fahrer) ***451,80 Euro
```

Abbildung 8.10: Ausführung und Output von Listing 8.8

Der Code in Listing 8.8 stellt Schecks für drei Mitarbeiter aus. Der erste Mitarbeiter ist ein Vollzeit-Mitarbeiter, der zweite ist ein Teilzeit-Mitarbeiter ohne Sonderbezahlung und der dritte erhält eine höhere Überstundenbezahlung.

Durch die Unterklassen koexistieren alle drei Mitarbeitertypen in Listing 8.8. Sicher – eine Unterklasse ist von der alten TeilzeitMitarbeiter-Klasse abgeleitet, aber dies bedeutet nicht, dass es unmöglich ist, ein Objekt der TeilzeitMitarbeiter-Klasse zu erstellen. Tatsächlich geht Java sehr intelligent mit einer solchen Situation um. Listing 8.8 enthält drei Aufrufe der berechneZahlung-Methode, die jeweils eine andere Version der Methode ansprechen:

✔ Beim ersten Aufruf, vzMa.berechneZahlung, ist die vzMa-Variable eine Instanz der Klasse VollzeitMitarbeiter, sodass die Methode in Listing 8.3 aufgerufen wird.

✔ Beim zweiten Aufruf, tzMa.berechneZahlung, ist die tzMa-Variable eine Instanz der Klasse TeilzeitMitarbeiter, sodass die Methode in Listing 8.5 aufgerufen wird.

✔ Beim dritten Aufruf, tzuMa.berechneZahlung, ist die tzuMa-Variable eine Instanz der Klasse UeberstundenTeilzeit, sodass die Methode in Listing 8.7 aufgerufen wird.

Dieser Code ist fantastisch. Er ist sauber, elegant und effizient. Sie sparen so viel Geld für Software, dass Sie jedem den doppelten Überstundensatz bezahlen können. (Ob Sie dies tun oder das Geld behalten, steht auf einem anderen Blatt.)

Neue Objekte konstruieren

In diesem Kapitel

▸ Konstruktoren definieren

▸ Konstruktoren in Unterklassen verwenden

▸ Die standardmäßigen Konstruktorfunktionen von Java benutzen

▸ Ein einfaches GUI erstellen

*I*n diesem Kapitel wird näher untersucht, wie Objekte eigentlich entstehen. Zu diesem Zweck gibt es in Java eine spezielle Art von Methode, die als Konstruktor bezeichnet wird.

Konstruktoren definieren

Der folgende Befehl erstellt ein neues Objekt:

```
Konto meinKonto = new Konto();
```

Wir haben diesen Befehl schon häufiger verwendet; doch ich habe ihn noch nicht näher erklärt, sondern nur gesagt, dass dabei ein Konstruktor der Konto-Klasse aufgerufen wird. Was bedeutet das?

Wenn Sie ein Programm anweisen, ein neues Objekt zu erstellen, reserviert das Programm zunächst einen Speicherplatz für das neue Objekt. Wenn das Objekt über Variablen verfügt, sollten diese Variablen irgendwann mit sinnvollen Werten gefüllt werden. Weitere Informationen über Variablen finden Sie in Kapitel 7.

Dabei stellen sich einige Fragen: Wenn Sie ein Programm anweisen, ein neues Objekt zu erstellen, können Sie dann steuern, was in den Variablen des Objekts gespeichert wird? Ist es möglich, darüber hinaus noch weitere Aktionen auszuführen? Wenn das Programm beispielsweise ein neues Fenster-Objekt erstellt, sollte es doch möglich sein, die Größen der Schaltflächen in diesem Fenster festzulegen.

Ein neues Objekt zu erstellen, kann viele verschiedene Aufgaben umfassen. In diesem Kapitel erfahren Sie, wie Sie diese Aufgaben mit Konstruktoren lösen können. Ein Konstruktor erstellt ein neues Objekt und führt weitere, damit verbundene Aufgaben aus.

Was ist eine Temperatur

Jede Temperaturangabe besteht aus zwei Komponenten: einer Zahl und einer Angabe der Temperaturskala. Die Zahl ist einfach ein double-Wert, wie beispielsweise 32.0 oder 70.52. Aber was ist eine Temperaturskala? Ist es ein Zeichenstring wie beispielsweise »Fahrenheit« oder »Celsius«? Nicht wirklich, weil es Strings gibt, bei denen es sich nicht um Temperaturskalen handelt. Es gibt keine Temperaturskala »Schnickschnack«, und ein Programm, das die Temperatur »73 Grad Schnickschnack« ausgibt, ist kein gutes Programm. Wie können Sie also die Temperaturskalen auf die Skalen einschränken, die tatsächlich verwendet werden? Beispielsweise mit dem enum-Typ von Java.

Was ist eine Temperaturskala?

Java bietet verschiedene Verfahren, Dinge zu gruppieren. In Kapitel 11 werden Sie Dinge in einem Array oder einer Collection gruppieren. In diesem Kapitel gruppieren Sie Dinge in einem enum-Typ.

Es gibt sehr komplizierte enum-Typen, aber für einen einfachen enum-Typ genügt es, ein paar Wörter in ein Paar geschweifter Klammern zu schreiben. Listing 9.1 definiert einen enum-Typ. Der Name des enum-Typs ist Skala.

```java
public enum Skala {
    Celsius, Fahrenheit, Kelvin, Rankine,
    Newton, Delisle, Réaumur, Rømer, Leiden
};
```

Listing 9.1: Der enum-Typ Skala

Bei der Definition eines enum-Typs passieren zwei wichtige Dinge:

✔ **Sie erstellen Werte.**

So wie 13 und 151 int-Werte sind, sind Celsius und Fahrenheit Skala-Werte.

✔ **Sie können Variablen anlegen, die auf diese Werte verweisen.**

In Listing 9.2 deklariere ich die Variablen grad und skala. So wie ein double number eine number-Variable des Typs double deklariert, deklariert Skala skala eine Variable skala vom Typ Skala.

Wenn eine Variable vom Typ Skala ist, kann sie die Werte Celsius, Fahrenheit, Kelvin usw. annehmen. In Listing 9.2 kann ich also der Variablen skala den Wert Fahrenheit (genauer gesagt Skala.Fahrenheit) geben.

Ein enum-Typ ist eine verkleidete Java-Klasse. Aus diesem Grund enthält Listing 9.1 eine ganze Datei, die nur einem Zweck gewidmet ist, der Deklaration des enum-Typs Skala. Wie die Deklaration einer Klasse gehört eine enum-Typdeklaration in eine eigene Datei. Der Code in Listing 9.1 gehört in die Datei Skala.java.

Also gut, was also ist eine Temperatur?

Jede Temperatur besteht aus zwei Komponenten: einer Zahl und einer Temperaturskala. Der Code in Listing 9.2 verdeutlicht diesen Sachverhalt.

```
public class Temperatur
{
    private double grad;
    private Skala skala;

    public Temperatur() {
        grad = 0.0;
        skala = Skala.Fahrenheit;
    }

    public Temperatur(double grad) {
        this.grad = grad;
        skala = Skala.Fahrenheit;
    }

    public Temperatur(Skala skala)  {
        grad = 0.0;
        this.skala=skala;
    }

    public Temperatur(double grad, Skala skala) {
        this.grad = grad;
        this.skala=skala;
    }

    public void setGrad(double grad) {
        this.grad = grad;
    }

    public double getGrad() {
        return grad;
    }

    public void setSkala(Skala skala) {
        this.skala = skala;
    }

    public Skala getSkala() {
        return skala;
    }
}
```

Listing 9.2: Die Temperatur-Klasse

Der Code in Listing 9.2 enthält die üblichen Set- und Get-Methoden, also die Zugriffsmethoden (siehe Kapitel 7).

Darüber hinaus enthält Listing 9.2 vier weitere spezielle Methoden, die alle Temperatur hei-ßen, genau wie die Klasse. Diese Methoden haben keine Rückgabewerte, nicht einmal den Wert void, der sonst verwendet wird, wenn eine Methode keinen Wert zurückgibt.

Diese speziellen Methoden werden als Konstruktoren bezeichnet. Ein Konstruktor ist eine spezielle Methode, die dazu dient, neue Objekte zu erstellen.

Wenn ein Programm ein neues Objekt erstellt, führt es Befehle in einem Kon-struktor aus.

Sie können das Wort public in den ersten Zeilen von Listing 9.1 und 9.2 auch weglassen. Wenn Sie das Wort public weglassen, können andere Java-Program-me die in Ihrem enum Skalaund in Ihrer Klasse Temperatur definierten Funk-tionsmerkmale nicht nutzen. (Machen Sie sich keine Sorgen um die Programme in diesem Kapitel. Alle Programme in diesem Kapitel, mit oder ohne das Wort public, können den Code in den Listings 9.1 und 9.2 nutzen. Um zu erfahren, welche Java-Programme nichtöffentliche Klassen nutzen können und welche nicht, lesen Sie Kapitel 13.) Wenn Sie das Wort public in der ersten Zeile von Listing 9.1 verwenden, muss sich Listing 9.1 in der Datei Skala.java befinden, beginnend mit dem Großbuchstaben T. Und wenn Sie das Wort public in der ersten Zeile von Listing 9.2 nutzen, *muss* sich Listing 9.2 in einer Datei namens Temperatur.java befinden, beginnend mit dem Großbuchstaben T. (Weitere Informationen über Klassen finden Sie in Kapitel 7.)

Eine Anwendung der Temperatur-Klasse

Listing 9.3 zeigt, wie die Konstruktoren aus Listing 9.1 verwendet werden können. Abbil-dung 9.1 zeigt den Output dieses Programms.

```
import static java.lang.System.out;

class TemperaturAnwenden
{
    public static void main(String args[])
    {
        final String format = "%5.2f Grad %s\n";

        Temperatur temp = new Temperatur();
        temp.setGrad(70.0);
        temp.setSkala(Skala.Fahrenheit);
        out.printf(format, temp.getGrad(), temp.getSkala());

        temp = new Temperatur(32.0);
        out.printf(format, temp.getGrad(), temp.getSkala());
```

```
temp = new Temperatur(Skala.Celsius);
out.printf(format, temp.getGrad(), temp.getSkala());

temp = new Temperatur(2.73, Skala.Kelvin);
out.printf(format, temp.getGrad(), temp.getSkala());
   }
}
```

Listing 9.3: Die Temperatur-*Klasse verwenden*

```
70.00 Grad Fahrenheit
32.00 Grad Fahrenheit
 0.00 Grad Celsius
 2.73 Grad Kelvin
```

Abbildung 9.1: Ausführung und Output vom Programm aus Listing 9.3

In Listing 9.3 ruft jeder Befehl der Art

```
temp = new Temperatur(...);
```

einen der Konstruktoren in Listing 9.2 auf. Insgesamt werden vier Instanzen der Temperatur-Klasse – jeweils mit einem anderen Konstruktor – erstellt.

In Listing 9.3 hat der letzte der vier Konstruktoraufrufe zwei Parameter, 2.73 und Skala.Kelvin. Das ist keine Besonderheit von Konstruktoraufrufen. Ein Methodenaufruf oder ein Konstruktoraufruf können mehrere Parameter haben, die Sie durch Komma voneinander trennen. Man spricht auch von einer *Parameterliste*.

Als einzige Regel müssen Sie befolgen, dass die Parameter im Aufruf mit den Parametern in der Deklaration übereinstimmen müssen. In Listing 9.3 beispielsweise hat der vierte und letzte Konstruktoraufruf

```
new Temperatur(2.73, Skala.Kelvin)
```

zwei Parameter, den ersten vom Typ double, den zweiten vom Typ Skala. Java gestattet diesen Konstruktoraufruf, weil Listing 9.2 eine entsprechende Deklaration enthält. Das bedeutet, der Kopf

```
public Temperatur(double number, Skala skala)
```

hat zwei Parameter, den ersten vom Typ double, den zweiten vom Typ Skala. Wenn es für einen Konstruktoraufruf für Temperatur in Listing 9.3 keine übereinstimmende Deklaration in Listing 9.2 gibt, erzeugt die Ausführung von Listing 9.3 einen Fehler.

Die Verwendung mehrerer Parameter ist übrigens nicht neu. In Kapitel 6 habe ich keyboard.findWithinHorizon(".",0).charAt(0) geschrieben. In dieser Zeile hat der Methodenaufruf keyboard.findWithinHorizon(".",0) zwei Parameter, einen String und einen int-Wert. Und glücklicherweise enthält das Java-API eine Methodendeklaration für findWithinHorizon – eine Deklaration, deren erster Parameter ein String, und deren zweiter Parameter ein int-Wert ist.

Es wird geschummelt: enum-Typen und switch-Anweisungen

Die Listings 9.2 und 9.3 enthalten zusammengesetzte Namen wie etwa Skala.Fahren heit und Skala.Celsius. Namen wie Fahrenheit und Celsius gehören zu meinem enum-Typ Skala (dem in Listing 9.1 definierten Typ). Außerhalb meines Skala-Kontexts haben diese Namen keine Bedeutung. (Probieren Sie es einfach aus. Versuchen Sie, den Teil Skala in Skala.Fahrenheit in Listing 9.2 zu löschen. Urplötzlich teilt Java Ihnen mit, dass Ihr Code einen Fehler enthält.)

Normalerweise ist Java sehr heikel, was Typnamen und Punkte angeht. Bei der Entwicklung der enum-Typen haben die Java-Leute jedoch plötzlich entschieden, dass enum- und switch-Anweisungen eine besondere Behandlung verdienen. Sie können einen enum-Wert nutzen, um festzustellen, welcher case-Zweig in einer switch-Anweisung ausgeführt werden soll. Dazu brauchen Sie in den case-Ausdrücken den enum-Typ nicht anzugeben. Beispielsweise funktioniert der folgende Java-Code einwandfrei:

```
Skala skala = Skala.Rankine;
char letter;

switch (skala) {
case Celsius:
    letter = 'C';
    break;
case Kelvin:
    letter = 'K';
    break;
case Rankine:
case Réaumur:
case Rømer:
    letter = 'R';
    break;
default:
    letter = 'X';
    break;
}
```

In der ersten Codezeile schreibe ich Skala.Rankine, weil sich diese erste Zeile nicht innerhalb einer switch-Anweisung befindet. In den nächsten Codezeilen schreibe ich jedoch case Celsius, case Kelvin und case Rankine ohne das Wort Skala. Und wenn ich eine case-Klausel als Skala.Rankine schreibe, beschwert sich Java mit einer lauten, unangenehmen Fehlermeldung.

Eine Fallstudie: »new Temperatur (32.0)« aufrufen

Wenn das Programm einen der new Temperatur-Befehle in Listing 9.3 ausführt, muss es entscheiden, welcher der Konstruktoren in Listing 9.1 verwendet werden soll. Die Wahl des Konstruktors hängt von der *Parameterliste* (den Argumenten in den Klammern) nach den Wörtern new Temperatur ab. Beispielsweise enthält der Befehl

```
temp = new Temperatur(32.0);
```

ein Argument vom Typ double (nämlich 32.0). Listing 9.1 enthält einen Temperatur-Konstruktor, der einen Parameter vom Typ double erwartet. Er hat den folgenden Kopf:

```
public Temperatur(double grad)
```

Deshalb wählt das Programm diesen Konstruktor aus und führt die folgenden Befehle aus:

```
this.grad=grad;
skala = Skala.Fahrenheit;
```

Das Ergebnis ist ein neues Objekt, dessen grad-Variable den Wert 32.0 und dessen skala-Variable den Wert Skala.Fahrenheit hat.

Die beiden Zeilen enthalten Befehle, die den Variablen grad und skala Werte zuweisen. Der zweite Befehl ist etwas leichter zu verstehen. Er weist der skala-Variablen einfach den Wert Skala.Fahrenheit zu. Da die Parameterliste des Konstruktors (double grad) keinen skala-Wert enthält, wird dieser Variablen in diesem Konstruktor standardmäßig der Wert Fahrenheit zugewiesen. Dass dieser Wert standardmäßig verwendet wird, ist eine Designentscheidung des Programmierers. Er hätte auch Celsius, Kelvin oder Rankine wählen können.

Der erste Befehl weist der grad-Variablen des neuen Objekts einen Wert zu. Der Befehl verwendet eine Technik, die häufig benutzt wird, um den Variablen eines Objekts in Konstruktoren und in anderen Methoden Werte zuzuweisen. Listing 9.4 zeigt, wie diese Technik funktioniert. Es zeigt zwei Methoden, denselben Konstruktorcode zu schreiben:

```
// Verwenden Sie diesen Konstruktor ...

public Temperatur(double einGradwert) {
    grad = einGradwert;
    skala = Skala.Fahrenheit;
}

//... oder verwenden Sie diesen Konstruktor ...

public Temperatur(double grad) {
    this.grad = grad;
    skala = Skala.Fahrenheit;
}

//... aber verwenden Sie nicht beide Konstruktoren.
```

Listing 9.4: Zwei Verfahren, um das Gleiche zu erreichen

Listing 9.4 enthält zwei Konstruktoren. In dem ersten Konstruktor verwende ich zwei verschiedene Namen: grad und einGradwert. Im zweiten Konstruktor brauche ich keine zwei Namen. Statt einen neuen Namen für den Parameter des Konstruktors zu erfinden, verwende ich einen vorhandenen Namen, indem ich schreibe: this.grad.

In Listing 9.2 passiert also das Folgende:

✔ In der Anweisung this.grad = grad bezieht sich der Name this.grad auf die grad-Variable des neuen Objekts. Diese Variable wird am Anfang von Listing 9.1 deklariert (siehe Abbildung 9.2).

✔ In der Anweisung this.grad = grad bezieht sich das Wort grad (allein stehend ohne this) auf den Parameter des Konstruktors (siehe noch einmal Abbildung 9.2).

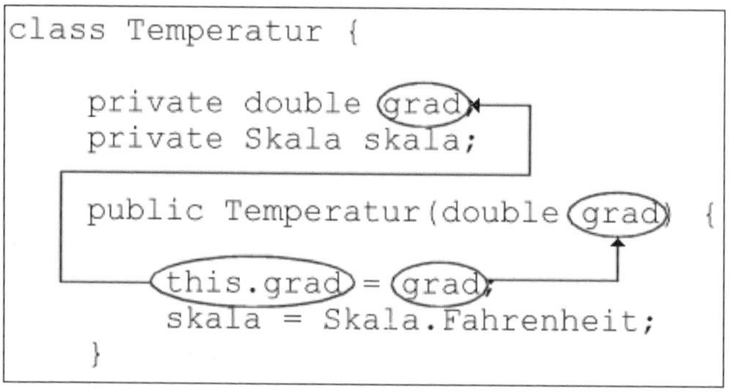

```
class Temperatur {

    private double grad;
    private Skala skala;

    public Temperatur(double grad) {

        this.grad = grad;
        skala = Skala.Fahrenheit;
    }
```

Abbildung 9.2: Was this.grad *und* grad *bedeuten.*

Im Allgemeinen bezeichnet this.*variablenName* eine Variable des Objekts, das den Code enthält. Dagegen bezeichnet *variablenName* (ohne this) eine Variable, die in dem jeweiligen Kontext deklariert ist. In dem Befehl this.grad = grad (Listing 9.2) wird dieser Kontext durch die Parameterliste des Temperatur-Konstruktors definiert.

Einige Dinge ändern sich nie

In Kapitel 7 wird die printf-Methode eingeführt und erklärt, dass jeder printf-Aufruf mit einem Formatstring beginnt. Der Formatstring beschreibt, wie die anderen Parameter angezeigt werden sollen.

In den vorangegangenen Beispielen besteht dieser Formatstring immer aus einem Literal in Anführungszeichen. Beispielsweise lautet der erste printf-Aufruf in Listing 7.7:

```
out.printf("%4.2f EU\n", meineZinsen);
```

In Listing 9.3 breche ich mit dieser Tradition und beginne den printf-Aufruf mit einer Variablen, die ich format genannt habe.

```
out.printf(format, temp.getGrad(), temp.getSkala());
```

Das Schlüsselwort »this«

Nehmen wir an, dass Ihr Code einen Konstruktor enthält – den ersten der beiden Konstruktoren in Listing 9.3. Als einGradwert-Parameter wird beispielsweise eine Zahl wie 32.0 übergeben. Dann weist der erste Befehl im Körper des Konstruktors diesen Wert der grad-Variablen des neuen Objekts zu. Dieser Code funktioniert. Aber beim Schreiben dieses Codes mussten Sie sich einen neuen Namen – einGradwert – für einen Parameter ausdenken, der nur dazu dient, der grad-Variablen des Objekts einen Wert zuzuweisen. Was für eine Verschwendung! Um zwischen dem Parameter und der grad-Variablen zu unterscheiden, haben Sie einen Namen für einen flüchtigen, temporären Speicher für den grad-Wert erfunden.

Namen zu erfinden ist eine Kunst, keine Wissenschaft. Ich habe in meiner Berufslaufbahn verschiedene Phasen der Namensgebung durchlaufen. Vor einigen Jahren habe ich, wenn ich einen neuen Namen für einen Parameter benötigte, den Namen der ursprünglichen Variablen leicht variiert (indem ich beispielsweise den Parameter numbr oder nuhmber nannte). Ich habe auch versucht, die Groß- und Kleinbuchstaben eines Variablennamens zu ändern (indem ich Parameternamen wie Number oder nUMBER verwendet habe). In Kapitel 8 habe ich die Variablennamen mit dem Suffix In versehen, um die zugehörigen Parameter zu benennen (sodass die funktion-Variable dem funktionIn-Parameter entsprach). Keines dieser Namensschemata funktionierte besonders gut. Ich konnte mich nie an die seltsamen neuen Namen erinnern, die ich gewählt hatte. In Java ist dieser ganze Aufwand, passende Namen für Parameter zu finden, nicht notwendig. Sie können einem Parameter denselben Namen wie der Variablen geben. Um beide zu unterscheiden, verwenden Sie das Java-Schlüsselwort this.

Solange meine format-Variable vom Typ String ist, gibt es keine Probleme. Und tatsächlich lautet die erste Variablendeklaration in Listing 9.3:

```
final String format = "%5.2f Grad %s\n";
```

Achten Sie in dieser Deklaration der format-Variablen auf das Java-Schlüsselwort final. Dieses Schlüsselwort zeigt an, dass der Wert von format nicht geändert werden kann. Wenn ich eine zusätzliche Zuweisungsanweisung wie

```
format = "%6.2f (%s)\n";
```

in Listing 9.3 einfügen wollte, würde der Compiler eine Fehlermeldung ausgeben, die besagt, dass einer final-Variable kein Wert zugewiesen werden kann.

In Listing 9.3 ist das Schlüsselwort final nicht unbedingt erforderlich, aber es bietet einen zusätzlichen Schutz. Wenn ich format mit "%5.2f Grad %s\n" initialisiere, möchte ich dasselbe Format unverändert immer wieder benutzen. Ich weiß sehr genau, dass ich den Wert der format-Variable nicht ändern will. Aber in einem 10.000 Zeilen langen Programm kann es schnell passieren, dass man einmal den Überblick verliert und versucht, irgendwo in den Tiefen des Codes format einen anderen Wert zuzuweisen. Um zu verhindern, dass ich auf diese Art den Formatstring aus Versehen ändere, deklariere ich die format-Variable als final. Es ist einfach eine gute und sichere Programmierpraxis.

Weitere Unterklassen

In Kapitel 8 haben Sie Unterklassen kennengelernt. Die Bildung von Unterklassen ist *die* entscheidende Technik, um guten, das heißt wiederverwendbaren Code zu schreiben. Deshalb wollen wir jetzt eine Unterklasse der Temperatur-Klasse aus dem ersten Abschnitt erstellen.

Eine bessere Klasse zur Speicherung von Temperaturen

Wenn Sie sich den Code in Listing 9.3 anschauen, könnten Sie zu dem Schluss kommen, dass die Verantwortung für die Anzeige von Temperaturen an der falschen Stelle steht. Listing 9.3 enthält mehrere langweilige Wiederholungen der Zeilen, mit denen die Temperaturwerte ausgegeben werden. Ein Programmierer aus den 70er-Jahren würde Ihnen raten, diese Zeilen an einer Stelle zu einer Methode zusammenzufassen. (Er würde nicht das Wort *Methode* verwenden, aber das ist hier unwichtig.) Als Anhänger der objektorientierten Programmierung denken Sie in breiteren Kategorien: Könnte nicht jedes Temperatur-Objekt selbst die Verantwortung dafür übernehmen, sich anzuzeigen? Wenn Sie eine display-Methode entwickeln, wollen Sie schließlich die Methode wahrscheinlich auch anderen Personen zur Verfügung stellen, die mit Temperaturen arbeiten. Deshalb fügen Sie die Methode direkt in die Deklaration eines Temperatur-Objekts ein. Auf diese Weise kann jeder, der den Code für Temperaturen verwendet, leicht auf die display-Methode zugreifen.

Zu diesem Zweck erstellen Sie eine Unterklasse der Temperatur-Klasse in Listing 9.2. Die neue Unterklasse ergänzt die Funktionalität der Temperatur-Klasse um Methoden, die die Werte sauber und einheitlich anzeigen (siehe Listing 9.5).

```java
import static java.lang.System.out;

public class TemperaturAnzeige extends Temperatur {

    public TemperaturAnzeige() {
        super();
    }

    public TemperaturAnzeige(double grad) {
        super(grad);
    }

    public TemperaturAnzeige(Skala skala) {
        super(skala);
    }

    public TemperaturAnzeige(double grad, Skala skala) {
        super(grad, skala);
    }
```

```
public void display() {
    out.printf("%5.2f Grad %s\n", getGrad(), getSkala());
}
}
```

Listing 9.5: Die TemperaturAnzeige*-Klasse*

Beachten Sie, dass die display-Methode in Listing 9.5 die Methoden getGrad und getSkala der Temperatur-Klasse aufruft. Warum ist das erforderlich? Nun, im Code der Temperatur Anzeige-Klasse würden alle direkten Referenzen der grad- und skala-Variablen Fehlermeldungen erzeugen. Es stimmt zwar, dass jedes TemperaturAnzeige-Objekt über seine eigenen grad- und skala-Variablen verfügt. (Schließlich ist TemperaturAnzeige eine Unterklasse der Temperatur-Klasse, und der Code für die Temperatur-Klasse definiert die grad- und skala-Variablen.) Aber weil grad und skala in der Temperatur-Klasse als private deklariert sind, kann nur der Code innerhalb der Temperatur-Klasse selbst direkt auf diese Variablen zugreifen.

Fügen Sie keine zusätzlichen Deklarationen der grad- und skala-Variablen in den Code der TemperaturAnzeige-Klasse ein. Andernfalls erstellen Sie versehentlich vier verschiedene Variablen (zwei namens grad und zwei weitere namens skala). Sie weisen dem einen Paar von Variablen Werte zu und stellen dann bei der Anzeige des anderen Paars von Variablen schockiert fest, dass diese Werte verschwunden zu sein scheinen.

Wenn der Code eines Objekts einen Aufruf einer der eigenen Methoden des Objekts enthält, müssen Sie dem *keinen Punkt* voranstellen. Beispielsweise ruft das Objekt in der letzten Anweisung von Listing 9.5 seine eigenen Methoden mit getGrad() und getSkala() und nicht mit einObject.getGrad() und irgendEtwas.getSkala() auf. Falls Sie sich bei dieser punktlosen Schreibweise unwohl fühlen, können Sie zusätzlich das Schlüsselwort this verwenden. Schreiben Sie einfach in der letzten Zeile von Listing 9.5 this.getGrad() und this.getSkala().

Konstruktoren für Unterklassen

Das wirklich Neue in Listing 9.5 ist die Art und Weise, in der die Konstruktoren deklariert werden. Die TemperaturAnzeige-Klasse enthält vier eigene Konstruktoren. Wenn Sie daran denken, dass Unterklassen die Funktionen ihrer Oberklassen erben, fragen Sie sich vielleicht, warum diese Konstruktoren deklariert werden müssen. Erbt die Klasse TemperaturAnzeige nicht die Konstruktoren der übergeordneten Temperatur-Klasse? Nein – Unterklassen erben keine Konstruktoren.

Unterklassen erben keine Konstruktoren.

Das stimmt. Unterklassen erben keine Konstruktoren. In seltenen Ausnahmefällen mag es so aussehen, dass ein Konstruktor vererbt wird. Im Allgemeinen müssen Sie bei der Definition einer Unterklasse auch neue Konstruktoren für die Unterklasse definieren.

Dieser Ausnahmefall (in dem es so aussieht, als würde ein Konstruktor geerbt) wird später in diesem Kapitel im Abschnitt »Der Standardkonstruktor« behandelt.

Deshalb enthält der Code in Listing 9.5 vier Konstruktoren, die alle `TemperaturAnzeige` heißen und jeweils über eine eigene, eindeutige Parameterliste verfügen. Bemerkenswert ist, dass jeder Konstruktor eine Methode namens `super` – ein Java-Schlüsselwort – aufruft.

In Listing 9.5 steht `super` für einen Konstruktor in der Oberklasse.

✔ Der Befehl `super()` in Listing 9.5 ruft den parameterlosen `Temperatur()`-Konstruktor in Listing 9.2 auf. Dieser Konstruktor weist der `grad`-Variablen den Wert `0.0` und der `skala`-Variablen den Wert `Skala.Fahrenheit` zu.

✔ Der Befehl `super(grad, skala)` in Listing 9.5 ruft den Konstruktor `Temperatur (double grad, Skala skala)` in Listing 9.2 auf, der seinerseits den `grad`- und `skala`-Variablen die übergebenen Werte zuweist.

✔ Auf ähnliche Weise rufen die Befehle `super(grad)` und `super(skala)` in Listing 9.5 die entsprechenden Konstruktoren in Listing 9.2 auf.

Das Programm wählt den geeigneten Konstruktor der `Temperatur`-Klasse anhand der Parameterliste nach dem Wort `super` aus. Wenn der Befehl in Listing 9.5 beispielsweise

```
super(grad, skala);
```

lautet, stellt das Programm fest, dass die `grad`- und `skala`-Variablen in den Klammern die Typen `double` und `Skala` haben. In Listing 9.2 gibt es nur einen `Temperatur`-Konstruktor, der zwei Parameter mit den Typen `double` und `Skala` hat. Sein Kopf lautet:

```
public Temperatur(double grad, Skala skala)
```

Deshalb wählt das Programm diesen Konstruktor aus.

Die TemperaturAusgabe-Klasse anwenden

Nachdem die `TemperaturAnzeige`-Klasse in Listing 9.5 definiert worden ist, zeigt Listing 9.6, wie die Klasse angewendet werden kann. Listing 9.6 zeigt Code, der `TemperaturAnzeige` verwendet.

```
class TemperaturAnzeigeAnwenden {

    public static void main(String args[]) {

        TemperaturAnzeige temp = new TemperaturAnzeige();
        temp.setGrad(70.0);
        temp.setSkala(Skala.Fahrenheit);
        temp.display();

        temp = new TemperaturAnzeige(32.0);
        temp.display();
```

```
temp = new TemperaturAnzeige(Skala.Celsius);
temp.display();

temp = new TemperaturAnzeige(2.73, Skala.Kelvin);
temp.display();
    }
}
```

Listing 9.6: Die TemperaturAnzeige-*Klasse anwenden*

Der Code in Listing 9.6 und in Listing 9.3 ist sehr ähnlich. Die großen Unterschiede sind:

✔ Listing 9.6 erstellt Instanzen der TemperaturAnzeige-Klasse. Das heißt, es ruft Konstruktoren der TemperaturAnzeige-Klasse, nicht der Temperatur-Klasse auf.

✔ Listing 9.6 nutzt die display-Methode der TemperaturAnzeige-Klasse. Deshalb ist der Code in Listing 9.6 viel ordentlicher als der Code in Listing 9.3.

Eine Ausführung des Programms aus Listing 9.6 sieht genau wie eine Ausführung des Programms aus Listing 9.3 aus (siehe Abbildung 9.1).

Der Standardkonstruktor

Die Hauptbotschaft im vorangegangenen Abschnitt lautet: Unterklassen erben keine Konstruktoren. Was bedeutet das für die Listings in Kapitel 8? In Listing 8.6 lautet ein Befehl:

```
VollzeitMitarbeiter vzMa = new VollzeitMitarbeiter();
```

Das Problem dabei ist: Der Code, der VollzeitMitarbeiter definiert (Listing 8.3), scheint keine Konstruktoren zu enthalten. Wie ist es dann in Listing 8.6 möglich, den Vollzeit Mitarbeiter-Konstruktor aufzurufen?

Wenn Sie eine Unterklasse erstellen und in dem Code nicht ausdrücklich einen Konstruktor deklarieren, erstellt Java einen sogenannten *Standardkonstruktor*. Beispielsweise hat die Unterklasse public VollzeitMitarbeiter den folgenden Standardkonstruktor:

```
public VollzeitMitarbeiter() {
    super();
}
```

Listing 9.7: Ein Standardkonstruktor

Der Konstruktor in Listing 9.7 hat keine Parameter und enthält nur einen Befehl, der den Konstruktor der Oberklasse aufruft. (Wehe Ihnen, wenn die Oberklasse keinen parameterlosen Konstruktor enthält.)

Achtung: Ein Standardkonstruktor wird nur dann erstellt, wenn Sie eine Unterklasse erstellen und keine eigenen Konstruktoren definieren. Andernfalls fügt Java keinen Standardkonstruktor zu der Unterklasse hinzu (und die Unterklasse erbt auch keine Konstruktoren).

Sie müssen also aufpassen, wenn Sie in einer Unterklasse eigene Konstruktoren einfügen. Listing 9.8 enthält eine Kopie des VollzeitMitarbeiter-Codes aus Listing 8.3, in den zusätzlich ein Konstruktor eingefügt wurde.

```
class VollzeitMitarbeiter extends Mitarbeiter
{
    private double wochenLohn;
    private double sozialAbzug;

    public VollzeitMitarbeiter(double wochenLohn) {
        this.wochenLohn = wochenLohn;
    }

    public void setWochenLohn(double wochenLohnIn) {
        wochenLohn = wochenLohnIn;
    }

    public double getWochenLohn() {
        return wochenLohn;
    }

    public void setSozialAbzug(double sozialAbzugIn) {
        sozialAbzug = sozialAbzugIn;
    }

    public double getSozialAbzug() {
        return sozialAbzug;
    }

    public double berechneZahlung() {
        return wochenLohn-sozialAbzug;
    }
}
```

Listing 9.8: Der VollzeitMitarbeiter_-Code mit Konstruktor_

Wenn Sie den VollzeitMitarbeiter-Code in Listing 9.8 verwenden wollen, wird die folgende Zeile

```
VollzeitMitarbeiter vzMa = new VollzeitMitarbeiter();
```

nicht funktionieren. Da Sie einen VollzeitMitarbeiter-Konstruktor deklariert haben, der einen double-Parameter erfordert, erstellt Java keinen parameterlosen Konstruktor.

Was bedeutet das? Wenn Sie überhaupt eigene Konstruktoren deklarieren, müssen Sie alle Konstruktoren deklarieren, die Sie möglicherweise benötigen. Wenn Sie den Konstruktor in Listing 9.7 in den Code in Listing 9.8 kopieren, funktioniert der Aufruf new Vollzeit Mitarbeiter() wieder.

 Unter ganz bestimmten Bedingungen fügt Java oben im Konstruktorrumpf einen unsichtbaren Aufruf des Konstruktors der übergeordneten Klasse ein. Dieses automatische Einfügen eines super-Aufrufs ist eine nicht ganz einfache Angelegenheit, die eher selten auftritt und dann recht undurchsichtig wirkt. Weitere Informationen dazu finden Sie auf der Website zu diesem Buch.

Ein Konstruktor, der mehr leistet

In diesem Abschnitt wird die Aussage vom Anfang des Kapitels – dass ein Konstruktor nicht nur Variablenwerte zuweisen, sondern auch andere Aktionen ausführen kann – mit Leben gefüllt.

Das Beispiel dieses Abschnitts enthält einen Konstruktor, der mehr tut, als Variablenwerte zuzuweisen. Das Beispiel steht in den Listings 9.9 und 9.10. Abbildung 9.3 zeigt den Output dieses Programms.

```java
import java.awt.FlowLayout;
import javax.swing.JFrame;
import javax.swing.JButton;


@SuppressWarnings("serial")
public class SimpleFrame extends JFrame {
    public SimpleFrame() {
        setTitle("Klicken Sie nicht auf die Schaltfläche!!");
        setLayout(new FlowLayout());
        setDefaultCloseOperation(EXIT_ON_CLOSE);
        add(new JButton("Panik"));
        setSize(300,100);
        setVisible(true);
    }
}
```

Listing 9.9: Einen Frame definieren

```java
class ShowAFrame {
    public static void main(String args[]) {
        new SimpleFrame();
    }
}
```

Listing 9.10: Einen JFrame anzeigen

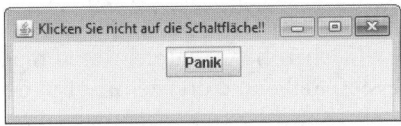

Abbildung 9.3: Keine Panik

Der Code in Listing 9.9 besteht hauptsächlich aus Aufrufen von Java-API-Methoden. Dies bedeutet, dass der Code zahlreiche Namen enthält, die Ihnen wahrscheinlich unbekannt sind. Als ich anfing, Java zu lernen, habe ich dummerweise angenommen, dass Java zu lernen bedeuten würde, mir all diese Namen einzuprägen. Genau das Gegenteil ist richtig: Diese Namen sind nur mitgeschleppter Ballast. Java wirklich zu lernen bedeutet, sich die Methode anzueignen, wie die Sprache objektorientierte Konzepte implementiert.

Wie auch immer: Die knappe `main`-Methode des Codes enthält nur einen Befehl, der den Konstruktor der `SimpleFrame`-Klasse aufruft. Beachten Sie, dass das Objekt, das dieser Aufruf erstellt, nicht einmal einer Variablen zugewiesen wird. Das ist kein Problem, weil der Code das Objekt an keiner anderen Stelle referenzieren muss.

Die `SimpleFrame`-Klasse enthält nur eine Konstruktordeklaration. Dabei werden jedoch nicht nur Variablenwerte gesetzt, sondern auch mehrere Methoden des Java-APIs aufgerufen.

Alle Methoden, die im Konstruktor der `SimpleFrame`-Klasse aufgerufen werden, stammen aus der Oberklasse `JFrame`, die in dem Paket `javax.swing` enthalten ist. Dieses Paket und ein weiteres namens `java.awt` enthalten die Klassen, mit denen Sie Fenster, Bilder, Zeichnungen und andere Steuerelemente auf dem Bildschirm anzeigen können. (Die Buchstaben awt stehen für *Abstract Windowing Toolkit*.)

In dem Kasten »Packages und Importdeklarationen« werden Java-Packages näher beschrieben. Eine sehr ausführliche Behandlung dieses Themas finden Sie in Anhang B und in Kapitel 13.

 In der Terminologie des Java-APIs ist ein Fenster eine Instanz der Klasse `javax.swing.JFrame`.

Klassen und Methoden aus dem Java-API

Abbildung 9.3 zeigt Ihnen wahrscheinlich, dass eine Instanz der `SimpleFrame`-Klasse nicht viel tut. Der Frame enthält nur eine Schaltfläche; und wenn Sie auf die Schaltfläche klicken, passiert nichts. Ich habe den betreffenden Code weggelassen, um das Beispiel nicht zu kompliziert zu machen. Doch selbst der einfache Code in Listing 9.9 verwendet eine Reihe von API-Klassen und -Methoden. Die Methoden `setTitle`, `setLayout`, `setDefaultCloseOperation`, `add`, `setSize` und `setVisible` gehören zur `javax.swing.JFrame`-Klasse. In dem Code werden die folgenden Namen verwendet:

✔ **`setTitle`**: Der Aufruf von `setTitle` fügt die Wörter in seinem Argument in die Titelleiste des Frames ein. (Das neue `SimpleFrame`-Objekt ruft seine eigene `setTitle`-Methode auf.)

✔ **`FlowLayout`**: Eine Instanz der `FlowLayout`-Klasse positioniert Objekte zentriert wie bei einer Schreibmaschine in einem Frame. Weil der Frame in Abbildung 9.3 nur eine Schaltfläche enthält, wird die Schaltfläche zentriert am oberen Rand des Frames dargestellt. Falls der Frame acht Schaltflächen hätte, würden diese möglicherweise in zwei Reihen dargestellt – fünf in der ersten Reihe und drei zentriert in der zweiten Reihe darunter.

✔ **`setLayout`**: Der Aufruf von `setLayout` erstellt ein neues `FlowLayout`-Objekt, das für die Anordnung von Komponenten (beispielsweise Schaltflächen) in dem Frame zuständig ist. (Das neue `SimpleFrame`-Objekt ruft seine eigene `setLayout`-Methode auf.)

✔ **`setDefaultCloseOperation`**: Der Aufruf von `setDefaultCloseOperation` sagt Java, was passieren soll, wenn Sie auf das kleine x in der oberen rechten Ecke des Frames klicken. Ohne diesen Methodenaufruf verschwindet zwar der Frame selbst, aber die Java Virtual Machine (JVM) läuft weiter. Wenn Sie Eclipse benutzen, müssen Sie die JVM stoppen, indem Sie auf das rote Quadrat oben im Konsolenfenster klicken (siehe Abbildung 9.4).

Packages und Importdeklarationen

Java verfügt über die Funktion, Klassen zu Gruppen zusammenzufassen, die als *Package* (dt. *Paket*) bezeichnet werden. Typischerweise haben Java-Packages lange Namen mit zahlreichen Punkten. Ein Beispiel: Weil ich den Domänennamen `burdbrain.com` registriert habe, kann ich ein Paket als `com.burdbrain.utils.textUtils` bezeichnen. Das Java-API besteht tatsächlich aus einer großen Collection von Packages. Das API hat Packages mit Namen wie `java.lang`, `java.util`, `java.awt`, `javax.swing` und so weiter und so fort.

Diese Informationen über Packages helfen mir auch, einige Unklarheiten über Importdeklarationen auszuräumen. Jede Importdeklaration, die nicht das Wort `static` verwendet, muss mit dem Namen eines Packages beginnen und mit einer der folgenden Komponenten enden:

✔ dem Namen einer Klasse innerhalb dieses Packages

✔ einem Sternchen (das alle Klassen in diesem Package repräsentiert)

Beispielsweise ist die Deklaration

```
import java.util.Scanner;
```

gültig, weil `java.util` der Name eines Packages in dem Java-API und `Scanner` der Name einer Klasse in dem `java.util`-Package ist. Der Name `java.util.Scanner` mit den Punkten ist der *voll qualifizierte Name* der `Scanner`-Klasse. Der voll qualifizierte Name einer Klasse enthält den Namen des Packages, in dem die Klasse definiert ist. (Details über `java.util` und die `Scanner`-Klasse finden Sie in der Java-API-Dokumentation. Tipps zum Lesen der Dokumentation finden Sie in Kapitel 3 und auf der Website dieses Buches.)

Hier ist ein weiteres Beispiel. Die Deklaration

```
import javax.swing.*;
```

ist gültig, weil `javax.swing` der Name eines Packages in dem Java-API ist und das Sternchen für alle Klassen in dem `javax.swing`-Package steht. Mit dieser Importdeklaration am Anfang Ihres Java-Codes können Sie abgekürzte Namen für Klassen in dem `javax.swing`-Package verwenden. Dazu zählen beispielsweise `JFrame`, `JButton`, `JMenuBar`, `JCheckBox` und viele andere.

Hier ist noch ein Beispiel. Eine Zeile wie

```
import javax.*;  // Schlecht!!
```

ist *keine* gültige Importdeklaration. Das Java-API enthält kein Package mit dem Ein-Wort-Namen `javax`. Vielleicht meinen Sie, dass Sie mit dieser Zeile alle Namen abkürzen können, die mit `javax` beginnen (beispielsweise `javax.swing.JFrame` und `javax.sound.midi`), aber so funktioniert die Importdeklaration nicht. Weil `javax` kein Package-Name ist, führt die Zeile `import javax.*` zu einer Fehlermeldung des Java-Compilers.

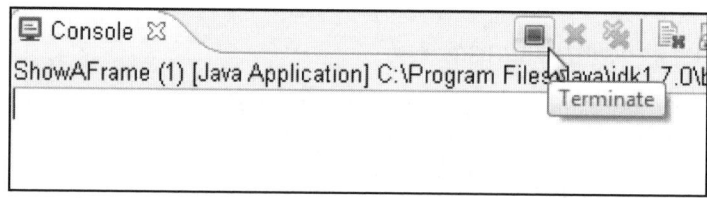

Abbildung 9.4: Die Ausführung eines Java-Programms in Eclipse beenden

Mit dem Aufruf von `setDefaultCloseOperation(EXIT_ON_CLOSE)` wird Java angewiesen, sich selbst herunterzufahren, wenn Sie auf das kleine x in der oberen rechten Ecke des Frames klicken. Die Alternativen zu `EXIT_ON_CLOSE` sind `HIDE_ON_CLOSE`, `DISPOSE_ON_CLOSE` und mein persönlicher Favorit `DO_NOTHING_ON_CLOSE`.

✔ **JButton**: Die `JButton`-Klasse gehört zu dem `javax.swing`-Package. Ein Konstruktor der Klasse hat eine String-Instanz (wie `"Panik"`) als Parameter. Der Aufruf dieses Konstruktors macht die String-Instanz zum Label der neuen Schaltfläche.

✔ **add**: Das neue `SimpleFrame`-Objekt ruft die `add`-Methode auf. Damit wird die Schaltfläche in den Frame eingefügt.

✔ **setSize**: Der Frame ist 300 Pixel breit und 100 Pixel hoch. (In dem `javax.swing`-Package wird die Breite bei zwei Dimensionszahlen immer vor der Höhe angegeben.)

✔ **setVisible**: Wenn ein neuer Frame erstellt wird, ist er zunächst unsichtbar; aber wenn der neue Frame die Methode `setVisible(true)` aufruft, wird er auf dem Bildschirm angezeigt.

Die Annotation SuppressWarnings

Kapitel 8 hat die Annotation vorgestellt – zusätzlichen Code, der praktische Informationen über die Art Ihres Programms bereitstellt. In Kapitel 8 ging es um die Annotation `Override`.

In diesem Kapitel wird in Listing 9.9 eine weitere Annotation benutzt: `SuppressWarnings`. Mit der Annotation `SuppressWarnings` weisen Sie Java an, Sie nicht darauf aufmerksam zu machen, dass Ihr Programm fragwürdigen Code enthält. In Listing 9.9 teilt die Zeile `@SuppressWarnings("serial")` Java mit, Sie nicht darauf aufmerksam zu machen, dass Sie die sogenannte `serialVersionUID`-Variable weggelassen haben. Mit anderen Worten, die Annotation `SuppressWarnings` weist Java an, keine Warnungen, wie die in Abbildung 9.5 gezeigte, auszugeben.

Jetzt fragen Sie sich natürlich, was eine `serialVersionUID`-Variable ist. Das hat mit der Erweiterung der Klasse `JFrame` zu tun – um die Sie sich nicht kümmern müssen. Wenn Sie keine `serialVersionUID`-Variable haben, wird eine Warnung erstellt, kein Fehler. Leben Sie also wild und gefährlich! Unterdrücken Sie die Warnung (mit der Annotation in Listing 9.9) und machen Sie sich keine Gedanken über die `serialVersionUID`-Variable.

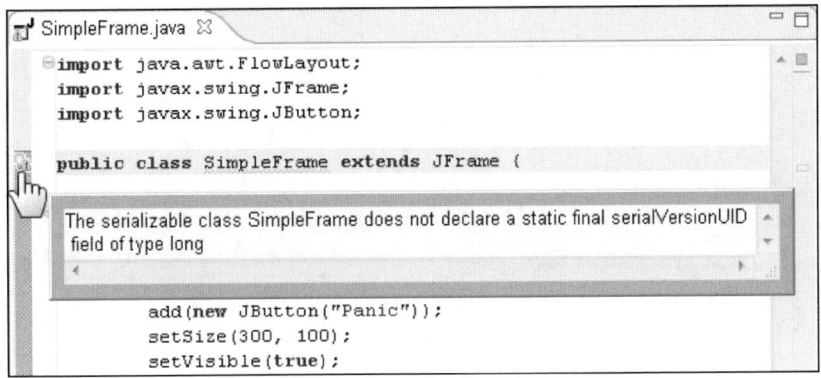

Abbildung 9.5: Ohne die Annotation SuppressWarnings *warnt Sie Java, wenn eine* serialVersionUID-*Variable fehlt*

Der richtige Platz für Variablen und Methoden

10

In diesem Kapitel

▶ Elemente, die einer Klasse insgesamt gehören

▶ Variablen innerhalb und außerhalb von Methoden deklarieren

*I*n diesem Kapitel wollen wir uns damit befassen, an welchen Stellen Methoden und Variablen deklariert werden und stehen sollen.

Eine Klasse definieren (eine Baseballspieler-Klasse)

Im folgenden Beispiel wird eine Baseballspieler-Klasse definiert, die den Namen und den sogenannten Batting-Average (Batting-Durchschnitt, ein Maß für die Treffsicherheit eines Spielers) speichert:

```java
import java.text.DecimalFormat;

class Player {
    private String name;
    private double average;

    public Player(String name, double average) {
        this.name=name;
        this.average=average;
    }

    public String getName() {
        return name;
    }

    public double getAverage() {
        return average;
    }

    public String getAverageString() {
        DecimalFormat decFormat = new DecimalFormat();
        decFormat.setMaximumIntegerDigits(0);
        decFormat.setMaximumFractionDigits(3);
```

```
      decFormat.setMinimumFractionDigits(3);
      return decFormat.format(average);
   }
}
```

Listing 10.1: Die Player-_Klasse_

Da viele Aspekte dieses Codes bereits in früheren Kapiteln ausführlich beschrieben wurden, will ich hier nur die Besonderheiten dieses Programms hervorheben:

✔ **Deklarationen der Variablen name und average.** Variablendeklarationen sind in Kapitel 7 beschrieben.

✔ **Ein Konstruktor, um neue Instanzen der Player-Klasse zu erstellen.** Konstruktoren sind in Kapitel 9 ausführlich beschrieben.

✔ **Get-Methoden für den Zugriff auf die Variablen name und average.** Zugriffsmethoden (das heißt Set- und Get-Methoden) sind in Kapitel 7 beschrieben.

✔ **Eine Methode, die den Batting-Average eines Spielers in String-Form zurückgibt.** Methoden sind in Kapitel 7 behandelt.

Zahlen auf andere Art formatieren

Die letzte Methode in Listing 10.1 übernimmt den Wert der average-Variablen (der Batting-Average eines Spielers), wandelt diesen Wert, der normalerweise vom Typ double ist, in einen String um und gibt diesen String-Wert an den Aufrufer zurück. Die Verwendung von DecimalFormat, das direkt aus dem Java-API stammt, sorgt dafür, dass der String-Wert wie der Batting-Average eines Spielers aussieht. Das bedeutet, dass der String-Wert mit zahlreichen Leerstellen beginnt und keine Nachkommastellen anzeigt, vor dem Dezimalkomma keine und nach dem Dezimalkomma genau drei Ziffern hat. (Die Leerstellen sorgen dafür, dass zwischen dem Batting-Average und dem Text davor ein Abstand besteht.)

Die DecimalFormat-Klasse von Java kann recht praktisch sein. Um beispielsweise die Werte 345 und −345 in einem buchhaltungsfreundlichen Format anzuzeigen, können Sie den folgenden Code verwenden:

```
DecimalFormat decFormat = new DecimalFormat();
decFormat.setMinimumFractionDigits(2);
decFormat.setNegativePrefix("(");
decFormat.setNegativeSuffix(")");
System.out.println(decFormat.format(345));
System.out.println(decFormat.format(-345));
```

In dem Formatstring dieses kleinen Beispiels schreibt das, was vor dem Semikolon steht, vor, wie positive Zahlen angezeigt werden sollen; und das, was nach dem Semikolon steht, schreibt vor, wie negative Zahlen angezeigt werden sollen.

Mit unserem Beispielformat werden die Werte 345 und –345 folgendermaßen angezeigt:

```
345.00
(345.00)
```

Nähere Informationen über die Formatierung von Zahlen finden Sie auf der DecimalFormat-Seite der Java-API-Dokumentation.

Die Player-Klasse verwenden

Die Listings 10.2 und 10.3 zeigen Code, der die Player-Klasse aus Listing 10.1 verwendet.

```java
import java.util.Scanner;
import java.io.File;
import java.io.IOException;
import javax.swing.JFrame;
import javax.swing.JLabel;
import java.awt.GridLayout;

@SuppressWarnings("serial")
public class TeamFrame extends JFrame {

    public TeamFrame() throws IOException {
        Player player;
        Scanner keyboard  =
                new Scanner(new File("Hankees.txt"));

        for (int num = 1; num <= 9; num++) {
            player = new Player(keyboard.nextLine(),
                            keyboard.nextDouble());
            keyboard.nextLine();
            addPlayerInfo(player);
        }

        setTitle("The Hankees");
        setLayout(new GridLayout(9, 2, 20, 3));
        setDefaultCloseOperation(EXIT_ON_CLOSE);
        pack();
        setVisible(true);
    }

    void addPlayerInfo(Player player) {
        add(new JLabel(player.getName()));
        add(new JLabel(player.getAverageString()));
    }
}
```

Listing 10.2: Die Player-Klasse anwenden

```
import java.io.IOException;
class ShowTeamFrame {
    public static void main(String args[]) throws IOException {
        new TeamFrame();
    }
}
```

Listing 10.3: Einen JFrame *anzeigen*

Abbildung 10.1 zeigt den Output dieses Programms (Listings 10.1, 10.2 und 10.3). Wenn Sie dieses Programm selbst ausführen wollen, benötigen Sie die Datei Hankees.txt. Diese Datei enthält Daten über einige Baseballspieler (siehe Abbildung 10.2).

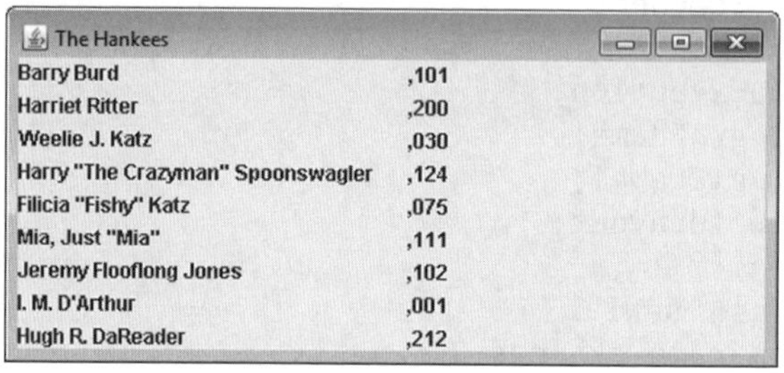

Abbildung 10.1: Der Output dieses Programms (Listings 10.1, 10.2 und 10.3)

Abbildung 10.2: Der Inhalt der Datei Hankees.txt

Die Datei Hankees.txt muss sich an einer bestimmten Stelle auf Ihrer Festplatte befinden. Wenn Sie mit Eclipse arbeiten, ist diese »bestimmte Stelle« das Projektverzeichnis in Ihrem Eclipse-Workspace. Führen Sie Java dagegen von der Befehlszeile aus, kann diese »bestimmte Stelle« das Verzeichnis sein, das den Code aus Listing 10.3 enthält. In jedem Fall müssen Sie darauf achten, wo sich die Datei Hankees.txt befindet. Wenn Sie sie nicht an der richtigen Stelle abgelegt haben, erhalten Sie bei der Ausführung dieses Beispiels eine unerfreuliche FileNotFoundException-Meldung.

Wo Sie die Datei `Hankees.txt` ablegen müssen, und wie Sie die Datei dorthin bringen, wo Sie sie brauchen, ist von vielen Bedingungen auf Ihrem Computer abhängig. Weitere Informationen über all diese Dinge finden Sie auf der Website zu diesem Buch.

Damit der Code in diesem Abschnitt korrekt funktioniert, muss nach dem letzten Wert (`.212`) in Abbildung 10.2 ein Zeilenumbruch stehen. Einzelheiten über Zeilenumbrüche finden Sie in Kapitel 8.

Der Player-Konstruktor

Der `Player`-Konstruktor in Listing 10.2 wird neunmal aufgerufen, das heißt, es werden neun Instanzen der `Player`-Klasse erstellt. Im ersten Schleifendurchlauf erzeugt der Code eine Instanz mit dem Namen `Barry Burd`. Beim zweiten Schleifendurchlauf verwirft der Code die Instanz `Barry Burd` und erzeugt eine weitere Instanz mit dem Namen `Harriet Ritter`. Beim dritten Durchlauf wird die arme `Harriet Ritter` verworfen und der Code erzeugt eine Instanz für `Weelie J. Katz`. Der Code verwaltet jeweils nur eine Instanz, aber insgesamt erzeugt er neun Instanzen.

Jede Instanz verfügt über ihre eigenen `name`- und `average`-Variablen sowie über einen eigenen `Player`-Konstruktor und eigene `getName`-, `getAverage`- und `getAverageString`-Methoden. Abbildung 10.3 zeigt die neun »Inkarnationen« der `Player`-Klasse.

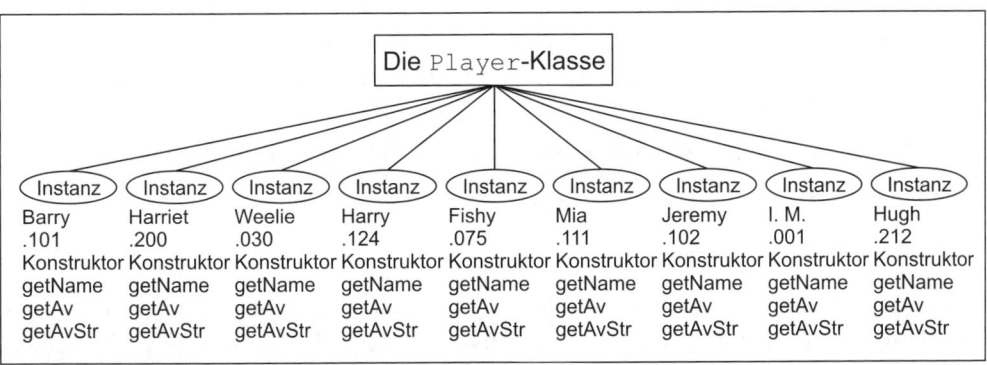

Abbildung 10.3: Eine Klasse und ihre Objekte

Die GUI-Elemente

In Listing 10.2 werden mehrere Namen aus dem Java-API verwendet. Einige dieser Namen wurden bereits im letzten Abschnitt von Kapitel 9 erklärt. Die anderen bedeuten:

✔ `JLabel`: Ein `JLabel` ist ein Objekt, das Text enthält. Eine Möglichkeit, Text in einem Frame anzuzeigen, besteht darin, eine Instanz der `Label`-Klasse in den Frame einzufügen.

In Listing 10.2 wird die `addPlayerInfo`-Methode einmal für jeden Spieler des Teams, insgesamt also neunmal aufgerufen. Bei jedem Aufruf werden zwei neue `Label`-Objekte in den Frame eingefügt. Der Text eines Labels wird jeweils von der Get-Methode des Player-Objekts geliefert.

✔ GridLayout: Ein GridLayout ordnet Komponenten in gleichmäßigen Abständen in Spalten und Reihen an. Dieser Konstruktor der GridLayout-Klasse hat zwei Argumente, die die Anzahl der Zeilen bzw. der Spalten angeben.

In Listing 10.2 wird der GridLayout-Konstruktor mit den Argumenten (9, 2, 20, 3) aufgerufen. Deshalb zeigt Abbildung 10.1 neun Zeilen (eine für jeden Spieler) und zwei Spalten (eine für den Namen und einen für den Durchschnitt) an. Der horizontale Abstand zwischen den beiden Spalten ist 20 Pixel breit, und der vertikale Abstand zwischen zwei Zeilen ist 3 Pixel breit.

✔ pack: Die pack-Methode legt die Größe fest, mit der der Frame auf dem Bildschirm dargestellt wird, und begrenzt alle Objekte, die Sie dem Frame hinzugefügt haben, auf diesen Anzeigebereich.

Wenn Sie in Listing 10.2 den Aufruf der pack-Methode erreichen, haben Sie addPlayer-Info bereits neunmal aufgerufen und achtzehn Labels in den Frame eingefügt. Wenn die pack-Methode ausgeführt wird, wählt das Programm für jedes Label eine geeignete Größe, wobei es den Text innerhalb des Labels berücksichtigt. Dann wählt es eine geeignete Größe für den Frame insgesamt, wobei es berücksichtigt, dass der Frame diese achtzehn Labels enthält.

Das Verfahren, Komponenten in Frames einzufügen, ist recht flexibel. Beispielsweise können Sie das Layout festlegen, bevor oder nachdem Sie die Komponenten in den Frame eingefügt haben. Wenn Sie setLayout aufrufen und dann Labels hinzufügen, werden die Labels sauber und ordentlich in dem Frame angezeigt. Dasselbe gilt, wenn Sie erst die Labels hinzufügen und dann setLayout aufrufen.

Beim Einrichten eines Frames müssen Sie jedoch die folgende Reihenfolge einhalten:

```
Komponenten in den Frame einfügen, dann
pack();
setVisible(true);
```

Wenn Sie pack aufrufen und danach weitere Komponenten in den Frame einfügen, werden diese Komponenten nicht berücksichtigt. Wenn Sie setVisible aufrufen, bevor Sie Komponenten hinzugefügt oder pack aufgerufen haben, sieht der Benutzer, wie der Frame konstruiert wird. Wenn Sie schließlich vergessen, die Größe des Frames zu setzen (indem Sie pack oder eine andere Methode zur Festlegung der Größe aufrufen), sieht der Frame wie der Frame in Abbildung 10.4 aus. (Normalerweise zeige ich das Ergebnis einer solchen anomalen Ausführung eines Programms nicht an, aber ich habe diesen Fehler so oft gemacht, dass mir dieser kümmerliche Frame wie ein alter Freund vorkommt.)

Abbildung 10.4: Ein unterentwickelter Frame

Eine Ausnahme von Methode zu Methode weiterreichen

In Kapitel 8 wird die Eingabe aus einer Festplattendatei und parallel dazu das Konzept einer Ausnahme eingeführt. Wenn Sie mit einer Festplattendatei arbeiten, müssen Sie damit rechnen, dass eine IOException signalisiert wird. Aus diesem Grund enthält der Konstruktor in Listing 10.2 eine throws IOException-Klausel.

Doch was ist mit der main-Methode in Listing 10.3? Warum benötigt diese Methode ihre eigene throws IOException-Klausel, obwohl in ihr offensichtlich keine Festplattendatei referenziert wird? Nun, eine Ausnahme ist wie eine heiße Kartoffel. Wenn Sie eine haben, müssen Sie sie entweder essen (was in Kapitel 12 behandelt wird) oder sie mit einer throws-Klausel an jemand anderen weitergeben. Wenn Sie eine Ausnahme mit einer throws-Klausel weitergeben, befindet sich der Empfänger in Ihrer alten Situation und muss mit der Ausnahme umgehen.

Der Konstruktor in Listing 10.2 signalisiert eine IOException, aber wem? Wer muss in der Code-Kette die Verantwortung für diese problematische IOException übernehmen? Nun ja, wer hat den Konstruktor in Listing 10.2 aufgerufen? Das war die main-Methode in Listing 10.3; sie hat den TeamFrame-Konstruktor aufgerufen. Weil der TeamFrame-Konstruktor in Listing 10.3 seine heiße Kartoffel an die main-Methode weiterreicht, muss sich die main-Methode mit ihr auseinandersetzen. Listing 10.3 zeigt, dass die main-Methode zu diesem Zweck die IOException (mit ihrer eigenen throws IOException-Klausel) ein weiteres Mal signalisiert. Dies ist die Art und Weise, wie die throws-Klausel in Java-Programmen funktioniert.

Wenn eine Methode eine andere Methode aufruft und die aufgerufene Methode über eine throws-Klausel verfügt, muss die aufrufende Methode Code enthalten, der die Ausnahme behandelt. In Kapitel 12 wird die Ausnahmebehandlung näher beschrieben.

An dieser Stelle des Buchs könnte ein scharfsinniger »… für Dummies«-Leser einige Folgefragen stellen: »Wenn eine main-Methode über eine throws-Klausel verfügt, muss jemand anderer die Ausnahme in dieser throws-Klausel behandeln. Aber wer ruft die main-Methode auf? Wer behandelt die IOException in der throws-Klausel von Listing 10.3?« Die Antwort lautet: Die Java Virtual Machine (JVM, das heißt die Software, die Ihren gesamten Java-Code ausführt) hat die main-Methode aufgerufen. Deshalb behandelt die JVM die IOException in Listing 10.3. Wenn ein Programm die Datei Hankees.txt nicht lesen kann, landet die Verantwortung letztlich bei der JVM. Die JVM kümmert sich um das Problem, indem sie eine Fehlermeldung anzeigt und Ihr laufendes Programm beendet. Wie bequem!

Statische Variablen (den Team-Durchschnitt bilden)

Wenn Sie messen wollen, wie gut das Team insgesamt ist, können Sie beispielsweise den Batting-Average aller Spieler bilden. Bei den Hankees in Abbildung 10.1 beträgt dieser Durchschnitt etwa .106, was zeigt, dass das Team einen erheblichen Trainingsbedarf hat. Während die Spieler auf dem Spielfeld üben, müssen Sie ein technisches Problem lösen:

Die Listings 10.1 bis 10.3 enthalten drei Klassen: eine `Player`-Klasse und zwei weitere Klassen, mit denen Daten der `Player`-Klasse angezeigt werden. Sie fragen sich, in welcher Klasse Sie die Variablen für den Team-Durchschnitt speichern sollen.

✔ Es macht keinen Sinn, diese Variablen in einer der Anzeigeklassen (`TeamFrame` oder `ShowTeamFrame`) zu speichern. Schließlich hat der Durchschnittswert mit Spielern, Teams und Baseball zu tun, während es bei den Anzeigeklassen um Fenster und nicht um Baseballspiele geht.

✔ Bei dem Gedanken, den Durchschnittswert für das gesamte Team in einer Instanz der `Player`-Klasse zu speichern, ist Ihnen auch nicht wohl, weil eine Instanz der `Player`-Klasse nur einen Spieler des Teams repräsentiert. Was hat ein einzelner Spieler mit Daten zu tun, die das ganze Team betreffen? Sicher – Sie könnten das Programm lauffähig machen, aber das wäre keine elegante Lösung des Problems.

Schließlich lernen Sie das Schlüsselwort *static* kennen. Alles, was als `static` deklariert wird, gehört zur ganzen Klasse, nicht zu einer speziellen Instanz der Klasse. Wenn Sie die Variable `totalOfAverages` (Gesamtdurchschnitt) als `static` deklarieren, erstellen Sie nur eine einzige Kopie der Variablen. Diese Kopie ist der gesamten `Player`-Klasse zugeordnet. Egal, wie viele – neun oder auch keine – Instanzen der `Player`-Klasse Sie erstellen, es gibt immer nur eine `totalOfAverages`-Variable. Da Sie schon einmal dabei sind, erstellen Sie zwei weitere statische Variablen (`playerCount` und `decFormat`) sowie statische Methoden (`findTeamAverage` und `findTeamAverageString`). Abbildung 10.5 verdeutlicht, was ich damit meine.

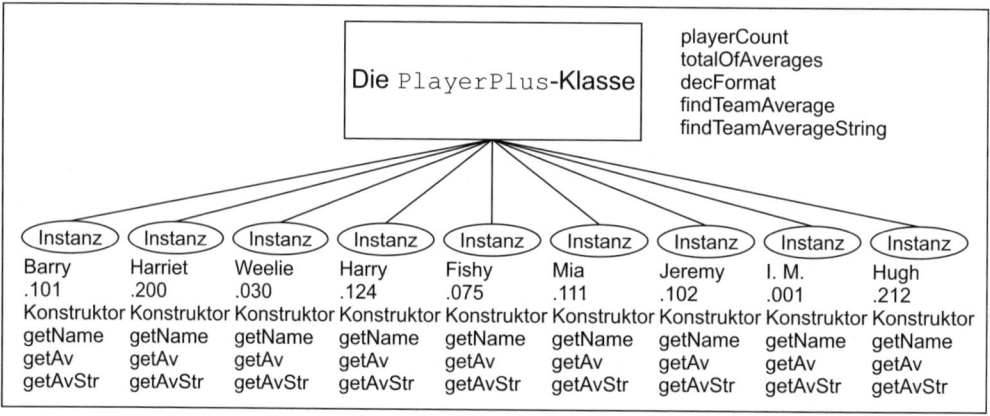

Abbildung 10.5: Einige statische und nichtstatische Variablen und Methoden

Da Sie gerne mit Unterklassen arbeiten, fügen Sie den Code für die Variablen und Methoden für das gesamte Team in eine Unterklasse der `Player`-Klasse ein (siehe Listing 10.4).

```
import java.text.DecimalFormat;

public class PlayerPlus extends Player {
    private static int playerCount = 0;
    private static double totalOfAverages = .000;
```

```
private static DecimalFormat decFormat =
                        new DecimalFormat();

static {
   decFormat.setMaximumIntegerDigits(0);
   decFormat.setMaximumFractionDigits(3);
   decFormat.setMinimumFractionDigits(3);
}

public PlayerPlus(String name, double average) {
   super(name, average);
   playerCount++;
   totalOfAverages += average;
}

public static double findTeamAverage() {
   return totalOfAverages / playerCount;
}

public static String findTeamAverageString() {
   return decFormat.format
         (totalOfAverages / playerCount);
}
}
```

Listing 10.4: Einen Batting-Average für das Team erstellen

Warum sind die static-Deklarationen erforderlich?

Vielleicht ist es Ihnen aufgefallen, dass das Wort static in Listing 10.4 sehr häufig vorkommt. Der Grund dafür besteht darin, dass fast der gesamte Code zu der gesamten PlayerPlus-Klasse und nicht zu einzelnen Instanzen der Klasse gehört. Das ist sinnvoll, weil Variablen wie playerCount (die Anzahl der Spieler im Team) nicht zu einzelnen Spielern gehören und es unsinnig wäre, wenn jedes PlayerPlus-Objekt seine eigene Anzahl verwalten müsste. (»Ich weiß, wie viele Spieler ich bin. Ich bin nur ein Spieler!«) Wenn Sie neun einzelne playerCount-Variablen hätten, würde entweder jede Variable die Anzahl 1 speichern (was nutzlos wäre) oder Sie hätten neun verschiedene Kopien der Anzahl, was verschwenderisch und fehleranfällig wäre. Deshalb sorgen Sie durch das Schlüsselwort static dafür, dass playerCount nur an einer einzigen Stelle gespeichert wird; und so sollte es auch sein.

Dieselbe Überlegung gilt für totalOfAverages. Letztlich speichert die totalOfAverages-Variable die Summe der Batting-Averages aller Spieler. Die Summe für alle neun Mitglieder der Hankees beträgt .956. Erst wenn eine der Methoden findTeamAverage oder findTeam AverageString aufgerufen wird, berechnet das Programm tatsächlich den Gesamtdurchschnitt des Hankee-Teams.

Die Methoden findTeamAverage und findTeamAverageString sollten ebenfalls als static deklariert werden. Ohne das Wort static gäbe es neun findTeamAverage-Methoden – eine für jede Instanz der PlayerPlus-Klasse. Dies wäre sinnlos. Jede Instanz würde über separaten Code verfügen, um totalOfAverages/playerCount zu berechnen, doch würden alle neun Berechnungen dasselbe Ergebnis produzieren.

Im Allgemeinen sollte jede Aufgabe, die allen Instanzen gemeinsam ist (und die für jede Instanz dasselbe Ergebnis produziert), als statische Methode codiert werden.

Konstruktoren sind niemals static.

Die statische Initialisierung

In Listing 10.4 ist die Variable decFormat statisch. Das ist sinnvoll, weil decFormat dafür sorgt, dass totalOfAverages/playerCount gut aussieht, und beide Variablen im Ausdruck totalOfAverages/playerCount statisch sind. Genau genommen braucht der Code für die Formatierung von Zahlen nur ein Verfahren. Wenn Sie mehrere Zahlen formatieren müssen, kann dasselbe decFormat, das zur gesamten Klasse gehört, jede einzelne Zahl formatieren. Legt man für jeden Spieler ein decFormat an, ist das nicht nur unelegant, sondern auch reine Verschwendung.

Die Deklaration von decFormat als static wirft jedoch auch ein kleines Problem auf. Um die Formatierung einzurichten, müssen Sie Methoden wie decFormat.setMaximum IntegerDigits(0) aufrufen. Sie können aber diese Methodenaufrufe nicht einfach irgendwo in der PlayerPlus-Klasse auftauchen lassen. Der folgende Code beispielsweise ist schlecht, ungültig, unerlaubt und auch sonst kein echter Java-Code:

```
// SEHR SCHLECHTER CODE:
public class PlayerPlus extends Player{
    private static DecimalFormat decFormat = new DecimalFormat();

decFormat.setMaximumIntegerDigits(0);      // schlecht!
decFormat.setMaximumIntegerDigits(3);      // schlecht!
decFormat.setMaximumIntegerDigits(3);      // schlecht!
```

Betrachten Sie die Beispiele aus den vorigen Kapiteln. In diesen Beispielen lasse ich einen Methodenaufruf nie einfach ohne jeden Halt irgendwo baumeln, wie in diesem wirklich schlechten Code. In diesem Kapitel rufe ich in Listing 10.1 setMaximumIntegerDigits nur über einen Methodenaufruf im Rumpf der Methode getAverageString auf. Und das ist kein Zufall. Die Java-Regeln legen genau fest, wo im Code Methodenaufrufe erfolgen dürfen, und ein unvermittelt in einer Klassendefinition auftretender einsamer Methodenaufruf geht überhaupt nicht.

Wo können Sie also in Listing 10.4 die erforderlichen Aufrufe von setMax und setMin platzieren? Sie können sie in den Rumpf der Methode findTeamAverageString schreiben, ähnlich wie ich sie in Listing 10.1 in die Methode getAverageString geschrieben habe. Aber wenn diese Methodenaufrufe im Rumpf der Methode findTeamAverageString abgelegt sind, könnte dies dem Zweck widersprechen, decFormat als static zu deklarieren. Schließlich könnte ein Programmierer findTeamAverageString mehrfach aufrufen, womit jedes Mal decFormat.setMaximumIntegerDigits(0) aufgerufen würde. Das wäre jedoch große Verschwendung. Die gesamte PlayerPlus-Klasse hat nur eine decFormat-Variable, und der MaximumIntegerDigit-Wert dieser Variablen ist immer 0. Hören Sie also auf, MaximumIntegerDigits(0) immer wieder zu setzen.

Die beste Alternative ist, die schlechten Zeilen aus dem schlechten Code dieses Abschnitts in eine *statische Initialisierung* zu verschieben. Dort werden sie zu guten Zeilen in gutem Code (siehe Listing 10.4). Eine statische Initialisierung ist ein Block, dem das Wort static vorausgeht. Java führt die Anweisungen der statischen Initialisierungen einmal für die gesamte Klasse aus. Und das ist genau das Verhalten, das Sie erwarten, wenn etwas als »statisch« bezeichnet wird.

Den Team-Durchschnitt anzeigen

Wenn Sie Code für eine Klasse erstellen, folgen Sie im Allgemeinen dem folgenden Muster: Sie schreiben zwei Code-Komponenten – eine definiert die Klasse und die andere wendet die Klasse an (indem sie beispielsweise den Klassenkonstruktor aufruft, die nicht privaten Variablen der Klasse referenziert, die Methoden der Klasse anwendet usw.). Listing 10.4 definiert die PlayerPlus-Klasse; Listing 10.5 wendet sie an.

```
import java.util.Scanner;
import java.io.File;
import java.io.IOException;
import javax.swing.JFrame;
import javax.swing.JLabel;
import java.awt.GridLayout;

@SuppressWarnings("Serial")
public class TeamFrame extends JFrame {

    public TeamFrame() throws IOException {
        PlayerPlus player;
        Scanner keyboard =
                new Scanner(new File("Hankees.txt"));

        for (int num = 1; num <= 9; num++) {
            player =
                new PlayerPlus(keyboard.nextLine(),
                        keyboard.nextDouble());
            keyboard.nextLine();
            addPlayerInfo(player);
        }
```

```
    add(new JLabel());
    add(new JLabel("------"));
    add(new JLabel("Team Batting Average:"));
    add(new JLabel(PlayerPlus.findTeamAverageString()));

    setTitle("The Hankees");
    setLayout(new GridLayout(11,2,20,3));
    setDefaultCloseOperation(EXIT_ON_CLOSE);
    pack();
    setVisible(true);
  }

  void addPlayerInfo(PlayerPlus player) {
    add(new JLabel(player.getName()));
    add(new JLabel(player.getAverageString()));
  }
}
```

Listing 10.5: Die PlayerPlus*-Klasse von Listing 10.4 anwenden*

Um den Code in Listing 10.5 auszuführen, benötigen Sie eine Klasse mit einer main-Methode. Die ShowTeamFrame-Klasse in Listing 10.3 ist dazu geeignet.

Abbildung 10.6 zeigt eine Ausführung des Codes in Listing 10.5. Diese Ausführung setzt voraus, dass die Hankees.txt-Datei aus Abbildung 10.2 im Zugriff ist. Der Code in Listing 10.5 ist eine fast exakte Kopie des Codes in Listing 10.2. Neu sind in Listing 10.5 nur die Dinge, die fett dargestellt werden.

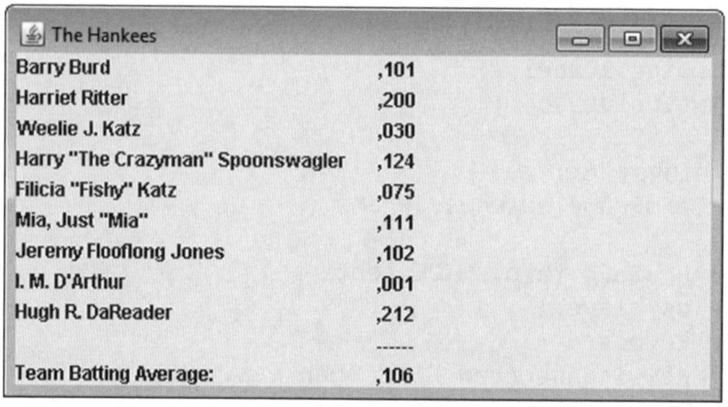

Abbildung 10.6: Eine Ausführung vom Programm aus Listing 10.5

Das GridLayout in Listing 10.5 hat zwei zusätzliche Zeilen: eine für den Abstand und eine weitere für den Team-Durchschnitt. Beide Zeilen enthalten jeweils zwei Label-Objekte:

✔ **Die Abstandszeile enthält ein leeres Label und ein Label mit einigen Bindestrichen.** Das leere Label ist ein Platzhalter. Bei einem GridLayout werden Komponenten Zeile für Zeile von links nach rechts und von oben nach unten eingefügt. Ohne dieses leere Label würden die Bindestriche in der linken Spalte unter »Hugh R. DaReader« stehen.

✔ **Die andere Zeile enthält zwei Labels: Das erste zeigt »Team Batting-Average«, das zweite die Zahl ».106« an.** Die Zahl wird mit dem folgenden Methodenaufruf ermittelt:

```
PlayerPlus.findTeamAverageString()
```

Der Kopf des Methodenaufrufs hat die folgende Form:

ClassName.methodName()

Dies ist neu und anders. Die Methodenaufrufe in früheren Kapiteln begannen normalerweise mit einem Objektnamen, nicht mit einem Klassennamen. Hier wird ein Klassenname verwendet, weil eine `static`-Methode mit dem Namen der Klasse aufgerufen wird, in der sie enthalten ist. Dies gilt auch, wenn eine `static`-Variable einer anderen Klasse referenziert wird. Das ist verständlich, da `static`-Variablen oder Methoden für eine Klasse insgesamt gelten. Also: `static`-Variablen oder -Methoden werden mit dem Namen der Klasse verwendet.

Wenn Sie eine `static`-Variable oder -Methode verwenden, können Sie schummeln und einen Objektnamen anstelle des Klassennamens verwenden. Beispielsweise könnten Sie in Listing 10.5, wenn Sie einige andere Befehle umstellen würden, den Ausdruck `player.findTeamAverageString()` verwenden.

static ist ein alter Hut

In diesem Abschnitt wird zwar viel über statische Variablen und Methoden geredet, aber wir haben statische Komponenten in diesem Buch schon sehr früh verwendet. Beispielsweise wird in Kapitel 3 `System.out.println` eingeführt. Der Name `System` bezeichnet eine Klasse, und `out` ist eine statische Variable in dieser Klasse. Deshalb verwende ich in Kapitel 4 und darüber hinaus das Schlüsselwort `static`, um die Variable `out` zu importieren:

```
import static java.lang.System.out;
```

In Java kommen `static`-Variablen und -Methoden häufig vor. Wenn Sie `static`-Elemente fremder Programme verwenden, müssen Sie sich selten Gedanken darüber machen, aber bei eigenen Programmen sollten Sie schon darüber nachdenken, ob Sie Variablen und Methoden als `static` deklarieren sollten.

In diesem Buch habe ich das Wort `static` zum ersten Mal in Listing 3.1 eingesetzt. Ich verwende das Schlüsselwort `static` als Teil jeder `main`-Methode (und in den Listings dieses Buches gibt es viele `main`-Methoden). Warum aber muss `main` `static` sein? Denken Sie daran, dass nichtstatische Dinge zu Objekten gehören, nicht zu Klassen. Wenn die `main`-Methode nicht statisch ist, können Sie keine `main`-Methode verwenden, bis Sie ein Objekt erzeugen. Aber wenn Sie ein Java-Programm starten, wurden noch keine Objekte erzeugt. Erst die Anweisungen, die in der `main`-Methode ausgeführt werden, erzeugen Objekte. Wenn also die `main`-Methode nicht statisch ist, haben Sie ein Henne-und-Ei-Problem.

static richtig einsetzen

Als ich anfing, Java zu lernen, ist mir die Fehlermeldung `non-static variable or method cannot be referenced from a static context` (nichtstatische Variable oder Methode darf aus einem statischen Kontext heraus nicht referenziert werden) häufig begegnet. Heute weiß ich, worauf diese Fehlermeldung zurückzuführen ist, und kann sie sogar willkürlich auslösen.

Bevor Sie verstehen können, warum diese Nachricht auftritt und wie Sie das Problem beheben können, müssen Sie einen Fachbegriff kennenlernen. Wenn eine Variable oder Methode nicht `static` ist, wird sie als `nonstatic` bezeichnet. (Eine echte Überraschung, oder?) Dieser Begriff hilft uns, wenigstens zwei Möglichkeiten zu beschreiben, wie diese Nachricht auftreten kann:

✔ Fügen Sie `Class.nonstaticDing` irgendwo in ein Programm ein.

✔ Fügen Sie `nonstaticDing` irgendwo in eine `static`-Methode ein.

In beiden Fällen bekommen Sie Probleme. Sie nehmen etwas, das zu einem Objekt gehört (das `nonstaticDing`), und fügen es an einer Stelle ein, an der es keine Objekte gibt.

Betrachten wir beispielsweise den ersten Fall: Um dieses Problem in einer praktischen Situation anhand von Listing 10.5 weiter oben zu verdeutlichen, ändern Sie gegen Ende des Listings `player.getName()` in `Player.getName()`: eine kleine Änderung mit großer Wirkung! `Player.getName` referenziert jetzt nicht mehr ein Objekt (`player`), sondern bedeutet: »Rufe die `getName`-Methode auf, die zu der gesamten `Player`-Klasse gehört.« Doch die `getName`-Methode in Listing 10.1. ist nicht `static`. Jede Instanz der `Player`- oder der `PlayerPlus`-Klasse hat eine eigene `getName`-Methode. Es gibt keine `getName`-Methode für die ganze Klasse. Deshalb ist ein Aufruf von `Player.getName` unsinnig.

Den zweiten Fall können wir anhand von Listing 10.4 illustrieren: Entfernen Sie probeweise das Wort `static` aus der Deklaration der `decFormat`-Variablen (gegen Anfang des Listings), um `decFormat` zu einer nichtstatischen Variablen zu machen. Plötzlich verfügt jeder Spieler des Teams über eine separate `decFormat`-Variable.

Die Wirkung dieser Änderung zeigt sich erst bei der `findTeamAverageString`-Methode. Diese `static`-Methode enthält vier `decFormat.SuchDiesesUndJenes`-Befehle. Auch hier müssen Sie klären, was ein solcher Befehl bedeuten könnte. Die Methode `findTeam AverageString` gehört zu keiner speziellen Instanz. (Die Methode ist `static`, sodass die ganze `PlayerPlus`-Klasse eine `findTeamAverageString`-Methode hat.) Doch da Sie gerade das Wort `static` entfernt haben, hat `decFormat` ohne Referenz auf ein bestimmtes Objekt keine Bedeutung. Auch hier referenzieren Sie also die nichtstatische Variable `decFormat` aus dem Kontext einer statischen Methode heraus.

Experimente mit Variablen

Als ich noch zur Uni ging, unterhielt ich mich eines Tages mit einer jungen Dame, die ich gerade getroffen hatte. Ich glaube, sie hieß Janine. »Wo kommst du her?«, fragte ich sie. »Mars«, war ihre Antwort. Dann machte sie eine Pause und wartete, ob ich nachhaken würde.

Es stellte sich heraus, dass Janine aus Mars in Pennsylvania stammte, einer kleinen Stadt, die etwa 35 Kilometer nördlich von Pittsburgh liegt. Was will ich damit sagen? Der Punkt ist, dass die Bedeutung eines Namens vom Kontext abhängt. Wenn Sie nördlich von Pittsburgh jemanden fragen: »How do I get to Mars from here?« (Wie komme ich von hier nach/zum Mars?), erhalten Sie wahrscheinlich eine passende Wegbeschreibung. Aber wenn Sie dieselbe Frage in Manhattan stellen, werden Sie wahrscheinlich schief angeguckt – okay, in Manhattan würde man Sie wahrscheinlich einfach ignorieren. (*Anmerkung des Übersetzers:* Das Beispiel funktioniert im Deutschen nur bedingt, da eine Verwechslung wegen der unterschiedlichen Präpositionen »nach« bzw. »zum« sehr unwahrscheinlich ist.)

Natürlich wissen die Einwohner von Mars, Pennsylvania, dass ihre Stadt einen ungewöhnlichen Namen trägt, und kennen den gleichnamigen Planeten. Deshalb ist die folgende Unterhaltung mit einem Anwohner denkbar:

Sie: How do I get to Mars? (Wie komme ich nach/zum Mars?)

Anwohner: You're in Mars, pal. What particular part of Mars are you looking for? (Sie sind in Mars, mein Lieber. Wo genau wollen Sie denn hin?)

Sie: No, I don't mean Mars, Pennsylvania. I mean the planet Mars. (Nein, ich meine nicht Mars in Pennsylvania. Ich meine den Planeten Mars.)

Anwohner: Oh, the planet! Well, then, catch the 8:19 train leaving for Cape Canaveral ... (Ach so, der Planet! Der Zug nach Cape Canaveral geht um 8:19 Uhr ...)

Die Bedeutung eines Namens hängt also davon ab, wo Sie den Namen verwenden. Obwohl sich die meisten Englisch sprechenden Menschen bei *Mars* den Planeten vorstellen, denken viele Einwohner von Pennsylvania dabei an die Einkaufsmöglichkeiten in der Stadt *Mars*. Für diese Menschen in Pennsylvania hat der Name *Mars* tatsächlich zwei Bedeutungen. In Java könnten diese Namen `Mars` und `planets.Mars` lauten.

Eine Variable richtig platzieren

Die Listings 10.6 und 10.7 zeigen Ihr erstes Experiment. Der Code betont den Unterschied zwischen Variablen, die innerhalb und außerhalb von Methoden deklariert werden.

```java
import static java.lang.System.out;

class EnglishSpeakingWorld {
    String mars = "   Roter Planet";

    void visitPennsylvania() {
        out.println("Aufruf von visitPennsylvania:");

        String mars = "   Heimatort von Janine";

        out.println(mars);
        out.println(this.mars);
    }
}
```

Listing 10.6: Zwei Bedeutungen von `Mars`

```
import static java.lang.System.out;

class GetGoing {

    public static void main(String args[]) {
        out.println("Aufruf von main:");
        EnglishSpeakingWorld e = new EnglishSpeakingWorld();

        //out.println(mars);    Symbol kann nicht aufgelöst werden
        out.println(e.mars);
        e.visitPennsylvania();
    }
}
```

Listing 10.7: Den Code in Listing 10.6 aufrufen

Abbildung 10.7 zeigt eine Ausführung des Codes in den Listings 10.6 und 10.7; Abbildung 10.8 zeigt eine grafische Darstellung der Code-Struktur. Die main-Methode in der Get-Going-Klasse erstellt eine Instanz der EnglishSpeakingWorld-Klasse. Die neue Instanz ist ein Objekt, das eine Variable namens mars enthält. Diese mars-Variable hat den Wert "Roter Planet". Die mars-Variable wird als *Instanzvariable* bezeichnet, weil die Variable zu einem Objekt einer Instanz der EnglishSpeakingWorld-Klasse gehört.

 Man könnte diese mars-Variable auch als *Instanzvariable* bezeichnen, weil sie (mit ihrem Wert "Roter Planet") zu einer Instanz der Klasse English SpeakingWorld gehört. Im Gegensatz dazu können Sie statische Variablen (wie playerCount, totalOfAverages und decFormat in Listing 10.4) als *Klassen-variablen* bezeichnen. Beispielsweise ist playerCount in Listing 10.4 eine Klassenvariable, weil eine Kopie von playerCount zur gesamten Klasse Player Plus gehört.

In der main-Methode der GetGoing-Klasse in Listing 10.7 dürfen Sie nicht den Befehl out.println(mars) verwenden. Anders ausgedrückt: Sie dürfen die mars-Variable nicht ohne eine zusätzliche Qualifizierung verwenden. Die mars-Variable im vorangegangenen Absatz gehört zu dem EnglishSpeakingWorld-Objekt, nicht zu der GetGoing-Klasse.

```
Aufruf von main:
    Roter Planet
Aufruf von visitPennsylvania:
    Heimatort von Janine
    Roter Planet
```

Abbildung 10.7: Eine Ausführung des Codes in den Listings 10.6 und 10.7

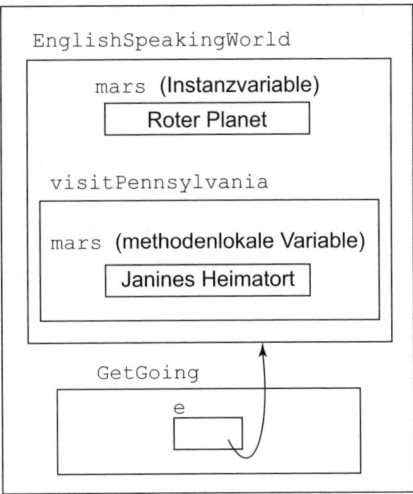

Abbildung 10.8: Die Struktur des Codes in den Listings 10.6 und 10.7

Doch innerhalb der main-Methode der GetGoing-Klasse können Sie e.mars verwenden, weil die e-Variable Ihr EnglishSpeakingWorld-Objekt bezeichnet.

Gegen Ende des Codes wird die visitPennsylvania-Methode aufgerufen. Innerhalb von visitPennsylvania wird eine weitere mars-Variable deklariert, die den Wert "Heimatort von Janine" hat. Diese spezielle mars-Variable wird als *methodenlokale Variable* bezeichnet, weil sie nur zu einer einzigen Methode, visitPennsylvania, gehört.

Das Programm enthält jetzt zwei Variablen mit dem Namen mars. Die eine mars-Variable, eine Instanzvariable, hat den Wert "Roter Planet", die andere mars-Variable, eine methodenlokale Variable, hat den Wert "Heimatort von Janine". Welche der beiden Variablen ist gemeint, wenn Sie in dem Programm das Wort mars verwenden?

In visitPennsylvania hat die Variable mit dem Wert "Heimatort von Janine" Vorrang. Bei Namenskonflikten in einer Methode haben immer die Variablen Vorrang, die innerhalb der Methode – in diesem Fall in visitPennsylvania – deklariert sind.

Wie können Sie in visitPennsylvania auf die Variable für den Planeten zugreifen, die den Wert "Roter Planet" enthält? Mit dem Ausdruck this.mars: Das Wort this verweist auf das Objekt, das den gesamten Code enthält (und nicht auf Methoden innerhalb des Codes). Dieses Objekt ist eine Instanz der Klasse EnglishSpeakingWorld und enthält eine mars-Variable mit dem Wert "Roter Planet". Hier können Sie mit dem Java-Schlüsselwort this also auf Variablen außerhalb der aktuellen Methode zugreifen. Weitere Informationen über das Schlüsselwort this finden Sie in Kapitel 9.

Wohin gehört eine Variable?

Als ich früher einmal in Milwaukee, Wisconsin, wohnte, habe ich häufig die Bankautomaten der lokalen Bank benutzt. Damals begann man gerade, diese Maschinen zu standardisieren.

Der örtliche Bankautomat hieß *TYME*, eine Abkürzung für *Take Your Money Everywhere* (Nehmen Sie Ihr Geld überall mit).

Eines Tages war ich mit dem Auto in Kalifornien unterwegs und wollte an einer Tankstelle Geld aus einem Automaten ziehen, weil ich kein Bargeld mehr hatte. Doch als ich den Tankstellenmitarbeiter fragte, wo ich eine TYME-Maschine finden könnte, guckte er mich nur verständnislos an.

Was sagt uns das? Ein Name, der an einem Ort verstanden wird, stößt an anderer Stelle auf Unverständnis. Die Listings 10.8 und 10.9 sollen diese Erkenntnis verdeutlichen.

```java
import static java.lang.System.out;

class EnglishSpeakingWorld2 {
    String mars;

    void visitIdaho() {
        out.println("Aufruf von visitIdaho:");

        mars = "   Roter Planet";
        String atomicCity = "     Einwohner: 25";

        out.println(mars);
        out.println(atomicCity);
    }

    void visitNewJersey() {
        out.println("Aufruf von visitNewJersey:");

        out.println(mars);
        //out.println(atomicCity);
        // Symbol kann nicht aufgelöst werden
    }
}
```

Listing 10.8: Eine Geschichte aus Atomic City

```java
class GetGoing2
{
    public static void main(String args[]) {
        EnglishSpeakingWorld2 e = new EnglishSpeakingWorld2();

        e.visitIdaho();
        e.visitNewJersey();
    }
}
```

Listing 10.9: Den Code in Listing 10.8 aufrufen

Abbildung 10.9 zeigt eine Ausführung des Codes in den Listings 10.8 und 10.9; Abbildung 10.10 zeigt eine grafische Darstellung der Struktur des Codes. Der Code für `English-SpeakingWorld2` enthält zwei Variablen. Die `mars`-Variable, die nicht innerhalb einer Methode deklariert wird, ist eine Instanzvariable. Die andere Variable, `atomicCity`, ist eine methodenlokale Variable und wird innerhalb der `visitIdaho`-Methode deklariert.

```
Aufruf von visitIdaho:
    Roter Planet
    Einwohner: 25
Aufruf von visitNewJersey:
    Roter Planet
```

Abbildung 10.9: *Eine Ausführung des Codes in den Listings 10.8 und 10.9*

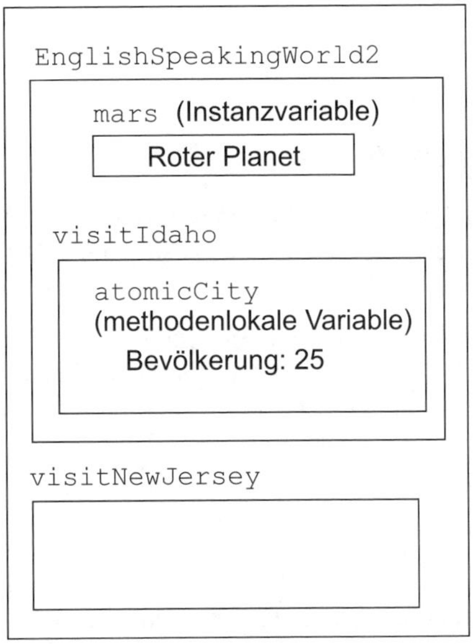

Abbildung 10.10: *Die Struktur des Codes in den Listings 10.8 und 10.9*

Beachten Sie in Listing 10.8, wo jede Variable verwendet werden kann und wo nicht. Wenn Sie versuchen, die `atomicCity`-Variable innerhalb der `visitNewJersey`-Methode zu verwenden, erhalten Sie eine Fehlermeldung. Wörtlich besagt die Fehlermeldung, dass das Symbol nicht aufgelöst werden kann. Im übertragenen Sinne bedeutet dies, dass Atomic City in Idaho und nicht in New Jersey liegt. Technisch gesehen besagt die Meldung, dass die methodenlokale Variable `atomicCity` nur in der `visitIdaho`-Methode zur Verfügung steht, in der die Variable deklariert wird.

Innerhalb der `visitIdaho`-Methode können Sie die `atomicCity`-Variable uneingeschränkt verwenden, da sie innerhalb dieser Methode deklariert ist.

Und was ist mit dem Mars? Sowohl die visitIdaho- als auch die visitNewJersey-Methode können auf die mars-Variable zugreifen, weil diese eine Instanzvariable ist. Diese Variable wird in dem Code für die EnglishSpeakingWorld2-Klasse, aber nicht innerhalb einer bestimmten Methode deklariert (da wir annehmen, dass der Planet Mars in Idaho und in New Jersey bekannt ist).

Der Lebenslauf der mars-Variablen hat drei separate Phasen:

✔ Wenn die EnglishSpeakingWorld2-Klasse erstellt wird, sieht das Programm String mars und reserviert einen Speicherplatz für die Variable.

✔ Wenn die visitIdaho-Methode ausgeführt wird, weist die Methode der mars-Variablen den Wert "Roter Planet" zu. (Die visitIdaho-Methode zeigt den Wert der mars-Variablen auch an.)

✔ Wenn die visitNewJersey-Methode ausgeführt wird, gibt die Methode den mars-Wert noch einmal aus.

Auf diese Weise wird der Wert der mars-Variablen von einer Methode an die andere übergeben.

Parameter übergeben

Eine Methode kann mit anderen Teilen eines Java-Programms auf mehrere Arten kommunizieren. Ein Verfahren arbeitet mit der Parameterliste einer Methode. Auf diese Weise ist es möglich, bei einem Aufruf ad hoc Informationen an eine Methode zu übergeben.

Nehmen Sie an, dass die Informationen, die Sie an eine Methode übergeben, in einer Variablen des Programms gespeichert sind. Was macht die Methode eigentlich mit dieser Variablen? In diesem Abschnitt werden einige interessante Fallstudien beschrieben.

Übergabe als Wert

Meine Recherchen im Web haben ergeben, dass der Ort Smackover in Arkansas 2232 Einwohner hat. Doch meine Zahlen sind nicht aktuell. Erst gestern hat Dora Kermongoos im Krankenhaus von Smackover ein gesundes, blauäugiges Mädchen zur Welt gebracht. Damit wuchs die Bevölkerung des Ortes auf 2233.

Listing 10.10 enthält ein sehr schlechtes Programm. Das Programm soll den Wert 1 zu einer Variablen addieren, die die Bevölkerung von Smackover speichert, aber das Programm funktioniert nicht. Wenn Sie sich Listing 10.10 anschauen, sehen Sie warum.

```java
class TrackPopulation
{
    public static void main(String args[]) {
        int smackoverARpop = 2232;

        birth(smackoverARpop);
        System.out.println(smackoverARpop);
    }
```

```
public static void birth(int cityPop) {
    cityPop++;
}
}
```

Listing 10.10: Dieses Programm funktioniert nicht.

Wenn Sie das Programm ausführen, wird die Zahl 2232 angezeigt. Nach neun Monaten der Planung und Erwartung und sieben langen Stunden der Geburt wurde das Baby der Kermongoos-Familie nicht im System registriert. Wie peinlich!

Das Problem wurde durch eine falsche Art der Parameterübergabe verursacht. Wenn in Java ein Parameter, dessen Typ zu den acht primitiven Typen gehört, an eine Methode übergeben wird, dann wird dieser Parameter als *Wert übergeben*.

Eine Übersicht über die acht primitiven Typen von Java finden Sie in Kapitel 4.

Im Klartext bedeutet dies: Änderungen, die die Methode an dem Wert ihres Parameters durchführt, haben keinen Einfluss auf die Werte der Variablen in dem aufrufenden Code. In Listing 10.10 kann die birth-Methode den ++-Operator auf cityPop so oft anwenden, wie sie will – diese Operation hat absolut keine Auswirkung auf den Wert der smackoverARpop-Variablen in der main-Methode.

Technisch gesehen wird bei der Übergabe ein Wert kopiert (siehe Abbildung 10.11). Wenn die main-Methode die birth-Methode aufruft, wird der Wert, der in smackoverARpop gespeichert ist, an eine andere Speicherstelle kopiert, die für den Wert des cityPop-Parameters reserviert ist. Während die birth-Methode ausgeführt wird, wird 1 zu dem cityPop-Parameter addiert. Doch die Stelle, an der der ursprüngliche Wert (2232) gespeichert war – der Speicherort für die smackoverARpop-Variable – bleibt unverändert.

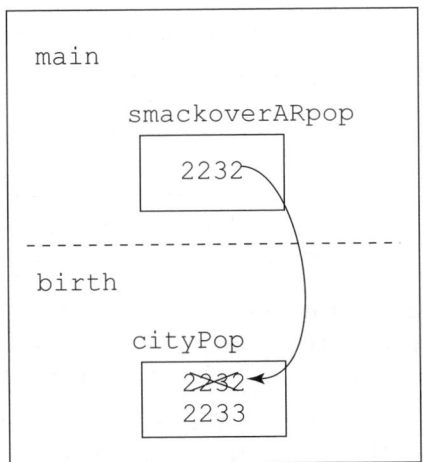

Abbildung 10.11: Übergabe als Wert

Parameter, die einen der acht primitiven Typen haben, werden als Werte übergeben. Der Wert, der in der Variablen des aufrufenden Codes gespeichert ist, bleibt unverändert. Dies gilt auch dann, wenn die Variable in dem aufrufenden Code und der Parameter der aufgerufenen Methode genau denselben Namen haben.

Ein Ergebnis zurückgeben

Sie müssen das Problem in Listing 10.10 beheben. Schließlich kann das Baby der Kermongoos nicht unregistriert durchs Leben gehen. Um die Existenz des Babys aktenkundig zu machen, müssen Sie 1 zu dem Wert der smackoverARpop-Variable addieren. Es gibt viele Möglichkeiten, dies zu tun, und der Weg in Listing 10.11 ist nicht der einfachste. Doch er illustriert, worum es geht: Den Wert zu übernehmen, den eine aufgerufene Methode zurückgibt, kann eine akzeptable Alternative zur Übergabe von Parametern sein. Sehen Sie selbst:

```
class TrackPopulation2
{
    public static void main(String args[]) {
        int smackoverARpop = 2232;

        smackoverARpop = birth(smackoverARpop);
        System.out.println(smackoverARpop);
    }

    public static int birth(int cityPop) {
        return cityPop+1;
    }
}
```

Listing 10.11: Dieses Programm funktioniert.

Wenn dieses Programm ausgeführt wird, wird die korrekte Anzahl, 2233, angezeigt.

Der Code in Listing 10.11 enthält keine grundsätzlich neuen Funktionen. Die wichtigste Idee in diesem Programm ist der return-Befehl (vergleiche Kapitel 7). Listing 10.11 stellt eine brauchbare Alternative zum Ansatz in Listing 10.10 dar, der verworfen werden musste.

Übergabe per Referenz

In den vorangegangenen Abschnitten wurde mehrfach betont, dass Parameter, die einen der acht primitiven Typen haben, als Wert übergeben werden. Dies gilt nur für die Übergabe von primitiven Typen, nicht für die Übergabe von Objekten (Referenztypen)!

Objekte werden per Referenz an eine Methode übergeben. Dies bedeutet, dass Befehle in der aufgerufenen Methode Werte der Variablen des Objekts *ändern können*, die in dem Code enthalten sind, der die Methode aufruft. Die Listings 10.12 und 10.13 verdeutlichen diese Situation.

```
public class City
{
   int population;
}
```

Listing 10.12: Die City-Klasse definieren

```
class TrackPopulation3
{
   public static void main(String args[]) {
      City smackoverAR = new City();
      smackoverAR.population = 2232;
      birth(smackoverAR);
      System.out.println(smackoverAR.population);
   }

   public static void birth(City aCity) {
      aCity.population++;
   }
}
```

Listing 10.13: Ein Objekt an eine Methode übergeben

Wenn Sie den Code in den Listings 10.12 und 10.13 ausführen, erhalten Sie die Zahl 2233 als Output. Dies bedeutet, dass die Erhöhung der aCity.population innerhalb der birth-Methode tatsächlich den Wert von smackoverAR.population in der main-Methode geändert hat.

Abbildung 10.12 veranschaulicht, wie die birth-Methode den Wert von smackoverAR.population ändert. Wenn ein Objekt an eine Methode übergeben wird, erstellt das Programm keine Kopie des kompletten Objekts, sondern eine Kopie einer Referenz (eines Zeigers) auf dieses Objekt. Abbildung 10.11 zeigt, wie das Programm eine Kopie eines Pfeils anlegt, der auf das Objekt zeigt.)

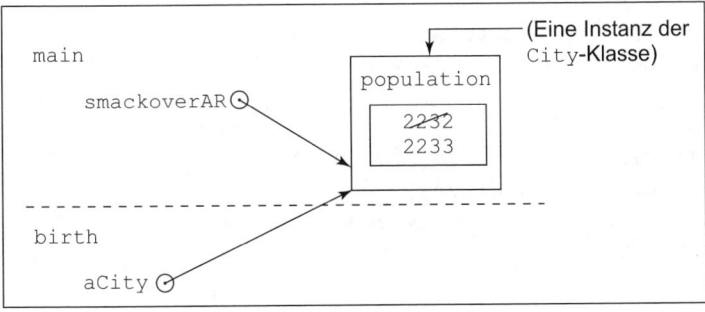

Abbildung 10.12: Übergabe per Referenz

Abbildung 10.12 zeigt nur eine Instanz der City-Klasse, die eine population-Variable enthält. Behalten Sie dieses Objekt im Auge, wenn Sie die folgenden Schritte lesen:

1. Unmittelbar bevor die birth-Methode aufgerufen wird, bezieht sich die smackoverAR-Variable auf dieses Objekt – die Instanz der City-Klasse.

2. Wenn die birth-Methode aufgerufen wird und smackoverAR dem aCity-Parameter der birth-Methode übergeben wird, kopiert das Programm die Referenz von smackoverAR in aCity. Jetzt bezieht sich aCity auf dasselbe Objekt – auf die Instanz der City-Klasse.

3. Wenn der Befehl aCity.population++ innerhalb der birth-Methode ausgeführt wird, addiert das Programm 1 zu der population-Variable des Objekts. Jetzt enthält die eine und einzige City-Instanz des Programms in ihrer population-Variablen den Wert 2233.

4. Der Programmablauf kehrt zu der main-Methode zurück. Der Wert von smackover AR.population wird ausgegeben. Aber smackoverAR bezieht sich auf die einzige Instanz der City-Klasse. Deshalb hat smackoverAR.population den Wert 2233. Die Familie Kermongoos ist ganz stolz.

Ein Objekt von einer Methode zurückgeben

Ob Sie es glauben oder nicht: Es gibt noch eine Gruppe von Java-Methoden, die in den vorangegangenen Abschnitten über die Übergabe von Parametern noch nicht behandelt wurden. Wenn Sie eine Methode aufrufen, kann die Methode etwas an den aufrufenden Code zurückgeben. In den vorangegangenen Kapiteln und Abschnitten wurden primitive Werte wie int-Werte oder nichts (void) zurückgegeben. In diesem Abschnitt wird ein ganzes Objekt zurückgegeben. Es hat den Typ City (siehe Listing 10.12). Der Code steht in Listing 10.14.

```java
class TrackPopulation4
{
    public static void main(String args[]) {
        City smackoverAR = new City();
        smackoverAR.population = 2232;
        smackoverAR = doBirth(smackoverAR);
        System.out.println(smackoverAR.population);
    }

    public static City doBirth(City aCity) {
        City myCity = new City();
        myCity.population = aCity.population+1;
        return myCity;
    }
}
```

Listing 10.14: Hier bitte, eine City

Wenn Sie dieses Programm ausführen, wird die Zahl 2233 ausgegeben. Der Code weist die doBirth-Methode an, eine weitere City-Instanz zu erstellen. In der neuen Instanz hat population den Wert 2233 (siehe Abbildung 10.13).

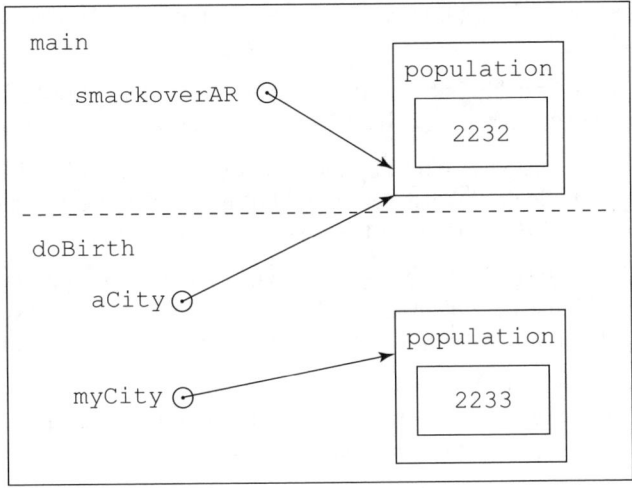

Abbildung 10.13: Die doBirth*-Methode erstellt eine* City*-Instanz.*

Wenn die Ausführung der doBirth-Methode beendet wird, wird die City-Instanz an die main-Methode zurückgegeben. Dort wird diese Instanz (die von der doBirth-Methode zurückgegeben wurde) der smackoverAR-Variablen zugewiesen (siehe Abbildung 10.14). Jetzt bezieht sich smackoverAR auf eine ganz neue City-Instanz – eine Instanz, deren population den Wert 2233 hat.

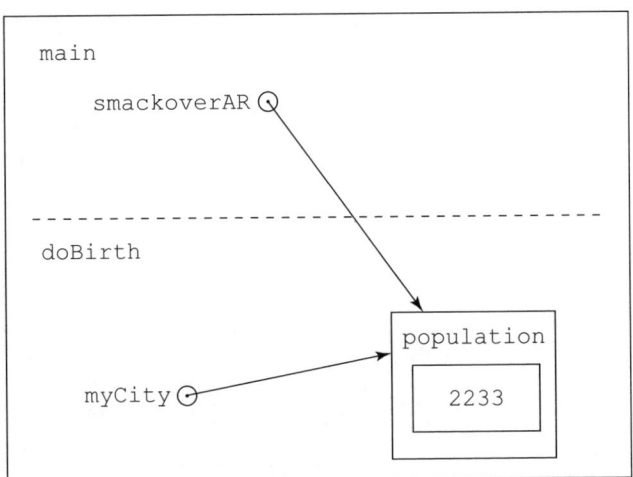

Abbildung 10.14: Die neue City*-Instanz wird der* smackoverAR*-Variablen zugewiesen.*

Beachten Sie in Listing 10.14 die Übereinstimmung der Typen des Aufrufs und des Rückgabewerts der doBirth-Methode.

✔ Die smackoverAR-Variable hat den Typ City. Die smackoverAR-Variable wird an den aCity-Parameter übergeben, der ebenfalls vom Typ City ist.

✔ Die myCity-Variable ist vom Typ City. Die myCity-Variable wird in dem return-Befehl der doBirth-Methode zurückgegeben. Dies stimmt mit dem deklarierten Rückgabewert im Kopf der doBirth-Methode (public static City) überein.

✔ Die doBirth-Methode gibt ein Objekt vom Typ City zurück. Zurück in der main-Methode wird das Objekt, das der Aufruf von doBirth zurückgibt, der smackoverAR-Variablen zugewiesen, und die smackoverAR-Variable ist (wie Sie vermutet haben) vom Typ City.

Diese Übereinstimmung der Typen wirkt nicht nur sehr harmonisch, sondern ist absolut erforderlich. Wenn Sie ein Programm schreiben und die Typen in dem Programm nicht übereinstimmen, gibt der Compiler die Meldung aus, dass die Typen inkompatibel sind (incompatible types).

Epilog

Die Familie Kermongoos und ihr neugeborenes Baby sind wohlauf, und sie leben glücklich in ihrem Haus in Smackover in Arkansas.

Teil IV

Fortgeschrittene Java-Techniken

The 5th Wave · By Rich Tennant

»Wir sollen hier den Code bereinigen.«

In diesem Teil ...

Wenn Sie bis hierher gekommen sind, sind Sie bereit, einige wichtige Java-Konzepte kennenzulernen. Dieser Teil des Buchs beschreibt kompliziertere Dinge, kleine Haken und Ösen, spezielle Regeln und nicht so spezielle Ausnahmen. Wie üblich sollten Sie sich davon nicht beeindrucken lassen. Ich führe Sie Schritt für Schritt in kleinen gut zu bewältigenden Portionen an diese Themen heran, sodass der Stoff leicht und interessant bleibt und Sie nicht »erschlägt«.

Mit Arrays mehrere Werte auf einmal verwalten

11

In diesem Kapitel

▶ Mit mehreren Werten auf einmal umgehen

▶ Werte zu Beginn der Programmausführung erstellen

▶ Andere Programmierer mit raffinierten generischen Typen beeindrucken

---

*W*illkommen im Java-Motel! Keine lästigen Pagen, kein überteuerter Zimmerservice, keine dummen Scherze – einfach nur saubere Doppelzimmer zu günstigen Preisen.

Was sind Arrays?

Das Java-Motel hat zehn komfortable Zimmer. Seltsamerweise sind die Zimmer von 0 bis 9 nummeriert. Sagen wir mal, dass ich daran nicht unschuldig bin – mit null zu beginnen, macht die Beispiele in diesem Kapitel etwas einfacher.

Ihre Aufgabe besteht darin, die Anzahl der Gäste pro Zimmer zu verwalten. Weil es zehn Zimmer gibt, denken Sie vielleicht daran, zehn Variablen zu definieren:

```
int guestsInRoomNum0, guestsInRoomNum1, guestsInRoomNum2,
    guestsInRoomNum3, guestsInRoomNum4, guestsInRoomNum5,
    guestsInRoomNum6, guestsInRoomNum7, guestsInRoomNum8,
    guestsInRoomNum9;
```

Dieser Ansatz wirkt etwas ineffizient. Doch dies ist nicht der einzige Mangel dieses Codes. Noch problematischer ist die Tatsache, dass Sie diese Variablen nicht in einer Schleife durchlaufen können. Um den Wert jeder Variablen zu lesen, müssen Sie die `nextInt`-Methode zehnmal kopieren.

```
guestsInRoomNum0 = diskScanner.nextInt();
guestsInRoomNum1 = diskScanner.nextInt();
guestsInRoomNum2 = diskScanner.nextInt();
... usw.
```

Sicher gibt es eine bessere Methode.

Diese bessere Methode arbeitet mit einem Array. Ein *Array* besteht aus einer Reihe von Werten – vergleichbar mit einer Reihe der Zimmer eines einstöckigen Motels. Um sich das Array zu veranschaulichen, sollten Sie sich das Java-Motel folgendermaßen vorstellen:

✔ Stellen Sie sich zunächst die Zimmer in einer Reihe nebeneinander vor.

✔ Stellen Sie sich dann vor, dass die Vorderwände der Zimmer fehlen und Sie direkt in die Zimmer blicken und die Anzahl der Gäste sehen können.

✔ Ignorieren Sie die Details, die Sie sehen, und konzentrieren Sie sich nur auf die abstrakte Anzahl der Gäste pro Zimmer. Abbildung 11.1 soll Ihnen dabei helfen.

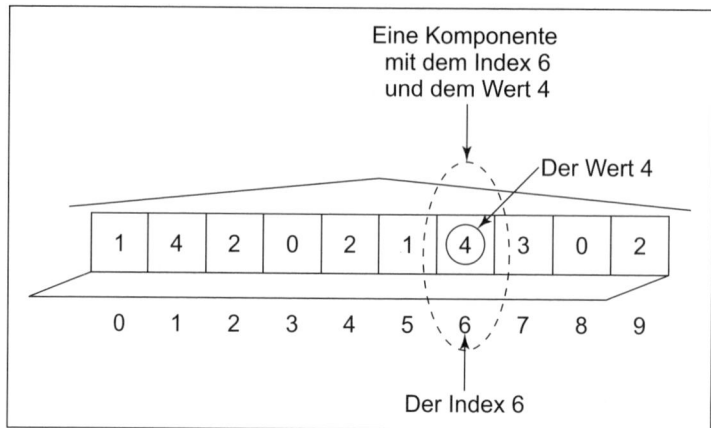

Abbildung 11.1: Eine abstrakte Darstellung der Zimmer in dem Java-Motel

In der Terminologie dieses Kapitels wird die Reihe der Zimmer als ein _Array_ bezeichnet. Jedes Zimmer in dem Array wird als _Komponente_ oder _Element_ des Arrays bezeichnet. Jede Komponente ist mit zwei Zahlen verbunden:

✔ mit der Zimmernummer (einer Zahl von 0 bis 9), die als _Index_ des Arrays bezeichnet wird,

✔ mit einer Anzahl von Gästen, die als Wert in einer Komponente des Arrays gespeichert ist.

Wenn Sie ein Array verwenden, ersparen Sie sich die unsinnige Wiederholung in dem obigen Beispielcode. Um beispielsweise ein Array mit zehn Werten zu deklarieren, können Sie eine ziemlich kurze Anweisung schreiben:

```
int guests[] = new int[10];
```

Wenn Sie viele Worte machen wollen, können Sie daraus auch zwei Anweisungen machen:

```
int guests[];
guests = new int[10];
```

Achten Sie auf die Zahl 10 in diesen beiden Code-Abschnitten. Diese Zahl weist den Computer an, ein guests-Array mit zehn Komponenten zu erstellen. Jede Komponente des Arrays hat einen eigenen Namen. Die erste Komponente wird mit guests[0], die zweite mit guests[1] usw. bezeichnet. Die letzte der zehn Komponenten wird guests[9] genannt.

 Wenn Sie ein Array erstellen, geben Sie immer die Anzahl der Komponenten an. Die Indexe eines Arrays beginnen mit 0 und enden mit der Zahl, die um eins kleiner als die Gesamtzahl der Komponenten ist.

Die beiden obigen Code-Abschnitte enthalten zwei Methoden, um ein Array zu erstellen – die eine Methode verwendet eine Zeile, die andere zwei Zeilen. Wenn Sie die Methode wählen, die mit einer einzelnen Zeile arbeitet, können Sie diese Zeile nach Wunsch innerhalb oder außerhalb einer Methode verwenden. Wenn Sie dagegen zwei separate Zeilen benutzen, sollte sich die zweite Zeile, `guests = new int[10]`, innerhalb einer Methode befinden.

Bei einer Array-Deklaration können Sie die eckigen Klammern entweder vor oder nach dem Variablennamen angeben. Anders ausgedrückt: Sie können `int guests[]` oder `int[] guests` schreiben. Das Programm erstellt die `guests`-Variable unabhängig von der Form.

Ein Array in zwei einfachen Schritten erstellen

Betrachten wir noch einmal die beiden Zeilen, mit denen Sie ein Array erstellen können:

```
int guests[];
guests = new int[10];
```

Jede Zeile erfüllt einen ganz bestimmten Zweck:

✔ `int guests[]`: Diese erste Zeile ist eine Deklaration. Die Deklaration reserviert den Array-Namen (in diesem Fall `guests`) für die Anwendung im Rest des Programms. Angewendet auf das Beispiel des Java-Motels bedeutet dies: »Ich will hier ein Motel bauen und eine bestimmte Zahl von Gästen in jedem Zimmer unterbringen.« (Siehe Abbildung 11.2.)

Kümmern Sie sich im Moment nicht darum, was die Deklaration `int guests[]` tut. Achten Sie lieber darauf, was die Deklaration `int guests[]` *nicht tut*. Die Deklaration reserviert keine zehn Speicherstellen. Tatsächlich erstellt eine Deklaration wie `int guests[]` nicht wirklich ein Array, sondern nur die `guests`-Variable. An dieser Stelle des Codes bezieht sich die `guests`-Variable noch nicht auf ein richtiges Array. (Anders ausgedrückt: Das Motel ist noch nicht gebaut worden.)

✔ `guests = new int[10]`: Diese zweite Zeile ist ein Zuweisungsbefehl. Dieser Befehl reserviert im Speicher des Computers zehn Speicherstellen für `int`-Werte. (Anders ausgedrückt: Das Motel ist endlich gebaut worden, und die Gäste können in die Zimmer einziehen; siehe noch einmal Abbildung 11.2.)

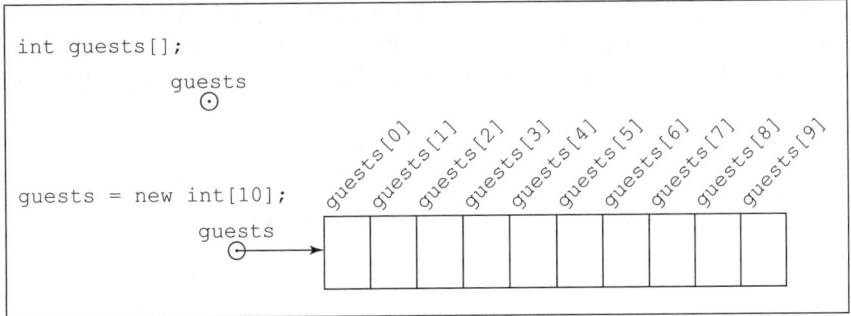

Abbildung 11.2: Zwei Schritte, um ein Array zu erstellen

Werte speichern

Nachdem Sie ein Array erstellt haben, können Sie den Komponenten des Arrays Werte zuweisen. Wenn Sie beispielsweise die Tatsache speichern wollen, dass Zimmer 6 vier Gäste beherbergt, weisen Sie der Komponente mit dem Index 6 die Zahl vier zu: `guests[6]=4`.

Jetzt nimmt das Geschäft zu. Ein großer Bus hält vor dem Motel. Die Seiten des Busses tragen die Aufschrift »Arche Noah«. Aus dem Bus steigen 25 Paare aus und drängen sich in das kleine Büro des Motels. Nur zehn Paare können im Java-Motel unterkommen, aber das ist kein Problem, weil die anderen 15 Paare in einem alten Resort-Hotel in der Nähe schlafen können.

Um die zehn Paare in dem Java-Motel zu beherbergen, bringen Sie jeweils ein Paar (zwei Gäste) in jedem Ihrer zehn Zimmer unter. Da Sie ein Array erstellt haben, können Sie die Indizierungsmöglichkeiten des Arrays nutzen und eine `for`-Schleife schreiben:

```
for (int roomNum = 0; roomNum < 10; roomNum++) {
    guests[roomNum] = 2;
}
```

Diese Schleife ersetzt zehn Zuweisungsbefehle. Beachten Sie, wie der Schleifenzähler von 0 bis 9 geht. Vergleichen Sie diese Werte mit Abbildung 11.2 und erinnern Sie sich daran, dass die Indexe eines Arrays von 0 bis zu einer Zahl gehen, die um eins kleiner als die Anzahl der Komponenten in dem Array ist.

Nun geht es in der Welt selten geordnet zu, deshalb kommen Ihre Gäste nicht immer hübsch in Paaren an, und Sie müssen jedes Zimmer mit einer anderen Zahl von Gästen belegen. Wahrscheinlich speichern Sie Informationen über Zimmer und Gäste in einer Datenbank. In diesem Fall können Sie ein Array immer noch mit einer Schleife durchlaufen und dabei die jeweilige Zahl der Gäste abfragen. Der entsprechende Code könnte folgendermaßen aussehen:

```
resultset =
    statement.executeQuery("select GUESTS from RoomData");
for (int roomNum = 0; roomNum < 10; roomNum++) {
    resultset.next();
    guests[roomNum] = resultset.getInt("GUESTS");
}
```

Halt! Datenbanken werden erst in Kapitel 16 behandelt. Deshalb werden wir hier die Zahlen der Gäste aus einer einfachen Textdatei einlesen. Eine Beispieldatei wird in Abbildung 11.3 gezeigt. Nachdem Sie eine Datei erstellt haben, können Sie die `Scanner`-Klasse benutzen, um die Werte aus der Datei einzulesen. Der Code wird in Listing 11.1 gezeigt, der Output steht in Abbildung 11.4.

```
1 4 2 0 2 1 4 3 0 2
```

Abbildung 11.3: Die Datei `GuestList.txt`

```java
import static java.lang.System.out;
import java.util.Scanner;
import java.io.File;
import java.io.IOException;

class ShowGuests {

    public static void main(String args[])
                    throws IOException {
        int guests[] = new int[10];
        Scanner diskScanner =
                new Scanner(new File("GuestList.txt"));

        for(int roomNum = 0; roomNum < 10; roomNum++) {
            guests[roomNum] = diskScanner.nextInt();
        }

        out.println("Zimmer\tGaeste");

        for(int roomNum = 0; roomNum < 10; roomNum++) {
            out.print(roomNum);
            out.print("\t");
            out.println(guests[roomNum]);
        }
    }
}
```

Listing 11.1: Ein Array mit Werten füllen

Zimmer	Gaeste
0	1
1	4
2	2
3	0
4	2
5	1
6	4
7	3
8	0
9	2

Abbildung 11.4: Den Code in Listing 11.1 ausführen

Der Code in Listing 11.1 enthält zwei for-Schleifen. Die erste Schleife liest die Zahlen der Gäste ein, und die zweite gibt die Zahlen der Gäste aus.

 Jedes Array verfügt über ein eingebautes Längenfeld. Die *Länge eines Arrays* ist die Anzahl seiner Komponenten. Deshalb erhalten Sie in Listing 11.1 den Wert 10, wenn Sie den Wert von `guests.length` ausgeben.

Tabstopps und andere Sonderzeichen

In der Ausgabeschleife von Listing 11.1 verwenden einige `print`- und `println`-Aufrufe die Flucht- oder *Escape-Sequenz* \t, mit der nicht der Buchstabe *t*, sondern ein Tabulatorzeichen angezeigt wird. Das Programm springt zum nächsten Tabstopp weiter, bevor es weitere Zeichen ausgibt. Java verfügt über einige dieser praktischen Escape-Sequenzen. Tabelle 11.1 stellt ein paar vor.

Sequenz	Bedeutung
\b	Backspace
\t	Horizontaler Tabulator
\n	Zeilenvorschub (Linefeed)
\f	Seitenvorschub (Formfeed)
\r	Wagenrücklauf (Carriage-Return)
\"	Doppeltes Anführungszeichen "
\'	Einfaches Anführungszeichen '
\\	Backslash \

Tabelle 11.1: Escape-Sequenzen

Einen Array-Initialisierer verwenden

Abgesehen von dem, was Listing 11.1 zeigt, gibt es noch eine weitere Methode, um in Java ein Array mit Werten zu füllen: einen Array-*Initialisierer*. Wenn Sie einen Array-Initialisierer verwenden, müssen Sie dem Programm nicht einmal mitteilen, wie viele Komponenten das Array hat; es ermittelt dies automatisch.

Listing 11.2 zeigt eine neue Version des Codes, um ein Array zu füllen. Das Programm hat denselben Output wie das Programm in Listing 11.1 (siehe Abbildung 11.4). Der einzige Unterschied zwischen den Listings 11.1 und 11.2 ist der Text, der in Listing 11.2 fett dargestellt wird. Der fette Text stellt einen Array-Initialisierer dar.

```
import static java.lang.System.out;

class ShowGuests {
    public static void main(String args[]) {
        int guests[] = {1, 4, 2, 0, 2, 1, 4, 3, 0, 2};
```

```
out.println("Zimmer\tGaeste");
for (int roomNum = 0; roomNum < 10; roomNum++) {
   out.print(roomNum);
   out.print("\t");
   out.println(guests[roomNum]);
}
}
}
```

Listing 11.2: Einen Array-Initialisierer verwenden

Ein Array-Initialisierer kann Ausdrücke und Literale enthalten. Umgangssprachlich bedeutet dies: Sie können beliebige Ausdrücke zwischen die Kommas des Initialisierers einfügen. Beispielsweise würde auch ein Initialisierer wie {1+3, myScanner.nextInt(), 2,0,2,1,4,3,0,2} einwandfrei funktionieren.

Ein Array mit einer verbesserten for-Schleife durchlaufen

Die neue verbesserte Java-Version 5.0 verfügt auch über eine verbesserte for-Schleife. Diese Schleife verwendet keine Zähler oder Indexe. Listing 11.3 zeigt, wie das funktioniert.

Die Informationen in diesem Abschnitt gelten für Java 5.0, Java 6, JDK 7 oder welche Versionsnummer in den nächsten Jahren auch auftauchen mag. Die hier beschriebenen Verfahren funktionieren jedoch nicht bei älteren Versionen von Java, wie z.B. 1.3, 1.4 usw. Weitere Informationen über die Versionsnummern von Java finden Sie in Kapitel 2.

```
import static java.lang.System.out;

class ShowGuests {

   public static void main(String args[]) {
      int guests[] = {1, 4, 2, 0, 2, 1, 4, 3, 0, 2};
      int roomNum = 0;

      out.println("Zimmer\tGaeste");
      for (int numGuests : guests) {
         out.print(roomNum++);
         out.print("\t");
         out.println(numGuests);
      }
   }
}
```

Listing 11.3: Eine verbesserte for-Schleife

Die Listings 11.1 und 11.3 erzeugen denselben Output (siehe Abbildung 11.4).

Wenn Sie sich die Schleife in Listing 11.3 anschauen, sehen Sie dasselbe alte Muster. Ebenso wie die Schleifen in Listing 6.5 verfügt die Schleife in diesem Beispiel über drei Teile:

```
for (variablentyp variablenname : wertebereich)
```

Die ersten beiden Teile sind `variablentyp` und `variablenname`. Die Schleife in Listing 11.3 definiert eine Variable namens `numGuests` vom Typ `int`. Bei jeder Schleifeniteration nimmt die Variable `numGuests` einen neuen Wert an (siehe Abbildung 11.4). Der Anfangswert ist 1. Der nächste Wert ist 4. Danach kommt 2. Und so weiter.

Wie findet die Schleife all diese Zahlen? Die Antwort lautet: im `wertebereich` der Schleife. In Listing 11.3 hat die Schleife den `wertebereich guests`. Deshalb hat `numGuests` bei der ersten Schleifeniteration den Wert von `guests[0]` (also 1). Bei der nächsten Iteration hat `numGuests` den Wert von `guests[1]` (also 4). Dann kommt `guests[2]` (also 2). Und so weiter.

 Die verbesserte `for`-Schleife von Java muss mit Vorsicht eingesetzt werden. Bei jedem Schleifendurchlauf wird in der Variablen, die den Wertebereich durchläuft, eine *Kopie* des Werts aus dem Originalbereich abgelegt. Die Variable verweist *nicht* auf den eigentlichen Bereich.

Wenn Sie beispielsweise in Listing 11.3 eine Zuweisung einfügen, die den Wert von `numGuests` ändert, wirkt sich diese Anweisung nicht auf Werte im Array `guests` aus. Um dies besser zu verstehen, stellen Sie sich vor, das Geschäft läuft schlecht und ich habe das `guests`-Array meines Hotels mit Nullen gefüllt. Anschließend führe ich den folgenden Code aus:

```
for (int numGuests : guests) {
   numGuests += 1;
   out.println(numGuests + " ");
}

out.println();

for (int numGuests : guests) {
   out.print(numGuests + " ");
}
```

Die Variable `numGuests` nimmt die im `guests`-Array abgelegten Werte an. Aber die Anweisung `numGuests += 1` ändert den in diesem `guests`-Array abgelegten Wert nicht. Der Code erzeugt also die folgende Ausgabe:

```
1 1 1 1 1 1 1 1 1
0 0 0 0 0 0 0 0 0
```

Suchen

Sie sitzen am Empfang Ihres Java-Motels. Da kommt eine Gruppe von fünf Leuten herein, die ein Zimmer suchen. Deshalb benötigen Sie Software, die prüft, ob ein Zimmer frei ist. Falls dies der Fall ist, soll die Software die `GuestList`-Datei (Abbildung 11.3) ändern, indem sie die Zahl 0 durch die Zahl 5 ersetzt. Wie es das Schicksal so will, befindet sich diese Software direkt auf Ihrer Festplatte. Die Software wird in Listing 11.4 gezeigt.

```
import static java.lang.System.out;
import java.util.Scanner;
import java.io.File;
import java.io.IOException;
import java.io.PrintStream;

public class FindVacancy {
    public static void main(String args[])
                        throws IOException {
        Scanner keyboard = new Scanner(System.in);
        Scanner diskScanner =
                new Scanner(new File("GuestList.txt"));
        int guests[] = new int[10];
        int roomNum;

        for (roomNum = 0; roomNum < 10; roomNum++) {
            guests[roomNum] = diskScanner.nextInt();
        }

        roomNum = 0;
        while (roomNum < 10 && guests[roomNum] != 0) {
            roomNum++;
        }

        if (roomNum == 10) {
            out.println("Leider ist kein Zimmer frei.");
        } else {
            out.print("Wie viele Gaeste in Zimmer ");
            out.print(roomNum);
            out.print("? ");
            guests[roomNum] = keyboard.nextInt();

            PrintStream listOut =
                        new PrintStream("GuestList.txt");

            for (roomNum = 0; roomNum < 10; roomNum++) {
                listOut.print(guests[roomNum]);
                listOut.print(" ");
            }
        }
    }
}
```

Listing 11.4: Ist ein Zimmer frei?

Die Abbildungen 11.5 bis 11.7 zeigen mehrere Ausführungen des Programms aus Listing 11.4. Weiter oben in Abbildung 11.3 beginnt das Motel mit zwei leeren Zimmern, 3 und 8. (Vergessen Sie nicht, dass die Zählung der Zimmer mit 0 beginnt.) Wenn Sie den Code in Listing 11.4 das erste Mal ausführen, meldet das Programm, dass Zimmer 3 frei ist, und weist ihm fünf Gäste zu. Bei der zweiten Ausführung findet das Programm das restliche leere Zimmer (Zimmer 8) und weist diesem eine Gesellschaft von zehn Personen zu. (Was für eine Party!) Bei der dritten Ausführung des Programms gibt es keine freien Zimmer mehr. In diesem Fall zeigt das Programm die Meldung `Leider ist kein Zimmer frei.` an.

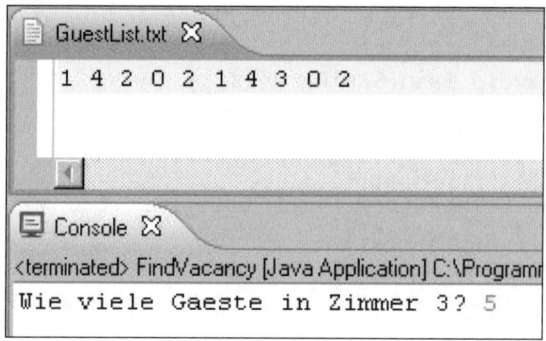

Abbildung 11.5: Freie Zimmer belegen

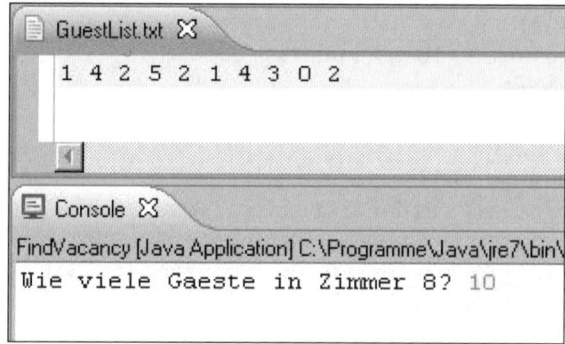

Abbildung 11.6: Das letzte freie Zimmer belegen

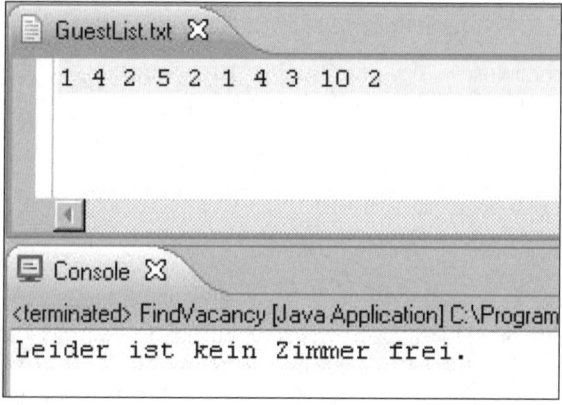

Abbildung 11.7: Keine Zimmer mehr frei

Bei jeder Ausführung des Codes in Listing 11.4 wird eine brandneue `Guest List.txt`-Datei geschrieben. Dies kann leicht verwirrend sein, weil jede Java-IDE den Inhalt der Datei `GuestList.txt` anders anzeigt. Einige IDEs zeigen nicht automatisch die neueste `GuestList.txt` an. Nachdem Sie den Code in Listing 11.4 ausgeführt haben, erkennen Sie möglicherweise nicht sofort eine Änderung. (Beispielsweise ist in Abbildung 11.5 Zimmer 3 leer. Nach einer Ausführung des Codes zeigt Abbildung 11.6 jedoch, dass Zimmer 3 mit fünf Gästen belegt ist.) Selbst wenn Sie keine Änderung sehen, wird die Datei `Guest List.txt` durch aufeinanderfolgende Ausführung des Codes aus Listing 11.4 verändert. Spielen Sie in Ihrer bevorzugten IDE ein bisschen herum, um festzustellen, wie die IDE die Anzeige der Datei `GuestList.txt` aktualisiert.

Listing 11.4 verwendet Tricks aus anderen Abschnitten dieses Buches. Die einzige wirklich neue Funktion in diesem Code ist die `PrintStream`-Klasse, mit der Sie Daten in eine Festplattendatei schreiben können. Was passiert eigentlich, wenn Sie in den Beispielen dieses Buches `System.out.print`, `out.println` oder eine Variante dieser Methoden aufrufen?

`System.out` ist ein Objekt, das in der Java-API definiert ist. Es ist eine Instanz einer Klasse namens `java.io.PrintStream` (oder kurz `PrintStream`). Jedes Objekt dieser Klasse verfügt unter anderem über die Methoden `print` und `println`. Dies gilt also auch für das `PrintStream`-Objekt `out`. Wenn Sie `System.out.println` aufrufen, rufen Sie eine Methode einer `PrintStream`-Instanz auf.

Ja und? Nun ja, `System.out` steht immer für einen Textbereich auf Ihrem Bildschirm. Wenn Sie ein eigenes `PrintStream`-Objekt erstellen, können Sie damit auch eine Festplattendatei referenzieren. Wenn Sie dann eine `print`-Methode des Objekts aufrufen, wird Text in eine Datei auf Ihrer Festplatte geschrieben.

Wenn Sie also in Listing 11.4 sagen

```
PrintStream listOut = new PrintStream("GuestList.txt");

listOut.print(guests[roomNum]);
listOut.print(" ");
```

weisen Sie Java an, den Text in die Datei `GuestList.txt` auf der Festplatte zu schreiben.

Auf diese Weise wird die Anzahl der Gäste in dem Motel aktualisiert. Wenn Sie `listOut.print` mit der Anzahl der Gäste in Zimmer 3 aufrufen, können Sie beispielsweise die Zahl 5 ausgeben. Deshalb ändert sich von Abbildung 11.5 zu Abbildung 11.6 eine Zahl in der Datei `Guest List.txt` von 0 in 5. Wenn Sie in Abbildung 11.6 das Programm ein zweites Mal ausführen, liest es die aktualisierte Datei ein. Da Zimmer 3 nicht mehr frei ist, schlägt das Programm diesmal Zimmer 8 vor.

Wie viele andere ähnliche Methoden und Konstruktoren macht der `PrintStream`-Konstruktor keine großen Umstände mit Dateien. Wenn er keine `Guest List.txt`-Datei findet, erstellt er eine neue Datei. Wenn bereits eine `Guest List.txt`-Datei vorhanden ist, überschreibt er sie. Falls Ihnen dies nicht gefällt, müssen Sie eigene Vorsichtsmaßnahmen programmieren, bevor Sie den `Print Stream`-Konstruktor aufrufen.

 Dies ist eher eine Beobachtung als ein Tipp. Nehmen wir an, Sie wollen Daten aus einer Datei namens `Employees.txt` *einlesen* und erstellen zu diesem Zweck mit `new Scanner(new File("Employees.txt"))` einen Scanner. Falls Sie aus Versehen `new Scanner("Employees.txt")` ohne `new File` aufrufen, wird keine Verbindung zu Ihrer `Employees.txt`-Datei hergestellt. Doch wenn Sie Daten *schreiben* wollen, rufen Sie `new PrintStream("GuestList.txt")` ohne `new File` auf. Wenn Sie hier aus Versehen `new File` angeben, meldet der Compiler einen Fehler.

 In Listing 11.4 kann die Bedingung `roomNum < 10 && guests[roomNum] != 0` wirklich verzwickt sein. Wenn Sie die Elemente umstellen und `guests[room Num] != 0 && roomNum < 10` schreiben, bekommen Sie ernste Probleme. Näheres finden Sie auf der Website dieses Buches.

Arrays von Objekten

Sie haben das Java-Motel neu eröffnet und arbeiten mit einer verbesserten Software zur Registrierung von Gästen! Wir wollen jetzt untersuchen, ob wir einige Ideen der objektorientierten Programmierung anwenden können, indem wir versuchen, mit einer Room-Klasse (Zimmer-Klasse) zu arbeiten.

Eine Instanz dieser Klasse, also eine Room-Instanz (Zimmer-Instanz), hätte drei Eigenschaften: die Anzahl der Gäste in dem Zimmer, der Preis und ein Raucher/Nichtraucher-Merkmal. Abbildung 11.8 verdeutlicht die Situation.

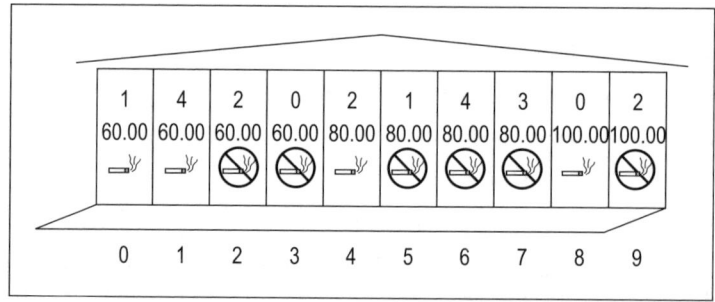

Abbildung 11.8: Eine weitere abstrakte Darstellung der Zimmer in dem Java-Motel

Listing 11.5 zeigt den Code, der die Room-Klasse beschreibt. Wie versprochen, hat jede Instanz der Room-Klasse drei Variablen: `guests`, `rate` und `smoking`. (Wenn die boolesche Variable `smoking` den Wert `false` hat, handelt es sich um ein Nichtraucher-Zimmer.) Zusätzlich verfügt die Room-Klasse über eine statische Variable namens `currency`, die für die Formatierung der Zimmerpreise sorgt. (Statische Variablen werden in Kapitel 10 beschrieben.)

```
import static java.lang.System.out;
import java.util.Scanner;
import java.text.NumberFormat;

class Room {
    private int guests;
    private double rate;
    private boolean smoking;
    private static NumberFormat currency =
            NumberFormat.getCurrencyInstance();

    public void readRoom(Scanner diskScanner) {
        guests = diskScanner.nextInt();
        rate = diskScanner.nextDouble();
        smoking = diskScanner.nextBoolean();
    }

    public void writeRoom() {
        out.print(guests);
        out.print("\t");
        out.printf(currency.format(rate));
        out.print(" \t");
        out.println(smoking ? "ja" : "nein");
    }
}
```

Listing 11.5: Die Room-*Klasse*

Listing 11.5 enthält einige interessante Aspekte, die ich aber erst beschreiben möchte, nachdem Sie den gesamten Code in Aktion gesehen haben. Deshalb geht es hier gleich weiter mit dem Code, der den Code in Listing 11.5 aufruft. Nachdem Sie Arrays von Zimmern kennengelernt haben (siehe Listing 11.6), sollten Sie meine Beschreibung der interessanten Aspekte von Listing 11.5 lesen.

Diese Warnung wiederholt ein Konzept aus Kapitel 4 und Kapitel 7 und vielleicht auch noch aus einem anderen Kapitel: Sie sollten bei der Verwendung des Typs double oder float zum Speichern von Geldbeträgen sehr vorsichtig sein. Berechnungen mit double oder float können ungenau sein. Weitere Informationen (und Warnungen) finden Sie in den Kapiteln 4 und 7.

Die Room-Klasse verwenden

Jetzt fehlt nur noch das Array der Zimmer. Der entsprechende Code befindet sich in Listing 11.6. Der Code liest die Daten aus der Datei RoomList.txt ein. Abbildung 11.9 zeigt den Inhalt dieser Datei.

Abbildung 11.10 zeigt eine Ausführung des Codes in Listing 11.6.

```
1
60,00
true
4
60,00
true
2
60,00
false
0
60,00
false
2
80,00
true
1
80,00
false
4
80,00
false
3
80,00
false
0
100,00
true
2
100,00
false
```

Abbildung 11.9: Eine Datei mit Zimmerdaten

```java
import static java.lang.System.out;
import java.util.Scanner;
import java.io.File;
import java.io.IOException;

class ShowRooms {

    public static void main(String args[]) throws IOException {

        Room rooms[];
        rooms = new Room[10];

        Scanner diskScanner =
                new Scanner(new File("RoomList.txt"));

        for (int roomNum = 0; roomNum < 10; roomNum++) {
            rooms[roomNum] = new Room();
            rooms[roomNum].readRoom(diskScanner);
        }
```

```
out.println("Zimmer\tGaeste\tPreis    \tRaucher?");
for (int roomNum = 0; roomNum < 10; roomNum++) {
    out.print(roomNum);
    out.print("\t");
    rooms[roomNum].writeRoom();
  }
 }
}
```

Listing 11.6: Die Zimmer anzeigen

```
Zimmer  Gaeste  Preis           Raucher?
0       1       60,00 €         ja
1       4       60,00 €         ja
2       2       60,00 €         nein
3       0       60,00 €         nein
4       2       80,00 €         ja
5       1       80,00 €         nein
6       4       80,00 €         nein
7       3       80,00 €         nein
8       0       100,00 €        ja
9       2       100,00 €        nein
```

Abbildung 11.10: Eine Ausführung des Codes in Listing 11.6

In Listing 11.6 geht es hauptsächlich darum, wie ein Array von Objekten erstellt wird. Zu diesem Zweck müssen Sie drei Schritte ausführen: Sie müssen eine Array-Variable, das Array selbst und dann jedes einzelne Objekt in dem Array erstellen. Das ist etwas anderes, als ein Array von int-Werten oder ein Array mit Werten eines anderen primitiven Typs zu erstellen. Bei einem Array mit Werten eines primitiven Typs müssen Sie nur die ersten beiden dieser drei Schritte ausführen.

Um die folgenden Punkte zu verstehen, sollten Sie Listing 11.6 und Abbildung 11.11 zurate ziehen.

✔ **Room rooms[];:** Diese Deklaration erstellt eine rooms-Variable. Diese Variable soll später ein Array speichern (enthält aber im Moment noch nichts).

✔ **rooms = new Room[10];:** Dieser Befehl reserviert zehn Speicherplätze im Speicher des Computers. Der Befehl sorgt außerdem dafür, dass die rooms-Variable die Gruppe der Speicherplätze bezeichnet. Jeder Speicherplatz soll später auf ein Objekt verweisen (enthält im Moment aber noch nichts).

✔ **rooms[roomNum] = new Room();:** Dieser Befehl befindet sich in einer for-Schleife und wird für jedes Zimmer, also insgesamt zehnmal, ausgeführt. Beispielsweise lautet der Befehl bei der ersten Iteration der Schleife rooms[0] = new Room(). Er sorgt dafür, dass der Speicherplatz rooms[0] auf ein tatsächliches Objekt (eine Instanz der Room-Klasse) verweist.

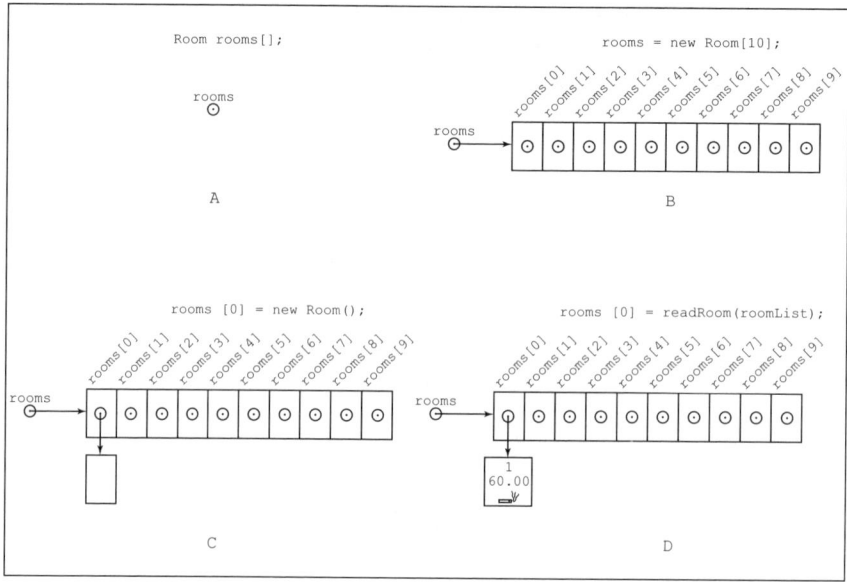

Abbildung 11.11: Die Schritte, um ein Array von Objekten zu erstellen

Obwohl es technisch nicht zu den Schritten gehört, mit denen ein Array erstellt wird, müssen Sie immer noch die Variablen aller Objekte mit Werten füllen. Beispielsweise lautet bei der ersten Iteration der Schleife der `readRoom`-Aufruf `rooms[1].readRoom(diskScanner)`, was bedeutet, dass die Daten aus der `roomList`-Datei in die Variablen des `rooms[1]`-Objekts gelesen werden sollen. Bei jeder Iteration der Schleife erstellt das Programm ein neues Objekt und liest Daten in die Variablen dieses Objekts ein.

Ähnlich wie beim Erstellen eines Arrays mit primitiven Werten können Sie die Schritte zusammenfassen. Beispielsweise können Sie die ersten beiden Schritte in dem folgenden Befehl ausführen:

```
Room rooms[] = new Room[10];
```

Sie können auch einen Array-Initialisierer verwenden. (Eine Einführung in Array-Initialisierer finden Sie in dem Abschnitt »Werte speichern« weiter oben in diesem Kapitel.)

Eine andere Methode, Zahlen zu formatieren

Es gibt mehrere Methoden, um Zahlen zu formatieren. Beispielsweise wird in Listing 7.7 `printf` und in Listing 10.1 ein `DecimalFormat` verwendet. Da ich in Listing 11.5 einen Währungsbetrag anzeige, verwende ich die `NumberFormat`-Klasse mit ihrer `getCurrency Instance`-Methode.

Die Formatierungsanweisungen in den Listings 10.1 und 11.5 unterscheiden sich wenig:

✔ Das eine Listing verwendet einen Konstruktor, das andere ruft `getCurrencyInstance` auf.

Die `getCurrencyInstance`-Methode ist ein gutes Beispiel für eine sogenannte *Factory-Methode*. Eine Factory-Methode ist ein praktisches Werkzeug, um häufig verwendete Objekte zu erstellen. Entwickler benötigen immer wieder Code, der Geldbeträge anzeigt. Deshalb erstellt die `getCurrencyInstance`-Methode ein Währungsformat, ohne dass Sie `new DecimalFormat ("$###0.00;($###0.00)")` schreiben müssen.

Eine Factory-Methode gibt wie ein Konstruktor ein brandneues Objekt zurück. Doch im Gegensatz zu einem Konstruktor hat eine Factory-Methode keinen speziellen Status. Wenn Sie eine Factory-Methode erstellen, können Sie ihr einen beliebigen Namen geben. Wenn Sie eine Factory-Methode aufrufen, verwenden Sie nicht das Schlüsselwort `new`.

✔ Das eine Listing verwendet `DecimalFormat`, das andere `NumberFormat`.

Eine Dezimalzahl ist eine spezielle Art von Zahl. (Tatsächlich ist eine Dezimalzahl eine Zahl, die im Zehnersystem ausgedrückt wird.) Entsprechend ist die `DecimalFormat`-Klasse eine Unterklasse der `NumberFormat`-Klasse. Die `DecimalFormat`-Methoden sind spezieller, sodass ich für die meisten Zwecke `DecimalFormat` verwende. Aber es ist schwieriger, die `getCurrencyInstance`-Methode der `DecimalFormat`-Klasse zu verwenden. Deshalb verwende ich für Programme, bei denen es auch um Geld geht, lieber `NumberFormat`.

✔ Beide Listings verwenden `format`-Methoden.

Letztlich schreiben Sie einfach `currency.format(rate)` oder `decFormat.format (average)`. Den Rest erledigt Java.

 Ab Kapitel 4 spreche ich immer wieder die Warnung aus, dass Typen wie `double` und `float` nicht geeignet sind, Geldwerte zu speichern. Um präzise Geldwertberechnungen zu erhalten, sollten Sie `int`, `long` oder am besten `BigDecimal` verwenden.

Weitere Informationen über die Gefahren von `double`-Typen, `float`-Typen oder Geldwerten finden Sie in Kapitel 5.

Der Bedingungsoperator

Listing 11.5 enthält einen interessanten Operator, den sogenannten *Bedingungsoperator*. Dieser Bedingungsoperator besteht aus drei Ausdrücken. Er gibt den Wert eines dieser Ausdrücke zurück. Der Operator funktioniert wie ein kleiner `if`-Befehl. Seine Struktur ist:

`testBedingung ? ausdruck1 : ausdruck2`

Das Programm wertet die `testBedingung` aus. Wenn sie `true` ist, gibt es den Wert von `ausdruck1`, andernfalls den Wert von `ausdruck2` zurück.

Beispielsweise prüft die Anweisung

`smoking ? "ja" : "nein"`

ob `smoking` den Wert `true` hat. Falls dies der Fall ist, repräsentiert der gesamte Ausdruck den ersten String, `"ja"`, andernfalls den zweiten String, `"nein"`.

Bei einem Aufruf von `println` in Listing 11.5 wird abhängig vom Wert von `smoking` einer der beiden Strings `"ja"` oder `"nein"` angezeigt.

Befehlszeilenargumente

Vor langer Zeit verwendeten die meisten Programmierer eine textbasierte Entwicklungsoberfläche. Um das Beispiel `Displayer` aus Kapitel 3 auszuführen, wählten sie nicht einfach Ausführen in einer vollfunktionalen Entwicklungsumgebung. Stattdessen gaben sie einen Befehl in ein ganz einfaches Fenster aus, üblicherweise in schwarzweiß. Abbildung 11.12 verdeutlicht dies. In Abbildung 11.12 wurden die Wörter `java Displayer` eingegeben, und der Computer reagierte darauf mit dem Output meines Java-Programms: die Wörter `Sie werden Java lieben!`. (Sie müssen ggf. vorher noch in das Verzeichnis navigieren, in dem die Klasse `Displayer` liegt.)

Dieses einfache Fenster kann die unterschiedlichsten Namen haben, abhängig davon, welches Betriebssystem Sie verwenden. In Windows ist ein Textfenster dieser Art eine _Eingabeaufforderung_. Auf einem Macintosh und unter Linux spricht man von einem _Terminal_. Einige Linux- und UNIX-Versionen nennen dieses Fenster eine _Shell_.

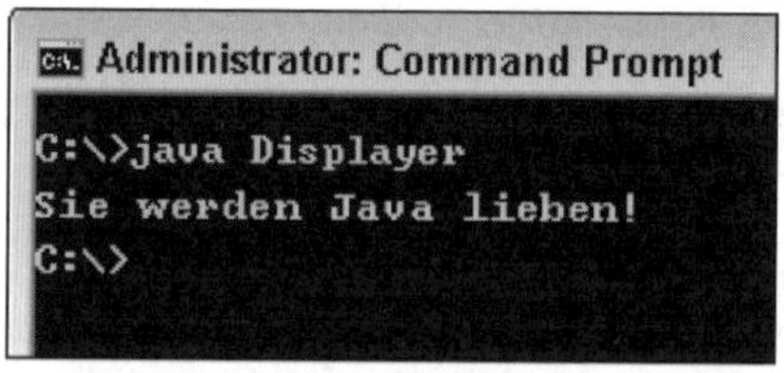

Abbildung 11.12: Ziemlich langweilig!

In dieser guten alten Zeit konnten Sie also ein Programm schreiben, das beim Starten zusätzliche Informationen aus der Befehlszeile erhalten konnte. Abbildung 11.13 zeigt, wie das funktioniert.

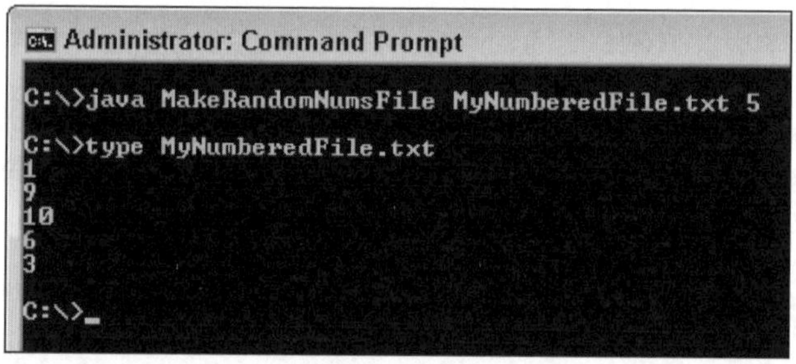

Abbildung 11.13: Beim Starten von `MakeRandomNumsFile` _geben Sie zusätzliche Informationen ein._

In Abbildung 11.13 gibt der Programmierer `java MakeRandomNumsFile` ein, um das Programm zu starten. Aber hinter `java MakeRandomNumsFile` gibt er noch zwei zusätzliche Informationen ein, `MyNumberedFile.txt` und `5`. Bei der Ausführung von `MakeRandomNums File` nutzt das Programm diese zusätzlichen Informationen für irgendwelche internen Zwecke.

In Abbildung 11.13 nimmt das Programm MyNumberedFile.txt 5 auf, aber in einer anderen Situation gibt der Programmierer vielleicht Irgendetwas 28 oder EinPaarZahlen 2000 ein. Diese Zusatzinformation kann bei jeder Ausführung des Programms anders aussehen.

Die nächste Frage lautet: Woher weiß ein Java-Programm, dass es zur Laufzeit zusätzliche Informationen übernehmen soll?

Die Antwort lautet: Die Informationen sind in dem Argument String args[] jeder main-Methode enthalten. Der Parameter args[] ist ein Array von String-Werten. Jeder String-Wert besteht aus einem der Wörter, die Sie nach dem java-Befehl eingegeben haben. Diese Wörter werden als *Befehlszeilenargumente* bezeichnet.

Befehlszeilenargumente in einem Java-Programm verwenden

Listing 11.7 zeigt Ihnen, wie Sie Befehlszeilenargumente in Ihrem Code verwenden können.

```java
import java.util.Random;
import java.io.File;
import java.io.PrintStream;
import java.io.IOException;
class MakeRandomNumsFile {

    public static void main(String args[]) throws IOException {
        Random generator = new Random();

        if (args.length < 2) {
            System.out.println ("Verwendung: MakeRandomNumsFile
            dateiname zahl");
            System.exit(1);
        }

        PrintStream printOut = new PrintStream(args[0]);
        int numLines = Integer.parseInt(args[1]);

        for (int count = 1; count <= numLines; count++) {
            printOut.println(generator.nextInt(10) + 1);
        }
    }
}
```

Listing 11.7: Eine Datei mit Zahlen erzeugen

Wenn ein Programm Befehlszeilenargumente erwartet, können Sie es nicht so starten wie die meisten anderen Programme in diesem Buch, denn wie Sie Befehlszeilenargumente programmieren ist von der verwendeten IDE abhängig, also Eclipse, NetBeans usw. Auf der Website zu diesem Buch finden Sie Anweisungen, wie Programmen unter Verwendung unterschiedlicher IDEs Argumente bereitgestellt werden.

Wenn der Code anfängt zu laufen, erhält das args-Array seine Werte. In der main-Methode von Listing 11.7 nimmt die Array-Komponente args[0] automatisch den Wert "MyNumberedFile" an und args[1] nimmt automatisch den Wert "5" an, sodass die beiden
Zuweisungsbefehle des Programms wie folgt lauten:

```
PrintStream printOut = new PrintStream("MyNumberedFile.txt");
int numLines = Integer.parseInt("5");
```

Das Programm erstellt eine Datei namens MyNumberedFile und setzt numLines auf 5. Später speichert das Programm fünf Werte in MyNumberedFile. Eine Ausführung des Programms erzeugt die Datei, die in Abbildung 11.14 gezeigt wird.

```
6
3
10
10
8
```

Abbildung 11.14: Eine Datei aus einer Ausführung des Codes in Listing 11.7

Wo finden Sie nach der Ausführung des Codes aus Listing 11.7 die neue Datei
(MyNumberedFile.txt) auf Ihrer Festplatte? Die Antwort ist von vielen Dingen
abhängig. Wenn Sie eine IDE wie Eclipse einsetzen, bei der Programme in Projekte unterteilt sind, befindet sich die neue Datei irgendwo im Projektordner. Sie
können Listing 11.7 aber auch so abändern, dass ein vollständiger Pfadname angegeben werden kann, beispielsweise "c:\\MyNumberedFile.txt".

Unter Windows können Pfadnamen Backslash-Zeichen enthalten. Wenn Sie in
Java in einem String-Literal innerhalb doppelter Anführungszeichen einen
Backslash verwenden wollen, müssen Sie einen Doppel-Backslash verwenden.
Aus diesem Grund enthält "c:\\MyNumberedFile.txt" zwei Backslashs. Ein
Pfadname unter Linux und Macintosh dagegen verwendet normale Schrägstri-
che. Um in einem Java-String einen Schrägstrich anzugeben, verwenden Sie
einen Schrägstrich. Um auf eine Datei in Ihrem Dokumente-Verzeichnis auf
Ihrem Macintosh zu verweisen, könnten Sie "/Benutzer/*IhrBenutzername*/
Dokumente/MyNumberedFile.txt" schreiben.

Beachten Sie, dass jedes Befehlszeilenargument ein String-Wert ist, das heißt, args[1] ist
nicht die Zahl Fünf, sondern der String "5", der ein Ziffernzeichen enthält. Da man mit
"5" nicht zählen kann, müssen Sie den String mit der Integer.parseInt-Methode in
einen int-Wert umwandeln (siehe ebenfalls Listing 11.7).

Die parseInt-Methode gehört zur Integer-Klasse. Deshalb setzen Sie den Klassennamen
Integer vor den Methodennamen parseInt. Die Integer-Klasse enthält verschiedene
Methoden, um int-Werte zu manipulieren.

In Java ist Integer der Name einer Klasse, und int ist der Name eines primitiven (einfachen) Typs. Diese beiden Dinge gehören zusammen, sind aber nicht
dasselbe. Die Integer-Klasse enthält Methoden und andere Werkzeuge, um mit
int-Werten zu arbeiten.

Die korrekte Zahl der Befehlszeilenargumente prüfen

Was passiert, wenn der Benutzer einen Fehler macht und in der ersten Zeile in Abbildung 11.13 statt der Zahl 5 nur `MyNumberedFile.txt` eintippt? Das Programm weist `arg[0]` zwar `"YourNumberedFile"` zu, aber `arg[1]` erhält keinen Wert. Das ist schlecht; denn wenn das Programm den Befehl

```
numLines = Integer.parseInt(args[1]);
```

erreicht, bricht es mit einer unfreundlichen `ArrayIndexOutOfBoundsException` ab.

Um diesem Problem vorzubeugen, sollten Sie die Länge des `args`-Arrays prüfen und `args.length` mit 2 vergleichen. Wenn das `args`-Array weniger als zwei Komponenten enthält, können Sie das Programm mit einer Meldung beenden (siehe Abbildung 11.15).

```
Verwendung: MakeRandomNumsFile dateiname zahl
```

Abbildung 11.15: Der Code in Listing 11.7 sagt Ihnen, wie er ausgeführt werden muss.

Trotz der Prüfung von `args.length` in Listing 11.7 ist der Code noch nicht absturzsicher. Wenn Sie **fünf** statt **5** eingeben, bricht das Programm mit einer `NumberFormatException` ab. Das zweite Befehlszeilenargument darf kein Wort sein, sondern muss eine Zahl (genauer gesagt: eine Ganzzahl) enthalten. Ich könnte die entsprechenden Befehle zu Listing 11.7 hinzufügen, um den Code sicherer zu machen, aber das Abfangen einer `NumberFormatException` ist Thema von Kapitel 12.

Wenn Sie mit Befehlszeilenargumenten arbeiten, können Sie auch `String`-Werte übergeben, die Leerzeichen enthalten. In diesem Fall müssen Sie den betreffenden Wert einfach in doppelte Anführungszeichen einschließen. Beispielsweise könnten Sie das Programm aus Listing 11.7 mit den Argumenten `"My File.txt"` 7 aufrufen.

Damit ist die Beschreibung der Arrays in diesem Buch beendet. Im nächsten Abschnitt geht es um ein anderes Thema. Doch bevor wir das Thema der Arrays verlassen wollen, überlegen Sie sich Folgendes: Ein Array ist eine Reihe von Elementen, und nicht alle Arten von Elementen passen in nur eine einzige Zeile. Betrachten Sie das Motel in den ersten Beispielen dieses Kapitels. Die Motelzimmer mit den Nummern 0 bis 9 befinden sich in einer großen Linie. Aber wie ist es, wenn Sie sich in der großen Welt umschauen? Sie kaufen ein großes Hotel mit 50 Stockwerken und 100 Zimmern pro Stockwerk. Dann haben die Daten eine Matrixstruktur: Es gibt 50 Reihen mit jeweils 100 Elementen. Sicher könnten Sie die Zimmer so darstellen, als würden sie alle in einer großen Reihe angeordnet sein, aber warum sollten Sie das tun müssen? Wie wäre es mit einem zweidimensionalen Array? Es wäre matrixförmig; jedes Element hätte zwei Indexe: eine Zeilen- und eine Spaltennummer. Leider habe ich in diesem Buch keinen Platz, um Ihnen ein zweidimensionales Array zu zeigen, aber auf der Website dieses Buches können Sie alles darüber lesen.

Java-Collections verwenden

Arrays sind ganz brauchbar, unterliegen aber einigen ernsten Einschränkungen. Stellen Sie sich vor, dass Sie Kundennummern in einer vorbestimmten Reihenfolge speichern. Ihr Code enthält ein Array, und das Array hat Platz für 100 Namen.

```
String name[] = new String[100];
for (int i = 0; i < 100; i++) {
   name[i] = new String();
}
```

Bis zu dem Tag, an dem Kunde Nummer 101 auftaucht, ist alles gut. Während Ihr Programm läuft, geben Sie Daten für den Kunden 101 ein und hoffen verzweifelt, dass sich das Array mit seinen 100 Komponenten irgendwie an Ihre wachsenden Anforderungen anpassen kann.

Es wäre zu schön. Arrays wachsen nicht. Ihr Programm stürzt mit einer hässlichen Array IndexOutOfBoundsException ab.

Sie nehmen sich vor, in Ihrem nächsten Leben Arrays der Länge 1.000 zu erstellen. Und als es so weit ist, tun Sie genau das:

```
String name[] = new String[1000];
for (int i = 0; i < 1000; i++) {
   name[i] = new String();
}
```

Aber während Ihres nächsten Lebens gibt es eine wirtschaftliche Rezession. Statt 101 haben Sie nur noch 3 Kunden. Sie verschwenden Speicherplatz für 997 Namen, wenn ein Platz für 3 Namen ausreichen würde.

Doch was passiert, wenn es keine wirtschaftliche Rezession gibt? Ihr Array erfüllt seinen Zweck: Sie belegen 825 Plätze in dem Array, das heißt, die Komponenten mit den Indexen 0 bis 824 werden verwendet, während die Plätze mit den Indexen 825 bis 999 ruhig darauf warten, gefüllt zu werden.

Eines Tages taucht ein brandneuer Kunde auf. Weil Ihre Kunden in einer bestimmten Reihenfolge gespeichert sind (alphabetisch nach Nachnamen, numerisch nach den Nummern ihrer Personalausweise oder wie auch immer), möchten Sie den neuen Kunden an der richtigen Stelle Ihres Arrays speichern. Schwierigkeiten macht die Tatsache, dass dieser Kunde ziemlich an den Anfang des Arrays gehört und den Index 7 haben müsste. Was passiert dann?

Sie verschieben den Namen von Stelle 824 an die Stelle 825. Dann schieben Sie den Namen von Stelle 823 an die Stelle 824. Dann schieben Sie den Namen von Stelle 822 an Stelle 823. Und so geht es weiter, bis Sie auf diese Weise die Stelle 7 frei gemacht haben. Dann fügen Sie den Namen des neuen Kunden an die Stelle 7 ein. Was für ein Aufwand! Klar, der Computer beklagt sich nicht. Aber indem Sie diese vielen Namen verschieben, verschwenden Sie Prozessorzeit, Strom und alle möglichen anderen Ressourcen.

Da nehmen Sie sich vor, in Ihrem nächsten Leben zwischen je zwei Namen drei Leerstellen frei zu lassen. Und natürlich wächst Ihr Geschäft weiter; und eines Tages stellen Sie fest, dass drei Stellen nicht genug sind.

Die Rettung: Collection-Klassen

Die Probleme aus dem vorangegangenen Abschnitt sind nicht neu. Computerwissenschaftler arbeiten schon seit Langem an der Lösung dieses Problems. Sie haben kein Allheilmittel gefunden, das in allen Situationen hilft, aber sie haben einige raffinierte Kniffe entdeckt.

Das Java-API enthält eine Reihe von Klassen, die zusammenfassend als die *Collection*-Klassen bezeichnet werden. Jede Collection-Klasse verfügt über Methoden, um mehrere Werte zu speichern. Die Methoden einer Collection-Klasse verfügen über einige raffinierte Fähigkeiten. Für Sie ist unter dem Strich Folgendes wichtig: Bestimmte Collection-Klassen gehen so effizient wie möglich mit den Problemen um, die in dem vorangegangenen Abschnitt beschrieben worden sind. Wenn Sie Code schreiben und wissen, dass Sie derartige Probleme lösen müssen, können Sie diese Collection-Klassen benutzen und ihre Methoden aufrufen. Statt herauszufinden, wie Sie einen Kunden hinzufügen können, dessen Name an der siebten Stelle stehen soll, können Sie einfach die add-Methode einer Klasse aufrufen. Die Methode fügt den Namen an einer Position Ihrer Wahl ein und löst die daraus resultierenden Seitenprobleme automatisch. Unter den besten Umständen ist die Einfügung sehr effizient. Unter den schlimmsten Umständen können Sie sicher sein, dass der Code das Problem so gut wie möglich löst.

Eine ArrayList verwenden

Die ArrayList ist die nützlichste Collection-Klasse von Java. Listing 11.8 zeigt Ihnen, wie sie funktioniert.

```java
import static java.lang.System.out;
import java.util.Scanner;
import java.io.File;
import java.io.IOException;
import java.util.ArrayList;

class ShowNames {

    public static void main(String args[]) throws IOException {
        ArrayList<String> people = new ArrayList<String>();
        Scanner diskScanner =
            new Scanner(new File("names.txt"));

        while (diskScanner.hasNext()) {
            people.add(diskScanner.nextLine());
        }

        people.remove(0);
        people.add(2, "Jim Newton");

        for (String name : people) {
            out.println(name);
        }
    }
}
```

Listing 11.8: Mit einer Java-Collection arbeiten

Abbildung 11.16 zeigt Ihnen ein Beispiel für die `names.txt`-Datei. Der Code in Listing 11.8 liest diese `names.txt`-Datei und gibt die Daten in Abbildung 11.17 aus.

```
Barry Burd
Harriet Ritter
Weelie J. Katz
Harry "The Crazyman" Spoonswagler
Felicia "Fishy" Katz
Mia, Just "Mia"
Jeremy Flooflong Jones
I. M. D'Arthur
Hugh R. DaReader
```

Abbildung 11.16: Mehrere Namen in einer Datei

```
Harriet Ritter
Weelie J. Katz
Jim Newton
Harry "The Crazyman" Spoonswagler
Felicia "Fishy" Katz
Mia, Just "Mia"
Jeremy Flooflong Jones
I. M. D'Arthur
Hugh R. DaReader
```

Abbildung 11.17: Der Code in Listing 11.8 ändert einige der Namen.

Alle interessanten Dinge passieren, wenn Sie die `remove`- und `add`-Methoden ausführen. Die Variable `people` referenziert ein `ArrayList`-Objekt. Wenn Sie die `remove`-Methode des Objekts aufrufen

```
people.remove(0);
```

entfernen Sie einen Wert aus der Liste. In diesem Fall entfernen Sie den Wert, der an der ersten Stelle der Liste steht, die den Index 0 hat. Deshalb entfernt der Aufruf in Listing 11.8 den Namen `Barry Burd` von der Liste.

Danach enthält die Liste nur noch acht Namen, aber dann fügt die nächste Anweisung,

```
people.add(2, "Jim Newton");
```

einen Namen an der Position 2 ein. (Nachdem Barry entfernt worden ist, steht Harry Spoonswagler an der Position 2, sodass Harry an die Position 3 gesetzt und Jim Newton an der Position 2 eingefügt wird.)

Beachten Sie, dass ein `ArrayList`-Objekt über zwei verschiedene `add`-Methoden verfügt. Die Methode, die Jim Newton hinzufügt, hat zwei Parameter – eine Positionsnummer und den Wert, der hinzugefügt werden soll. Eine weitere `add`-Methode,

```
people.add(diskScanner.nextLine());
```

hat nur einen Parameter. Diese Anweisung nimmt den Namen, den sie in einer Zeile der Eingabezeile findet, und hängt ihn an das Ende der Liste an. (Die `add`-Methode, die nur einen Parameter hat, hängt ihren Wert immer an das Ende des `ArrayList`-Objekts an.)

Die letzten paar Zeilen von Listing 11.8 enthalten eine erweiterte `for`-Schleife. Wie die Schleife in Listing 11.3 hat auch die erweiterte Schleife in Listing 11.8 die folgende Form:

```
for (variablentyp variablenname : wertebereich)
```

In Listing 11.8 ist der Variablentyp `String`, der Variablenname ist `name` und der Wertebereich enthält die Dinge aus der `people`-Collection. Bei einem Schleifendurchlauf verweist `name` auf einen der in `people` gespeicherten `String`-Werte. (Wenn die `people`-Collection neun Werte enthält, wird die Schleife neunmal durchlaufen.) Bei jedem Durchlauf zeigt die Anweisung innerhalb der Schleife einen Namen auf dem Bildschirm an.

Generische Typen verwenden (heißes Thema!)

Schauen Sie sich noch einmal Listing 11.8 an, und achten Sie auf die seltsame `ArrayList`-Deklaration:

```
ArrayList<String> people = new ArrayList<String>();
```

Seit Java 5 sind alle Collection-Klassen *generisch*. Das bedeutet, dass jede Deklaration `<IrgendeinTypName>` enthalten sollte. Der Ausdruck, der zwischen < und > eingeschlossen ist, teilt Java mit, welche Art von Werten die neue Collection enthalten darf.

Die meisten Informationen aus diesem Abschnitt beziehen sich auf Java 5.0, Java 6, Java 7, oder welche höhere Versionsnummer in den nächsten Jahren auch auftauchen wird. Vor Java 5.0 können keine generischen Typen verwendet werden. Weitere Informationen über generische Typen finden Sie im Kasten »Alles über generische Typen«. Weitere Informationen über die Versionsnummern von Java finden Sie in Kapitel 2.

Beispielsweise legen die Wörter `ArrayList<String> people` in Listing 11.8 fest, dass die Variable `people` nur eine Collection von `String`-Werten referenzieren darf. Deshalb wird von dieser Stelle an jede Referenz eines Elements der `people`-Collection ausschließlich als `String` behandelt. Wenn Sie

```
people.add(new Room());
```

schreiben, meldet der Compiler einen Fehler, weil ein `Room` nicht dasselbe wie ein `String` ist. (Dies passiert auch dann, wenn der Compiler auf den Code der `Room`-Klasse zugreifen kann – den Code in Listing 11.5.) Aber die Anweisung

```
people.add("George Gow");
```

ist in Ordnung. Weil `"George Gow"` vom Typ `String` ist, ist der Compiler glücklich.

Java 7 besitzt ein interessantes Leistungsmerkmal, das Ihnen gestattet, generische Deklarationen abzukürzen. In Listing 11.8 können Sie den Ausdruck `ArrayList<String> people = new ArrayList<>()` schreiben, ohne das Wort `String` in der Deklaration wiederholen zu müssen. Das Symbol <> ohne darin enthaltene Wörter ist der Diamond-Operator. Der *Diamantoperator* erspart Ihnen, Dinge wie `<String>` immer wieder schreiben zu müssen.

Alles über generische Typen

Eines der ursprünglichen Designziele von Java bestand darin, die Sprache so einfach wie möglich zu halten. Beispielsweise verzichteten die Entwickler der Sprache auf einige unnötig komplizierte Funktionen von C++. Das Ergebnis war eine schlanke, elegante Sprache. Für einige Leute war sie zu schlank. Deshalb ist Java nach mehreren Jahren der Diskussion und des Streits etwas komplizierter geworden. Seit 2004 umfasst Java enum-Typen (Aufzählungstypen), verbesserte for-Schleifen, statische Imports und einige andere interessante Eigenschaften. Aber die meistdiskutierte neue Funktion sind die generischen Datentypen.

```
ArrayList<String> people = new ArrayList<String>();
```

Alles, was wie <String> aussieht, gehört zu den neuen Funktionen von Java 5.0. In älteren Java-Versionen schrieben Sie

```
ArrayList people = new ArrayList();
```

Früher konnte eine ArrayList fast alles aufnehmen, was Sie in ihr speichern wollten – eine Zahl, ein Konto, ein Zimmer, einen String – alles. Die ArrayList-Klasse war sehr vielseitig, aber diese Vielseitigkeit brachte einige Kopfschmerzen mit sich. Wenn Sie alles Mögliche in einer ArrayList speichern konnten, konnten Sie nicht leicht vorhersagen, was Sie aus einer ArrayList abrufen konnten. Insbesondere war es nicht einfach möglich, Code zu schreiben, der annahm, das bestimmte Typen von Werten in der ArrayList gespeichert waren. Hier ist ein Beispiel:

```
ArrayList things = new ArrayList();
things.add(new Konto());
Konto meinKonto = things.get(0);
// TUN SIE DIES NICHT. DIESER CODE IST SCHLECHT.
```

In der dritten Zeile gibt der Aufruf von get(0) das erste Objekt in der things-Collection zurück. Der Aufruf get(0) ist in Ordnung, aber dann scheitert der Compiler bei dem Versuch, den Rückgabewert der Variablen meinKonto zuzuweisen, und meldet, dass der Rückgabewert aus der things-Liste nicht der meinKonto-Variablen zugewiesen werden kann. Denn wenn er die dritte Zeile erreicht, hat der Compiler vergessen, dass das Element, das in der zweiten Zeile hinzugefügt worden ist, vom Typ Konto war!

Mit der Einführung generischer Typen wird dieses Problem gelöst:

```
ArrayList<Konto> things = new ArrayList<Konto>();
things.add(new Konto());
Konto meinKonto = things.get(0);
// TUN SIE STATTDESSEN DIES. DIESER CODE IST GUT.
```

Indem Sie <Konto> an zwei Stellen hinzufügen, teilen Sie dem Compiler mit, dass things nur Instanzen von Konto speichert – sonst nichts. Deshalb erhalten Sie oben in der dritten Zeile einen Wert aus der `things`-Collection zurück; und weil `things` nur Konto-Objekte speichert, können Sie mit `meinKonto` diesen neuen Wert referenzieren. Es funktioniert!

Seit Java 5.0 gibt es generische Typen in Java. Bald nach der Einführung von Java 5.0 erkannten die Programmierer jedoch, wie umständlich der Code für generische Typen sein kann. Schließlich können Sie innerhalb generischer Typen wiederum generische Typen anlegen. Eine `ArrayList` kann mehrere Arrays enthalten, die jeweils wieder eine `ArrayList` sein können. Sie können also Folgendes schreiben:

```
ArrayList<ArrayList<String>[]> mess =
    new ArrayList<ArrayList<String[]>();
```

Alle Wiederholungen in dieser Deklaration von `mess` sind sehr unübersichtlich. Um diese Unansehnlichkeiten zu vermeiden, besitzt Java 7 den Diamantoperator, <>. Der Diamantoperator weist Java an, das wiederzuverwenden, was Sie unvorsichtigerweise im ersten Teil der generischen Deklaration angegeben haben. In diesem Beispiel teilt der <>-Operator Java mit, `<ArrayList<String>[]>` wiederzuverwenden, auch wenn Sie `<ArrayList<String>[]>` nur einmal schreiben. Und so sieht der optimierte Java 7-Code aus:

```
ArrayList<ArrayList<String>[] mess = new ArrayList<>();
```

In Java 7 können Sie jede dieser `mess`-Deklarationen schreiben – die ursprüngliche, lange Deklaration mit den zwei Vorkommen von `ArrayList<String>[]` oder die optimierte (etwas kürzere) Deklaration mit dem Diamantoperator und nur einem Auftreten von `ArrayList<String>[]`.

Testen, ob weitere Daten vorhanden sind

Hier ist eine angenehme Überraschung. Wenn Sie ein Programm wie das in Listing 11.8 schreiben, müssen Sie nicht wissen, wie viele Namen in der Eingabedatei stehen. Wenn Sie die Anzahl der Namen kennen müssten, könnte dadurch der Zweck einer leicht erweiterbaren `ArrayList`-Klasse unterlaufen werden. Statt eine Schleife zu durchlaufen, bis Sie genau neun Namen eingelesen haben, können Sie die Schleife auch durchlaufen, bis keine weiteren Daten vorhanden sind.

Die `Scanner`-Klasse verfügt über mehrere passende Methoden wie `hasNextInt`, `hasNextDouble` oder einfach `hasNext`. Jede dieser Methoden prüft, ob weitere Eingabedaten vorhanden sind. Falls ja, geben sie `true`, andernfalls `false` zurück.

Listing 11.8 verwendet die Allzweckmethode `hasNext`, die `true` zurückgibt, solange die Eingabe des Programms weitere Daten liefern kann. Das bedeutet: Nachdem das Programm die letzte Zeile mit *Hugh R. DaReader* in Abbildung 11.16 eingelesen hat, gibt der folgende `hasNext`-Aufruf `false` zurück. Dieser Wert beendet die Ausführung der `while`-Schleife, und das Programm wird mit dem Rest des Codes in Listing 11.8 fortgesetzt.

Umgang mit schwierigen Situationen

12

In diesem Kapitel

▷ Mit falschen Eingaben und unangenehmen Situationen gekonnt umgehen

▷ Programme absturzsicherer machen

▷ Eine eigene Ausnahme-Klasse definieren

*J*ava-Programme werden von Menschen geschrieben. Menschen machen Fehler. In diesem Kapitel befassen wir uns mit der Frage, wie man am besten mit Fehlern umgeht, die beim Schreiben und Arbeiten mit Java-Programmen gemacht werden.

Ausnahmen bearbeiten

Wenn Inventur gemacht wird, werden die einzelnen Artikel, die auf Lager sind, gezählt und die Stückzahlen mit den zugehörigen Preisen in Listen eingetragen oder direkt mit einem kleinen Hand-Computer erhoben. Später werden auch die Listen mit einem Computer erfasst und weiterverarbeitet.

Listing 12.1 zeigt die Software, die für diesen Zweck eingesetzt wird. Die Software hat einen Mangel, der in Abbildung 12.1 deutlich wird. Wenn der Benutzer eine Ganzzahl eingibt, gibt es keine Probleme, aber bei Dezimalzahlen (wie beispielsweise 3.25) stürzt das Programm ab. Sie sollen dafür sorgen, dass der Benutzer auch solche Zahlen eingeben kann.

```java
import static java.lang.System.out;
import java.util.Scanner;
import java.text.NumberFormat;

class InventoryA {

    public static void main(String args[]) {
        final double boxPrice = 3.25;
        Scanner keyboard = new Scanner(System.in);
        NumberFormat currency =
            NumberFormat.getCurrencyInstance();

        out.print("Wie viele Artikel haben wir? ");
        String numBoxesIn = keyboard.next();
        int numBoxes = Integer.parseInt(numBoxesIn);

        out.print("Der Wert ist ");
        out.printf(currency.format(numBoxes * boxPrice));
    }
}
```

Listing 12.1: Artikel zählen

```
Wie viele Artikel haben wir? 3
Der Wert ist 9,75 €


Wie viele Artikel haben wir? 3,5
Exception in thread "main" java.lang.NumberFormatException: For input string: "3,5"
        at java.lang.NumberFormatException.forInputString(Unknown Source)
        at java.lang.Integer.parseInt(Unknown Source)
        at java.lang.Integer.parseInt(Unknown Source)
        at InventoryA.main(InventoryA.java:15)


Wie viele Artikel haben wir? three
Exception in thread "main" java.lang.NumberFormatException: For input string: "three"
        at java.lang.NumberFormatException.forInputString(Unknown Source)
        at java.lang.Integer.parseInt(Unknown Source)
        at java.lang.Integer.parseInt(Unknown Source)
        at InventoryA.main(InventoryA.java:15)
```

Abbildung 12.1: Hoppla! Dies ist keine Zahl.

Wenn man einen Programmfehler beheben will, sollte man die Fehlermeldung genau studieren, die beim Absturz ausgegeben wird. Die Fehlermeldung zeigt eine java.lang.Number FormatException an. Dies bedeutet, dass das Java-API-Paket eine Klasse namens Number FormatException enthält. Diese Klasse ist irgendwie durch den Aufruf von Integer. parseInt ans Licht gebracht worden.

Eine kurze Erklärung der Integer.parseInt-Methode finden Sie in Kapitel 11.

Java enthält einen Mechanismus, der als _Ausnahmebehandlung_ (engl. _exception handling_) bezeichnet wird. Dieser Mechanismus greift ein, wenn etwas nicht so läuft, wie es laufen sollte, und erstellt dabei Objekte, um die Situation zu bewältigen. Offiziell wird gesagt, dass das Programm eine _Ausnahme wirft_ (engl. _throwing an exception_). Das neue Objekt ist eine Instanz der Exception-Klasse. Es wird wie eine heiße Kartoffel von einem Teil des Codes zum anderen weitergegeben, bis ein Teil des Codes die Ausnahme fängt (engl. _catch the exception_), um sie zu verarbeiten. Dabei wird Code ausgeführt, der den Fehler behebt oder umgeht, den Ausnahmezustand beendet und mit dem nächsten normalen Befehl fortfährt, als wäre nichts passiert. Abbildung 12.2 veranschaulicht diesen Prozess.

An dem Prozess sind die folgenden Java-Schlüsselwörter beteiligt:

✔ **throw**: Erstellt ein neues Ausnahmeobjekt.

✔ **throws**: Gibt die Verantwortung von einer Methode an den Code weiter, von dem aus sie aufgerufen wurde.

✔ **try**: Schließt den Code ein, der potenziell ein neues Ausnahmeobjekt erstellen kann. Üblicherweise enthält der Code innerhalb einer try-Klausel Aufrufe der Methoden, deren Code eine oder mehrere Ausnahmen generieren kann.

✔ **catch**: Behandelt die Ausnahme, erledigt sie und macht dann weiter.

Abbildung 12.2 veranschaulicht die Kette der Ereignisse, die ablaufen, wenn der Aufruf der Methode `Integer.parseInt` dazu führt, dass eine `NumberFormatException` generiert wird. Wenn Sie `Integer.parseInt` aufrufen, wird diese `NumberFormatException` an Sie zurückgegeben.

Die Java-API-Dokumentation der `parseInt`-Methode sagt: »Throws: `Number FormatException` if the string does not contain a parsable integer (Generiert: `NumberFormatException`, wenn der String keine parsbare – also interpretierbare – Ganzzahl enthält).« Manchmal lohnt es sich, die Dokumentation zu studieren.

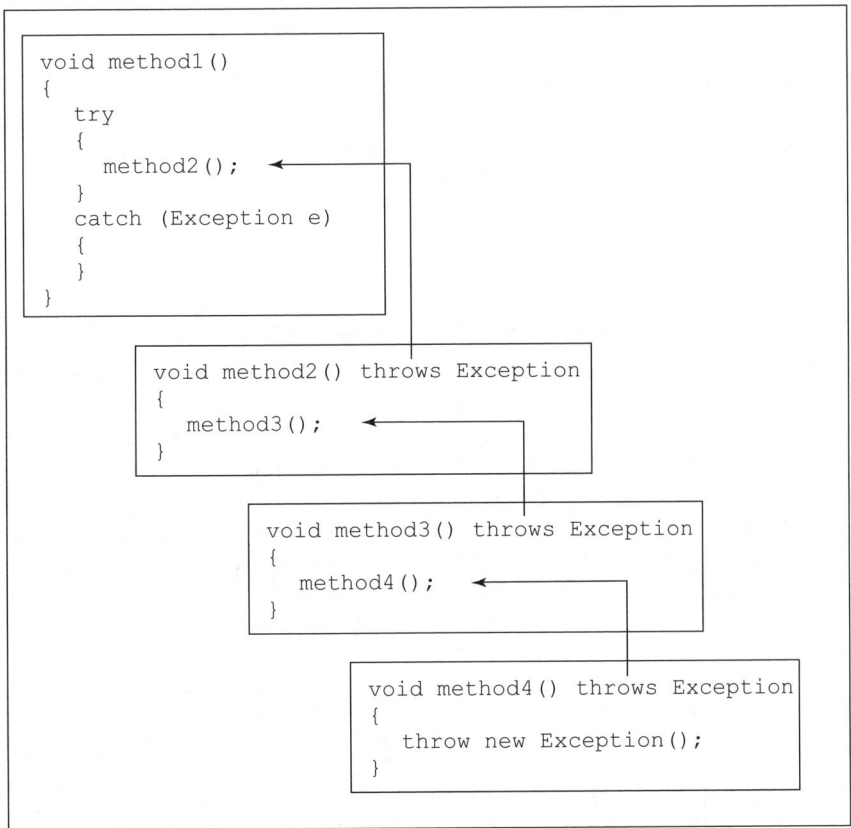

Abbildung 12.2: Eine Ausnahme generieren, weitergeben und verarbeiten
(throwing – passing – catching)

Nach der Ausnahmebehandlung kann das Programm normal fortgesetzt werden. Listing 12.2 zeigt, wie eine Ausnahme verarbeitet wird.

```
import static java.lang.System.out;
import java.util.Scanner;
import java.text.NumberFormat;
```

```
class InventoryB {

    public static void main(String args[]) {
        final double boxPrice = 3.25;
        Scanner keyboard = new Scanner(System.in);
        NumberFormat currency =
            NumberFormat.getCurrencyInstance();

        out.print("Wie viele Artikel haben wir? ");
        String numBoxesIn = keyboard.next();

        try {
            int numBoxes = Integer.parseInt(numBoxesIn);
            out.print("Der Wert ist ");
            out.printf(currency.format(numBoxes * boxPrice));
        } catch (NumberFormatException e) {
            out.println("Dies ist keine ganze Zahl.");
        }
    }
}
```

Listing 12.2: Artikel mit Ausnahmebehandlung zählen

Abbildung 12.3 zeigt drei Ausführungen des Codes in Listing 12.2. Wenn ein unwissender Benutzer drei statt 3 eingibt, zeigt das Programm die Meldung Dies ist keine Zahl an. Der Trick besteht darin, den Aufruf von Integer.parseInt in eine try-Klausel einzuschließen. Wenn Sie dies tun, prüft das Programm, ob Ausnahmen eintreten, wenn ein Befehl innerhalb der try-Klausel ausgeführt wird. Wenn eine Ausnahme generiert wird, springt das Programm aus der try-Klausel in die darunter stehende catch-Klausel. In Listing 12.2 springt das Programm direkt zu der catch (NumberFormatException e)-Klausel. Das Programm führt den println-Befehl innerhalb der Klausel aus und fährt dann mit der normalen Verarbeitung fort. (Falls es in Listing 12.2 nach der catch-Klausel weitere Befehle geben würde, würde das Programm diese Befehle ausführen.)

```
Wie viele Artikel haben wir? 3
Der Wert ist 9,75 €


Wie viele Artikel haben wir? drei
Dies ist keine Zahl.


Wie viele Artikel haben wir? -25
Der Wert ist -81,25 €
```

Abbildung 12.3: Eine Ausnahme behandeln

Die komplette `try-catch`-Konstruktion mit `try`-Klausel, `catch`-Klausel und eigenen Befehlen wird als *try-Befehl* oder – zum Zweck der Betonung – als *try-catch-Anweisung* bezeichnet.

Die Parameter in einer catch-Klausel

Sehen Sie sich in Listing 12.2 die `catch`-Klausel und ganz besonders die Wörter (`Number FormatException e`) an. Diese Wörter ähneln der Parameterliste einer Methode. Tatsächlich ist jede `catch`-Klausel mit einer Mini-Methode mit eigener Parameterliste vergleichbar. Die Parameterliste enthält immer einen Ausnahmetyp-Namen und einen Parameter.

In Listing 12.2 wird der Parameter der `catch`-Klausel nicht verarbeitet, obwohl dies durchaus möglich gewesen wäre. Zur Erinnerung: Die Ausnahme, die generiert wird, ist ein Objekt, das eine Instanz der `NumberFormatException`-Klasse ist. Wenn eine Ausnahme festgehalten wird, weist das Programm dem Parameter der `catch`-Klausel das Ausnahmeobjekt zu. Anders ausgedrückt: Der Name e speichert diverse Informationen über die Ausnahme. Um diese Informationen zu nutzen, können Sie einige Methoden des Ausnahmeobjekts aufrufen.

```
catch (NumberFormatException e) {
    out.println("Message: ***" + e.getMessage() + "***");
    e.printStackTrace();
}
```

Mit dieser verbesserten `catch`-Klausel kann eine Ausführung des Inventar-Programms der Ausführung entsprechen, die in Abbildung 12.4 gezeigt wird. Wenn Sie `getMessage` aufrufen, fragen Sie Details über die Ausnahme ab. (In Abbildung 12.4 besteht das Detail in der Tatsache, dass der Benutzer fälschlicherweise das Wort `drei` eingegeben hat.) Wenn Sie `printStackTrace` aufrufen, werden die Methoden angezeigt, die in dem Moment ausgeführt wurden, als die Ausnahme generiert wurde. (In Abbildung 12.4 umfasst dies die Anzeige der `Integer.parseInt`- und der `main`-Methode.) Sowohl `getMessage` als auch `printStack Trace` helfen Ihnen, die Quelle der Programmschwierigkeiten zu finden.

```
Wie viele Artikel haben wir? drei
Message: ***For input string: "drei"***
java.lang.NumberFormatException: For input string: "drei"
        at java.lang.NumberFormatException.forInputString(Unknown Source)
        at java.lang.Integer.parseInt(Unknown Source)
        at java.lang.Integer.parseInt(Unknown Source)
        at InventoryB.main(InventoryB.java:17)
```

Abbildung 12.4: Aufruf der Methoden des Ausnahmeobjekts

Wenn Sie Aufrufe von `System.out.println` mit Aufrufen von `printStack Trace` vermischen, ist die Reihenfolge, in der Java die Information anzeigt, nicht vorhersehbar. In Abbildung 12.4 beispielsweise kann der Text `Message: ***For input string: "drei"***` vor oder nach dem Stack-Trace erscheinen. Wenn die Reihenfolge dieser Ausgabe für Sie eine Rolle spielt, schreiben Sie statt `out. println("Message: ***"` besser `System.err.println("Message:***"`.

Ausnahmetypen

Was kann heute sonst noch schiefgehen? Gibt es neben der NumberFormatException-Klasse noch andere Arten von Ausnahmen? Sicher – es gibt viele verschiedene Ausnahmetypen. Sie können sogar eigene erstellen. Listing 12.3 und 12.4 zeigen, wie dies funktioniert.

```java
@SuppressWarnings("serial")
class OutOfRangeException extends Exception {
}
```

Listing 12.3: Einen eigenen Ausnahmetyp erstellen

```java
import static java.lang.System.out;
import java.util.Scanner;
import java.text.NumberFormat;

class InventoryC {

    public static void main(String args[]) {
        final double boxPrice = 3.25;
        Scanner keyboard = new Scanner(System.in);
        NumberFormat currency =
            NumberFormat.getCurrencyInstance();

        out.print("Wie viele Artikel haben wir? ");
        String numBoxesIn = keyboard.next();

        try {
            int numBoxes = Integer.parseInt(numBoxesIn);

            if (numBoxes < 0) {
                throw new OutOfRangeException();
            }

            out.print("Der Wert ist ");
            out.printf(currency.format(numBoxes * boxPrice));
        } catch (NumberFormatException e) {
            out.println("Das ist keine ganze Zahl.");
        } catch (OutOfRangeException e) {
            out.print(numBoxesIn);
            out.println("? Das ist unmoeglich!");
        }
    }
}
```

Listing 12.4: Den eigenen Ausnahmetyp verwenden

Der Code in Listing 12.3 behebt ein Problem, das in dem Beispiel in Abbildung 12.3 aufgetreten ist. Betrachten Sie die drei Ausführungen in Abbildung 12.3. Der Benutzer berichtet, dass von einem Artikel -25 Exemplare auf Lager sind, und das Programm nimmt diesen Wert ohne Protest an. Tatsächlich hat noch niemand eine negative Anzahl von Artikeln in einem Regal liegen sehen. Deshalb sollte das Programm eine entsprechende Warnung ausgeben, wenn der Benutzer eine negative Anzahl von Artikeln eingibt (siehe Listing 12.4 und Abbildung 12.5).

```
Wie viele Artikel haben wir? 3
Der Wert ist 9,75 €


Wie viele Artikel haben wir? drei
Dies ist keine Zahl.


Wie viele Artikel haben wir? -25
-25? Das ist unmoeglich!
```

Abbildung 12.5: Ausführung und Output des Codes in den Listings 12.3 und 12.4

Das Programm in Listing 12.3 deklariert eine neue Art von Ausnahme-Klasse: die `OutOfRangeException`. In vielen Situationen ist es in Ordnung, negative Zahlen einzugeben, sodass `OutOfRangeException` kein Bestandteil des Java-APIs ist. Aber bei einem Inventur-Programm sollte eine negative Zahl als Ausnahme behandelt werden.

Die `OutOfRangeException`-Klasse ist der kürzeste eigenständige Code-Abschnitt in diesem Buch. Der Code besteht nur aus einer Deklarationszeile und einem leeren Paar von Klammern. Der operative Teil des Codes lautet `extends Exception`. Dadurch wird diese Klasse als Unterklasse der `Exception`-Klasse des Java-APIs deklariert, das heißt, dass jede Instanz der `OutOfRangeException`-Klasse generiert werden kann.

Wenn in Listing 12.4 in der `try`-Klausel der `main`-Methode eine neue `OutOfRangeException`-Instanz generiert wird, fängt die Klausel `catch (OutOfRangeException e)` die Instanz ein. Die Klausel zeigt noch einmal den Input des Benutzers und die Meldung `Das ist unmoeglich!` an.

Der Text `@SuppressWarnings("serial")` in Listing 12.3 ist eine Java-Annotation. Eine genauere Beschreibung von Java-Annotationen finden Sie in Kapitel 8. Weitere Informationen zur Annotation `SuppressWarnings` finden Sie in Kapitel 9.

In welchem Code-Teil wird eine Ausnahme verarbeitet?

Listing 12.4 zeigt, dass eine einzelne `try`-Klausel mit mehr als einer `catch`-Klausel verbunden sein kann. Wenn innerhalb einer `try`-Klausel eine Ausnahme generiert wird, arbeitet das Programm die zugehörige Liste der `catch`-Klauseln von oben nach unten ab.

Bei jeder `catch`-Klausel prüft das Programm, ob die Ausnahme, die gerade generiert wurde, eine Instanz der Klasse ist, die in der Parameterliste der betreffenden Klausel steht.

✔ Falls dies nicht der Fall ist, überspringt das Programm diese catch-Klausel und geht zur nächsten catch-Klausel weiter.

✔ Falls dies der Fall ist, führt das Programm diese catch-Klausel aus und überspringt dann alle anderen catch-Klauseln dieser try-Klausel. Danach führt das Programm die Befehle aus, die nach dem try-catch-Befehl stehen.

Die Listings 12.5 und 12.6 zeigen einige Beispiele für try-catch-Befehle.

```java
@SuppressWarnings("serial")
class NumberTooLargeException extends OutOfRangeException {
}
```

Listing 12.5: Welcher Code-Teil verarbeitet die Ausnahme?

```java
import static java.lang.System.out;
import java.util.Scanner;
import java.text.NumberFormat;

class InventoryD {

    public static void main(String args[]) {
        final double boxPrice = 3.25;
        Scanner keyboard = new Scanner(System.in);
        NumberFormat currency =
            NumberFormat.getCurrencyInstance();

        out.print("Wie viele Artikel haben wir? ");
        String numBoxesIn = keyboard.next();

        try {
            int numBoxes = Integer.parseInt(numBoxesIn);

            if (numBoxes < 0) {
                throw new OutOfRangeException();
            }

            if (numBoxes > 1000) {
                throw new NumberTooLargeException();
            }

            out.print("Der Wert ist ");
            out.printf(currency.format(numBoxes * boxPrice));
            out.println();
        }

        catch (NumberFormatException e) {
            out.println("Das ist keine ganze Zahl.");
        }
```

```
catch (OutOfRangeException e) {
   out.print(numBoxesIn);
   out.println("? Das ist unmoeglich!");
}

catch (Exception e) {
   out.print("Es ist etwas schiefgegangen, ");
   out.print("aber ich habe keine Ahnung, ");
   out.println("worin der Grund liegt.");
}

      out.println("Das war's.");
   }
}
```

Listing 12.6: Wo bleibt die Ausnahme hängen?

Um den Code in den Listings 12.5 und 12.6 auszuführen, benötigen Sie eine zusätzliche Java-Programmdatei: die OutOfRangeException-Klasse aus Listing 12.3.

Listing 12.6 behandelt das Problem, dass Lagerplatz nicht unbegrenzt ist. Sie können nicht mehr als 1.000 Artikel lagern, aber wenn das Programm fragt, wie viele Artikel auf Lager sind, wird schon mal aus Versehen die Zahl *100.000* eingegeben. Solche Fälle werden durch Listing 12.6 abgefangen. Jede Zahl über 1.000 wird als unrealistisch abgelehnt.

Im Programm in Listing 12.6 wird ein Mittelweg gewählt: In dem Programm wird eine neue NumberTooLargeException-Klasse deklariert. Obwohl das Programm keine separate catch-Klausel zur Verarbeitung der NumberTooLargeException enthält, wird diese Ausnahme korrekt verarbeitet, weil NumberTooLargeException eine Unterklasse von OutOfRangeException ist und Listing 12.6 über eine catch-Klausel für die OutOfRangeException verfügt.

Weil NumberTooLargeException eine Unterklasse von OutOfRangeException ist, ist jede Instanz von NumberTooLargeException einfach nur eine spezielle Art von OutOfRangeException. Deshalb stellt das Programm in Listing 12.6, wenn es auf eine catch-Klausel mit dem Parameter OutOfRangeException stößt, eine Übereinstimmung fest und führt die Befehle in dieser catch-Klausel aus.

Damit ich diese lange Beschreibung nicht immer wiederholen muss, führe ich einige neue Fachbegriffe ein: Ich sage, dass die catch-Klausel mit dem Parameter NumberTooLarge Exception mit der NoInputException *übereinstimmt*, die generiert wird. Diese catch-Klausel ist die *übereinstimmende* (engl. *matching*) catch-Klausel.

Die folgende Liste beschreibt verschiedene Aktionen, die der Benutzer ausführen kann, und wie das Programm darauf reagiert. Wenn Sie die Einträge in dieser Liste lesen, können Sie in Abbildung 12.6 die entsprechenden Ausführungen studieren.

```
Wie viele Artikel haben wir? 3
Der Wert ist 9,75 €Das war's.

Wie viele Artikel haben wir? fish
Das ist keine Zahl.
Das war's.

Wie viele Artikel haben wir? -25
-25? Das ist unmoeglich!
Das war's.

Wie viele Artikel haben wir? 1001
1001? Das ist unmoeglich!
Das war's.
```

Abbildung 12.6: Ausführung und Output des Programms aus Listing 12.6

✔ **Der Benutzer gibt eine normale Ganzzahl, beispielsweise 3, ein.**

Alle Befehle in der `try`-Klausel werden ausgeführt. Dann überspringt das Programm alle `catch`-Klauseln und führt den Code unmittelbar nach den `catch`-Klauseln aus (siehe Abbildung 12.7).

```
try {

          // Normale Verarbeitung (keine Ausnahme)
}

catch (NumberFormatException e) {
        out.println("Dies ist keine Zahl.");
}

catch (OutOfRangeException e) {
        out.print(numBoxesIn);
        out.println("? Das ist unmoeglich!");
}

catch (Exception e) {
        out.print("Es ist etwas schief gegangen, ");
        out.print("aber ich habe keine Ahnung, ");
        out.println("worin der Grund liegt.");
}

out.println("Das war's.")
```

Abbildung 12.7: Es wird keine Ausnahme generiert.

✔ **Der Benutzer gibt etwas ein, das keine Ganzzahl ist, beispielsweise das Wort** `fish`.

Der Code generiert eine `NumberFormatException`. Das Programm überspringt die restlichen Befehle in der `try`-Klausel und führt die Befehle in der ersten `catch`-Klausel aus, deren Parameter den Typ `NumberFormatException` hat. Dann überspringt es die zweite und dritte `catch`-Klausel und führt den Code unmittelbar nach den `catch`-Klauseln aus (siehe Abbildung 12.8).

```
    try {

            throw new NumberFormatException();

    }

    catch (NumberFormatException e) {
            out.println("Dies ist keine Zahl.");
    }

    catch (OutOfRangeException e) {
            out.print(numBoxesIn);
            out.println("? Das ist unmoeglich!");
    }

    catch (Exception e) {
            out.print("Es ist etwas schief gegangen, ");
            out.print("aber ich habe keine Ahnung, ");
            out.println("worin der Grund liegt.");
    }

    out.println("Das war's.")
```

Abbildung 12.8: Eine `NumberFormatException` *wird generiert.*

✔ **Der Benutzer gibt eine negative Zahl, beispielsweise** –25, **ein.**

Das Programm generiert eine `OutOfRangeException`. Das Programm überspringt die restlichen Befehle in der `try`-Klausel. Das Programm überspringt die Befehle in der ersten `catch`-Klausel, da eine `OutOfRangeException` keine `NumberFormatException` ist und ihr Parameter deshalb nicht mit der generierten Ausnahme übereinstimmt. Dann führt das Programm die Anweisungen in der zweiten `catch`-Klausel aus, deren Parameter den Typ `OutOfRangeException` hat. Danach überspringt es die dritte `catch`-Klausel und führt den Code unmittelbar nach den `catch`-Klauseln aus (siehe Abbildung 12.9).

✔ **Der Benutzer gibt eine unrealistisch große Zahl wie beispielsweise** 1001 **ein.**

Das Programm generiert eine `NumberTooLargeException`. Das Programm überspringt die restlichen Befehle in der `try`-Klausel und die Anweisungen in der ersten `catch`-Klausel, da eine `NumberTooLargeException` keine `NumberFormatException` ist.

Da jedoch `NumberTooLargeException` in Listing 12.5 als Unterklasse von `OutOf RangeException` definiert wurde, findet das Programm in der zweiten `catch`-Klausel

```
    try {

            throw new OutOfRangeException();

    }

    catch (NumberFormatException e) {
            out.println("Dies ist keine Zahl.");
    }

    catch (OutOfRangeException e) {
            out.print(numBoxesIn);
            out.println("? Das ist unmoeglich!");
    }

    catch (Exception e) {
            out.print("Es ist etwas schief gegangen, ");
            out.print("aber ich habe keine Ahnung, ");
            out.println("worin der Grund liegt.");
    }

    out.println("Das war's.")
```

Abbildung 12.9: Eine OutOfRangeException *wird generiert.*

```
    try {

            throw new NumberTooLargeException();

    }

    catch (NumberFormatException e) {
            out.println("Dies ist keine Zahl.");
    }

    catch (OutOfRangeException e) {
            out.print(numBoxesIn);
            out.println("? Das ist unmoeglich!");
    }

    catch (Exception e) {
            out.print("Es ist etwas schief gegangen, ");
            out.print("aber ich habe keine Ahnung, ");
            out.println("worin der Grund liegt.");
    }

    out.println("Das war's.")
```

Abbildung 12.10: Eine NumberTooLargeException *wird generiert.*

eine Übereinstimmung und führt deshalb die Anweisungen in dieser Klausel aus. Dann überspringt es die dritte catch-Klausel und führt den Code unmittelbar nach den catch-Klauseln aus (siehe Abbildung 12.10).

✔ **Etwas Unvorhergesehenes passiert (ich weiß nicht, was).**

Da ich gern experimentiere, habe ich in die try-Klausel in Listing 12.4 einen Befehl eingefügt, der eine IOException generiert, um zu sehen, was dann passiert.

Wenn der Code eine IOException generiert, überspringt das Programm die restlichen Befehle in der try-Klausel sowie die erste und zweite catch-Klausel insgesamt. Da eine IOException auch eine Art von Exception ist, stellt das Programm bei der dritten catch-Klausel fest, dass es eine übereinstimmende catch-Klausel gefunden hat, und führt deshalb die Befehle in dieser Klausel aus. Danach führt das Programm den Code nach den catch-Klauseln aus (siehe Abbildung 12.11.)

```
try {

            throw new IOException();

    }

catch (NumberFormatException e) {
            out.println("Dies ist keine Zahl.");
    }

catch (OutOfRangeException e) {
            out.print(numBoxesIn);
            out.println("? Das ist unmoeglich!");
    }

catch (Exception e) {
            out.print("Es ist etwas schief gegangen, ");
            out.print("aber ich habe keine Ahnung, ");
            out.println("worin der Grund liegt.");
    }

out.println("Das war's.")
```

Abbildung 12.11: Eine IOException wird generiert.

Wenn das Programm eine übereinstimmende catch-Klausel sucht, wählt es die erste Klausel aus, die eine der folgenden Bedingungen erfüllt:

✔ Der Parameter der Klausel hat denselben Typ wie die Ausnahme, die generiert wurde.

✔ Der Parameter der Klausel hat einen Typ, der eine Oberklasse des Typs der Ausnahme ist, die generiert wurde.

Wenn später in der Liste der catch-Klauseln eine noch bessere Übereinstimmung vorkommt, wird diese nicht berücksichtigt. Nehmen wir beispielsweise an, dass Sie eine catch-Klausel mit einem Parameter vom Typ NumberTooLargeException in das Programm aus Listing

12.6 eingefügt haben und dass diese neue catch-Klausel *nach* der catch-Klausel mit dem Parameter vom Typ OutOfRangeException steht. Weil NumberTooLargeException eine Unterklasse der OutOfRangeException-Klasse ist, würde dann der Code in Ihrer neuen NumberTooLargeException-Klausel nie ausgeführt werden. Deshalb sollten die Klauseln immer aufsteigend geordnet sein: erst die spezielleren, dann die allgemeineren Ausnahmen.

Java 7 und die Multi-Catch-Klausel

Ab Java 7 können Sie mehrere Ausnahmen in einer einzigen catch-Klausel auffangen. Beispielsweise könnte es sein, dass Sie in einem Inventarprogramm nicht unterscheiden wollen, ob eine NumberFormatException oder Ihre eigene OutOfRangeException aufgeworfen wird. In diesem Fall schreiben Sie den betreffenden Teil von Listing 12.6 wie folgt um:

```
try {
    int numBoxes = Integer.parseInt(numBoxesIn);

    if (numBoxes < 0) {
        throw new OutOfRangeException();
    }

    if (numBoxes > 1000) {
        throw new NumberTooLargeException();
    }

    out.print("Der Wert ist ");
    out.println(currency.format(numBoxes * boxPrice));
}

catch (NumberFormatException | OutOfRangeException e) {
    out.print(numBoxesIn);
    out.println("? Das ist unmöglich!");
}

catch (Exception e) {
    out.print("Irgendetwas ist schiefgegangen, ");
    out.print("aber ich habe keine Ahnung, ");
    out.println("woran es liegt.");
}
```

Das Pipe-Symbol, |, weist Java 8 an, entweder eine NumberFormatException oder eine Out OfRangeException aufzufangen. Wenn Sie eine Ausnahme eines dieser Typen aufwerfen, zeigt das Programm den Wert von numBoxesIn an, gefolgt vom Text: Das ist unmöglich! Wenn Sie eine Ausnahme aufwerfen, bei der es sich weder um NumberFormatException noch um OutOfRangeException handelt, springt das Programm zur letzten catch-Klausel und zeigt Irgendetwas ist schiefgegangen, aber ich habe keine Ahnung, woran es liegt. an.

Mögliche und unmögliche Ausnahmen

Der Java-Compiler weiß, welche Ausnahmen bestimmte Befehle generieren können. Sie können keine Ausnahmen abfangen, die nicht generiert werden können.

Betrachten Sie beispielsweise den folgenden Code. Der Code enthält einen sehr unschuldig aussehenden `i++`-Befehl innerhalb einer `try`-Klausel und eine zugeordnete `catch`-Klausel, die vorgibt, eine `IOException` abzufangen.

```
// Schlechter Code!
try
{
    i++;
}
catch (IOException e)
{
    e.printStackTrace();
}
```

Welche Ausnahme soll diese `catch`-Klausel abfangen? Ein Befehl wie `i++` hat nichts mit Input oder Output zu tun und kann deshalb auch keine `IOException` generieren. Deshalb gibt der Compiler eine Meldung aus, die genau dies zum Ausdruck bringt:

```
Execption java.io.IOException is never thrown in body of
corresponding try statement
```

Nützliches tun

Bis jetzt fängt jedes Beispiel in diesem Kapitel eine Ausnahme ab, gibt eine Meldung aus, dass die Eingabe unbrauchbar ist, und bricht dann das Programm ab. Wäre es nicht wünschenswert, dass ein Programm tatsächlich fortgesetzt wird, nachdem eine Ausnahme abgefangen worden ist? Listing 12.7 versucht, genau dies zu tun. Es enthält einen `try-catch`-Befehl, der in einer Schleife so lange ausgeführt wird, bis der Benutzer etwas Vernünftiges eingibt.

```
import static java.lang.System.out;
import java.util.Scanner;
import java.text.NumberFormat;

class InventoryLoop {

    public static void main(String args[]) {
        final double boxPrice = 3.25;
        boolean gotGoodInput = false;
        Scanner keyboard = new Scanner(System.in);
        NumberFormat currency =
            NumberFormat.getCurrencyInstance();
```

```
do {
    out.print("Wie viele Artikel haben wir? ");
    String numBoxesIn = keyboard.next();

    try {
        int numBoxes = Integer.parseInt(numBoxesIn);
        out.print("Der Wert ist ");
        out.printf(currency.format(numBoxes * boxPrice));
        gotGoodInput = true;
    } catch (NumberFormatException e) {
        out.println();
        out.println("Dies ist keine ganze Zahl.");
    }
} while (!gotGoodInput);

    out.println("Das war's.");
    }
}
```

Listing 12.7: Ausnahmen in einer Schleife abfangen

Abbildung 12.12 zeigt eine Ausführung des Programms aus Listing 12.7. Bei den ersten drei Versuchen gibt der Benutzer alles Mögliche, nur keine gültige Ganzzahl ein. Der vierte Versuch ist schließlich erfolgreich. Der Benutzer gibt 3 ein, und das Programm verlässt die Schleife.

```
Wie viele Artikel haben wir? 3.5

Dies ist keine Zahl.
Wie viele Artikel haben wir? drei

Dies ist keine Zahl.
Wie viele Artikel haben wir? fish

Dies ist keine Zahl.
Wie viele Artikel haben wir? 3
Der Wert ist 9,75 €Das war's.
```

Abbildung 12.12: Eine Ausführung des Programms aus Listing 12.7

Ausnahmen im normalen Programmablauf

Ausnahmen müssen nicht immer durch Fehler generiert werden, sondern können auch benutzt werden, um auf eine elegante Weise normale, erwartete Ereignisse abzufangen. Betrachten wir beispielsweise die Aufgabe, das Ende einer Datei festzustellen.

Der folgende Code erstellt eine Kopie einer Datei:

```
try
{
    while(true)
        dataOut.writeByte(dataIn.readByte());
}
catch (EOFException e)
{
    numFilesCopied = 1;
}
```

Die while-Schleife kopiert Bytes von dataIn nach dataOut. Die true-Bedingung der while-Schleife sorgt dafür, dass die Schleife (scheinbar) endlos ausgeführt wird. Doch irgendwann wird das Ende der dataIn-Datei erreicht, und die readByte-Methode generiert eine EOFException (eine End-of-File-Ausnahme). Diese Ausnahme lenkt den Programmablauf aus der while-Schleife und der try-Klausel heraus. Das Programm führt die Befehle in der catch-Klausel aus und fährt dann mit der normalen Verarbeitung fort.

Eine Ausnahme verarbeiten oder weitergeben

Eine Ausnahme verarbeiten Sie natürlich nach Ihrem Ermessen. Nehmen wir beispielsweise an, dass Sie die Ausführung des Programms einfach für sechs Sekunden anhalten wollen (siehe Listing 12.8). Leider ist das Programm in Listing 12.8 nicht korrekt.

```
/*
 * Dieser Code wird nicht kompiliert.
 */

import static java.lang.System.out;

class NoSleepForTheWeary {

    public static void main(String args[]) {
        out.println("Sechs Sekunden Pause ...");

        takeANap();

        out.println("Jetzt geht es weiter.");
    }

    static void takeANap() {
        Thread.sleep(6000);
    }
}
```

Listing 12.8: Ein nicht korrektes Programm

Die Idee in Listing 12.8 ist nicht schlecht: Das Programm ruft die `sleep`-Methode auf, die in der `Thread`-Klasse des Java-APIs definiert ist. Der Parameter von `sleep` gibt die gewünschte Dauer der Pause in Millisekunden an – `6000` bedeutet also eine Pause von sechs Sekunden.

Das Problem besteht darin, dass der Code in der `sleep`-Methode eine Ausnahme generieren kann. Diese Art der Ausnahme ist eine Instanz der `InterruptedException`-Klasse. Wenn Sie das Programm in Listing 12.8 kompilieren wollen, erhalten Sie die folgende Meldung:

```
unreported exception java.lang.InterruptedException; must be caught
or declared to be thrown
```

Um Ausnahmen im Allgemeinen zu verstehen, müssen Sie nicht genau wissen, was eine `InterruptedException` ist. Sie müssen nur wissen, dass ein Aufruf von `Thread.sleep` ein `InterruptedException`-Objekt generieren kann. Doch wenn Sie es genau wissen wollen: Eine `InterruptedException` wird generiert, wenn die Ausführung der `sleep`-Methode in einem Teil eines Programms durch einen anderen Teil des Programms unterbrochen wird. Nehmen wir an, dass zwei Teile eines Programms gleichzeitig ausgeführt werden. Der eine Teil ruft die `Thread.sleep`-Methode auf. Gleichzeitig ruft ein anderer Teil des Programms die `interrupt`-Methode auf und unterbricht damit die Ausführung der `Thread.sleep`-Methode des ersten Teils. In diesem Fall generiert die `Thread.sleep`-Methode eine `InterruptedException`.

Je nachdem, ob der Compiler überprüft, ob eine Methode gewisse Ausnahmen behandelt oder auslöst, werden in Java zwei verschiedene Arten von Ausnahmen unterschieden: *überprüfte* und *nicht überprüfte* Ausnahmen:

✔ Wenn der Code möglicherweise eine überprüfte Ausnahme generiert, muss der Code diese Möglichkeit berücksichtigen.

✔ Wenn der Code möglicherweise eine nicht überprüfte Ausnahme generiert, kann der Code diese Möglichkeit ignorieren.

Eine `InterruptedException` gehört zu den überprüften Ausnahmetypen von Java. Wenn Sie eine Methode aufrufen, die möglicherweise eine `InterruptedException` generiert, muss der Code diese Möglichkeit berücksichtigen. Dabei müssen die folgenden beiden Fälle unterschieden werden:

✔ Die Befehle oder Methodenaufrufe, die die Ausnahme generieren können, befinden sich innerhalb einer `try`-Klausel. Diese `try`-Klausel hat eine `catch`-Klausel, die einen Parameter mit einem übereinstimmenden Ausnahmetyp hat.

✔ Die Befehle oder Methodenaufrufe, die die Ausnahme generieren können, befinden sich innerhalb einer Methode, deren Kopf eine `throws`-Klausel enthält. Die `throws`-Klausel hat einen Parameter mit einem übereinstimmenden Ausnahmetyp.

Die folgenden beiden Listings sollen diese Varianten verdeutlichen.

In Listing 12.9 befindet sich der Methodenaufruf, der eine `InterruptedException` generieren kann, innerhalb einer `try`-Klausel. Diese `try`-Klausel hat eine `catch`-Klausel mit dem Ausnahmetyp `InterruptedException`.

```java
import static java.lang.System.out;

class GoodNightsSleepA {

    public static void main(String args[]) {
        out.println("Sechs Sekunden Pause ...");

        takeANap();

        out.println("Jetzt geht es weiter.");
    }

    static void takeANap() {
        try {
            Thread.sleep(6000);
        } catch (InterruptedException e) {
            out.println("Unterbrechung der Pause");
        }
    }
}
```

Listing 12.9: Einen try-catch-Befehl berücksichtigen

Wenn Sie das Programm in Listing 12.9 ausführen, zeigt es Sechs Sekunden Pause ... an, macht dann sechs Sekunden Pause und zeigt dann Jetzt geht es weiter. an – das heißt, die Meldung, die mit der catch-Klausel verbunden ist, wird nicht angezeigt (siehe Abbildung 12.13). Der Code funktioniert, weil die sleep-Methode, die eine Interrupted Exception auslösen kann, innerhalb einer try-Klausel aufgerufen wird. Diese Klausel hat eine catch-Klausel mit dem Ausnahmetyp InterruptedException.

```
Sechs Sekunden Pause ...
Jetzt geht es weiter.
```

Abbildung 12.13: Vor der »Jetzt«-Zeile wird eine Pause von sechs Sekunden gemacht.

In Listing 12.10 wird eine andere Methode gezeigt, eine Ausnahme zu berücksichtigen.

```java
import static java.lang.System.out;

class GoodNightsSleepB {

    public static void main(String args[]) {
        out.println("Sechs Sekunden Pause ...");

        try {
            takeANap();
        } catch (InterruptedException e) {
            out.println("Unterbrechung der Pause");
        }
```

```
        out.println("Jetzt geht es weiter.");
    }

    static void takeANap() throws InterruptedException {
        Thread.sleep(6000);
    }
}
```

Listing 12.10: Ausnahmebehandlung in einer Methode mit throws-*Klausel*

Eine Ausführung dieses Programms erzeugt denselben Output wie das Programm aus Listing 12.9 (siehe Abbildung 12.13), das heißt, auch hier erfasst die Abbildung 12.13 nicht die wahre Essenz dieses Programms. Aber das ist in Ordnung. Beachten Sie nur, dass das Programm in Abbildung 12.13 sechs Sekunden Pause macht, bevor es Jetzt geht es weiter. anzeigt.

Der Kopf der takeANap-Methode ist der wichtigste Teil von Listing 12.10. Dieser Kopf endet mit throws InterruptedException. Mit der Ankündigung, eine InterruptedException zu generieren, gibt die Methode takeANap die Verantwortung weiter. Die throws-Klausel teilt dem Java-Compiler mit, dass diese Methode eine InterruptedException generieren kann, dass aber diese Ausnahme in dieser Methode nicht in einem try-catch-Befehl abgefangen wird, sondern dass die Verantwortung für die Verarbeitung der Ausnahme an die aufrufende Methode (in diesem Fall die main-Methode) weitergegeben wird.

Tatsächlich steht der Aufruf von takeANap in der main-Methode in einer try-Klausel, die eine catch-Klausel mit einem Parameter vom Typ InterruptedException hat. Deshalb ist alles in Ordnung. Die Methode takeANap reicht die Verantwortung an die main-Methode weiter, und die main-Methode übernimmt die Verantwortung mit einem geeigneten try-catch-Befehl.

Um besser zu verstehen, wie die throws-Klausel funktioniert, können Sie sich ein Volleyballspiel vorstellen, in dem der Volleyball eine Ausnahme repräsentiert. Wenn ein Spieler des gegnerischen Teams aufschlägt, generiert er die Ausnahme. Der Ball fliegt über das Netz direkt auf Sie zu. Wenn Sie den Ball zurück über das Netz schlagen würden, wäre das damit vergleichbar, dass Sie die Ausnahme abfangen. Aber wenn Sie den Ball an einen anderen Spieler weitergeben, verwenden Sie die throws-Klausel. Im Grunde sagen Sie: »Hier, lieber Mitspieler. Kümmere du dich um diese Ausnahme.«

Eine Anweisung in einer Methode kann eine Ausnahme generieren, die nicht mit einer catch-Klausel übereinstimmt. Dazu zählen auch Situationen, in denen der Befehl, der die Ausnahme generiert, nicht einmal innerhalb eines try-Blocks steht. Wenn dies passiert, springt das Programm aus der Methode heraus, die den fraglichen Befehl enthält, zurück zu dem Code, der die Methode aufgerufen hat.

Die throws-Klausel einer Methode kann mehr als einen Ausnahmetyp enthalten. In diesem Fall werden die Namen der Ausnahmetypen durch Kommas getrennt. Ein Beispiel:

```
throws InterruptedException, IOException, ArithmeticException
```

Das Java-API enthält Hunderte von Ausnahmetypen. Viele sind Unterklassen der Runtime Exception-Klasse. Alle Unterklassen der RuntimeException (oder Unter-Unterklassen usw.) zählen zu den nicht überprüften Ausnahmen. Alle Ausnahmen, die nicht von der RuntimeException abgeleitet sind, zählen zu den überprüften Ausnahmen. Die nicht überprüften Ausnahmen umfassen Dinge, die nur schwer durch ein Programm vorhersagbar sind, wie beispielsweise die NumberFormatException (in den Listings 12.2, 12.4 und anderen), die ArithmeticException, die IndexOutOfBoundsException, die berüchtigte Null PointerException und viele andere. Wenn Sie Java-Code schreiben, kann ein großer Teil des Codes Ausnahmen dieser Art generieren, aber es liegt ganz in Ihrem Ermessen, ob Sie den Code in try-Klauseln einschließen (oder die Verantwortung mit throws-Klauseln weiterleiten).

Das Java-API enthält auch zahlreiche überprüfte Ausnahmen. Ein Programm kann derartige Ausnahmen leicht erkennen. Deshalb besteht Java darauf, dass Ausnahmen dieser Art entweder durch einen try-Befehl abgefangen oder durch eine throws-Klausel weitergeleitet werden. Zu den überprüften Ausnahmen zählen die InterruptedException (Listings 12.9 und 12.10), die IOException, die SQLException und eine Reihe anderer Ausnahmen.

Eine Ausnahmebehandlung mit einer finally-Klausel abschließen

Fehler können nicht nur beim Ausführen eines normalen Programms, sondern auch bei der Ausnahmebehandlung auftreten. Mit anderen Worten: Was passiert, wenn bei der Verarbeitung einer Ausnahme eine zweite Ausnahme generiert wird?

Die Antwort auf diese Frage ist nicht einfach. Sie könnten versuchen, innerhalb einer catch-Klausel einen weiteren try-Befehl zu verwenden, um sich gegen unerwartete Vorfälle bei der Ausführung der catch-Klausel zu wappnen. Aber dadurch können Sie eine Kaskade von Ausnahmen erzeugen, die sehr schnell sehr kompliziert werden kann.

Die finally-Methode

Alternativ können Sie eine finally-Klausel verwenden, die wie eine catch-Klausel nach einer try-Klausel steht. Der große Unterschied zu einer catch-Klausel besteht darin, dass die Befehle in einer finally-Klausel unabhängig davon ausgeführt werden, ob eine Ausnahme generiert wird oder nicht. Die finally-Klausel soll also sicherstellen, dass bestimmte Befehle auf jeden Fall ausgeführt werden. Listing 12.11 zeigt ein Beispiel.

```
import static java.lang.System.out;

class DemoFinally {

    public static void main(String args[]) {
        try {
```

```
        doSomething();
    } catch (Exception e) {
        out.println("Ausnahmebehandlung in main.");
    }
}

static void doSomething() {
    try {
        out.println(0 / 0);
    } catch (Exception e) {
        out.println("Ausnahmebehandlung in doSomething.");
        out.println(0 / 0);
    } finally {
        out.println("Dies wird immer angezeigt.");
    }

    out.println("Dies wird nicht angezeigt.");
    }
}
```

Listing 12.11: Herumspringen

Wenn ich normalerweise an einen try-Befehl denke, stelle ich mir vor, dass das Programm innerhalb einer catch-Klausel eine Fehlersituation bewältigt und dann die Ausführung mit den Befehlen nach dem try-Befehl fortsetzt. Doch wenn während der Ausführung einer catch-Klausel etwas schiefgeht, sieht das Bild anders aus.

Abbildung 12.14 zeigt eine Ausführung des Programms in Listing 12.11 an. Zunächst ruft die main-Methode doSomething auf. Die doSomething-Methode enthält einen dummen Fehler – eine verbotene Division durch null – und generiert dadurch eine ArithmeticException, die durch die einzige catch-Klausel des try-Befehls abgefangen wird.

```
Ausnahmebehandlung in doSomething.
Dies wird immer angezeigt.
Ausnahmebehandlung in main.
```

Abbildung 12.14: Ausführung und Output des Programms aus Listing 12.11

Doch innerhalb der catch-Klausel wiederholt die doSomething-Methode die Division durch null. Dieses Mal ist der Befehl, der diese Division ausführt, nicht in eine schützende try-Klausel eingebettet. Das ist in Ordnung, weil eine ArithmeticException eine Runtime Exception-Unterklasse ist und damit zu den nicht überprüften Ausnahmen gehört (die nicht mit einer try-Klausel abgefangen oder mit einer throws-Klausel weitergeleitet werden müssen; siehe den vorangegangenen Abschnitt).

Doch egal, ob überprüft oder nicht, wenn eine weitere ArithmeticException generiert wird, springt das Programm aus der doSomething-Methode heraus, jedoch nicht ohne zuvor die Befehle innerhalb der finally-Klausel auszuführen. Deshalb zeigt Abbildung 12.14 die Meldung Dies wird immer angezeigt. auf dem Bildschirm.

Interessanterweise sehen Sie in Abbildung 12.14 nicht die Meldung Dies wird nicht ange-zeigt. auf dem Bildschirm. Weil bei der Ausführung der catch-Klausel eine eigene, nicht abgefangene Ausnahme generiert wird, kommt das Programm nie über den try-catch-finally-Befehl hinaus.

Deshalb kehrt das Programm zu seinem Ausgangspunkt in der main-Methode zurück. Dort wird wegen der ArithmeticException in der doSomething-Methode die Ausführung mit der catch-Klausel fortgesetzt. Das Programm gibt Ausnahmebehandlung in main aus und beendet dann die Ausführung.

Dateien sind zu schließen!

Das Beispielprogramm aus Listing 8.2, »Gehaltsschecks schreiben«, liest eine Datei namens MitarbeiterInfo.txt. Diese Ressource (eine Datei, die sich normalerweise außerhalb des Gehaltsabrechnungsprogramms befindet) gibt das Programm nie wieder frei. Einfach ausge-drückt, das Programm öffnet eine Datei, schließt sie aber nicht wieder. Der Autor wollte den Leser nicht mit Details zum Schließen von Dateien ablenken. In vielen Fällen schließt Java die von einem Programm genutzten Dateien automatisch, wenn das Programm beendet wird.

Eine Datei schließen

Um die Datei zu schließen, füge ich dem Code in Listing 8.2 eine Zeile hinzu. Das Listing ent-hält bereits den folgenden Befehl:

```
Scanner diskScanner =
    new Scanner(new File("MitarbeiterInfo.txt"));
```

Am Ende der main-Methode des Programms füge ich deshalb Folgendes ein:

```
diskScanner.close();
```

Natürlich könnte ich diesen Aufruf der Methode close an jeder Stelle im Programm einfü-gen. Es ist jedoch eine gute Angewohnheit, ihn immer sofort nach der letzten Verwendung der gelesenen Datei einzufügen.

Ein try-Befehl mit Ressourcen

Das Problem mit dem normalen Aufruf der Methode close ist, dass irgendetwas Blödes pas-sieren kann, bevor Java den Aufruf erreicht. Listing 12.12 ist fast identisch mit Listing 8.2, verfügt jedoch über einen zusätzlichen Befehl.

```
import java.util.Scanner;
import java.io.File;
import java.io.IOException;

class Gehaltsabrechnung {
    public static void main(String args[]) throws IOException {
        Scanner diskScanner =
            new Scanner(new File("MitarbeiterInfo.txt"));
```

```
    for (int maNum=1; maNum<=3; maNum++) {
        bezahleMitarbeiter(diskScanner);
    }
    diskScanner.close();
}

static void bezahleMitarbeiter (Scanner aScanner) {
    Mitarbeiter einMa = new Mitarbeiter();

    einMa.setName(aScanner.nextLine());
    einMa.setFunktion(aScanner.nextLine());
    einMa.zahleGehalt(aScanner.nextDouble());
    aScanner.nextLine();
    }
}
```

Listing 12.12: Eine Datei schließen

Listing 12.12 sieht gut aus, aber Aussehen täuscht bisweilen. Wenn bei der Ausführung von bezahleMitarbeiter etwas schiefgeht, wird das Programm unmittelbar mit einem Stack-Trace und einer Fehlermeldung beendet. Es erreicht diskScanner.close() nie.

Ich kann einige Befehle in einen try-Befehl einbetten, und sogar eine finally-Klausel hinzufügen, aber wenn mein Programm mehrere Ressourcen nutzt (mehrere Dateien, eine Datenbank und eine Datei usw.), wird der Aufbau des try-Befehls sehr unübersichtlich. Ich kann try-Befehle mit catch-Klauseln und allen möglichen Kombinationen formulieren. In Java 7 gibt es jedoch eine bessere Methode, das Problem zu lösen. In Java 7 verwendet man einen *try-mit-Ressourcen-Befehl*. Listing 12.13 zeigt, wie das geht.

```
import java.util.Scanner;
import java.io.File;
import java.io.IOException;

class Gehaltsabrechnung {

    public static void main(String args[]) throws IOException {
        try (Scanner diskScanner =
                new Scanner(new File("MitarbeiterInfo.txt"))) {

            for (int maNum=1; maNum<=3; maNum++) {
                bezahleMitarbeiter(diskScanner);
            }
        }

    }
```

```
static void bezahleMitarbeiter (Scanner aScanner) {
    Mitarbeiter einMa = new Mitarbeiter();

    einMa.setName(aScanner.nextLine());
    einMa.setFunktion(aScanner.nextLine());
    einMa.zahleGehalt(aScanner.nextDouble());
    aScanner.nextLine();
  }
}
```

Listing 12.13: try *mit Ressourcen*

In Listing 12.13 steht die Deklaration von diskScanner in Klammern hinter dem Wort try. Daran erkennt Java 7, dass es den diskScanner nach der Ausführung der Befehle in der try-Klausel automatisch schließen soll. Sie können auch mehrere Ressourcen innerhalb der Klammern eines try-Befehls deklarieren. In diesem Fall schließt Java 7 automatisch alle Ressourcen, nachdem es die Befehle innerhalb der try-Klausel ausgeführt hat. Wenn Sie möchten, können Sie auch catch- und finally-Klauseln angeben. Sie können auf alle möglichen Ressourcen (Dateien, Datenbanken, Serververbindungen usw.) zugreifen und haben die Gewissheit, dass Java alle Verbindungen automatisch schließt.

Namen zwischen Teilen eines Java-Programms austauschen

13

In diesem Kapitel

▶ Namen vor anderen Klassen verbergen

▶ Namen für andere Klassen sichtbar machen

▶ Sichtbare und verborgene Namen kombinieren

Das Verbergen von Details ist ein wesentlicher Aspekt der objektorientierten Programmierung, der dazu beiträgt, modulare Programme schreiben zu können und Code wiederverwendbar zu machen. Wenn Sie Code eines anderen Programmierers verwenden, sollten Sie sich keine Gedanken über die interne Arbeitsweise dieses Codes machen müssen. Dazu gehören auch die Namen der Variablen und Methoden, die innerhalb des Codes verwendet werden.

Zugriffsmodifizierer

In den vorigen Kapiteln haben Sie viele Beispiele kennengelernt, in denen private Variablen verwendet wurden. Variablen, die als `private` deklariert werden, sind vor Manipulationen von außerhalb der Klasse geschützt. Variablen so zu verbergen fördert also die Modularität des Codes und reduziert die Komplexität für Programmierer, die diese Klasse benutzen.

In anderen Beispielen wurden Elemente von Klassen als `public` deklariert. Elemente, die als `public` deklariert werden, sind von außerhalb der Klasse zugänglich.

In Java werden die Wörter `public` und `private` als *Zugriffsmodifizierer* bezeichnet. Viele Variablen und Methoden werden ohne Zugriffsmodifizierer deklariert. In diesen Fällen gilt der sogenannte *Standardzugriff*. Viele Beispiele in diesem Buch arbeiten stillschweigend mit dem Standardzugriff. In diesen Beispielen war dies kein Problem; doch in diesem Kapitel wollen wir uns mit den Fragen auseinandersetzen, die mit dem Standardzugriff verbunden sind.

Es gibt noch einen weiteren Zugriffsmodifizierer namens `protected`, der bis jetzt nicht vorgekommen ist, der aber ebenfalls in diesem Kapitel behandelt wird.

Klassen, Zugriff und mehrteilige Programme

Zu diesem Thema gehören mehrere Fachbegriffe, die Sie kennen müssen, um ihm folgen zu können. (Die meisten dieser Fachbegriffe kennen Sie bereits aus Kapitel 10, aber eine kleine Wiederholung kann nicht schaden.)

Betrachten Sie den folgenden Java-Pseudocode:

```
class MeineKlasse
{
    int meineVariable;        // eine Instanzvariable
                              // (ein Element, engl. member)

    void meineMethode()       // eine Methode, noch ein Element
    {
        int meineVariable2;   // eine methodenlokale Variable
    }                         // (kein Element)
}
```

Die Kommentare auf der rechten Seite des Pseudocodes erläutern den Status der Variablen. Es gibt zwei Arten von Variablen: *Instanzvariablen* und *methodenlokale Variablen*. In diesem Kapitel befassen wir uns nicht mit methodenlokalen Variablen, sondern mit Methoden und Instanzvariablen.

Da Methoden und Instanzvariablen zu einer Klasse gehören, werden sie zusammenfassend auch als *Elemente* (engl. *members*) einer Klasse bezeichnet.

Elemente im Gegensatz zu Klassen

An diesem Punkt machen Sie eine wichtige Unterscheidung: Denken Sie an das Java-Schlüsselwort public. Wie Sie vielleicht aus vorangegangenen Kapiteln wissen, können Sie public vor ein Element setzen. Beispielsweise können Sie schreiben:

```
public static void main(String args[]) {
```

oder

```
public amountInKonto = 50.22;
```

Diese Benutzung des Schlüsselwortes public ist nicht überraschend. Doch möglicherweise wissen Sie noch nicht, dass Sie das Schlüsselwort public vor eine Klasse setzen können. Beispielsweise können Sie schreiben:

```
public class Drawing {
    // Hier steht Ihr Code.
}
```

In Java hat das Schlüsselwort public zwei leicht unterschiedliche Bedeutungen: eine für Elemente und eine andere für Klassen. Der größte Teil dieses Kapitels behandelt die Bedeutung von public (und anderer verwandter Schlüsselwörter) für Elemente. Der letzte Teil dieses Kapitels (mit dem passenden Titel »Zugriffsmodifizierer für Java-Klassen«) behandelt die Bedeutung dieses Schlüsselworts für Klassen.

Zugriffsmodifizierer für Elemente

In Java werden grundsätzlich alle Aktionen in Klassen ausgeführt. Jede Instanzvariable wird in einer bestimmten Klasse deklariert, gehört zu dieser Klasse und ist ein Element dieser Klasse. Dasselbe gilt für Methoden. Jede Methode wird in einer bestimmten Klasse deklariert, gehört zu dieser Klasse und ist ein Element dieser Klasse. Die Elemente einer Klasse, also die Instanzvariablen und die Methoden, haben Namen. Wie kann man diese Namen in einem Programm verwenden? Das hängt davon ab, ob der Name innerhalb oder außerhalb der Klasse des Elements verwendet wird:

✔ Wenn das Element `private` ist, kann nur Code innerhalb der Klasse des Elements direkt auf den Namen des Elements zugreifen.

```
class SomeClass {
    private int myVariable = 10;
}
class SomeOtherClass {
    public static void main(String args[]) {
        SomeClass someObject = new SomeClass();

        // Dies funktioniert nicht:
        System.out.println(someObject.myVariable);
    }
}
```

✔ Wenn das Element `public` ist, kann beliebiger Code direkt auf den Namen des Elements zugreifen.

```
class SomeClass {
    public int myVariable = 10;
}
class SomeOtherClass {
    public static void main(String args[]) {
        SomeClass someObject = new SomeClass();

        // Dies funktioniert:
        System.out.println(someObject.myVariable);
    }
}
```

Die Abbildungen 13.1 bis 13.3 illustrieren die Konzepte auf eine etwas andere Weise.

class1	classA	classX
class2 extends class1	classB extends classA	classY extends classX
class3 extends class2	classC extends classB	classZ extends classY

Abbildung 13.1: Mehrere Klassen und ihre Unterklassen

Zur Erinnerung: `class2 extends class1` bedeutet, dass `class2` eine Unterklasse von `class1` ist. Eine Unterklasse ist spezieller als eine Oberklasse, erweitert (englisch *extends*) diese also um zusätzliche Merkmale.

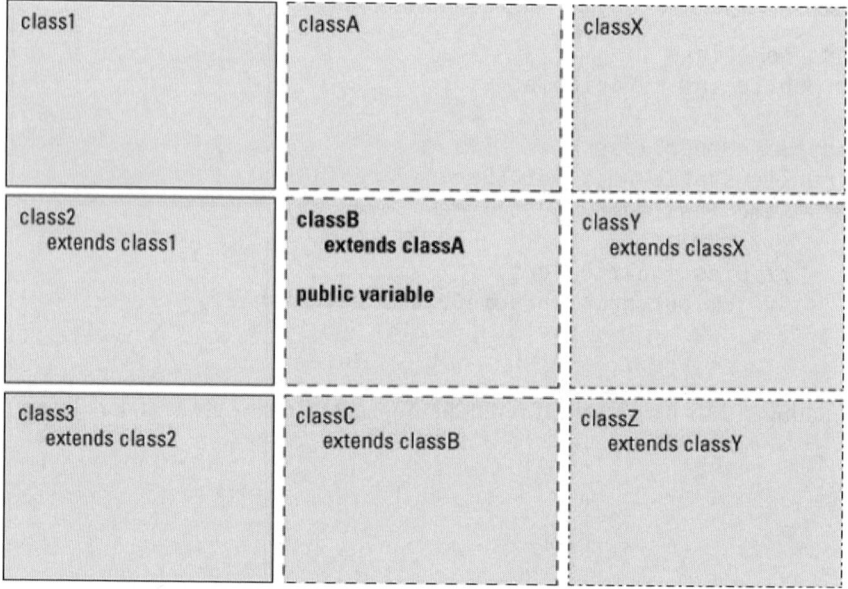

Abbildung 13.2: Der Codebereich, in dem eine `public`-Variable oder -Methode verwendet werden kann (grau unterlegt)

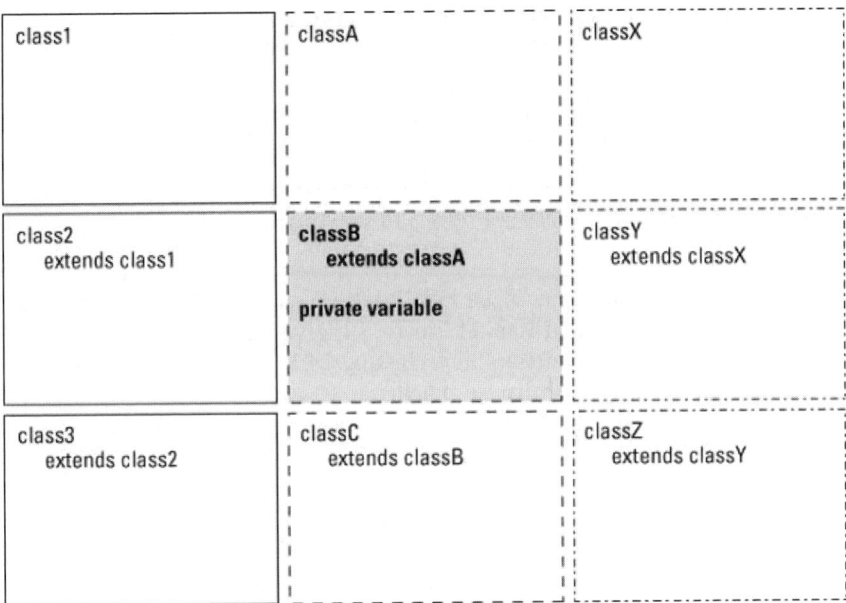

Abbildung 13.3: Der Codebereich, in dem eine private Variable oder Methode verwendet werden kann (grau unterlegt)

Eine Zeichnung in einen Frame einfügen

Wir wollen die unterschiedlichen Zugriffsmöglichkeiten anhand eines Beispiels verdeutlichen. Bei diesem Beispiel ist alles `public`, sodass Sie sich keine Gedanken darüber machen müssen, wer auf was zugreifen darf.

Der Code dieses ersten Beispiels besteht aus mehreren Teilen. Der erste Teil (siehe Listing 13.1) zeigt ein `ArtFrame` an, das eine `Drawing` (Zeichnung) enthält. Abbildung 13.4 zeigt den Output dieses Programms an.

```java
import com.burdbrain.drawings.*;
import com.burdbrain.frames.ArtFrame;

class ShowFrame {

    public static void main(String args[]) {
        ArtFrame artFrame = new ArtFrame(new Drawing());

        artFrame.setSize(200, 100);
        artFrame.setVisible(true);
    }
}
```

Listing 13.1: Einen `JFrame` *anzeigen*

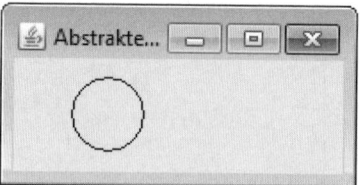

Abbildung 13.4: Ein ArtFrame

Der Code in Listing 13.1 erstellt eine neue ArtFrame-Instanz. Die ArtFrame-Klasse ist eine Unterklasse der JFrame-Klasse. In Kapitel 9 habe ich erwähnt, dass Java-Frames standardmäßig unsichtbar sind. Deshalb müssen Sie in Listing 13.1 die setVisible-Methode aufrufen, um die ArtFrame-Instanz sichtbar zu machen.

Beachten Sie jetzt, dass Listing 13.1 mit zwei Importdeklarationen beginnt. Die erste Importdeklaration sorgt dafür, dass Sie jeden Namen des com.burdbrain.drawings-Packages abkürzen können. Die zweite Importdeklaration sorgt dafür, dass Sie den Namen ArtFrame abkürzen können. Eine Übersicht über Importdeklarationen finden Sie in Kapitel 4.

Die beiden Packages com.burdbrain.drawings und com.burdbrain.frames enthalten noch weiteren Code. In Listing 13.1 wird ein Objekt vom Typ Drawing erstellt. Die zugehörige Klasse befindet sich in dem com.burdbrain.drawings-Paket. Die ArtFrame-Klasse befindet sich in dem com.burdbrain.frames-Paket. Listing 13.2 zeigt die Drawing-Klasse.

```
package com.burdbrain.drawings;

import java.awt.Graphics;

public class Drawing {
    public int x = 40, y = 40, width = 40, height = 40;

    public void paint(Graphics g) {
        g.drawOval(x, y, width, height);
    }
}
```

Listing 13.2: Die Drawing-*Klasse*

Der Code der Drawing-Klasse ist recht knapp. Sie enthält nur einige int-Variablen und eine paint-Methode. Sie sollten die folgenden Aspekte der Drawing-Klasse beachten:

✔ **Am Anfang des Codes steht eine *package-Deklaration*.** Die Drawing-Klasse gehört zu einem Paket namens com.burdbrain.drawings, in dem ich alle Komponenten zusammenfasse, die mit Zeichnungen zu tun haben. In Java werden Paketnamen gebildet, indem die Teile des Domänennamens in umgekehrter Reihenfolge angegeben werden und dann – jeweils durch Punkte getrennt – ein Name oder mehrere Namen für das Paket angehängt werden. Deshalb habe ich burdbrain.com umgekehrt und drawings angehängt.

✔ **Die Drawing-Klasse ist public.** Eine public-Klasse ist von außen angreifbar. Deshalb vermeide ich es im Allgemeinen, das Schlüsselwort public vor alte Klassen zu setzen. Aber in Listing 13.2 muss ich meine Drawing-Klasse als public deklarieren. Falls ich dies nicht tun würde, könnten Klassen, die sich in dem com.burdbrain.drawings-Package befinden, nicht die Funktionen in Listing 13.2 verwenden. Insbesondere wäre die Zeile

```
ArtFrame artFrame = new ArtFrame(new Drawing());
```

in Listing 13.1 illegal, wenn die Drawing-Klasse nicht public wäre.

Weitere Informationen über öffentliche (public) und nichtöffentliche Klassen finden Sie im Abschnitt »Zugriffsmodifizierer für Java-Klassen« später in diesem Kapitel.

✔ **Der Code enthält eine paint-Methode.** Diese Methode dient in Java dazu, Zeichnungen zu erstellen. Der Parameter g in Listing 13.2 wird als *Grafikpuffer* bezeichnet. Eine Zeichnung wird mit paint in einen Grafikpuffer geschrieben. Dieser Puffer wird dann auf dem Bildschirm dargestellt.

Etwas ausführlicher ausgedrückt: In Listing 13.2 hat die paint-Methode den Parameter g, der sich auf eine Instanz der java.awt.Graphics-Klasse bezieht. Eine Graphics-Instanz ist ein Puffer (Zwischenspeicher). Alles, was Sie in diesen Puffer einfügen, wird später auf dem Bildschirm angezeigt. Alle Instanzen der java.awt.Graphics-Klasse – also auch Puffer – verfügen über mehrere Methoden zum Zeichnen, unter anderem über die Methode drawOval, mit der Sie eine Ellipse zeichnen können. Zu diesem Zweck geben Sie eine Startposition (x Pixel vom linken Rand des Frames und y Pixel vom oberen Rand des Frames) sowie die Breite und Höhe in Pixel als Parameter an. Die drawOval-Methode fügt eine Ellipse in den Graphics-Puffer ein. Dieser wird dann auf dem Bildschirm angezeigt.

Verzeichnisstruktur

Der Code in Listing 13.2 gehört zu dem com.burdbrain.drawings-Paket. Nachdem Sie eine Klasse in ein Paket eingefügt haben, müssen Sie eine Verzeichnisstruktur erstellen, die den Namen des Pakets nachbildet.

Der Code des com.burdbrain.drawings-Packages wird in drei Verzeichnissen gespeichert: einem com-Verzeichnis, einem Unterverzeichnis von com namens burdbrain und einem Unterverzeichnis von burdbrain namens drawings. Die gesamte Verzeichnisstruktur wird in Abbildung 13.5 gezeigt.

Wenn Sie den Paket-Code nicht in die entsprechenden Verzeichnisse einfügen, meldet der Compiler den Fehler NoClassDefFoundError (Klassendefinition nicht gefunden). Leider sagt die Fehlermeldung nicht, wo der Code stehen sollte. Zunächst sollten Sie prüfen, ob die Verzeichnisstruktur dem angegebenen Paketnamen entspricht.

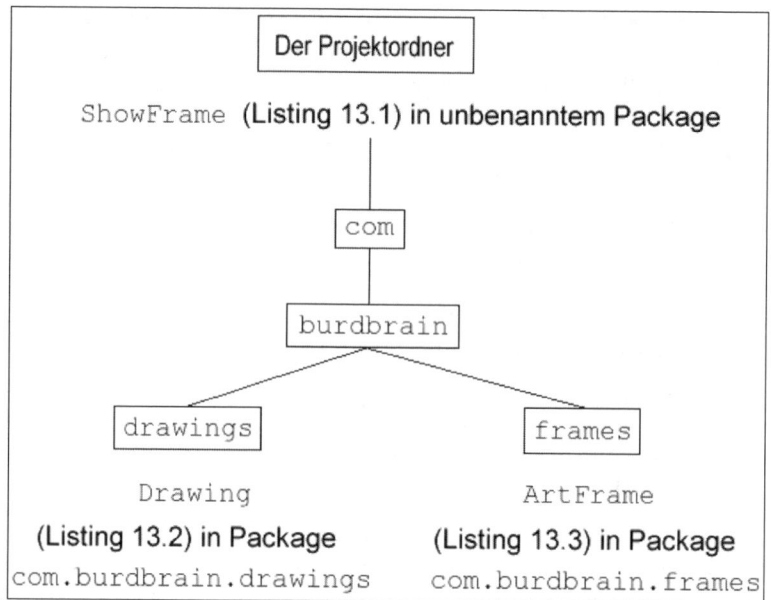

Abbildung 13.5: Die Dateien und Verzeichnisse in Ihrem Projekt

Einen Frame erstellen

Die ersten drei Listings dieses Kapitels gehören zu einem mehrteiligen Beispiel. In diesem Abschnitt wird der letzte Teil des Beispiels behandelt, der allerdings nicht unbedingt erforderlich ist, um Zugriffsmodifizierer, das Hauptthema dieses Kapitels, zu verstehen. Sie können deshalb die Erklärung von Listing 13.3 überspringen, ohne den Faden dieses Kapitels zu verlieren. Wenn Sie dagegen etwas mehr über die Java-Swing-Klassen erfahren wollen, sollten Sie weiterlesen.

```java
package com.burdbrain.frames;

import com.burdbrain.drawings.*;
import javax.swing.JFrame;
import java.awt.Graphics;

public class ArtFrame extends JFrame {
    private static final long serialVersionUID = 1L;

    Drawing drawing;

    public ArtFrame(Drawing drawing) {
        this.drawing = drawing;
        setTitle("Abstrakte Kunst");
        setDefaultCloseOperation(EXIT_ON_CLOSE);
    }
```

```
  public void paint(Graphics g) {
    drawing.paint(g);
  }
}
```

Listing 13.3: Die ArtFrame-*Klasse*

Dateien an den richtigen Stellen suchen

Sie versuchen, das Programm in Listing 13.1 zu kompilieren. Der Java-Compiler durchsucht den Code und stellt fest, dass einige Informationen fehlen – unter anderem über Art Frame und Drawing. Listing 13.1 definiert eine Klasse namens ShowFrame, nicht Art Frame oder Drawing. Woher bekommt der Compiler also Informationen über die Klassen ArtFrame und Drawing?

Wenn Sie über das Problem nachdenken, nimmt es riesige Ausmaße an. Soll der Compiler die ganze Festplatte nach Dateien namens ArtFrame.java oder Drawing.class durchsuchen? Wie groß ist Ihre neue Festplatte? 120 GB? 240 GB? 6.000.000 GB? Und was ist mit Referenzen auf Dateien auf Netzwerklaufwerken? Der Suchraum ist potenziell unbegrenzt. Was passiert, wenn der Compiler schließlich all diese Probleme löst? Dann versuchen Sie, Ihren Code auszuführen, und die Java Virtual Machine (JVM) beginnt die Suche von vorn. (Näheres über die Java Virtual Machine finden Sie in Kapitel 2.)

Um dieses Problem zu zähmen, definiert Java eine sogenannte Umgebungsvariable namens CLASSPATH (Klassenpfad). Es gibt mehrere Wege, um einen CLASSPATH zu setzen. Einige Programmierer erstellen bei jeder Ausführung eines Java-Programms einen neuen CLASSPATH. Andere erstellen eine systemweit gültige CLASSPATH-Variable. (Falls Sie mit der PATH-Variablen in Windows und Unix vertraut sind, wissen Sie möglicherweise bereits, wie dies funktioniert.) Auf die eine oder andere Weise benötigen der Compiler und die JVM eine Liste mit den Orten, an denen sie nach Code suchen sollen. Ohne eine solche Liste suchen diese Java-Tools nirgendwo. Sie finden die Klassen ArtFrame oder Drawing nicht und geben Ihnen stattdessen eine cannot find symbol- oder NoClassDef FoundError-Meldung.

Listing 13.3 enthält alle Komponenten, die Sie benötigen, um eine Zeichnung in einen Java-Frame einzufügen. Der Code verwendet mehrere Namen des Java-APIs. Die meisten dieser Namen werden in den Kapiteln 9 und 10 erklärt.

Der einzige neue Name in Listing 13.3 ist das Wort paint. Die paint-Methode in Listing 13.3 bezieht sich auf eine andere paint-Methode – die paint-Methode, die zu einem Drawing-Objekt gehört. Das ArtFrame-Objekt erstellt ein frei verschiebbares Fenster auf Ihrem Bildschirm. Die Art der Zeichnung in diesem Fenster hängt von dem Drawing-Objekt ab, das an den ArtFrame-Konstruktor übergeben wird.

Wenn Sie den Programmablauf in den Listings 13.1 bis 13.3 verfolgen, bemerken Sie vielleicht etwas Seltsames: Die paint-Methode in Listing 13.3 scheint nie aufgerufen zu werden. Nun ja – bei vielen Java-Komponenten, die Fenster erstellen, brauchen Sie nur eine paint-Methode zu deklarieren und können sie dann unbeachtet in dem Code stehen lassen. Wenn das Programm ausgeführt wird, ruft es die paint-Methode automatisch auf.

Genau dies passiert mit den `javax.swing.JFrame`-Objekten. In Listing 13.3 wird die `paint`-Methode des Frames »hinter den Kulissen« aufgerufen. Dann ruft die `paint`-Methode des Frames die `paint`-Methode des `Drawing`-Objekts auf, das seinerseits eine Ellipse in den Frame einfügt. Auf diese Weise wird der Frame in Abbildung 13.4 erstellt.

Den ursprünglichen Code ändern

Wenn Sie die Zeichnung in Abbildung 13.4 so ändern wollen, dass die Ellipse etwas breiter ist, haben Sie zwei Möglichkeiten: Sie können den Code der Programme selbst ändern, oder Sie können objektorientiert denken und von den vorhandenen Klassen Unterklassen ableiten, die das leisten, was Sie erreichen wollen. In Listing 13.4 erstellen Sie zu diesem Zweck eine Unterklasse der `Drawing`-Klasse: `DrawingWide`.

```
import com.burdbrain.drawings.Drawing;
import java.awt.Graphics;

public class DrawingWide extends Drawing {
    int width = 100, height = 30;

    public void paint(Graphics g) {
        g.drawOval(x, y, width, height);
    }
}
```
Listing 13.4: Eine Unterklasse der Drawing-Klasse

Um den Code in Listing 13.4 zu nutzen, müssen Sie eine Zeile in Listing 13.1 ändern:

```
ArtFrame artFrame = new ArtFrame(new DrawingWide());
```

In Listing 13.1 können Sie außerdem die Importanweisung `com.burdbrain.drawings.Drawing` löschen, weil Sie sie nicht mehr brauchen.

Listing 13.4 definiert eine Unterklasse der ursprünglichen `Drawing`-Klasse. In dieser Unterklasse überschreiben Sie die `width`- und `height`-Variablen sowie die `paint`-Methode der ursprünglichen Klasse. Der Frame wird in Abbildung 13.6 angezeigt.

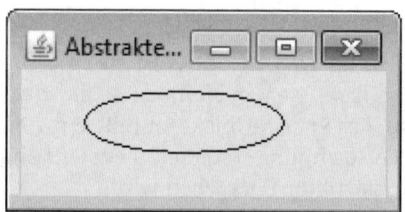

Abbildung 13.6: Ein weiterer `ArtFrame`

Vielleicht haben Sie bemerkt, dass der Code in Listing 13.4 nicht mit einer Paket-Deklaration beginnt. Das bedeutet, dass alle Ihre Dateien aus den folgenden drei Paketen stammen:

✔ **Aus dem `com.burdbrain.drawings`-Paket.** Die ursprüngliche `Drawing`-Klasse in Listing 13.2 stammt aus diesem Paket.

✔ **Aus dem `com.burdbrain.frames`-Paket.** Die `ArtFrame`-Klasse in Listing 13.3 befindet sich in diesem Paket.

✔ **Aus einem immer vorhandenen, unbenannten Paket.** Wenn Sie in Java eine Datei nicht mit einer Paket-Deklaration beginnen, wird der gesamte Code in dieser Datei in ein großes, unbenanntes Paket eingefügt. Die Listings 13.1 und 13.4 befinden sich in demselben unbenannten Paket. Tatsächlich befinden sich die meisten Listings aus den ersten zwölf Kapiteln dieses Buches in Javas unbenanntem Paket.

An dieser Stelle enthält Ihr Projekt zwei Klassen zum Zeichnen: die ursprüngliche `Drawing`-Klasse und die neue `DrawingWide`-Klasse. Auch wenn diese Klassen sich ziemlich ähnlich sind, befinden sie sich in zwei separaten Paketen: Die `Drawing`-Klasse befindet sich in dem mitgelieferten Paket, dessen Name mit `com.burdbrain` beginnt. Da Sie `DrawingWide` selbst entwickelt haben, sollten Sie dieses Programm nicht in ein `com.burdbrain`-Paket, sondern in ein eigenes Paket, beispielsweise `com.ihrname.drawings`, einfügen. Doch im Moment reicht es aus, wenn Sie die Klasse in ein namenloses Paket einfügen.

Egal wie Sie es machen, Ihre `DrawingWide`-Unterklasse lässt sich kompilieren und wie geplant ausführen.

Standardzugriff

Nun zurück zum Hauptthema dieses Kapitels: Wir verfügen jetzt über zwei Klassen zum Zeichnen – die `Drawing`- und die `DrawingWide`-Klasse. In der `Drawing`-Klasse sind die Variablen nicht als `public` deklariert, und es gilt für sie der Standardzugriff. Die Klasse befindet sich im `com.burdbrain.drawings`-Paket (siehe Listing 13.5).

```
package com.burdbrain.drawings;

import java.awt.Graphics;

public class Drawing {
    int x = 40, y = 40, width = 40, height = 40;

    public void paint(Graphics g) {
        g.drawOval(x, y, width, height);
    }
}
```

Listing 13.5: Variablen mit Standardzugriff

Die zweite Klasse, die `DrawingWide`-Unterklasse, wird aus Gründen der Bequemlichkeit noch einmal in Listing 13.6 gezeigt. Sie befindet sich in Javas unbenanntem Paket.

```
import com.burdbrain.drawings.*;
import java.awt.Graphics;

public class DrawingWide extends Drawing {
   int width = 100, height = 30;

   public void paint(Graphics g) {
      g.drawOval(x, y, width, height);
   }
}
```

Listing 13.6: Ein gescheiterter Versuch, eine Unterklasse zu erstellen

Das Problem besteht darin, dass sich der Code in Listing 13.6 nicht kompilieren lässt, sondern die folgenden Fehlermeldungen erzeugt:

```
x is not public in com.burdbrain.drawings.Drawing;
cannot be accessed from outside package
y is not public in com.burdbrain.drawings.Drawing;
cannot be accessed from outside package
```

Der Grund dafür ist, dass ein Zugriff auf eine Instanzvariable, für die der Standardzugriff gilt, von außerhalb ihres Pakets nicht möglich ist – nicht einmal von einer Unterklasse der Klasse aus, die die Variable enthält. Dasselbe gilt auch für Methoden, für die der Standardzugriff gilt.

 Die Instanzvariablen und Methoden einer Klasse werden als *Elemente* der Klasse bezeichnet. Die Regeln für standardmäßige und andere Zugriffe gelten für alle Elemente von Klassen.

 Die Zugriffsregeln, die in diesem Kapitel beschrieben werden, gelten nicht für methodenlokale Variablen. (Methodenlokale Variablen werden in Kapitel 10 behandelt.) Ein Zugriff auf eine methodenlokale Variable ist nur innerhalb ihrer eigenen Methode möglich.

In Java ist der Standardzugriff auf ein Element einer Klasse so definiert, dass der Zugriff auf das Element paketweit möglich ist. Der Zugriff auf ein Element, das ohne `public`, `private` oder `protected` deklariert ist, ist in dem gesamten Paket möglich, in dem sich seine Klasse befindet. Die Abbildungen 13.7 und 13.8 illustrieren diesen Punkt.

 Die Namen der Pakete mit all ihren Punkten und Unterkomponenten können etwas verwirren. Wenn Sie beispielsweise ein Programm schreiben, das auf das Anklicken von Schaltflächen reagiert, importieren Sie normalerweise Klassen aus zwei separaten Paketen: `import java.awt.*;` und `importjava.awt.event.*;`. Wenn Klassen des `java.awt`-Pakets importiert werden, werden die Klassen des `java.awt.event`-Pakets nicht automatisch importiert.

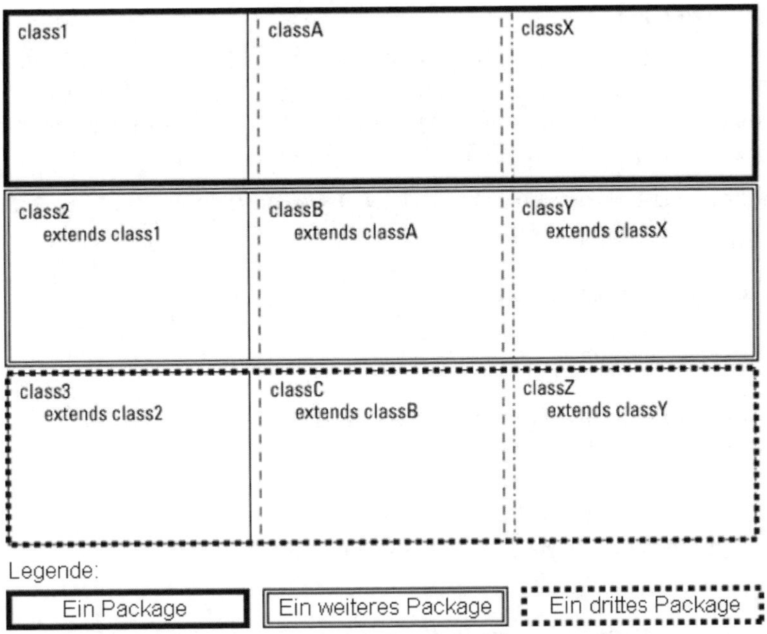

class1	classA	classX
class2 extends class1	classB extends classA	classY extends classX
class3 extends class2	classC extends classB	classZ extends classY

Legende:

Ein Package	Ein weiteres Package	Ein drittes Package

Abbildung 13.7: Packages durchschneiden Unterklassenhierarchien.

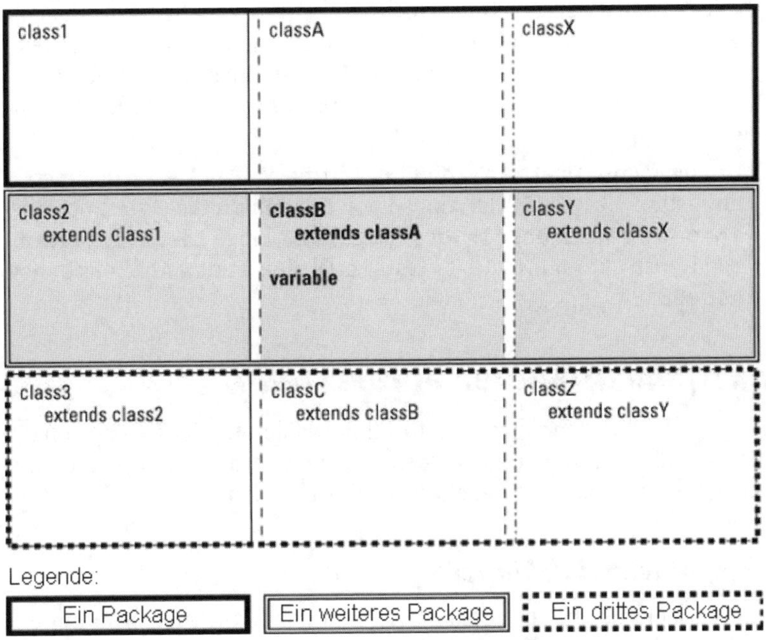

class1	classA	classX
class2 extends class1	**classB** **extends classA** **variable**	classY extends classX
class3 extends class2	classC extends classB	classZ extends classY

Legende:

Ein Package	Ein weiteres Package	Ein drittes Package

Abbildung 13.8: Der Codebereich, in dem eine Standardvariable oder -methode verwendet werden kann (schattiert).

Ein Paket erweitern

Betrachten wir jetzt den Fall, dass die neue Unterklasse aus Listing 13.6 nicht in einem separaten Paket, sondern unter dem Namen `DrawingWideBB` in dem Paket `com.burd brain.drawings` gespeichert wird (siehe Listing 13.7). Um dieses neue Programm auszuführen, muss Listing 13.1 mit der Zeile

```
ArtFrame artFrame = new ArtFrame(new DrawingWideBB());
```

geändert werden.

```
package com.burdbrain.drawings;

import java.awt.Graphics;

public class DrawingWideBB extends Drawing {
    int width = 100, height = 30;

    public void paint(Graphics g) {
        g.drawOval(x, y, width, height);
    }
}
```

Listing 13.7: Jawohl, Virginia, dies ist eine Unterklasse

Wenn Sie das Programm aus Listing 13.7 mit der `Drawing`-Klasse in Listing 13.5 ausführen, funktioniert alles bestens, weil sich `Drawing` und `DrawingWideBB` im selben Paket befinden. Beachten Sie, dass der grau unterlegte Bereich in Abbildung 13.9 ein ganzes Paket überspannt. Da die `Drawing`- und die `DrawingWideBB`-Klasse im selben Paket stehen, darf letztere auf die Variablen x und y zugreifen, die in der `Drawing`-Klasse definiert sind und für die der Standardzugriff gilt.

 Um die Klasse `DrawingWideBB` in Listing 13.7 nutzen zu können, nehmen Sie an Listing 13.1 zwei Änderungen vor. Sie ändern die erste Importdeklaration in `import com.burdbrain.drawings.DrawingWideBB`. Außerdem ändern Sie den Konstruktoraufruf des `ArtFrame`-Objekts in `new ArtFrame(new Drawing-WideBB)`.

Der Zugriffsmodifizierer »protected«

Wenn Sie in einem Java-Programm eine Instanzvariable ohne das Wort `public`, `private` oder `protected` deklarieren, gilt für sie der Standardzugriff. Das bedeutet, dass ein Zugriff auf die Variable nur innerhalb des Pakets möglich ist, in dem sie deklariert ist.

Variable als protected deklarieren

Wenn Sie eine Variable als `protected` deklarieren, räumen Sie auch bestimmten Klassen außerhalb des Pakets dieser Variablen Zugriff auf diese ein – und zwar allen Unterklassen und Unter-Unterklassen usw., die von der Klasse abgeleitet sind, in der die Variable deklariert wird. Die Listings 13.8 und 13.9 zeigen Beispiele für diese Beziehung.

```
package com.burdbrain.drawings;

import java.awt.Graphics;

public class Drawing {
    protected int x = 40, y = 40, width = 40, height = 40;

    public void paint(Graphics g) {
        g.drawOval(x, y, width, height);
    }
}
```

Listing 13.8: Variablen, die als protected *deklariert sind*

```
import com.burdbrain.drawings.Drawing;
import java.awt.Graphics;

public class DrawingWide extends Drawing {
    int width = 100, height = 30;

    public void paint(Graphics g) {
        g.drawOval(x, y, width, height);
    }
}
```

Listing 13.9: Eine Unterklasse der Drawing*-Klasse*

Listing 13.8 definiert die Drawing-Klasse. Listing 13.9 definiert DrawingWide, eine Unterklasse der Drawing-Klasse.

In der Drawing-Klasse sind die Variablen x, y, width und height als protected deklariert. Die DrawingWide-Klasse hat eigene width- und height-Variablen, aber DrawingWide referenziert die Variablen x und y, die in der übergeordneten Drawing-Klasse definiert sind. Dies ist in Ordnung, obwohl sich DrawingWide nicht im selben Paket wie die übergeordnete Drawing-Klasse befindet. (Die Drawing-Klasse befindet sich im com.burdbrain.drawings-Paket, während die DrawingWide-Klasse in Javas unbenanntem Paket steht.) Dies ist in Ordnung, weil die Variablen x und y in der Drawing-Klasse als protected deklariert sind.

Vergleichen Sie die Abbildungen 13.8 und 13.9. Beachten Sie die zusätzliche Graufärbung in Abbildung 13.9. Eine Unterklasse kann auf ein protected-Member einer Klasse zugreifen, selbst wenn diese Unterklasse zu einem anderen Package gehört.

class1	classA	classX

| class2
    extends class1 | **classB**
    extends classA

protected
    variable | classY
    extends classX |
| class3
    extends class2 | classC
    extends classB | classZ
    extends classY |

Legende:

Ein Package	Ein weiteres Package	Ein drittes Package

Abbildung 13.9: Der Codebereich, in dem eine protected_-Variable oder -Methode verwendet werden kann (schattiert)_

Arbeiten Sie in einem Team von Programmierern? Definieren Programmierer, die nicht zu Ihrem Team gehören, für ihre Software eigene Paketnamen? Möglicherweise wollen diese fremden Programmierer auf den Code Ihres Teams zugreifen und Unterklassen der Klassen erstellen, die Sie definiert haben. Dies ist der Punkt, an dem das Schlüsselwort protected seinen Nutzen zeigt. Deklarieren Sie Variablen und Methoden Ihres Codes als protected, wenn fremde Programmierer die Möglichkeit haben sollen, über Unterklassen direkt auf diese Elemente zuzugreifen.

Gleichrangige Klassen in dasselbe Paket einfügen

Wir wollen jetzt den Fall betrachten, dass gleichrangige Klassen in dasselbe Paket eingefügt werden. »Gleichrangig« soll hier bedeuten, dass die Klassen nicht voneinander abgeleitet sind, das heißt, dass sie nicht in einem Ober-/Unterklasse-Verhältnis zueinander stehen. Listing 13.10 zeigt als Beispiel die neue ShowFrameWideBB-Klasse, die eine Drawing-Instanz erstellt und dann den Wert der width- und height-Variablen der Instanz ändert.

```java
package com.burdbrain.drawings;

import com.burdbrain.frames.ArtFrame;

class ShowFrameWideBB {

    public static void main(String args[]) {
        Drawing drawing = new Drawing();
        drawing.width = 100;
        drawing.height = 30;

        ArtFrame artFrame = new ArtFrame(drawing);
        artFrame.setSize(200, 100);
        artFrame.setVisible(true);
    }
}
```

Listing 13.10: Eine größere Ellipse darstellen

Die ShowFrameWideBB-Klasse in Listing 13.10 befindet sich im selben Paket wie die Drawing-Klasse (nämlich in dem com.burdbrain.drawings-Paket). Aber ShowFrameWideBB ist keine Unterklasse der Drawing-Klasse.

Was passiert, wenn ShowFrameWideBB mit der Drawing-Klasse in Listing 13.8 – der Klasse mit den protected-Variablen – kompiliert wird? Nun, es läuft alles reibungslos, weil ein protected-Element auf zwei (relativ unabhängige) Arten im Zugriff ist. Beachten Sie in Abbildung 13.9, dass das Wort protected an vielen Stellen verwendet wird. Ein protected-Element steht den Unterklassen außerhalb des Pakets zur Verfügung, aber es ist auch für den Code (ob Unterklasse oder nicht) innerhalb des Pakets des Elements im Zugriff.

Listing 13.10 verfügt über eine main-Methode, die sich in einer Klasse befindet, die ihrerseits zu dem Package com.burdbrain.drawings gehört. In einer Entwicklungsumgebung denken Sie nicht lange nach, um eine main-Methode auszuführen, die in einem benannten Package steht. Aber wenn Sie Programme von der Befehlszeile ausführen (oder wenn Ihre Entwicklungsumgebung die main-Methoden nicht selbstständig findet), müssen Sie möglicherweise Namen wie com.burdbrain.drawings.ShowFrameWideBB (den voll qualifizierten Namen des Packages in Listing 13.10) verwenden.

In Wirklichkeit ist der Zugriff auf protected-Elemente noch etwas komplizierter, als es in diesem Abschnitt dargestellt wurde. Die Java-Sprachspezifikation enthält eine Haarspalterei über den Code, der für die Implementierung eines Objekts verantwortlich ist. Wenn Sie lernen, in Java zu programmieren, sollten Sie darüber hinweglesen. Am besten warten Sie, bis Sie viele Java-Programme geschrieben haben. Wenn Sie dann auf die Fehlermeldung variable has protected access stoßen, können Sie anfangen, sich Gedanken zu machen. Noch besser wäre es jedoch, wenn Sie dann den einschlägigen Abschnitt in der Java-Sprachspezifikation eingehend studieren würden. Informationen über die Java-Sprachspezifikation finden Sie in Kapitel 3.

Zugriffsmodifizierer für Java-Klassen

Vielleicht ist es Ihnen bei dem Thema über Zugriffsmodifizierer für Elemente etwas schwindelig im Kopf geworden. Schließlich ist der Zugriff auf Elemente in Java ein sehr kompliziertes Thema. Im Vergleich zum Zugriff auf Variablen und Methoden ist das Thema des Zugriffs auf Klassen ziemlich einfach.

Eine Klasse kann entweder öffentlich (`public`) oder nichtöffentlich sein. Wenn Sie eine Deklaration wie

```
public class Drawing
```

sehen, haben Sie es mit der Deklaration einer `public`-Klasse zu tun; aber wenn Sie die bekannte Deklaration

```
class ShowFrame
```

sehen, haben Sie es mit einer nichtöffentlichen Klasse zu tun.

Öffentliche (public) Klassen

Wenn eine Klasse `public` ist, können Sie von jeder Stelle des Codes aus auf die Klasse zugreifen. Natürlich gibt es einige Einschränkungen. Sie müssen alle Regeln befolgen, die im Abschnitt »Verzeichnisstruktur« dieses Kapitels beschrieben wurden. Wenn Sie eigenen Code erstellen, müssen Sie die Schritte im Abschnitt »Java-Packages in JCreator verwenden« dieses Kapitels befolgen.

Sie müssen auch eine Klasse in einem Package korrekt referenzieren. Beispielsweise können Sie in Listing 13.1 schreiben:

```
import com.burdbrain.drawings.*;
import com.burdbrain.frames.ArtFrame;
...
ArtFrame artFrame = new ArtFrame(new Drawing());
```

oder Sie können auf die Importdeklarationen verzichten und schreiben:

```
com.burdbrain.frames.ArtFrame artFrame =
    new com.burdbrain.frames.ArtFrame
        (new com.burdbrain.drawings.Drawing());
```

Auf die eine oder andere Weise muss Ihr Code die Tatsache berücksichtigen, dass sich die Klassen `ArtFrame` und `Drawing` in benannten Packages befinden.

Nichtöffentliche Klassen

Wenn eine Klasse nichtöffentlich ist, können Sie auf die Klasse nur von Code aus zugreifen, der sich im Paket der Klasse befindet.

Wenn wir in Listing 13.2 das Wort `public` löschen, machen wir aus `public class Drawing` die bekannte Deklaration `class Drawing`:

```
package com.burdbrain.drawings;

import java.awt.Graphics;

class Drawing {
    public int x = 40, y = 40, width = 40, height = 40;

    public void paint(Graphics g) {
        g.drawOval(x, y, width, height);
    }
}
```

Wenn wir dann das Programm in Listing 13.7 kompilieren, gibt es keine Probleme, weil Listing 13.7 mit den folgenden Zeilen beginnt:

```
package com.burdbrain.drawings;
```

```
public class DrawingWideBB extends Drawing
```

Weil sich beide Code-Teile im selben com.burdbrain.drawings-Paket befinden, ist der Zugriff von DrawingWideBB auf die nichtöffentliche Drawing-Klasse kein Problem.

Versuchen wir es mit Listing 13.3. Der Code beginnt mit

```
package com.burdbrain.frames;
```

Dieser Code befindet sich nicht in dem com.burdbrain.drawings-Paket. Wir versuchen, diesen Code zu kompilieren. Wenn der Compiler in Listing 13.3 die Zeile

```
Drawing drawing;
```

erreicht, gibt er die folgende Meldung aus:

```
com.burdbrain.drawings.Drawing is not public
in com.burdbrain.drawings;
cannot be accessed from outside package
```

Na ja, wir haben wohl bekommen, was wir verdient haben.

 Die Dinge sind nie so einfach, wie sie scheinen. Die Regeln, die in diesem Abschnitt beschrieben wurden, gelten für die Arten von Klassen, die in diesem Buch behandelt wurden. Java hat noch andere Klassen, sogenannte *innere Klassen* (auf die ich in Kapitel 14 eingehe), für die andere Regeln gelten. Glücklicherweise bildet die Anwendung innerer Klassen eine ziemlich isolierte Nische der Java-Programmierung. Selbst erfahrene Java-Programmierer verwenden innere Klassen sehr selten. Meistens kommen Sie auch ohne solche Dinge gut zurecht.

Auf Tastenanschläge und Mausklicks reagieren

14

In diesem Kapitel

▷ Code erstellen, der Mausklicks (und andere ähnliche Ereignisse) verarbeitet

▷ Eine Java-Schnittstelle schreiben und benutzen

---

*B*enutzer interagieren mit ihren Computern hauptsächlich dadurch, dass sie mit der Tastatur Daten eingeben oder mit der Maus Aktionen auswählen und ausführen. In diesem Kapitel erfahren Sie, diese Ereignisse in einem Programm verarbeitet werden.

Weiter ... Klicken Sie auf diese Schaltfläche

In den vorangegangenen Kapiteln haben wir mehrfach Fenster erstellt, mit denen Sie allerdings nicht viel anstellen konnten. Die Fenster zeigten meistens Informationen an, verfügten aber nicht über Elemente, die eine Interaktion ermöglichten. In diesem Kapitel werden wir uns mit Fenstern befassen, die derartige Elemente enthalten. Listing 14.1 enthält zunächst ein einfaches Programm mit einer Schaltfläche.

```
import java.awt.FlowLayout;
import java.awt.event.ActionEvent;
import java.awt.event.ActionListener;
import java.util.Random;

import javax.swing.JButton;
import javax.swing.JFrame;
import javax.swing.JLabel;
import javax.swing.JTextField;

class GameFrame extends JFrame implements ActionListener {
    private static final long serialVersionUID = 1L;

    int randomNumber = new Random().nextInt(10) + 1;
    int numGuesses = 0;

    JTextField textField = new JTextField(5);
    JButton button = new JButton("Raten");
    JLabel label = new JLabel(numGuesses + " Versuche");
```

```java
public GameFrame() {
    setDefaultCloseOperation(JFrame.EXIT_ON_CLOSE);
    setLayout(new FlowLayout());
    add(textField);
    add(button);
    add(label);
    button.addActionListener(this);
    pack();
    setVisible(true);
}

@Override
public void actionPerformed(ActionEvent e) {
    String textFieldText = textField.getText();

    if (Integer.parseInt(textFieldText) == randomNumber) {
        button.setEnabled(false);
        textField.setText(textField.getText() + " Ja!");
        textField.setEnabled(false);
    } else {
        textField.setText("");
        textField.requestFocus();
    }

    numGuesses++;
    String guessWord =
        (numGuesses == 1) ? " Versuch" : " Versuche";
    label.setText(numGuesses + guessWord);
}
}
```

Listing 14.1: Ein Ratespiel

```java
class ShowGameFrame {
    public static void main(String args[]) {
        new GameFrame();
    }
}
```

Listing 14.2: Das Ratespiel starten

Die Abbildungen 14.1 und 14.2 zeigen einige Schnappschüsse der Ausführung des Programms. Im Hintergrund wählt das Programm eine unbekannte Zahl (eine Zahl von 1 bis 10). Dann zeigt es ein Textfeld und eine Schaltfläche an. Der Benutzer gibt eine Zahl in das Textfeld ein und klickt auf die Schaltfläche. Dann kann Folgendes passieren:

✔ Wenn die Zahl, die der Benutzer eintippt, nicht mit der Geheimzahl übereinstimmt, zeigt das Programm die Anzahl der bisherigen Versuche an; und der Benutzer muss einen weiteren Rateversuch unternehmen.

✔ Wenn die Zahl, die der Benutzer eintippt, mit der Geheimzahl übereinstimmt, zeigt das Textfeld `Ja!` an. Das Spiel ist vorbei, und sowohl das Textfeld als auch die Schaltfläche werden deaktiviert. Beide Komponenten werden grau dargestellt und reagieren nicht mehr auf Tastatureingaben oder Mausklicks.

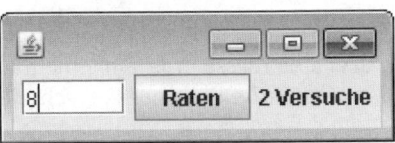

Abbildung 14.1: Ein erfolgloser Tipp

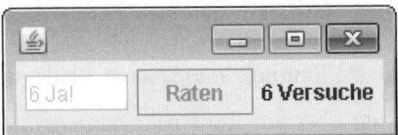

Abbildung 14.2: Der erfolgreiche Tipp

Das Programm in Listing 14.1, das den Frame, die Schaltfläche und das Textfeld erstellt, ist nicht sonderlich aufregend. In Kapitel 9 und 10 haben Sie bereits Ähnliches kennengelernt. Die `JTextField`-Klasse ist in diesem Kapitel neu, aber ein Textfeld unterscheidet sich nicht sehr von einer Schaltfläche oder einem Label. Wie viele andere Komponenten ist die `JText Field`-Klasse in dem `javax.swing`-Paket definiert. Wenn Sie eine neue `JTextField`-Instanz erstellen, können Sie eine Anzahl von Spalten angeben. Das Textfeld in Listing 14.1 ist fünf Spalten breit.

Listing 14.1 verwendet einen Bedingungsoperator, um zwischen der Singularform *Versuch* und der Pluralform *Versuche* zu unterscheiden. Eine Erklärung des Bedingungsoperators finden Sie in Kapitel 11.

Ereignisse und Ereignisverarbeitung

Die große Neuigkeit in Listing 14.1 im vorangegangenen Abschnitt ist die Verarbeitung der Mausklicks des Benutzers. Wenn Sie mit einem GUI (Graphical User Interface = Grafische Benutzerschnittstelle) arbeiten, wird alles, was der Benutzer tut (wie beispielsweise auf eine Taste zu drücken, die Maus zu bewegen oder mit der Maus zu klicken usw.), als *Event (Ereignis)* bezeichnet. Der Code, der auf die Aktion des Benutzers reagiert, wird als *Event-handling-Code (Code zur Ereignisverarbeitung)* bezeichnet.

Das wirklich Neue in Listing 14.1 ist die Verarbeitung der Schaltflächenklicks des Benutzers. Diese Verarbeitung erfolgt durch die folgenden Ergänzungen des Codes:

✔ Die `GameFrame`-Klassendeklaration enthält zusätzlich die Angabe `implements Action Listener`.

✔ Der Aufruf von `button.addActionListener` im Konstruktor der `GameFrame`-Klasse enthält als Parameter `this`.

✔ Der Code der `GameFrame`-Klasse enthält zusätzlich die `actionPerformed`-Methode.

Zusammen verarbeiten die drei Ergänzungen in der GameFrame-Klasse Schaltflächenklicks. Um zu verstehen, wie das funktioniert, müssen Sie wissen, wie ein *Interface* (dt. *Schnittstelle*) funktioniert.

Java-Interfaces

Vielleicht haben Sie bemerkt, dass eine Klasse in Java nie mehr als eine übergeordnete Klasse hat. Anders ausgedrückt: Es ist unzulässig, Folgendes zu schreiben:

```
class eineKlasse extends Klasse1, Klasse2, Klasse3
```

Eine Klasse kann nur eine übergeordnete Klasse haben – und das ist in Ordnung, wenn Sie eine neue Klasse erstellen wollen, die sich wie eine Frame-Klasse verhält. Doch was machen Sie, wenn Sie eine neue Klasse erstellen wollen, die sich wie die Frame-Klasse verhält und zugleich auf Schaltflächen reagiert? Kann die neue Klasse beides zugleich tun?

Ja, das ist möglich. Java verfügt über ein Konstrukt namens *Interface*. Ein Interface ist mit einer Klasse verwandt. Es verfügt über die folgenden Eigenschaften:

✔ **Eine Klasse kann nur eine Oberklasse erweitern, aber sie kann mehrere Interfaces implementieren.**

Wenn GameFrame gleichzeitig sowohl Tastaturanschläge als auch Schaltflächenklicks verarbeiten können soll, können Sie schreiben:

```
class GameFrame extends JFrame
    implements ActionListener, ItemListener
```

✔ **Die Methoden eines Interface haben keinen eigenen Körper.**

Hier sehen Sie eine Kopie des API-Codes für das ActionListener-Interface:

```
package java.awt.event;
import java.util.EventListener;
public interface ActionListener extends EventListener {
    public void actionPerformed(ActionEvent e);
}
```

Ich habe die Kommentare des Codes entfernt, aber den API-Code nicht wesentlich geändert. In diesem Code hat die actionPerformed-Methode keinen Körper – keine geschweiften Klammern und keine Befehle, die ausgeführt werden sollen. Anstelle eines Körpers steht nur ein Semikolon.

 Eine Methode ohne Körper – wie die Methode in dem ActionListener-Interface – wird als *abstrakte* Methode bezeichnet.

✔ **Wenn Sie ein Interface implementieren, stellen Sie für alle Methoden des Interface Methoden zur Verfügung.**

Deshalb befindet sich in Listing 14.1 eine `actionPerformed`-Methode. Indem das Programm aus Listing 14.1 zum Ausdruck bringt, dass es das `ActionListener`-Interface implementieren will, sagt es, dass es die `actionPerformed`-Methode des Interface mit Bedeutung füllen will. In dieser Situation bedeutet dies, dass eine `actionPerformed`-Methode mit geschweiften Klammern, einem Körper und möglicherweise einigen Befehlen erstellt werden muss.

Wenn Sie ankündigen, dass Sie ein Interface implementieren wollen, nimmt der Java-Compiler diese Ankündigung ernst. Wenn Sie später im Code diese Ankündigung nicht einlösen, das heißt, wenn Sie die Methoden des Interface nicht mit Bedeutung füllen, meldet der Compiler einen Fehler.

Wenn Sie wirklich faul sind, können Sie schnell herausfinden, welche Methoden in dem Programm deklariert werden müssen, um ein spezielles Interface zu implementieren. Kompilieren Sie einfach den Code mit `javac`; dann zeigt der Compiler alle Methoden an, die Sie deklariert haben sollten, aber nicht deklariert haben.

In Kapitel 8 wurde die Verwendung von `@Override` eingeführt, einer Java-Annotation. Normalerweise benutzen Sie `@Override`, um den Austausch einer Methode zu signalisieren, die bereits in einer übergeordneten Klasse deklariert wurde. Ab Java 6 können Sie `@Override` jedoch auch nutzen, um die Methodenimplementierung einer Schnittstelle zu kennzeichnen. Und genau das habe ich in Listing 14.1 gemacht.

Ausführungsthreads

Es gibt ein wohlbehütetes Geheimnis: Java-Programme sind *multithreaded*, was bedeutet, dass mehrere Prozesse gleichzeitig ablaufen, wenn ein Java-Programm ausgeführt wird. Das Programm führt zugleich den Code aus, den Sie geschrieben haben, sowie anderen Code (den Sie nicht geschrieben haben und nicht sehen). Dieser ganze Code wird gleichzeitig ausgeführt. Während das Programm die Befehle der `main`-Methode abarbeitet, führt es parallel dazu auch Befehle anderer, unsichtbarer Methoden aus. Bei den meisten einfachen Java-Programmen handelt es sich dabei um Methoden, die Bestandteil der Java Virtual Machine (JVM) sind.

Beispielsweise führt Java einen Thread für die Ereignisverarbeitung aus, der im Hintergrund läuft, während Ihr Code ausgeführt wird. Dieser Thread für die Ereignisverarbeitung überwacht Mausklicks und greift in den Programmablauf ein, wenn ein Benutzer mit der Maus klickt. Abbildung 14.3 verdeutlicht diese Arbeitsweise.

Der Thread Ihres Codes	Thread für die Ereignisverarbeitung

`setLayout(new FlowLayout());`
`add(textField);`
`add(button);`
`add(label);`
 	
`button.addActionListener(this);`
`pack();`
`setVisible(true);`
	Hat der Benutzer mit der Maus geklickt?
	.
	.
	Hat der Benutzer mit der Maus geklickt?
	.
	Hat der Benutzer mit der Maus geklickt?
	Ja? Okay, dann rufe ich die
	`actionPerformed`-Methode auf.

Abbildung 14.3: Zwei Java-Threads

Wenn der Benutzer auf die Schaltfläche klickt, prüft der Thread für die Ereignisverarbeitung, welche Aktion ausgeführt werden soll, und ruft dann eine `actionPerformed`-Methode auf. Der folgende Code-Abschnitt soll diese Vorgehensweise illustrieren:

```
if (buttonJustGotClicked())
{
    object1.actionPerformed(infoAboutTheClick);
    object2.actionPerformed(infoAboutTheClick);
    object3.actionPerformed(infoAboutTheClick);
}
```

Natürlich schließen sich daran einige weitere Fragen an: Wo findet der Thread für die Ereignisverarbeitung den `actionPerformed`-Methodenaufruf? Was können Sie machen, wenn der Thread für die Ereignisverarbeitung eine bestimmte `actionPerformed`-Methode in Ihrem Code ausführen soll?

Genau dies ist die Funktion der `addActionListener`-Methode. In Listing 14.1 weist der Aufruf

```
button.addActionListener(this);
```

den Thread für die Ereignisverarbeitung an, die `actionPerformed`-Methode auf seine Liste der aufzurufenden Methoden zu setzen und diese spezielle `actionPerformed`-Methode aufzurufen, wenn die Schaltfläche angeklickt wird.

Dies ist der Ablauf. Um ein Programm zu veranlassen, eine `actionPerformed`-Methode aufzurufen, registrieren Sie die Methode bei dem Thread für die Ereignisverarbeitung, indem Sie `addActionListener` aufrufen. Die `addActionListener`-Methode gehört zu dem Objekt, dessen Klicks (und andere Ereignisse) Sie überwachen. In Listing 14.1 warten Sie darauf, dass die Schaltfläche des Objekts angeklickt wird, und die `addActionListener`-Methode gehört zu diesem Schaltflächen-Objekt.

Das Schlüsselwort this

In den Kapiteln 9 und 10 können Sie mit dem Schlüsselwort `this` aus dem Code innerhalb einer Methode heraus auf Instanzvariablen zugreifen. Dieses Schlüsselwort funktioniert wie ein Platzhalter. Es wartet innerhalb des Codes, der die `GameFrame`-Klasse definiert. Wenn eine Instanz von `GameFrame` konstruiert wird, ruft die Instanz `addActionListener(this)` auf. Dabei steht das Schlüsselwort `this` für die Instanz selbst.

`button.addActionListener(`*`thisGameFrameInstance`*`);`

Durch den Aufruf von `button.addActionListener(this)` fügt die `GameFrame`-Instanz ihre eigene `actionPerformed`-Methode in die Liste der Methoden ein, die aufgerufen werden, wenn die Schaltfläche angeklickt wird. Die `actionPerformed`-Methode steht in der `GameFrame`-Instanz zur Verfügung, weil die `GameFrame`-Klasse das `ActionListener`-Interface implementiert.

Die Arbeitsweise der actionPerformed-Methode

Die `actionPerformed`-Methode in Listing 14.1 verwendet einige Tricks des Java-APIs:

✔ Jede Instanz von `JTextField` (und von `JLabel`) verfügt über die Methoden `getText` und `setText`. Der Aufruf von `getText` fragt die Zeichenkette ab, die sich in der Komponente befindet. Der Aufruf von `setText` ändert die Zeichenkette, die sich in der Komponente befindet. In Listing 14.1 wird durch `getText` und `setText` eine Zahl aus dem Textfeld herausgezogen und entweder durch nichts (den leeren String `" "`) oder eine Zahl, gefolgt von dem Wort `Ja!`, ersetzt.

✔ Jede Komponente in dem `javax.swing`-Paket (`JTextField`, `JButton` oder ein anderes) hat eine `setEnabled`-Methode. Wenn Sie `setEnabled(false)` setzen, wird die Komponente deaktiviert und grau dargestellt. Sie kann dann keine Schaltflächenklicks oder Tastaturanschläge mehr verarbeiten.

 Sie können einen Test ausführen, um sicherzustellen, dass das Objekt, das von der Schaltflächenvariablen referenziert wird, tatsächlich die Komponente ist, die angeklickt worden ist. Schreiben Sie einfach: `if (e.getSource() == Button)`. Wenn Ihr Code zwei Schaltflächen, `button1` und `button2`, enthält, können Sie durch einen Test feststellen, welche Schaltfläche angeklickt worden ist: `if (e.getSource() == button1)` und `if (e.getSource() == button2)`

Die serialVersionUID

In Kapitel 9 wurde die `SuppressWarnings`-Annotation eingeführt, um zu vermeiden, eine `serialVersionUID` verarbeiten zu müssen. Eine `serialVersionUID` ist eine Nummer, die Java hilft, Konflikte zu vermeiden, wenn Sie ein Objekt von einem Ort an einen anderen schicken. Beispielsweise können Sie den Status Ihres `JFrame`-Objekts auf den Bildschirm eines anderen Computers schicken. Der andere Computer kann dann die Versionsnummer des Frames überprüfen, um sicherzustellen, dass keine seltsamen Dinge passieren.

In Kapitel 9 habe ich das `serialVersionUID`-Problem gelöst, indem ich Java angewiesen habe, alle Warnungen zu fehlenden seriellen Versionsnummern zu ignorieren. In Listing 14.1 gehe ich jedoch allgemeiner an die Aufgabe heran. Ich gebe meinem `JFrame`-Objekt eine echte `serialVersionUID` mit. Dies ist meine erste Version von `GameFrame`, deshalb erhält sie die Versionsnummer 1. (Eigentlich `1L`, das steht für den `long`-Wert 1; siehe Kapitel 4.)

Wann sollte man die serialVersionUID einer Klasse ändern? Wenn Version Nummer 1 gut ist, ist dann Version Nummer 2 noch besser? Die Antwort ist kompliziert. Im Grunde sollten Sie die serialVersionUID nicht ändern, wenn Sie keine inkompatiblen Änderungen am Code der Klasse vornehmen. Und mit »inkompatiblen Änderungen« meine ich Änderungen, die der vorhandene Code auf dem empfangenden Computer für Ihre neuen Objekte nicht mehr verarbeiten kann.

Weitere Informationen über die serialVersionUID und inkompatible Code-Änderungen finden Sie unter `http://download.oracle.com/javase/6/docs/platform/serialization/spec/version.html#6678`.

Auf andere Ereignisse als Schaltflächenklicks reagieren

Wenn Sie wissen, wie Sie auf eine Art von Ereignissen reagieren können, ist das Verarbeiten anderer Ereignisse einfach. Die Listings 14.3 und 14.4 zeigen ein Fenster an, das Währungsbeträge in US-Dollar oder in Britischen Pfund anzeigt. Der Code reagiert auf viele Arten von Ereignissen. Die Abbildungen 14.4 bis 14.6 zeigen einige Beispiele des Codes in Aktion.

```java
import java.awt.Color;
import java.awt.FlowLayout;
import java.awt.event.ItemEvent;
import java.awt.event.ItemListener;
import java.awt.event.KeyEvent;
import java.awt.event.KeyListener;
import java.awt.event.MouseEvent;
import java.awt.event.MouseListener;
import java.text.NumberFormat;
import java.util.Locale;

import javax.swing.JComboBox;
import javax.swing.JFrame;
import javax.swing.JLabel;
import javax.swing.JTextField;

class MoneyFrame extends JFrame implements
            KeyListener, ItemListener, MouseListener {
   private static final long serialVersionUID = 1L;

   JLabel fromCurrencyLabel = new JLabel(" ");
   JTextField textField = new JTextField(5);
   JLabel label = new JLabel("          ");
   JComboBox combo = new JComboBox();

   NumberFormat currencyUS =
      NumberFormat.getCurrencyInstance(Locale.US);
```

```
NumberFormat currencyUK =
    NumberFormat.getCurrencyInstance(Locale.UK);

public MoneyFrame() {
    setLayout(new FlowLayout());

    add(fromCurrencyLabel);
    add(textField);
    combo.addItem("US to UK");
    combo.addItem("UK to US");
    add(label);
    add(combo);

    textField.addKeyListener(this);
    combo.addItemListener(this);
    label.addMouseListener(this);
    setDefaultCloseOperation(JFrame.EXIT_ON_CLOSE);

    setSize(300, 100);
    setVisible(true);
}

void setTextOnLabel() {
    String amountString = " ";
    String fromCurrency = " ";

    try {
        double amount =
            Double.parseDouble(textField.getText());

        if(combo.getSelectedItem().equals("US to UK"))
        {
            amountString = " = " +
                currencyUK.format(amount * 0.61214);
            fromCurrency = "$";
        }
        if(combo.getSelectedItem().equals("UK to US"))
        {
            amountString = " = " +
                currencyUS.format(amount * 1.63361);
            fromCurrency = "\u00A3";
        }

    } catch (NumberFormatException e) {
    }
```

```
        label.setText(amountString);
        fromCurrencyLabel.setText(fromCurrency);
    }

    @Override
    public void keyReleased(KeyEvent k) {
        setTextOnLabel();
    }

    @Override
    public void keyPressed(KeyEvent k) {
    }

    @Override
    public void keyTyped(KeyEvent k) {
    }

    @Override
    public void itemStateChanged(ItemEvent i) {
        setTextOnLabel();
    }

    @Override
    public void mouseEntered(MouseEvent m) {
        label.setForeground(Color.red);
    }

    @Override
    public void mouseExited(MouseEvent m) {
        label.setForeground(Color.black);
    }

    @Override
    public void mouseClicked(MouseEvent m) {
    }

    @Override
    public void mousePressed(MouseEvent m) {
    }

    @Override
    public void mouseReleased(MouseEvent m) {
    }
}
```

Listing 14.3: Die lokale Währung anzeigen

```
class ShowMoneyFrame {
   public static void main(String args[]) {
      new MoneyFrame();
   }
}
```

Listing 14.4: Den Code in Listing 14.3 aufrufen

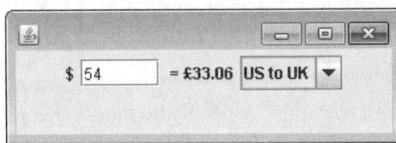

Abbildung 14.4: US-Währung

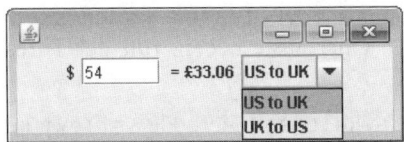

Abbildung 14.5: Das Kombinationsfeld verwenden

Abbildung 14.6: UK-Währung (Britische Pfund)

Zugegeben, Listing 14.3 ist ein wenig lang, die eigentliche Struktur ist aber gar nicht so schlimm. Hier ist sie noch einmal zusammengefasst:

```
class MoneyFrame extends JFrame
   implements KeyListener, ItemListener, MouseListener {

   // Variablendeklarationen

   // Konstruktor der MoneyFrame-Klasse

   // Deklaration einer Methode namens setTextOnLabel
   // alle Methoden, die benötigt werden,
   // um die drei Interfaces zu implementieren
}
```

Der Konstruktor in Listing 14.3 fügt die folgenden vier Komponenten in ein neues `Money Frame`-Fenster ein:

✔ **Ein Label:** In Abbildung 14.4 zeigt die Beschriftung ein Dollarsymbol an.

✔ **Ein Textfeld:** In Abbildung 14.4 gibt der Benutzer `54` in das Textfeld ein.

✔ **Noch ein Label:** In Abbildung 14.4 zeigt die Beschriftung `£33.06` an.

✔ **Ein Kombinationsfeld:** In Abbildung 14.4 zeigt das Listenfeld *US to UK* an. In Abbildung 14.5 wählt der Benutzer ein Element in dem Feld aus. In Abbildung 14.6 ist das Element *UK to US* ausgewählt.

Die `MoneyFrame`-Klasse implementiert drei Interfaces: `KeyListener`, `ItemListener`, `MouseListener` und `WindowListener`. Deshalb kann der Code drei verschiedene Arten von Ereignissen verarbeiten. Die folgende Liste enthält nähere Einzelheiten dazu:

✔ `KeyListener`: Eine Klasse, die das `DocumentListener`-Interface implementiert, muss drei Methoden namens `keyReleased`, `keyPressed` und `keyTyped` enthalten. Wenn Sie den Finger von einer Taste heben, ruft der Thread zur Ereignisverarbeitung `keyReleased` auf.

In Listing 14.3 ruft die `keyReleased`-Methode `setTextOnLabel` auf. Meine `setText OnLabel`-Methode prüft, welche Währung in dem Kombinationsfeld ausgewählt ist. Wenn US gewählt ist, erstellt die `setTextOnLabel`-Methode ein Format für US-Dollar. Wenn UK gewählt ist, erstellt die `setTextOnLabel`-Methode ein UK-Format.

In der Methode `setTextOnLabel` verwende ich den String `"\u00A3"`. Dieser String steht in Java für das britische Pfundzeichen. (Das *u* in `"\u00A3"` steht für *Unicode* – einen internationalen Standard für die Darstellung von Zeichen in unterschiedlichen Alphabeten.) Wenn ich mein Betriebssystem auf britische Währung eingestellt habe, erscheint das Pfundzeichen bei der Ausführung von Java-Programmen automatisch als Währung. Weitere Informationen darüber finden Sie in der Java-API-Dokumentation zur Klasse `Locale`.

Nebenbei bemerkt: Das Programm rechnet die Währung *nicht* ineinander um! Es ändert nur das Anzeigeformat (Dollar oder Pfundzeichen usw.). Natürlich ginge es auch einfacher, aber Sie wollen doch lernen, wie Java funktioniert, oder?

✔ `ItemListener`: Eine Klasse, die das `ItemListener`-Interface implementiert, muss eine `itemStateChanged`-Methode enthalten. Wenn Sie in einem Listenfeld einen Eintrag auswählen, ruft der Thread für die Ereignisverarbeitung `itemStateChanged` auf.

Wenn Sie in Listing 14.3 in dem Listenfeld US oder UK auswählen, ruft der Thread für die Ereignisverarbeitung die `itemStateChanged`-Methode auf, diese ruft dann `setText OnLabel` auf usw.

✔ `MouseListener`: Eine Klasse, die das `MouseListener`-Interface implementiert, muss die Methoden `mouseEntered`, `mouseExited`, `mouseClicked`, `mousePressed` und `mouseReleased` implementieren. Die Implementierung von `MouseListener` unterscheidet sich von der Implementierung von `ActionListener`. Bei der Implementierung von `ActionListener` in Listing 14.1 reagiert der Thread für die Ereignisverarbeitung nur auf Mausklicks. Aber mit `MouseListener` reagiert der Thread auch, wenn der Benutzer die Maustaste niederdrückt, sie loslässt oder andere Aktionen ausführt.

In Listing 14.3 werden die Methoden `mouseEntered` und `mouseExited` aufgerufen, wenn Sie mit der Maus auf das Label fahren oder den Mauszeiger von diesem Label wegbewegen. Woran erkennen Sie, dass das Label mit dieser Aktion zu tun hat? Schauen Sie sich einfach den Code in dem `MoneyFrame`-Konstruktor an. Hier wird die `addMouseListener`-Methode der `label`-Variablen aufgerufen.

Wenn die Methoden `mouseEntered` und `mouseExited` in Listing 14.2 aufgerufen werden, ruft das Programm die `setForeground`-Methode auf, die die Farbe des Labeltextes ändert. Das Java-API enthält vordefinierte Namen für Farben – beispielsweise `Color.red` und `Color.black`.

Listing 14.3 enthält zahlreiche Methoden, die gar nicht benutzt werden. Wenn Sie beispielsweise das `MouseListener`-Interface implementieren, muss Ihr Code eine `mouseReleased`-Methode enthalten. Sie benötigen die `mouseReleased`-Methode jedoch nicht, weil Sie keine spezielle Aktion ausführen wollen, wenn der Benutzer die Maustaste loslässt; und deshalb bleibt der Körper dieser Methode leer. Doch weil der Java-Compiler diese Methoden erwartet, müssen Sie sie definieren.

Innere Klassen erstellen

Und jetzt das Allerinteressanteste! Sie können innerhalb einer Klasse eine weitere Klasse definieren! Für den Benutzer verhält sich Listing 14.5 genauso wie Listing 14.1, aber in Listing 14.5 enthält die Klasse `GameFrame` eine Klasse namens `MyActionListener`.

```java
import java.awt.FlowLayout;
import java.awt.event.ActionEvent;
import java.awt.event.ActionListener;
import java.util.Random;

import javax.swing.JButton;
import javax.swing.JFrame;
import javax.swing.JLabel;
import javax.swing.JTextField;

class GameFrame extends JFrame {
    private static final long serialVersionUID = 1L;

    int randomNumber = new Random().nextInt(10) + 1;
    int numGuesses = 0;

    JTextField textField = new JTextField(5);
    JButton button = new JButton("Raten");
    JLabel label = new JLabel(numGuesses + " Versuche");
```

```
public GameFrame() {
    setDefaultCloseOperation(JFrame.EXIT_ON_CLOSE);
    setLayout(new FlowLayout());
    add(textField);
    add(button);
    add(label);
    button.addActionListener(new MyActionListener());
    pack();
    setVisible(true);
}

class MyActionListener implements ActionListener {


    @Override
    public void actionPerformed(ActionEvent e) {
        String textFieldText = textField.getText();

        if (Integer.parseInt
            (textFieldText) == randomNumber) {
          button.setEnabled(false);
          textField.setText
            (textField.getText() + " Ja!");
          textField.setEnabled(false);
        } else {
          textField.setText("");
          textField.requestFocus();
        }

        numGuesses++;
        String guessWord =
          (numGuesses == 1) ? " Versuch" : " Versuche";
        label.setText(numGuesses + guessWord);
    }
  }
}
```

Listing 14.5: Eine Klasse innerhalb einer Klasse

Die Klasse MyActionListener in Listing 14.5 ist eine _innere Klasse_. Eine innere Klasse verhält sich ganz ähnlich wie jede andere Klasse. Mit dem Code einer inneren Klasse können Sie jedoch auf die Variablen der umschließenden Klasse verweisen. Beispielsweise verwenden mehrere Befehle in MyActionListener den Namen textField, und textField ist in der umschließenden Klasse GameFrame definiert.

Beachten Sie, dass der Code in Listing 14.5 die Klasse MyActionListener nur ein einziges Mal verwendet (in einem Aufruf von button.addActionListener). Braucht man wirklich einen Namen für etwas, was nur einmal benutzt wird? Natürlich nicht. Sie können die gesamte Definition der inneren Klasse im Aufruf von button.addActionListener einsetzen. Damit haben Sie eine *anonyme innere Klasse*. Listing 14.6 zeigt, wie das funktioniert.

```java
import java.awt.FlowLayout;
import java.awt.event.ActionEvent;
import java.awt.event.ActionListener;
import java.util.Random;

import javax.swing.JButton;
import javax.swing.JFrame;
import javax.swing.JLabel;
import javax.swing.JTextField;

class GameFrame extends JFrame {
    private static final long serialVersionUID = 1L;

    int randomNumber = new Random().nextInt(10) + 1;
    int numGuesses = 0;

    JTextField textField = new JTextField(5);
    JButton button = new JButton("Raten");
    JLabel label = new JLabel(numGuesses + " Versuche");

    public GameFrame() {
        setDefaultCloseOperation(JFrame.EXIT_ON_CLOSE);
        setLayout(new FlowLayout());
        add(textField);
        add(button);
        add(label);
        button.addActionListener(new ActionListener() {

            @Override
            public void actionPerformed(ActionEvent e) {
                String textFieldText = textField.getText();

                if (Integer.parseInt
                        (textFieldText) == randomNumber) {
                    button.setEnabled(false);
                    textField.setText
                        (textField.getText() + " Ja!");
                    textField.setEnabled(false);
                } else {
                    textField.setText("");
                    textField.requestFocus();
                }
```

```
          numGuesses++;
          String guessWord =
              (numGuesses == 1) ? " Versuch" : " Versuche";
          label.setText(numGuesses + guessWord);
        }
    });
    pack();
    setVisible(true);
}

class MyActionListener implements ActionListener {

    @Override
    public void actionPerformed(ActionEvent e) {
        String textFieldText = textField.getText();

        if (Integer.parseInt
                (textFieldText) == randomNumber) {
            button.setEnabled(false);
            textField.setText
                (textField.getText() + " Ja!");
            textField.setEnabled(false);
        } else {
            textField.setText("");
            textField.requestFocus();
        }

        numGuesses++;
        String guessWord =
            (numGuesses == 1) ? " Versuch" : " Versuche";
        label.setText(numGuesses + guessWord);
      }
   }
}
```

Listing 14.6: Eine namenlose Klasse (in einer Klasse mit einem Namen)

Innere Klassen sind praktisch für Dinge wie die Ereignisverarbeitung, wie beispielsweise die Methode actionPerformed in den Beispielen dieses Kapitels. Das Schwierigste bei einer *anonymen* inneren Klasse ist, auf die richtige Anzahl an Klammern, geschweiften Klammern und Einrückungen zu achten. Ich empfehle Ihnen deshalb, zunächst Code ohne innere Klassen zu schreiben, wie in Listing 14.1 gezeigt. Später, wenn Ihnen die gewöhnlichen Java-Klassen langweilig geworden sind, können Sie versuchen, Ihre gewöhnlichen Klassen in innere Klassen umzuwandeln.

Java-Applets schreiben

15

In diesem Kapitel

▶ Ein einfaches Applet schreiben

▶ Applet-Animationen erstellen

▶ Schaltflächen (und andere Komponenten) in ein Applet einfügen

---

Nachdem Java 1995 eingeführt wurde, erreichte die Sprache unter anderem deswegen so schnell eine hohe Popularität, weil sie das Erstellen von sogenannten *Applets* ermöglichte. Ein *Applet* ist ein Java-Programm, das im Fenster eines Webbrowsers ausgeführt wird. Es verfügt auf einer Webseite über einen eigenen, separaten rechteckigen Bereich. Das Applet kann eine Zeichnung, ein Bild, eine Animation, ein Eingabeformular und andere Dinge anzeigen und auf diese Weise eine Interaktion des Benutzers mit einer Webseite ermöglichen.

Eine Einführung in Applets

In den Listings 15.1 und 15.2 wird ein sehr einfaches Java-Applet vorgeführt. Das Applet zeigt die Wörter *Java für Dummies* in einem rechteckigen Kasten an (siehe Abbildung 15.1), wenn Sie in Eclipse RUN AS|JAVA APPLET wählen.

```java
import javax.swing.JApplet;

public class SimpleApplet extends JApplet {
    private static final long serialVersionUID = 1L;

    public void init() {
        setContentPane(new DummiesPanel());
    }
}
```

Listing 15.1: Ein Applet

```java
import javax.swing.JPanel;
import java.awt.Font;
import java.awt.Graphics;

class DummiesPanel extends JPanel {

    private static final long serialVersionUID = 1L;
    public void paint(Graphics myGraphics) {

        myGraphics.drawRect(50, 60, 250, 75);
```

```
        myGraphics.setFont(new Font("Dialog", Font.BOLD, 24));
        myGraphics.drawString("Java für Dummies", 55, 100);
    }
}
```

Listing 15.2: Code zur Unterstützung des Applets

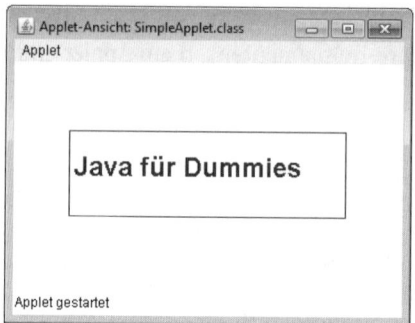

Abbildung 15.1: Ein erstes Applet

Wenn Sie den Code in den Listings 15.1 und 15.2 laufen lassen, führen Sie keine `main`-Metho-de aus, sondern rufen einen Webbrowser auf, der seinerseits eine HTML-Datei anzeigt. Die HTML-Datei enthält eine Referenz auf den Java-Code des Applets und das Applet wird auf Ihrer Webseite angezeigt. Listing 15.3 zeigt eine minimale HTML-Datei.

```
<applet code=SimpleApplet width=350 height=200></applet>
```

Listing 15.3: Eine einzeilige Webseite

In Abbildung 15.1 verwende ich nicht Firefox, den Internet Explorer oder einen anderen übli-chen Webbrowser. Stattdessen starte ich den *Applet Viewer* von Java – eine kleine, Browser-ähnliche Applikation speziell zum Testen von Java-Applets.

Auf den Aufruf warten

Wenn Sie sich den Code in Listing 15.1 anschauen, fällt Ihnen vielleicht auf, dass ein Applet keine `main`-Methode hat. Das liegt daran, dass ein Applet kein komplettes Programm ist. Ein Applet ist eine Klasse, die Methoden enthält, und der Webbrowser ruft diese Methoden (direkt oder indirekt) auf. Der Browser ruft die `init`-Methode in Listing 15.2 auf. Dann führt diese `init`-Methode die `setContentPane`-Methode in Listing 15.2 aus.

Werfen Sie jetzt einen Blick auf die `paint`-Methode in Listing 15.2. Der Browser ruft die `paint`-Methode automatisch auf. Diese Methode sagt dem Browser, wie das Applet auf dem Bildschirm angezeigt werden soll.

Die Liste der Applet-Methoden, die Ihr Webbrowser aufruft, finden Sie im Abschnitt »Die Me-thoden in einem Applet« weiter unten in diesem Kapitel. Die `paint`-Methode und ihre grafi-schen Parameter werden in Kapitel 13 beschrieben.

Eine öffentliche Klasse

Beachten Sie, dass `SimpleApplet` in Listing 15.1 eine `public` Klasse ist. Wenn Sie ein Applet erstellen und die Klasse nicht als `public` deklarieren, wird der Fehler `Applet not inited` oder `Loading Java Applet Failed` gemeldet. Einfach ausgedrückt: Jede Klasse, die `JApplet` erweitert, muss `public` sein. Wenn die Klasse nicht `public` ist, kann Ihr Webbrowser die Methoden der Klasse nicht aufrufen.

 Etwas weniger einfach ausgedrückt: Eine Klasse kann entweder einen öffentlichen Zugriff oder einen Standardzugriff haben. Der einzige Code, der Methoden in einer Klasse mit Standardzugriff referenzieren kann, ist Code, der sich in *demselben Package* wie die Klasse mit dem Standardzugriff befindet. Erinnern Sie sich jetzt daran, dass Ihr Webbrowser versucht, Methoden aufzurufen, die in Ihrer Applet-Klasse vergraben sind. Weil der Webbrowser wahrscheinlich nicht in demselben Package wie Ihr Applet steht, muss das Applet `public` sein. Wenn das Applet nicht `public` ist, kann Ihr Webbrowser die Methoden des Applets (die nicht im selben Package stehen) nicht aufrufen.

Weitere Informationen zum öffentlichen und zum Standardzugriff finden Sie in Kapitel 13.

Noch einmal: das Java-API

Der Code in Listing 15.2 enthält noch einige weitere Komponenten des Java-APIs:

✔ **drawRect**: Zeichnet ein ungefülltes Rechteck.

Der Aufruf von `drawRect` in Listing 15.2 legt fest, dass – gemessen an der oberen linken Ecke des gesamten Applets – die linke obere Ecke des Rechtecks an den x-y-Pixel-Koordinaten 50, 60 und seine untere rechte Ecke an den Koordinaten 250, 75 liegen soll.

Ich wollte die Wörter *Java für Dummies* mit einem Rechteck umgeben. Um dessen Abmessungen zu ermitteln, habe ich mit Versuch und Irrtum gearbeitet. Sie können in einem Applet aber auch feststellen, wie viele Pixel die Wörter *Java für Dummies* benötigen. Zu diesem Zweck benötigen Sie die `FontMetrics`-Klasse. (Informationen über diese Klasse finden Sie in der Java-API-Dokumentation.)

✔ **Die Font-Klasse:** Beschreibt die Merkmale einer Schriftart.

In Listing 15.2 wird eine fette Schrift namens `Dialog` mit der Größe 24 Punkt verwendet. Andere Schriftarten sind beispielsweise `DialogInput`, `Monospaced`, `Serif` oder `Sans Serif`.

✔ **drawString**: Zeichnet einen String von Zeichen.

Listing 15.2 zeigt den String `"Java für Dummies"` in dem Applet an. Die linke untere Ecke befindet sich an den x-y-Koordinaten 55, 100 (gemessen an der linken oberen Ecke des Applets).

Animationen programmieren

Das Applet in diesem Abschnitt zeigt einen Besucherzähler (engl. *odometer*), der auf dem Bildschirm animiert wird. Dieser Code ist etwas komplizierter, weil einiges passiert, wenn Sie mit Java eine Animation erstellen. Andererseits ist der Code für dieses Applet zum größten Teil schematisch. Wenn Sie eigene Animationen erstellen wollen, können Sie den größten Teil des Codes in diesem Abschnitt wiederverwenden (siehe die Listings 15.4 und 15.5).

```java
import javax.swing.JApplet;
import javax.swing.Timer;
import java.awt.Color;
import java.awt.event.ActionListener;
import java.awt.event.ActionEvent;

public class Odometer extends JApplet
        implements ActionListener {
    private static final long serialVersionUID = 1L;

    Timer timer;

    public void init() {
        OdometerPanel panel = new OdometerPanel();

        panel.setBackground(Color.white);
        setContentPane(panel);
    }

    public void start() {
        if (timer == null) {
            timer = new Timer(100, this);
            timer.start();
        } else {
            timer.restart();
        }
    }

    public void stop() {
        if (timer != null) {
            timer.stop();
            timer = null;
        }
    }

    public void actionPerformed(ActionEvent e) {
        repaint();
    }
}
```

Listing 15.4: Ein Odometer-Applet

```java
import javax.swing.JPanel;
import java.awt.Font;
import java.awt.Graphics;

class OdometerPanel extends JPanel {
    private static final long serialVersionUID = 1L;

  long hitCount = 239472938472L;

  public void paint(Graphics myGraphics) {

    myGraphics.setFont
        (new Font("Monospaced", Font.PLAIN, 24));
    myGraphics.drawString
        ("Sie sind Besucher " +
        Long.toString(hitCount++), 50, 50);
  }
}
```

Listing 15.5: Das Odometer-Panel

Um den Code der Listings 15.4 und 15.5 im Browser auszuführen, legen Sie im bin-Ordner Ihres Projekts eine HTML-Datei mit folgendem Inhalt an:

```html
<!DOCTYPE HTML PUBLIC "-//W3C//DTD HTML 4.01 Transitional//EN"
"http://www.w3.org/TR/html4/loose.dtd">

<html>
    <head>
        <title>Odometer Applet</title>
    </head>
    <body>
        <applet code=Odometer width=600 height=200></applet>
    </body>
</html>
```

Listing 15.6: HTML-Datei mit Odometer-Applet

Wenn Sie die HTML-Datei in Ihrem Browser öffnen, wird das Odometer-Applet ausgeführt (siehe Abbildung 15.2). Beachten Sie, dass sich die Zahl in der Abbildung von dem Anfangswert der hitCount-Variablen unterscheidet, weil das Applet den Wert von hitCount alle 250 Millisekunden um eins erhöht und den neuen Wert anzeigt. Natürlich ist diese Zahl nur eine Wunschvorstellung ...

 Sie können Applets im Browser derzeit noch nicht mit dem JRE 7 ausführen. Klicken Sie daher im Kontextmenü der JRE SYSTEM LIBRARY im Projektverzeichnis 15-04 auf PROPERTIES und wählen unter EXECUTION ENVIRONMENT *J2SE-1.5 (jre7)*. Falls das Applet trotzdem nicht angezeigt wird, Sie aber alles wie oben beschrieben gemacht haben, liegt es wahrscheinlich an Ihrem Browser. Ändern Sie die Einstellungen so, dass er das Ausführen von Java-Applets zulässt.

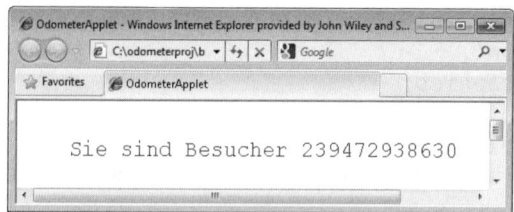

Abbildung 15.2: Eine populäre Website

Die Methoden in einem Applet

Die meisten Methodennamen in den Listings 15.4 und 15.5 werden in Applets standardmäßig verwendet. Die `Applet`-Klasse des Java-APIs enthält Standarddeklarationen für diese Methoden, sodass Sie diese Methoden nicht selbst deklarieren müssen. Die einzigen Methoden, die Sie in Ihren Code einfügen müssen, sind die Methoden, die Sie anpassen wollen.

Die folgende Liste zeigt die `JApplet`- und `JPanel`-Methoden, die Ihr Webbrowser automatisch aufruft:

✔ **init**: Der Browser ruft `init` auf, wenn Sie die Seite, die das Applet enthält, zum ersten Mal aufrufen. Stellen Sie sich vor, dass Sie den Webbrowser schließen. Später rufen Sie den Browser noch einmal auf und besuchen die Seite, die das Applet enthält, erneut. Dann ruft der Browser die `init`-Methode des Applets noch einmal auf.

✔ **start**: Der Browser ruft `start` direkt nach `init` auf. Wenn Ihr Applet irgendwelche Aktionen ausführen soll, können Sie den entsprechenden Code in die `start`-Methode des Applets einfügen. Wenn das Applet beispielsweise eine Animation ausführen soll, sollten Sie den Code, der die Animation anstößt, in die `start`-Methode einfügen.

✔ **paint**: Der Browser ruft `paint` direkt nach dem Aufruf von `start` auf. Die `paint`-Methode enthält Anweisungen, um das Applet auf dem Bildschirm anzuzeigen. Eine Erklärung finden Sie in Kapitel 13.

Der Browser kann `paint` mehrfach aufrufen. Stellen Sie sich beispielsweise vor, dass Sie einen Teil des Browsers mit einem anderen Fenster bedecken oder dass Sie das Browserfenster verkleinern, sodass nur ein Teil des Applets angezeigt wird. Wenn Sie später das Applet wieder anzeigen oder das Browserfenster wieder vergrößern, ruft der Browser die `paint`-Methode des Applets auf.

✔ **stop**: Wenn die Aktion des Applets beendet werden soll, ruft der Browser die `stop`-Methode auf. Nehmen wir beispielsweise an, dass Sie auf einen Link klicken, der Sie von der Seite fortbringt, die das Applet enthält. Dann ruft der Browser die `stop`-Methode des Applets auf. Wenn Sie später die Seite mit dem Applet noch einmal besuchen, ruft der Browser die `start`-Methode des Applets erneut auf.

Was diese Methoden machen

Der Code in den Listings 15.4 und 15.5 verwendet eine Standardmethode, um Animationen innerhalb eines Applets zu erstellen. Hier ist eine *sehr kurze* Erklärung:

✔ Das Applet implementiert das `ActionListener`-Interface.

✔ Die `start`-Methode erstellt mit dem folgenden Code einen neuen Timer:

```
new Timer(100, this)
```

Alle 100 Millisekunden (jede Zehntelsekunde) löst der Timer in Listing 15.4 Alarm aus.

Wenn der Timer den Alarm auslöst, wird tatsächlich eine actionPerformed-Methode aufgerufen – doch welche? Auch hier liefert das Schlüsselwort this die Antwort. In Listing 15.4 bezieht sich this auf denselben Code – die Instanz des Odometer-Objekts, das den Aufruf new Timer(100, this) enthält. Deshalb wird jede Zehntelsekunde, wenn der Timer Alarm auslöst, die actionPerformed-Methode in Listing 15.4 aufgerufen. Ziemlich hübsch und ordentlich!

✔ Die `actionPerformed`-Methode ruft die `repaint`-Methode auf. Unter der Haube ruft ein Aufruf von `repaint` immer die `paint`-Methode einer anderen Komponente auf. In diesem Beispiel ist diese andere Komponente der Code in Listing 15.5. Diese `paint`-Methode zeigt die Wörter Sie sind Besucher *wasauchimmer* auf dem Bildschirm an.

✔ Die `stop`-Methode beendet den Timer.

Wenn es sich nicht um ein Standardverfahren handeln würde, würde ich wegen dieser allzu kurzen Erklärung ein schlechtes Gewissen haben. Doch um Bewegung in eigene Applets zu bringen, brauchen Sie nur die Listings 15.4 und 15.5 zu kopieren und die `init`- und `paint`-Methoden durch Ihren eigenen Code zu ersetzen.

Und was müssen Sie in die `init`- und `paint`-Methoden einfügen?

✔ **Wenn Sie eine `init`-Methode deklarieren, sollte die Methode den Code enthalten, der nur einmal beim Laden des Applets ausgeführt werden muss, um Applet-Komponenten zu initialisieren.**

In Listing 15.4 richtet der Setup-Code ein Panel ein:

- Er erstellt ein Panel, indem er den `OdometerPanel`-Konstruktor aufruft.

- Er setzt den Hintergrund des Panels auf weiß. (Damit ist klar, dass sich das Rechteck, das das Applet enthält, nahtlos in den Rest der Webseite einfügt.)

- Er stellt eine solide Verbindung zwischen dem Panel und dem Applet her, indem er die `setContentPane`-Methode aufruft.

✔ **Die `paint`-Methode beschreibt einen einzelnen Schnappschuss der Bewegung des Applets.**

In Listing 15.3 legt die `paint`-Methode die Schriftart des Grafikpuffers fest, zeigt den Wert von `hitCount` auf dem Bildschirm an und erhöht diesen Wert dann um 1.

Der Wert der `hitCount`-Variablen beginnt mit einem sehr hohen Wert und wird dann laufend weiter erhöht. Um derartig große Zahlen speichern zu können, hat `hitCount` den Typ `long`. Mit der `toString`-Methode der `Long`-Klasse wird `hitCount` in eine Zeichenkette umgewandelt. Diese `toString`-Methode ist mit der `parseInt`-Methode der Integer-Klasse vergleichbar.

Die `parseInt`-Methode wird in Kapitel 11 behandelt.

 Wenn Sie ein Applet testen wollen, können Sie Aufrufe von `System.out.println` in den Code des Applets einfügen. Wenn Sie den Internet Explorer ausführen, wird der Output von `println` in der Konsolenansicht von Eclipse angezeigt.

Auf die Ereignisse in einem Applet reagieren

Das Applet in diesem Abschnitt ermöglicht eine Interaktion. Es greift das Ratespielbeispiel von Kapitel 14 auf. Tatsächlich basiert Listing 15.8 auf dem Code von Listing 14.1. Applets haben viel mit Java-Frames gemeinsam. Normalerweise können Sie den Code für einen Frame zurechtstutzen, um ein brauchbares Applet zu erstellen.

```java
import javax.swing.JApplet;

public class GameApplet extends JApplet {
        private static final long serialVersionUID = 1L;

    public void init() {
        setContentPane(new GamePanel());
    }
}
```

Listing 15.7: Ein Ratespiel-Applet

```java
import java.awt.Color;
import java.awt.event.ActionEvent;
import java.awt.event.ActionListener;
import java.util.Random;

import javax.swing.JButton;
import javax.swing.JLabel;
import javax.swing.JPanel;
import javax.swing.JTextField;

class GamePanel extends JPanel implements ActionListener {
    private static final long serialVersionUID = 1L;

    int randomNumber = new Random().nextInt(10) + 1;
    int numGuesses = 0;
```

```
JTextField textField = new JTextField(5);
JButton button = new JButton("Raten");
JLabel label = new JLabel(numGuesses + " Versuche");

GamePanel() {
    setBackground(Color.WHITE);
    add(textField);
    add(button);
    add(label);
    button.addActionListener(this);
}

public void actionPerformed(ActionEvent e) {
    String textFieldText = textField.getText();

    if (Integer.parseInt(textFieldText)
                    == randomNumber) {
        button.setEnabled(false);
        textField.setText
            (textField.getText() + " Ja!");
        textField.setEnabled(false);
    } else {
        textField.setText("");
        textField.requestFocus();
    }

    numGuesses++;
    String guessWord =
        (numGuesses == 1) ? " Versuch" : " Versuche";
    label.setText(numGuesses + guessWord);
}
}
```

Listing 15.8: Das Panel des Ratespiels

Um den Code der Listings 15.7 und 15.8 im Browser auszuführen, legen Sie im bin-Ordner Ihres Projekts eine HTML-Datei mit folgendem Inhalt an:

```
<!DOCTYPE HTML PUBLIC "-//W3C//DTD HTML 4.01 Transitional//EN"
        "http://www.w3.org/TR/html4/loose.dtd">
<html>
    <head>
        <title>Game Applet</title>
    </head>
    <body>
        <applet code=GameApplet width=225 height=50></applet>
    </body>
</html>
```

Listing 15.9: HTML-Datei mit Game-Applet

Stellen Sie die Ausführungsumgebung wieder wie bei Listing 15.6 beschrieben auf _J2SE-1.5_ _(jre 7)_ um. Die Abbildungen 15.3 und 15.4 zeigen Ihnen, was passiert, wenn Sie die HTML-Datei im Browser öffnen und das Applet dadurch ausführen. Das Resultat ist im Wesentlichen dasselbe wie bei der Ausführung des Programms aus Listing 14.1. Der Hauptunterschied besteht darin, dass das Applet als Teil einer Webseite in einem Browserfenster ausgeführt wird.

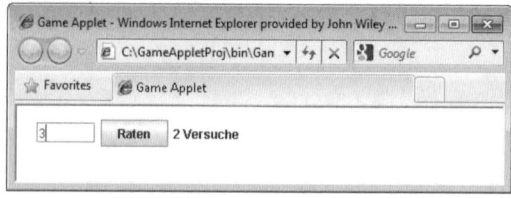

Abbildung 15.3: Ein falscher Versuch

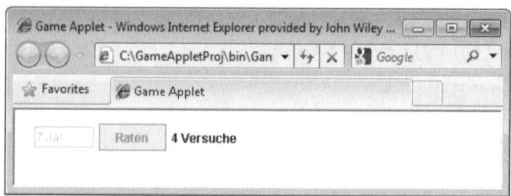

Abbildung 15.4: Der richtige Versuch

Achten Sie hier nicht darauf, welcher Code in Listing 15.8 enthalten ist, sondern welcher Code nicht in ihm enthalten ist. Um Listing 15.8 aus Listing 14.1 abzuleiten, musste ich mehrere Zeilen entfernen:

✔ **Ich verzichte auf den Aufruf von `setLayout`.**

Das Standardlayout für Applets ist das `FlowLayout`, das auch mein Programm haben soll. (Wenn Sie sich nicht daran erinnern, wie das `FlowLayout` funktioniert, sollten Sie noch einmal Kapitel 9 lesen.)

✔ **Ich rufe die `pack`-Methode nicht auf.**

Die `width`- und `height`-Felder in dem HTML-Tag `<applet>` legen die Größe des Applets fest. Weitere Information finden Sie in Kapitel 9.

✔ **Ich rufe die `setVisible`-Methode nicht auf.**

Eine Applet ist standardmäßig sichtbar.

Die einzige andere Änderung besteht zwischen den Listings 14.2 und 15.6. Wie viele andere Applets enthält Listing 15.7 keine `main`-Methode, sondern eine `init`-Methode, weil in Ihrem Code kein `new GameApplet()` aufgerufen werden muss. Dies erledigt der Webbrowser für Sie. Nachdem er eine Instanz der `GameApplet`-Klasse erstellt hat, ruft er die `init`-Methode der Instanz auf. Dies ist das Standardszenario für die Ausführung eines Java-Applets.

Mit der Java Database Connectivity arbeiten

16

In diesem Kapitel

▶ Verbindung zu einer Datenbank herstellen

▶ Werte in eine Datenbank einfügen

▶ Eine Datenbank abfragen

*W*enn ich Java-Seminare für professionelle Programmierer abhalte, höre ich immer wieder dasselbe: »Wir brauchen keine hübschen Zeichen, die über den Bildschirm fliegen, und keine blinkenden Schaltflächen. Wir brauchen Zugriff auf Datenbanken. Zeigen Sie uns, wie wir mit Java-Programmen auf Datenbanken zugreifen können.«

Deshalb befasst sich dieses Kapitel mit der JDBC, der Java Database Connectivity.

JDBC und Java DB

Als ich anfing, mit Datenbanken zu arbeiten, bestand mein schwierigstes Problem darin, Verbindung zu einer Datenbank herzustellen. Ich hatte den gesamten Java-Code geschrieben. (Nun ja – ich hatte den gesamten Java-Code aus einem Buch abgeschrieben.) Der Java-Teil war einfach. Die Schwierigkeit bestand darin, meinen Code dazu zu bringen, die Datenbank auf dem System zu finden.

Ein Teil des Problems besteht darin, dass die Methode, wie der Code mit einer Datenbank kommuniziert, von Ihrem System und von der Art der Datenbank abhängt, die Sie auf Ihrem System ausführen. Die Bücher, die ich benutzte, konnten nicht zu sehr in die Details gehen, weil diese Details nichts mit Java zu tun hatten und sich von einem Computer zum nächsten unterschieden.

Glücklicherweise enthält das JDK (Java Development Kit) eine eigene, eingebaute Datenbank – *Java DB*. Java DB basiert auf der Apache Derby-Datenbank. Sie ist sicher und kompakt und basiert auf Standards. Java DB kann nahtlos mit dem restlichen Java JDK kombiniert werden. Die Java-Gurus haben Java DB mit dem Release von Java 6 eingeführt. Java DB macht mir das Leben leichter, weil ich damit eine allgemeine Datenbank besitze, die alle meine Leser nutzen können. Die Datenbank steht kostenlos zur Verfügung und es ist keine Installation erforderlich.

Und wenn Sie nicht die Java DB verwenden? Was tun Sie, wenn alle Ihre Daten in anderen Datenbanken abgelegt sind, beispielsweise MySQL, PostgreSQL, SQLite, Oracle, Microsoft Access, DB2 oder in irgendeiner anderen Datenbank? Auch dann hat Java eine Lösung für Sie! Die JDBC-Klassen (Java Database Connectivity) bieten Zugriff auf die meisten Datenbankmanagementsysteme. Sie beschaffen sich einfach einen Treiber für Ihr bevorzugtes System, passen zwei Zeilen Code (siehe unten) in jedem der Beispiele dieses Kapitel an, und schon können Sie mit Ihrer Datenbank arbeiten.

Daten erstellen

Das JDBC besteht aus den beiden Paketen `java.sql` und `javax.sql`, die sich beide im Java-API befinden. Die Beispiele in diesem Kapitel verwenden die Klassen in `java.sql`. Das erste Beispiel finden Sie in Listing 16.1.

```java
import java.sql.DriverManager;
import java.sql.Statement;
import java.sql.Connection;
import java.sql.SQLException;

class CreateTable {

    public static void main(String args[]) {

        final String DRIVER =
            "org.apache.derby.jdbc.EmbeddedDriver";
        final String CONNECTION =
            "jdbc:derby:AccountDatabase;create=true";

        try {
            Class.forName(DRIVER).newInstance();
        } catch (InstantiationException e) {
            e.printStackTrace();
        } catch (IllegalAccessException e) {
            e.printStackTrace();
        } catch (ClassNotFoundException e) {
            e.printStackTrace();
        }

        try (Connection connection =
                DriverManager.getConnection(CONNECTION);
             Statement statement =
                connection.createStatement()) {

            statement.executeUpdate(
                "create table ACCOUNTS                      "
              + "  (NAME VARCHAR(32) NOT NULL PRIMARY KEY, "
              + "   ADDRESS VARCHAR(32),                    "
              + "   BALANCE FLOAT)                          ");
```

```
statement.executeUpdate(
    "insert into ACCOUNTS values            "
  + "  ('Barry Burd', '222 Cyber Lane', 24.02)");

statement.executeUpdate(
    "insert into ACCOUNTS values            "
  + "  ('Joe Dow', '111 Luddite Street', 55.63)");

        } catch (SQLException e) {
            e.printStackTrace();
        }
    }
}
```

Listing 16.1: Eine Tabelle erstellen und Daten einfügen

Um MySQL anstatt Java DB zu verwenden, nehmen Sie in Listing 16.1 die folgenden Änderungen vor: Ändern Sie den Wert von DRIVER auf `"com.mysql.jdbc.Driver"`. Ändern Sie den Wert von CONNECTION in `"jdbc:mysql://localhost/AccountDatabase;create=true"`. Ähnliche Änderungen nehmen Sie auch für DB2, Oracle usw. vor.

Zur Ausführung von Datenbankcode brauchen Sie eine Datei mit einem geeigneten Datenbanktreiber, und diese Datei muss an einem Speicherort abgelegt sein, wo Java sie finden kann. Für die Beispiele in diesem Kapitel verwende ich eine Java DB-Datenbank, auch als Apache Derby-Datenbank bezeichnet. Der Treiber befindet sich in der Datei `derby.jar`, die sich normalerweise im Verzeichnis `db/lib` des JDK befindet. Um meinen Java-Programmen `db/lib/derby.jar` zur Verfügung zu stellen, füge ich diese `.jar`-Datei in meinen Java-Klassenpfad ein.

Wie Sie Ihrem Klassenpfad eine `.jar`-Datei hinzufügen, ist von Ihrer IDE abhängig, sowie möglicherweise vom verwendeten Betriebssystem. In Eclipse wähle ich Project | Properties | Java Build Path. Anschließend klicke ich im Register Libraries auf die Schaltfläche Add External JARs und öffne die Datei `C:\Programme\Java\jdk1.7.0_02\db\lib\derby.jar`.

Wenn Sie das Programm aus Listing 16.1 ausführen, scheint nichts zu passieren. Das Programm beginnt mit der Ausführung und beendet dann die Ausführung. Das ist alles. Der Code erzeugt keinen sichtbaren Output, weil der gesamte Output in einer Datenbank gespeichert wird. Wenn Sie das Ergebnis der Ausführung und den Output des Programms aus Listing 16.1 sehen wollen, können Sie sich die Änderungen in der Datenbank selbst anschauen.

Im vorigen Abschnitt habe ich geschrieben, dass nichts Besonderes passiert, wenn ich Listing 16.1 ausführe. Insbesondere habe ich geschrieben, dass scheinbar nichts passiert, und dass der Code keine sichtbare Ausgabe erzeugt. Wenn Sie genauer hinsehen, erkennen Sie jedoch, dass der Code aus Listing 16.1 ausgeführt wurde. Insbesondere befinden sich auf Ihrer Festplatte dann einige neue Dateien. Eine dieser Dateien, `derby.log`, enthält Text, der angibt, wann die Derby-Datenbanksoftware gestartet und beendet wurde. Außerdem gibt es einen neuen Ordner namens `AccountDatabase`, der weitere Log-Dateien enthält, eine `service.properties`-Datei und einen Ordner voll mit .dat-Dateien. (Diese .dat-Dateien enthalten alles, was in der Datenbank abgelegt ist.) Unter Eclipse können Sie diese neuen Dateien und Ordner anzeigen, indem Sie im Package Explorer Ihr Projekt auswählen und dann FILE | REFRESH wählen.

SQL-Befehle verwenden

Der Kern des Programms aus Listing 16.1 besteht aus drei Aufrufen von `executeUpdate`. Jeder `executeUpdate`-Aufruf enthält einen String – einen normalen Java-String in doppelten Anführungszeichen. Um den Code lesbarer zu gestalten, habe ich die Strings in Teile zerlegt und die Teile durch Pluszeichen (den Stringverkettungsoperator von Java) getrennt.

Das Pluszeichen in Java hat zweierlei Aufgaben. Bei Zahlen steht es für die Addition. Bei Strings steht es für eine Konkatenation, die einen großen, kombinierten String erzeugt.

Ein String, der in doppelte Anführungszeichen eingeschlossen ist, kann beliebig lang sein. Wenn Sie an den rechten Rand des Bildschirms kommen, können Sie einfach weitertippen. Wenn Sie den gesamten String sehen wollen, ohne dass der Fensterinhalt verschoben wird, können Sie den String – wie in Listing 16.1 geschehen – in Teile zerlegen. Die Teile werden dann durch Pluszeichen getrennt.

Sie können einen Java-String nicht einfach dadurch zerlegen, dass Sie auf die `Return`-Taste drücken und zur nächsten Zeile gehen. Wenn Sie einen String mit einem doppelten Anführungszeichen (") beginnen, muss sich das schließende doppelte Anführungszeichen in derselben Zeile des Codes befinden.

Wenn Sie mit SQL (_Structured Query Language_) vertraut sind, dann verstehen Sie die Argumente der `executeUpdate`-Aufrufe. Andernfalls empfehle ich Ihnen das Buch _SQL für Dummies_ von Allen G. Taylor. Dort finden Sie auch Erklärungen zu `create table` und `insert into`. Diese Ausdrücke werden hier nicht erklärt, weil es sich um SQL-Befehle, nicht um Java-Befehle handelt. Was Sie hier wissen müssen: Die Argumente, die der `executeUpdate`-Methode übergeben werden, sind Zeichenketten, die SQL-Befehle enthalten, um eine neue Datenbanktabelle zu erstellen und Datenzeilen in die Tabelle einzufügen. Auf diese Weise kommunizieren Sie in Java mit Datenbanken: Sie bilden Strings mit gewöhnlichen SQL-Befehlen und übergeben diese Strings als Argumente an vordefinierte Java-Methoden.

Der Code in diesem Kapitel folgt streng den Verfahren, die in der JDBC-Version 1.0 definiert sind. Spätere Versionen der JDBC-Klassen unterstützen sogenannte _scrollbare Ergebnismengen_ (engl. _scrollable result sets_). Bei einer solchen Ergebnismenge können Sie Methoden wie `insertRow` verwenden, die Ihnen den Aufwand ersparen, komplette SQL-Befehle zu schreiben.

Verbinden und trennen

Abgesehen von der Methode `executeUpdate` können Sie die anderen Teile des Codes in Listing 16.1 ausschneiden und wiederverwenden. Die Teile haben die folgende Bedeutung:

✔ **`Class.forName`**: Einen Datenbanktreiber finden.

Um mit einer Datenbank kommunizieren zu können, benötigen Sie eine Software-Komponente, die als *Datenbanktreiber* bezeichnet wird. Treiber werden in allen möglichen Formen – manchmal zu hohen Preisen – bereitgestellt. Java enthält jedoch einen kleinen, kostenlosen Treiber namens *JDBC-ODBC Bridge*, der Java-Datenbankbefehle in ODBC-Befehle umwandelt (ODBC = *Open Database Connectivity*). Weil ODBC recht verbreitet ist, kann Ihr Computer diese übersetzten ODBC-Befehle wahrscheinlich verstehen.

Der Code für die JDBC-ODBC Bridge befindet sich in der `JdbcOdbcDriver`-Klasse (die eine Java-Klasse ist). Diese Klasse befindet sich in dem `sun.jdbc.odbc`-Paket.

Um diese `JdbcOdbcDriver`-Klasse zu benutzen, wird die `Class.forName`-Methode aufgerufen. Ob Sie es glauben oder nicht: Das Java-API enthält eine Klasse namens *Class*. Die `Class`-Klasse enthält Informationen über Klassen, die der Java Virtual Machine zur Verfügung stehen. In Listing 16.1 sucht der Aufruf von `Class.forName` nach der `sun.jdbc.odbc.JdbcOdbcDriver`-Klasse. Nachdem eine `JdbcOdbcDriver`-Instanz geladen wurde, können Sie die Verbindung zu einer Datenbank herstellen.

✔ **`DriverManager.getConnection`**: Eine Sitzung mit einer speziellen Datenbank einrichten.

Wenn Sie mit Windows und Microsoft Access arbeiten, haben Sie möglicherweise die Anweisungen im ersten Abschnitt dieses Kapitels nachvollzogen und dabei die `KontenDatenbank` eingerichtet. An dieser Stelle des Java-Codes stellen Sie eine Verbindung zu der `KontenDatenbank` her und benutzen dabei die `DriverManager`-Klasse.

Achten Sie in dem Parameter von `getConnection` (siehe Listing 16.1) auf die Doppelpunkte. Der Code gibt nicht nur den Namen der `KontenDatenbank` an, sondern teilt der `DriverManager`-Klasse auch mit, welche Protokolle zur Verbindung mit der Datenbank verwendet werden sollen. Der Code `jdbc:odbc:` entspricht dem `http:` in einer Webadresse; er sagt dem Programm, dass es das JDBC-Protokoll verwenden soll, um mit dem ODBC-Protokoll zu kommunizieren, das seinerseits direkt mit Ihrer `KontenDatenbank` redet.

✔ **`connection.createStatement`**: Einen Befehl erstellen.

Es mag seltsam erscheinen, aber bei der Java Database Connectivity erstellen Sie ein einzelnes Befehlsobjekt, das Sie dann mehrfach mit diversen SQL-Strings verwenden können, um der Datenbank verschiedene Befehle zu geben. Bevor Sie die `statement.executeUpdate`-Methode aufrufen, müssen Sie deshalb ein Befehlsobjekt erstellen. Der Aufruf von `connection.createStatement` erstellt dieses Befehlsobjekt für Sie.

✔ **`try ... catch ...`**: Bestätigt Ausnahmen, die im Code aufgeworfen werden können.

Aus Kapitel 12 wissen Sie, dass einige Methodenaufrufe Ausnahmen werfen, die bestätigt werden müssen. Ein Aufruf von `Class.forName` kann dreierlei Ausnahmen aufwerfen, und fast alles andere in Listing 16.1 kann eine SQLException aufwerfen. Um diese Ausnahmen zu bestätigen, füge ich meinem Code `try-catch`-Befehle hinzu.

✔ **try-with-resources**: Gibt Ressourcen frei, komme, was wolle!

Alle Verbindungen und Datenbankbefehle belegen Systemressourcen. Wenn Sie diese Ressourcen nicht mehr benötigen, sollten Sie sie wieder freigeben. Dazu rufen Sie close-Methoden auf, die jedoch in `try-catch`-Befehle eingebettet werden müssen.

Es gibt jedoch einen Haken! Wenn irgendetwas schiefgeht, dann hat das häufig ungeahnte Konsequenzen! Wenn Sie einen Befehl nicht schließen können, springt Java in eine `catch`-Klausel. Aber was passiert, wenn die `catch`-Klausel selbst eine Ausnahme erzeugt? Und was passiert, wenn der Code später versucht, die ganze Verbindung zu schließen?

Um diese Probleme in einem Aufwasch zu erledigen, hat Java 7 den neuen `try-with-resources`-Befehl eingeführt. Dieser Befehl verhält sich wie der alte `try`-Befehl aus Kapitel 12. Aber hier fügen Sie Klammern hinter dem Wort `try` ein. Innerhalb der Klammern schreiben Sie die Befehle, die auf Ressourcen zugreifen. (In Listing 16.1 sind die Befehle zwischen den Klammern die Aufrufe von `getConnection` und `createStatement`.) Die Befehle werden durch Semikolons voneinander getrennt.

Der `try-with-resources`-Befehl schließt Ihre Ressourcen nach der Ausführung eines Befehls automatisch und gibt sie frei. Darüber hinaus bereinigt er alle Probleme, die bei Versuchen aufgetreten sind, Ausnahmen zu verarbeiten. Eine reine Win-win-Situation!

Daten laden

Welchen Nutzen hat eine Datenbank, wenn Sie keine Daten aus ihr wiedergewinnen können? In diesem Abschnitt fragen Sie die Datenbank ab, die Sie in Listing 16.1 erstellt haben. Listing 16.2 enthält den Code, der die Abfrage generiert.

```
import static java.lang.System.out;
import java.sql.DriverManager;
import java.sql.Statement;
import java.sql.Connection;
import java.sql.SQLException;
import java.sql.ResultSet;
import java.text.NumberFormat;

class GetData {

    public static void main(String args[]) {

        NumberFormat currency =
            NumberFormat.getCurrencyInstance();

        final String DRIVER =
            "org.apache.derby.jdbc.EmbeddedDriver";
```

```
final String CONNECTION =
   "jdbc:derby:AccountDatabase";

try {
   Class.forName(DRIVER).newInstance();
} catch (InstantiationException e) {
   e.printStackTrace();
} catch (IllegalAccessException e) {
   e.printStackTrace();
} catch (ClassNotFoundException e) {
   e.printStackTrace();
}

try (Connection connection =
   DriverManager.getConnection(CONNECTION);
   Statement statement =
      connection.createStatement();
   ResultSet resultset =
      statement.executeQuery("select * from ACCOUNTS")) {
   while(resultset.next()) {
      out.print(resultset.getString("NAME"));
      out.print(", ");
      out.print(resultset.getString("ADDRESS"));
      out.print(" ");
      out.println(currency.format(resultset.
         getFloat("BALANCE")));
   }
} catch (SQLException e) {
   e.printStackTrace();
}
   }
}
```

Listing 16.2: Eine Abfrage generieren

 Um MySQL anstatt Java DB zu verwenden, nehmen Sie in Listing 16.2 die folgenden Änderungen vor: Ändern Sie den Wert von DRIVER auf "com. mysql.jdbc.Driver". Ändern Sie den Wert von CONNECTION in "jdbc: mysql://localhost/AccountDatabase;create=true". Ähnliche Änderungen nehmen Sie auch für DB2, Oracle usw. vor.

Fügen Sie dem Klassenpfad dieses Projekts wieder wie bei Listing 16.1 beschrieben die Datei derby.jar hinzu. Abbildung 16.1 zeigt eine Ausführung des Codes von Listing 16.2. Der Code fragt die Datenbank ab und zeigt dann die Daten der Datenbank zeilenweise an.

```
Barry Burd, 222 Cyber Lane 24,02 €
Joe Dow, 111 Luddite Street 55,63 €
```

Abbildung 16.1: Daten aus der Datenbank abfragen

Listing 16.2 beginnt mit den üblichen Aufrufen von `forName`, `getConnection` und `createStatement`. Dann ruft der Code `executeQuery` auf und übergibt dem Aufruf einen SQL-Befehl. Dieser SQL-Befehl fragt alle Daten der KONTEN-Tabelle ab (die Sie in Listing 16.1 erstellt haben).

Die Methode `executeQuery` gibt eine sogenannte Ergebnismenge zurück, die den Typ `java.sql.ResultSet` hat. (Im Gegensatz zu `executeUpdate` gibt `executeQuery` eine Ergebnismenge zurück.) Diese Ergebnismenge hat sehr viel mit einer Datenbanktabelle gemeinsam. Die Ergebnismenge ist wie die ursprüngliche Tabelle in Zeilen und Spalten gegliedert. Jede Zeile enthält die Daten eines Kontos. Jede Zeile enthält einen Namen, eine Adresse und einen Saldo.

Nachdem Sie `executeQuery` aufgerufen und die Ergebnismenge erhalten haben, können Sie die Ergebnismenge zeilenweise bearbeiten. Zu diesem Zweck führen Sie eine kleine Schleife aus und testen die Bedingung `resultset.next()` zu Beginn jeder Schleifeniteration. Bei jedem Durchlauf führt `resultset.next()` zwei Aktionen aus:

✔ Die Funktion geht zur nächsten Zeile der Ergebnismenge (dem nächsten Konto) weiter, falls eine solche Zeile existiert.

✔ Die Funktion teilt Ihnen mit, ob eine weitere Zeile existiert, indem sie einen `boolean`-Wert – `true` oder `false` – zurückgibt.

Falls die Bedingung von `resultset.next()` wahr ist, enthält die Ergebnismenge eine weitere Zeile. Das Programm ist zu dieser Zeile weitergegangen, sodass Sie im Körper der Schleife die Daten dieser Zeile verarbeiten können. Falls die Bedingung dagegen falsch ist, enthält die Ergebnismenge keine weiteren Zeilen. Die Schleife wird beendet, und Sie beginnen damit, alles zu schließen.

Nehmen wir jetzt an, dass das Programm auf eine Zeile der Ergebnismenge zeigt und sich in der Schleife in Listing 16.2 befindet. Dort fragen Sie die Daten der Ergebnismengenzeilen ab, indem Sie die Methoden `getString` und `getFloat` der Ergebnismenge aufrufen. In Listing 16.1 wurde die KONTEN-Tabelle mit den Spalten NAME, ADRESSE und SALDO eingerichtet. Hier in Listing 16.2 gewinnen Sie die Daten dieser Spalten wieder, indem Sie eine der `getEinTyp`-Methoden aufrufen und dabei den ursprünglichen Spaltennamen als Argument übergeben. Dann zeigen Sie die zurückgegebenen Daten auf dem Bildschirm an, wobei die einzelnen Datenelemente durch Tabulatorzeichen getrennt werden.

 Jede `ResultSet`-Instanz von Java verfügt über mehrere `getEinTyp`-Methoden. Je nach dem Datentyp einer Spalte können Sie die Methoden `getArray`, `getBigDecimal`, `getBlob`, `getInt`, `getObject`, `getTimestamp` und mehrere andere aufrufen.

Teil V

Der Top-Ten-Teil

The 5th Wave   By Rich Tennant

Wanda hatte das ungute Gefühl, dass die neue Software von Ihrem Mann interaktiv geworden war.

In diesem Teil ...

Sie sind fast am Ende des Buchs angekommen, und es ist Zeit für eine Zusammenfassung. Dieser Teil des Buchs gibt Ihnen im Schnelldurchgang einen Überblick über den Umgang mit häufigen Fehlern bei der Java-Programmierung sowie Hinweise auf Java-Ressourcen, die Ihnen helfen sollen, Ihre Java-Kenntnisse zu vertiefen.

Zehn Möglichkeiten, Fehler zu vermeiden

17

In diesem Kapitel

▷ Die Groß- und Kleinschreibung und Wertvergleiche prüfen

▷ Auf das »Durchfallen« achten

▷ Methoden, Listener und Konstruktoren an der richtigen Stelle unterbringen

▷ Statische und nichtstatische Referenzen verwenden

▷ Andere grässliche Fehler vermeiden

*E*ine alte, oft kolportierte Erkenntnis sagt: »Die einzigen Menschen, die nie Fehler machen, sind die Menschen, die überhaupt nichts tun.«

Die korrekte Groß- und Kleinschreibung

Java ist eine Sprache, in der Groß- und Kleinbuchstaben unterschieden werden, sodass Sie genau auf die Schreibweise achten müssen. Beachten Sie die folgenden Hinweise, wenn Sie Java-Programme schreiben:

✔ Java-Schlüsselwörter werden komplett kleingeschrieben. Beispielsweise darf das Wort `if` in einem Java-if-Befehl nicht `If` oder `IF` geschrieben werden.

✔ Wenn Sie Namen des Java-APIs verwenden, müssen Sie die Namen so schreiben, wie sie in dem API gespeichert sind.

✔ Achten Sie auch darauf, dass Namen, die Sie selbst definieren, überall in dem Programm auf die gleiche Weise geschrieben werden. Wenn Sie eine `meinKonto`-Variable deklarieren, dürfen Sie sie nicht mit `MeinKonto`, `meinkonto` oder `MeinKonto` referenzieren. Wenn Sie den Variablennamen auf zwei verschiedene Arten schreiben, behandelt Java die beiden Varianten wie zwei unterschiedliche Variablen.

In Kapitel 3 können Sie Näheres über dieses Thema erfahren.

Aus einem switch-Befehl ausbrechen

Wenn Sie einen `case` eines `switch`-Befehls nicht mit einem `break`-Befehl beenden, fällt der Programmablauf durch. Wenn `verse` beispielsweise den Wert 3 hat, druckt der folgende Code alle drei Zeilen `Last refrain`, `He's a pain` und `Has no brain`.

```
switch (verse) {
case 3:
   out.print("Last refrain, ");
   out.println("last refrain,");
case 2:
   out.print("He's a pain, ");
   out.println("he's a pain,");
case 1:
   out.print("Has no brain, ");
   out.println("has no brain,");
}
```

In Kapitel 5 können Sie Näheres über dieses Thema erfahren.

Werte mit einem doppelten Gleichheitszeichen vergleichen

Wenn Sie Werte vergleichen wollen, müssen Sie ein doppeltes Gleichheitszeichen verwenden:

```
if(inputNumber==randomNumber)
```

ist korrekt, aber die Zeile

```
if(inputNumber=randomNumber)
```

ist nicht korrekt.

In Kapitel 5 können Sie Näheres über dieses Thema erfahren.

Komponenten zu einer GUI hinzufügen

Der folgende Code zeigt einen Konstruktor für einen Java-Frame:

```
public SimpleFrame() {
   JButton button = new JButton("Danke ...");
   setTitle("... Katie Feltman and Paul Levesque");
   setLayout(new FlowLayout());
   add(button);
   button.addActionListener(this);
   setSize(300, 100);
   setVisible(true);
}
```

Sie dürfen bei einem solchen Konstruktor auf keinen Fall vergessen, die add-Methode aufzurufen. Ohne diesen Aufruf wird die Taste nicht in dem Frame angezeigt.

In Kapitel 9 können Sie Näheres über dieses Thema erfahren.

Listener hinzufügen, um Ereignisse zu verarbeiten

Betrachten Sie noch einmal den Code im vorangegangenen Abschnitt, der einen Simple-Frame konstruiert. Wenn Sie vergessen, addActionListener aufzurufen, passiert nichts, wenn Sie auf die Schaltfläche klicken.

Listener werden in Kapitel 14 behandelt.

Benötigte Konstruktoren definieren

Nehmen wir an, dass Sie einen Konstruktor mit Parametern definieren:

```
public Temperatur(double number)
```

In diesem Fall erstellt das Programm keinen parameterlosen Standardkonstruktor mehr. Anders ausgedrückt: Der Aufruf

```
Temperatur roomTemp = new Temperatur();
```

funktioniert erst dann wieder, wenn Sie Ihren eigenen parameterlosen Temperatur-Konstruktor definieren.

Details dazu finden Sie in Kapitel 9.

Nichtstatische Referenzen korrigieren

Wenn Sie versuchen, den folgenden Code zu kompilieren, erhalten Sie eine Fehlermeldung:

```
public class FunktioniertNicht
{
    String gruss = "Hallo";

    public static void main(String args[])
    {
        System.out.println(gruss);
    }
}
```

Die Fehlermeldung wird dadurch verursacht, dass die main-Methode static ist, gruss dagegen nicht.

Eine komplette Beschreibung dieses Problems und seiner Lösung finden Sie in Kapitel 10.

Array-Grenzen beachten

Wenn Sie ein Array mit zehn Elementen deklarieren, haben die Elemente die Indizes 0 bis 9. Anders ausgedrückt: Wenn Sie

```
int guests[] = new int[10];
```

deklarieren, können Sie mit `guests[0]`, `guests[1]` usw. bis `guests[9]` auf die Elemente des `guests`-Arrays zugreifen. Dagegen führt `guests[10]` zu einem Fehler, weil das Array kein Element mit dem Index 10 enthält.

Arrays werden in Kapitel 11 ausführlich behandelt.

Null-Zeiger voraussetzen

Die Beispiele in diesem Buch erzeugen normalerweise keine `NullPointerException`, aber bei der praktischen Java-Programmierung begegnet Ihnen diese Ausnahme immer wieder. Eine `NullPointerException` wird generiert, wenn Sie eine Methode aufrufen, die ein Objekt zurückgeben soll, aber tatsächlich nichts zurückgibt. Hier ist ein einfaches Beispiel:

```
import static java.lang.System.out;
import java.io.File;

class ListMyFiles {

    public static void main(String args[]) {
        File myFile = new File("\\windows");

        String dir[] = myFile.list();

        for (String fileName : dir) {
            out.println(fileName);
        }
    }
}
```

Dieses Programm zeigt eine Liste aller Dateien im `Windows`-Verzeichnis an. (Die Verwendung des doppelten Backslashs in `"\\windows"` wird in Kapitel 8 erläutert.)

Aber was passiert, wenn Sie `\\windows` in etwas anderes ändern, was nicht den Namen eines Verzeichnisses repräsentiert?

```
File myFile = new File("&*%$!!");
```

Dann gibt der Aufruf `new File` den Wert `null` zurück, der in Java »nichts« repräsentiert, so-dass die Variable `myFile` keinen Inhalt hat. Weiter unten in dem Code bezieht sich die Variable `dir` auf nichts, und der Versuch, alle `dir`-Werte in einer Schleife zu durchlaufen, scheitert kläglich. Das Programm generiert eine `NullPointerException` und stürzt ab.

Um dieses Problem zu vermeiden, sollten Sie die Java-API-Dokumentation lesen. Wenn Sie eine Methode aufrufen, die `null` zurückgeben kann, fügen Sie Code für die Ausnahmebehandlung zu Ihrem Programm hinzu.

Die Ausnahmebehandlung wird in Kapitel 12 beschrieben. Ratschläge zum Lesen der API-Dokumentation finden Sie in Kapitel 3 und auf der Website dieses Buches.

Java helfen, Dateien zu finden

Wenn beim Kompilieren eines Programms der Fehler `NoClassDefFoundError` gemeldet wird, kann das verschiedene Ursachen haben. Doch wahrscheinlich liegt es daran, dass das Programm eine bestimmte Java-Datei nicht finden kann. Prüfen Sie dann die folgenden Punkte:

✔ Ihr Projektverzeichnis muss alle Java-Dateien enthalten, deren Namen in Ihrem Code verwendet werden.

✔ Wenn Sie benannte Packages verwenden, muss Ihr Projektverzeichnis über entsprechend benannte Unterverzeichnisse verfügen.

✔ Ihr `CLASSPATH` muss korrekt gesetzt sein.

Spezielle Hinweise finden Sie in Kapitel 13 und auf der Website dieses Buches.

Zehn Onlinequellen für Java

In diesem Kapitel

▷ Die Website zu diesem Buch

▷ Ressourcen von Oracle finden

▷ Die neuesten Java-Nachrichten lesen

Kein Wunder, dass das Web so beliebt ist. Es ist nützlich und macht Spaß. Dieses Kapitel beschreibt zehn Gruppen von Ressourcen. Jede Gruppe nennt Websites, die Sie besuchen können. Jede Website enthält Ressourcen, die Ihnen helfen können, Java effizienter zu nutzen. Und soweit ich weiß, verwendet keine dieser Websites Adware, Pop-ups oder andere groteske Dinge.

Doch vorab noch zwei Websites, die außer Konkurrenz laufen (sonst wären es nämlich elf Onlinequellen geworden):

Wenn Sie Fragen zum technischen Inhalt dieses Buches haben, besuchen Sie meine Website `www.allmycode.com/JavaForDummies`.

Bei geschäftlichen Fragen (wenn Sie beispielsweise 100 Exemplare dieses Buches kaufen wollen) besuchen Sie `www.wiley-vch.de/dummies/`.

Die Quelle von Java

Die offizielle Website von Oracle für Java finden Sie unter `www.oracle.com/technetwork/java`.

Programmierer und Entwickler, die Java-Technologie gemeinsam nutzen wollen, besuchen `www.java.net`.

Normale Anwender, die die Java Runtime Engine (JRE) brauchen, um Java-Applets in ihrem Browser auszuführen, sollten `www.java.com` besuchen.

Nachrichten, Besprechungen und Beispielcode finden

Im Web gibt es viele Sites, die sich exklusiv mit Java befassen. Viele dieser Sites bieten Besprechungen, Links zu anderen Sites und – was am besten ist – große Mengen von Java-Code-Beispielen an. Außerdem können Sie auf einigen Sites kostenlose Mailinglisten abonnieren, die Sie über Java auf dem Laufenden halten. Zu diesen Sites zählen:

✔ **The JavaRanch:** `www.javaranch.com`

✔ **Gamelan:** `www.developer.com/java`

✔ **The Giant Java Tree:** www.gjt.org

✔ **The Java Boutique:** javaboutique.internet.com

✔ **Freewarejava.com:** www.freewarejava.com

✔ **JavaShareware.com:** www.javashareware.com

Code mit Tutorials verbessern

Wenn Sie mehr über Java lernen wollen, können Sie die Online-Schulungsseiten von Sun besuchen. Einige andere brauchbare Tutorials sind auf folgenden Websites verfügbar:

✔ **Richard Baldwin's Website:** www.dickbaldwin.com

✔ **IBM developerWorks:** www.ibm.com/developerworks/java/training/

Hilfe in Newsgroups finden

Kommen Sie beim Programmieren an einer Stelle nicht weiter? Versuchen Sie, Ihre Frage in einer Internet-Newsgroup zu stellen. Fast immer wird Ihnen ein freundlicher Experte genau die richtige Antwort geben.

Sie sollten auf jeden Fall – ob mit oder ohne Java – damit anfangen, Newsgroups zu erforschen. Es gibt Tausende von Newsgroups zu fast jedem denkbaren Thema. (Unglaublich: Es gibt sogar mehr Newsgroups als »... für Dummies«-Titel!) Einen Einstieg in die Newsgroups finden Sie unter groups.google.com. Java-spezifische Nachrichten finden Sie in den Gruppen, deren Namen mit comp.lang.java beginnen. Für einen Neuling sind wahrscheinlich die folgenden drei Gruppen am nützlichsten:

✔ comp.lang.java.programmer

✔ comp.lang.java.help

✔ comp.lang.java.gui

Die FAQs nach nützlichen Informationen durchforschen

FAQ ist eine Abkürzung für *Frequently Asked Questions* (dt. *häufig gestellte Fragen*). Die Listen mit den FAQs enthalten Antworten auf Fragen, die so häufig gestellt werden, dass niemand mehr Lust hat, sie zum tausendsten Mal zu beantworten.

Die offizielle Sun-Website enthält mehrere FAQs. Auch die comp.lang.java-Newsgroups, die im vorangegangenen Abschnitt erwähnt wurden, bieten häufig FAQs an.

Märkte und Meinungen

Es gibt nicht nur technische Informationen über Java. Es gibt einen ganzen Markt, in dem viele Themen und Meinungen aller Art zirkulieren. Wenn Sie mehr darüber wissen wollen, besuchen Sie `www.javalobby.org`. Nachdem Sie eine Weile hineingelauscht und die Etikette gelernt haben, können Sie selbst an den Diskussionen teilnehmen.

Java-Jobs suchen

Suchen Sie Arbeit? Möchten Sie eine aufregende, lukrative Karriere als Java-Programmierer machen? Dann sollten Sie eine Website besuchen, die speziell für Personen wie Sie gedacht ist: `www.javajobs.net` oder `java.computerwork.com`.

Java-Zertifikate erwerben

Heutzutage versucht jeder, ein Zertifikat zu erwerben. Wenn Sie zu diesen Menschen gehören, können Sie im Web zahlreiche Ressourcen über die Java-Zertifizierung finden. Einen Einstieg finden Sie unter `www.javaprepare.com` und `www.javaranch.com/ring.jsp`. Auf beiden Sites finden Sie Links zu anderen interessanten Sites – auch zu Sites, auf denen Sie Zertifizierungsexamina praktisch üben können.

Servlets entwickeln

Dieses Buch enthält alle Werkzeuge, die Sie benötigen, um mit Java anzufangen. Wenn Sie danach weitermachen wollen, stoßen Sie wahrscheinlich auch auf die Aufgabe, Java-Servlets zu schreiben.

Ein *Servlet* ist ein Programm, das Webanfragen beantwortet. Beispielsweise klickt ein Benutzer, der in Ong's Hat, New Jersey, an seinem Computer sitzt, auf einen Link. Dieser Link-Klick wird an einen Host-Computer in Chicken, Alaska, übertragen. Dieser Host-Computer ist intelligent programmiert worden und kann ad hoc eine komplette Webseite erstellen. Der Host-Computer sendet die neu erstellte Seite zurück an den Computer des Besuchers in Ong's Hat, New Jersey.

Zur Ad-hoc-Erstellung einer Webseite kann ein Java-Servlet verwendet werden. Sie benötigen dazu nur noch einen kooperativen Host-Computer. Glücklicherweise gibt es einige Host-Computer, die Sie kostenlos verwenden können. Eine Liste von Servlet-fähigen Hosts finden Sie unter `www.servlets.com/isps/servlet/ISPViewAll`.

Jedermanns Lieblingssites

Die folgenden zwei Sites sind zwar nicht ausschließlich Java gewidmet, doch ohne *Slashdot* und *SourceForge* wäre keine Liste für angehende Java-Spezialisten komplett.

Der Slogan von Slashdot »News for nerds, stuff that matters« (»Nachrichten für Spezialisten, Dinge, die wichtig sind«) sagt alles. Unter `slashdot.org` finden Sie Nachrichten, Besprechungen und Kommentare rund um Hardware und Software. Es gibt sogar ein neues Wort, um eine Website zu beschreiben, die auf der Slashdot-Site besprochen oder diskutiert worden ist. Wenn eine Site mit Hits überschwemmt wird, die auf Slashdot-Verweise zurückgehen, sagt man: »The Site has been *slashdotted*.« (Nicht übersetzbar, sinngemäß: Die Site wurde »geslashdottet«, also von Slashdot beachtenswert gefunden.)

Obwohl `sourceforge.net` in der Community nicht den gleichen Rang wie Slashdot einnimmt, ist dies der Ort, an dem Sie nach Open Source-Software aller Art suchen sollten. Das SourceForge-Repository enthält über 80.000 Projekte. Auf der SourceForge-Site können Sie Software herunterladen, Arbeitsfortschrittsberichte lesen, Beiträge zu vorhandenen Projekten leisten und sogar eigene Projekte starten. SourceForge ist eine großartige Site für Programmierer und Entwickler jeder Erfahrungsstufe.

Stichwortverzeichnis